정의의 법, 양심의 법, 인권의 법

한 인 섭 엮음

博 英 社

책 머리에

법연구에 뜻을 세우면서부터, 한국현대사의 굴곡 속에서 법이 남긴 명암을 여러 모로 접촉하게 되었다. 빛보다는 그늘이 훨씬 짙었고 그 때문에 법자료 읽기는 고민과 탄식의 연속이었다. 그러나 캄캄한 밤 속에서도 광채를 발하는 별과 같은 글들을 가끔씩 대하게 되었다. 그것이 너무 소중하여 따로 모아두면서, 가끔씩 음미하고 소개하는 기쁨을 누리곤 했다. 이 책은 한국사회에서 법의 민주화와 인간화를 위한 글들을 펴낸 것이다. 현재의 법률가는 물론이고, 앞으로 법으로써 무엇을 이루고 어떻게 살 것인가 고민하는 법학도들에게, 그리고 법학을 전공하면 어떨까 망설이는 예비법학도에게 이 책은 의미 있는 읽을거리가 될 수 있을 것이다.

여기에 선정된 글을 간단히 소개해 본다. 먼저 제헌헌법을 기초했던 유진오가 헌법제정의 취지를 밝힌 글, 한국 사법부의 주춧돌을 놓은 김병로(초대 대법원장)의 취임사를 담았다. 둘째, 전쟁의 와중에서 졸속재판에 임해야 했던 재판관의 고뇌를 담은 유병진의 글, 이승만 정권하에서 권력감시를 위한 입법자의 실천을 담은 엄상섭의 글을 소개한다. 셋째, 한국법사에서 가장 큰 쟁점이었고 지금까지 논란의 표적이 되고 있는 가족법 및 국가보안법의 개정 노력을 이태영과 민주당의 글을 통해 살펴보고자 한다. 넷째, 4·19혁명 이후 혁명적 요구와 법적 안정성 사이의 갈등을 김수영의 시와 정구영 등의 논설을 통해 비교해 보고자 한다. 다섯째, 군사정권의 정치적 압력에 맞섰던 법률가들의 노력을 재야 법조계, 검찰, 법원, 학계 등을 통해 조명해 보고자 한다. 여섯째, 기본적 인권을 근본적으로 유린한 체제에 맞선 시민들의 육성으로 전태일과 김지하의 글을 소개한다. 일곱째, 폭압적인 유신체제에 맞선 법률가의 고투를 민청학련 사건의 변론인, 김재규 사건에서의 소수의견을 제시한 대법원판사들 등을 통해 조명한다. 여덟째, 87년 6월항쟁에 이르는 군사정권의 폭압에 맞선 학생·시민·법률가의 노력으로 부천성고문사건, 박종철사건 그리고 6월항쟁의 국민운동본부 등을 통해 담아내고자 했다. 마지막으로, 반민주적 법제 및 관례에 대한 도전을 대법관, 피고인, 소장판사들의 시국선언을 통해 다른 차원에서 담아내고자 했다.

이 글들은 당대의 사회정치적 현실 가운데 법률가의 양심과 고민을 집약하고 있는 글 중에서, 최선의 법적 실천이거나 중요한 쟁점을 정면으로 제기한 것들이다. 대부분의 글들은 정치권력의 반법치적·반이성적 압력에 대해 법률가적 견지에서 저항한 기록들이다. 권력에 대한 저항에 못지않게 힘든 것은 지배적 세론에 맞설 때이다. 이 때는 지위와 함께 명예마저 잃을 각오를 해야 하기 때문이다. 이 글들의 필자 중 상당수는 이 글로 인해 혹은 이 글을 쓰게 된 전제사건으로 인해 불이익을 각오해야 했다. 현직을 잃거나, 수감되거나, 그 정도가 아니더라도 각종의 유무형의 압력을 감당해야 했던 것이다. 때문에 이 글들은 단지 미문(美文)에 그치지 않고 "온

몸으로" 참다운 법을 실천 작품으로서의 감동을 불러일으킨다.

필자들은 좁은 의미의 법조인과 법학자만에 그치지 않는다. 법률가가 제 역할을 할 수 있는 법치사회라면 법의 목소리는 직업법률가를 통해 "대변"되어질 가능성이 크다. 그러나 법률가가 지배적인 권력 · 여론 · 관습 · 풍조에 대항해 목소리를 내기 어려웠던 시대에는, 정의와 법치의 소리는 국회나 법정이 아니라 거리에서, 광야에서 울려나올 수 있다. 오늘날 당연히 "권리," "인권"의 항목에 포함시키는 것 중에 당시에는 당연히 "무권리," "무인권"의 지대로 여겨졌던 것이 적지 않다. 무엇이 "당연한" 것인가를 둘러싼 투쟁의 과정에서 수많은 희생이 수반되었다. 한 때 광야의 소리, 양심의 소리들 중 상당부분은 실정법적 권리로 구체화되어 가고 있는 중이다. 때문에 현재의 법을 이해하기 위해서라도 우리는 법 밖의 세계에서의 소리들을 법의 이해에 담아낼 필요가 절실하다고 생각한다.

한 가지 유의할 것은 여기 수록된 필자들이 생애 내내 위대했다는 식으로 볼 것은 아니라는 점이다. 생애 내내 오점과 영욕 없이 위대할 수 있는 사람은 극소수의 단명한 사람들밖에 없지 않나 하는 것이 자료를 정리하면서 드는 솔직한 느낌이다. 현실로부터 초연할 수 없는 세속직 직분으로서의 법률가의 활동을 통해 순결한 위대성의 영예를 얻기란 참으로 어렵다. 특히 법률가가 현실정치에 이모저모로 연루되게 되면, 한국 현실정치가 받고 있는 냉혹한 평가의 일환으로 극단적인 포폄의 대상으로 전락될 수 있다. 그리하여 편자는 "당대의 시점"에서 최선의 작품을 택하고자 한다. 이 글을 쓰기 이전이나 이후의 행적이 어떻게 평가되든 간에, 여기 선택된 글을 썼던 그 시점, 혹은 관련된 법실천을 한 그 시점에서, 그는 최선의 법적 실천을 했거나, 중요한 쟁점을 어렵사리 제기한 점을 높이 평가하고 싶은 것이다.

모든 글의 앞에는 〈해설〉을 달아, 각각의 글이 나오게 된 시대적 배경과 영향을 정리하고 필자를 소개하였다. 장황한 해설은 독해의 맛을 떨어뜨릴 수 있어 최소한도로 줄였으며, 관련 내용을 접근하기 위해 필요한 자료를 한둘 소개하였다. 독자들은 이를 실마리로 하여, 더욱 구체적이고 입체적으로 현상에 접근해갈 수 있으리라 믿는다.

여기 실린 글이 한국현대법사의 중요한 글들을 망라한다고는 전혀 생각하지 않는다. 편자가 정말로 기념적 가치를 갖고 있다고 생각한 글의 일부는 끝내 원문을 찾지 못하여 포함시키지 못한 것도 있으며, 중복되는 취지의 글은 뺄 수밖에 없었다. 훨씬 의미 있는 글임에도 불구하고 실리지 못한 글이 있다면 꼭 알려주실 것을 부탁드리고 싶다.

이 글은 편자가 서울대 법대 교무부학장으로 재직중이던 지난 2년간 틈나는 대로 읽으면서 정리하였다. 학장과의 인연으로 할 수 없이 보직을 맡게 된 뒤, 법대의 상황을 책임 있는 눈으로 보게 되면서 정말 할 일이 너무나 많구나 하고 느꼈다. 새로운 주제를 탐구할 시간적 여유는 허용되지 않았던 반면, 학계와 법조 인사들과 여러 주제를 논의할 수 있었으며, 우리 학생들과의 접촉을 넓혀가면서 그들의 고충을 생생하게 느낄 수 있었다. 그 사이에 느낀 최근의 경향 중의 하나는 한편으로는 실정법의 도그마틱에 빠져 전체 숲을 보려는 노력이 부족하고, 다른 한편으로는 외국의 최신 법사조에 끌려가지 않나 하는 것이었다. 이 땅에서 이 정도의 법치주의와 민주주의가 정착하기까지의 정황과 고투를 알게 된다면, 이 땅의 삶의 현장과 직결된 법학이 생겨날 수 있으며, 이럴 때 위의 문제도 바람직하게 극복되지 않을까 하는 생각이 든다. 지금껏 모은 법자료의 일부를 지인과 학생들에게 소개하니 그러한 자료가 있었다는 사실 자체에 대해 감격해하는 분도 적지 않아, 이 자료를 정리할 의지를 북돋울 수 있었다. 보직을 마치면서 이 책으로 학문에 대한 마음빚의 일부라도 덜고 싶은 심정이다.

감사드릴 분들이 많다. 책의 일부씩 맡아 타자와 교정을 하고, 의견을 제시해 준 조지만, 임보미, 김현숙, 김동혁, 신윤진, 송영훈의 이름을 적어두고 싶다. 법학을 폐쇄적 울타리에서 벗어나 인문 · 사회 · 자연과학과 열린 대화의 장을 준비하고, 사회에 기여하는 법대인을 육성하고자 애쓴 안경환 학장, 늘 동학(同學)의 마음으로 살아오면서 지난 2년간 고충들을 같이한 정긍식, 김도균 두 학생부학장과 함께 한 기억들은 앞으로도 오래 갈 것이다. 가장 감사드려야 할 분들은 바로 이 글의 필자들이다. 어두운 시대에 맞서 온몸으로 기록을 남겼고, 편자의 취지에 공감하여 이 글의 수록에 동의해 주신 데 대해 깊은 감사를 드리지 않을 수 없다.

2004년 6월 10일

연구동과 강의동 사이에서

한 인 섭 씀

차 례

1

1. 대한민국 헌법의 제안이유

대한민국 헌법은 1948년 7월 17일 공포되었다. 한반도에서 처음으로 "대한민국은 민주공화국이다. 大韓民國의 主權은 國民에게 있고 모든 權力은 國民으로부터 나온다"로 시작되는 국민주권의 민주공화국이 법적으로 탄생한 것이다. 비록 분단의 고착화과정에서 그 효력이 한반도의 남반부에만 적용될 수밖에 없던 한계가 있지만, 민주헌정체제의 성립은 적극적으로 평가될 수 있다.

유진오는 제헌헌법의 기초자로 불린다. 그는 경성제대 법문학부를 제1기로 졸업하였고, 고등문관시험에 응시하지 않고 보성전문에서 헌법학 및 공법학을 담당하는 교수가 되었다. 일제시대는 법학, 그 중에서도 특히 공법학의 연구가 기피되었던 시기였다. 그러한 시기를 거쳐 해방을 맞았을 때 그는 유일한 헌법학자였다. 그러나 해방 초기의 국면에서 새로 헌법을 공부하다시피 하면서 헌법이론을 세워갔고, 법제화 작업에도 힘을 쏟았다. 헌법뿐 아니라 신생한국의 정부조직 관련법은 그의 책임하에 기초되었다고 해도 지나침이 없다.

2

선정된 글은 제헌국회에서 헌법제안 이유를 설명하는 것이다. 그는 대한민국 헌법의 근본정신과 주요 내용을 압축하여 전달하고 있다. 그는 정치적 민주주의와 경제 · 사회 민주주의를 조화시키려 하며, 경제적 약자를 후원하고 강자를 조정한다는 정신에서 국가의 경제문제에 대한 적극적 관여를 정당화하였다. 민주주의 원칙에 투철한 통치기구로서, 그의 개인적 선호는 단원제보다는 양원제에, 대통령제보다는 내각책임제에 놓여 있었다. 그러나 건국초기의 복잡다단한 정치적 전개를 의식하여 국회는 양원제 대신 단원제를 입안하였다. 유진오는 대통령제가 아니라 내각책임제를 기본으로 한 행정부 조직을 구상하였으나, 초대 대통령으로 내정된 이승만의 고집으로 대통령(간선제)제로 바꿀 수밖에 없었다. 그러나 내각책임제의 틀을 여러 곳에 남겨둔 채, 대통령제를 받아들임으로써, 한국 헌법은 미국식 순수대통령제와는 상당히 다른 대통령 책임하의 내각제적 요소를 갖게 되었다. 그러나 대통령의 독재화가 심화될수록 유진오식의 내각책임제는 하나의 대안으로 논의되었으며, 1960년 4월 혁명 직후 순수한 내각책임제 헌법이 제도화되기도 했다.

대한민국 헌법은 경성헌법을 표방했음에도 무려 9차례의 개정을 겪게 된다. 그 주된 개정은 권력자들의 집권 및 집권연장을 위한 것이었고, 1960년과 1987년 헌법만 민주화의 내용을 보강하는 개정이었다. 한때 명목적 헌법, 장식적 헌법의 대표적인 예로 꼽혔던 대한민국 헌법은, 1987년 이후 가장 기본적인 헌법규범으로서, 통치기구의 구성뿐 아니라 국민의 기본적 인권의 실현을 위한 규범이자, 시민들과 정치집단들이 지켜야 할 규범적 틀로서 정착되어 가고 있는 중이다. 헌법이 이렇게 정치규범, 생활규범으로 구체화되어가는 과정은 대한민국의 민주화와 법치화의 과정을 그대로 보여주는 증거라 할 수 있다. 외생적 헌법을 내재적 규범으로 정착시켜 가는 데 반세기 가까이 걸린 것이다.

제헌헌법에의 관여에 대한 유진오 자신의 기록은 『헌법기초회고록』(일조각, 1981), 『헌법의 기초이론』(일조각, 1950)이 있다. 그는 최초의 헌법교과서 『헌법해의』를 썼고, 이 책은 중판되었다. 유진오의 생애와 사상에 대한 가장 기본적인 정리는 최종고, 『한국의 법학자』(서울대학교출판부, 1989, 41~96), 안경환, "유진오 통합적 지성인의 삶," 한국공법학회 편, 『한국의 공법학자들 생애와 사상 』(2003, 33~56)을 들 수 있다. 그의 헌법사상에 대한 보다 깊이 있는 접근은 이영록, 『유진오의 헌법사상의 형성과 전개』(서울대학교 법학박사논문, 2000)가 있다. 한국 헌법의 역사적 형성에 대한 자료는 정종섭 편, 『한국헌법사문류』(박영사, 2003)를 참고할 수 있다.

4

1. 대한민국 헌법의 제안이유

유 진 오

전문위원(유진오) 지금 소개해주신 유진오(俞鎭午)올시다. 이 헌법의 원안을 기초한 관계로서 이 헌법의 근본정신에 대해서 간단하게 말씀드리려고 생각합니다. 지금 서상일(徐相日) 위원장께서 말씀하신 바와 같이 이 헌법의 기본정신은 정치적 민주주의와 경제적·사회적 민주주의와의 조화를 꾀하려고 하는데 있다고 말씀할 수 있겠습니다. 다시 말씀하면 불란서혁명이라든가 미국이 독립시대로부터 민주주의의 근원이 되어온 모든 사람의 자유와 평등과 권리를 위하고 존중하는 동시에 경제균등을 실현해 보려고 하는 것이 이 헌법의 기본정신이라고 말할 수 있습니다. 그러므로 우리는 모든 사람의 자유와 평등을 기본원리로 하면서 이 자유와 평등이 국가전체의 이해와 모순되는 단계에 이르면 국가권력으로써 이것을 조화하는 그런 국가체제를 생각해 본 것이올시다. 제 1 장 제 5 조에서 그런 기본정신을 말한 것입니다. 제 6 조에서는 우리나라는 모든 침략적인 전쟁을 부인한다 했는데 이것은 세계의 중요국가가 지금 다

---

* 1948년 6월 23일. 헌법제정회의록(제헌의회) 제 1 집, 국회도서관, 1967, 102~111.

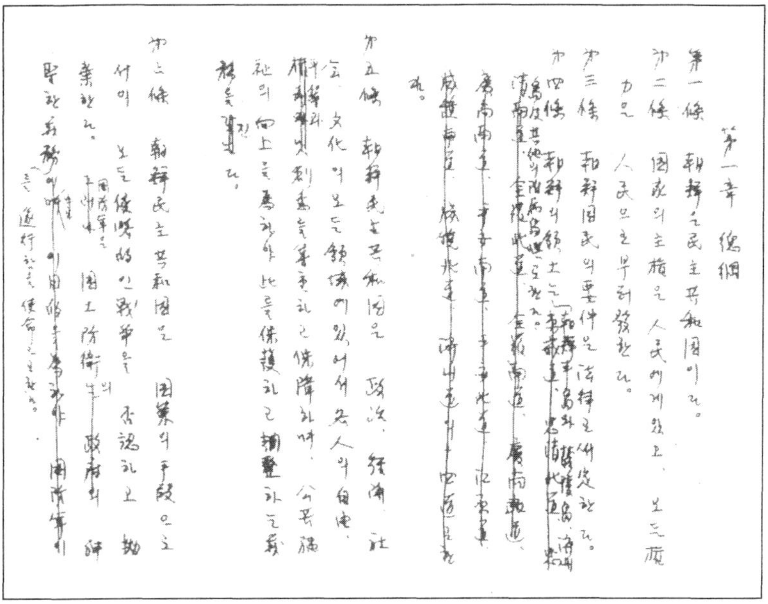

가입되어 있는 "전쟁포기에 관한 조약" 그 전쟁포기에 관한 조약의 기본정신을 우리나라에서도 그것을 시인한다고 하는 것을 여기서 설명해 본 것이올시다. 그러나 전쟁을 포기한다는 것은 국가를 방어하는 그런 권리와 의무를 포기하는 것은 아니기 때문에 침략적인 전쟁은 부인하지만 우리 국가를 방위하는 데에 있어서는 강력한 국방군을 건설하지 않으면 안되겠으므로 침략전쟁의 부인에 이어서 규정한 바입니다. 제 2 장 국민의 권리, 의무에 있어서 18세기 이래 국민의 자유권 그 자유권 중에 제일 중요한 의미를 가진 것은 거의 빠짐없이 망라하였다고 생각합니다. 특별히 인신의 자유와 보호에 치중해서 다른 모든 민주주의국가에서 실시되어 있는 인신보호영장의 문제라든지 또는 체포 · 구금을 받을 때에는 즉시 변호인의 변호를 받는 권리라든가 하는 것을 우리도 인정하였습니다. 그러나 우리는 경제문제에 있어서는 다만 모든 사람의 자유활동을 인정할 뿐만 아니라 특별한 약한 사람은 붙들어 주고 강한 사람은 조정하는 그런 정신 밑에서 경제문제 · 사회문제 · 문화문제에 관해서는 단순히 자유를 주자는 데에 그치지 아니하고 국가가 그 문제에 적극적으로 참섭(參涉)해서 어떠한 사람은 도와주기도 하고 어떠한 사람은 제한하는 그런 체제를 채용해 봤습니다. 제15조의 재산권에 관한 규정도 이런 정신의 발로입니다. 종래에는 재산권은 오로지 신성하고 불가침하다고 이렇게 규정되었던 것인데 이 헌법에 있어서는 재산권은 보장되지만 그 내용과 한계를 법률로써 정하게 되어 있습니다. 국민의 대표들이 모인 국회에서 재산권에 대해서도 일정한 한계를 둘 필요가 있다고 인정하게 된다면 법률로써 재산권의 한계가 획정될 것이라고 생각합니다. 그러나 그렇다고 해서 재산권을 하등의 조건 없이 몰수하는 제도는 채용하지 아니하였습니다. 제15조 제 3 항에 "공공필요에 의하여 국민의 재산권을 사용 또 제한할 때에는 상당한 보상을 지불하고 법률의 정하는 바에 의하여" 이것을 행한다고 해 놓았습니다. 제16조에는 "교육에 대한 국민의 권리"를 규정하였습니다. 이전에는 교육을 오로지 자유라고 해서 국가권력으로써 간섭하지 못하게 하는 것만이 민주주의라고 생각하였습니다마는 우리 헌법에는 그런 태도는 취하지 아니하고 교육에 대해서 국가가 지대한 관심을 가졌으며 교육을 받는 것은 국민의 권리임을 밝히는 동시에 특별히 초등교육은 의무적으로 해가지고서 모든 사람에게 반드시 초등교육을 받도록 규정하고 모든 교육기관은 국가의 감독하에 두고 교육제도를 법률로써 정하는 이런 체제를 취해 본 것이올시다.

제17조에서는 국민의 근로의 권리와 의무를 규정하고 근로조건에 관해서는 기업자와 근로자간의 자유로운 고용계약에 맡기어 버

리지 아니하고 국가의 법률로써 근로조건으로 기준을 정해서 근로자를 보호하는 그런 체제를 취한 것이올시다. 제 3 항에 가서 "여자와 소년의 근로는 특별한 보호를 받는다"고 한 것은 일반적으로 근로자의 보호에 힘쓸 뿐만 아니라 근로자 중에도 특별히 약한 자라고 볼 수 있는 여자와 소년에 대해서는 특별한 보호를 가하기로 된 것이올시다.

제18조에는 "근로자의 단결, 단체교섭과 단체행동의 자유"를 보장하였습니다. 이에 의하면 근로자는 고용계약으로 들어갈 때에 다만 개인으로서 기업자와 계약을 할 뿐만 아니라 단체를 만들어서 단체교섭을 할 수 있으며 그 단체교섭으로써 근로자의 지위를 보호할 수 있게 된 것이올시다.

제19조에서 "노령, 질병 기타 근로능력의 상실로 인하여 생활유지의 능력이 없는 자는 국가에서 보호한다"고 하였습니다. 종래의 체제로 본다면 개인 한 사람 한 사람의 생활문제는 오로지 그 사람에게 맡겨 두어 있었습니다. 그러나 우리 헌법은 그렇게 하지 아니하고 생활능력이 없는 사람에게 대해서는 국가가 이것을 보호해서 생활할 수 있게 되도록 그런 체제를 취한 것이올시다. 기타의 문제에 관해서는 종래의 민주주의 각 국가에서 보장하였던 국민의 권리 · 의무 중 중요한 것과 기본적인 것을 대개 망라하였다고 말할 수 있습니다. 여기서 자유권제한에 관한 원칙으로서 주의해야 할 조문은 제27조라고 생각합니다.

제27조 제 1 항에 의하면 국민의 모든 자유와 권리는 헌법에 열거되지 않았다고 해서 경시되지 않는다 하였습니다. 즉 헌법에 열거되지 않은 여러 가지 자유와 권리도 헌법에 열거된 것과 마찬가지로 반드시 법률로써 하지 않으면 이것은 제한하지 못한다는 그 정신을 표시한 것입니다. 동조 제 2 항에는 국민의 자유와 권리를

제한하는 법률의 제정은 질서유지와 공공복리를 위하여 필요한 경우에 한한다고 하였습니다. 다시 말하자면 우리의 자유와 권리를 제한하는 것은 반드시 법률에 의하지 않으면 아니되는 동시에 법률로써 한다 하더라도 무작정하고 우리의 자유와 권리를 제한할 수 있는 것이 아니라 이 두 가지 조건이 있어야 한다고 하는 것입니다. 질서를 유지하기 위해서 필요한 경우 또는 공공의 복리를 위해서 필요한 경우가 아니면 국회에서 법률로써 한다고 하더라도 우리의 자유와 권리를 제한하지 못한다는 그런 말하자면 입법권에 대한 제한을 이 제27조 제 2 항에서 표시되어 본 것이올시다.

제 3 장 국회의 조(條)에 가서는 지금 이 헌법은 단원제로 되어 있습니다마는 단원제로 하느냐 양원제로 하느냐 하는 문제는 제일 중대한 문제라고 말할 수 있습니다. 당초에 저희들은 이 초안을 작성할 때에는 양원제를 취해 보았습니다. 하나는 직접 국민으로부터 선거된 대표로써 구성되는 소위 하원—우리는 초안에서 민의원이라고 했었습니다. 그런 민의원과 참의원과는 좀더 선출하는 방식을 달리해서 구성되는 소위 상원—우리들은 참의원이라고 해 보았던 것입니다. 민의원 이외에 참의원이라고 하는 것을 두는 것은 거기에다가 보수적인 세력을 집결시켜서 민의원의 자유로운 활동을 견제하는 것이라고 하는 유력한 의견이 있을 수 있습니다. 각국에 있어서의 양원제의 역사를 볼 것 같으면 사실 민의원은 항상 급진적인 경향을 대표하고 참의원은 보수적인 경향을 대표해서 그 양 세력이 서로 견제하여 온 것이 사실이라 할 수 있습니다.

그러나 우리의 원안에서 구상한 양원제도는 그런 보수적인 세력으로써 견제하려고 한 것이 아니라 중요한 국가의 의사의 결정을 좀더 신중하게 하자는 것이었습니다. 단원으로써 단번에 결정해 버리는 것은 너무 조급하니까 일단 하원에서 결정된 후일지라도 상원에서 이것을 재검토할 기회를 갖자는 것입니다. 재검토하기 위해서는 상원과 하원은 의원을 선출하는 방법이 달라야 되겠습니다. 그래서 하원의원을 선출하는 방법과 달리 한 참의원을 구상해 봤던 것입니다.

그러나 헌법기초위원회에서는 복잡다단한 이 건국초기에 있어서 참의원을 구성하기 위해서 복잡다단한 사무를 진행시키는 것은 도리어 지장이 있다고 해서 원칙적으로 참의원이 필요하다는 것은 인정되었으나 우선 이것을 설치하지 아니하고 단원제로 나가기로 결정이 된 것이올시다. 단원제도로 나갈 것 같으면 지금 말씀드린 양원제도와 정반대의 장단이 있다고 말할 수 있겠습니다. 장점은 국가의 의사가 한번 결정되면 그대로 나가게 되니까 문제가 신속하게 처리될 수 있는 것입니다. 한번 결정한 것을 참의원에 가지고 가서 다시 재검토한다면 시간이 천연(遷延)될 것인데 그런 폐단을 없이하고 신속하게 국가의 중요한 일을 정해 나가는데 있어서 단원제도가 장점이 있다고 하겠습니다. 동시에 아까 말씀드린 바와 같이 중요한 국가의사의 결정을 재검토해 볼 기회가 없다고 하는 것은 이 단원제도의 중대한 단점이라고 말할 수 있습니다. 그러나 여러 가지를 비교해서 참고해서 헌법기초위원회에서는 단원제도를 채택하게 된 것이올시다.

제 4 장 정부 장(章)에 들어가서는 우리들이 초안작성할 때 제일 염두에 둔 것은 어떻게 해서 정부를 안정시키겠느냐, 어떻게 하면 행정권이 항상 흔들리지 않고 안정된 기초 위에 서서 강력한 정치를 추진해 나갈 수 있겠느냐 하는 것이 최대 관심사였습니다. 그래서 우리들은 생각하기를 정부가 안정성이 있고 강력한 정치를 해나갈 수 있는 것은 결코 정부와 국회를 따로 떼어 놓고 양자가 서로 간섭하지 못하게 하는 그러한데서 얻을 수 있는 것이 아니라 오히

려 양자의 관계를 밀접히 해놓고 국회의 다수한 사람이 지지하는 그러한 정부를 수립하는 것이 정부의 안정성과 정치의 강력성을 도모하는데 있어서 가장 좋다고 생각되기 때문에 저희들은 소위 대통령제도를 취하지 아니하고 의원내각제도를 취했던 것입니다. 이 의원내각제도와 대통령내각제도의 두 가지를 비교해 볼 때 아까 단원제와 양원제를 비교한 것과 같은 각각 일장일단을 가졌다고 말할 수 있겠습니다. 다시 말하면 의원내각제도는 지금 말씀드린 바와 같은 장점이 있는 동시에 한 개의 단점을 가졌다고 말할 수 있겠습니다.

그것은 정부가 국회의 다수한 의원의 지지를 받고 있는 동안에는 대단히 좋지마는 만일 국회와 정부 사이에 의견의 상위가 생기거나 한층 더 나아가서 국회와 정부 사이에 일종의 알력관계가 생기는 경우에는 정부는 그 즉시 영향을 받게 됩니다. 그 극단의 경우에는 국회에서 정부 전부를 불신임하는 그러한 결의를 할 것 같으면은 정부는 총사직을 하거나 그렇지 않으면 국회의 불신임결의는 국민의 총의가 아니라고 해서 국회를 해산해서 총선거로써 국민의 총의를 묻는 그런 불신임결의와 국회에 대한 해산이라는 중대한 권한을 국회와 정부 양자에게 각각 주게 되겠습니다.

그런 고로 의원내각제도에 있어서는 정부가 국회의 지지를 받고 있는 동안은 좋지만 정부와 국회 사이에 의견의 대립이 생기는 경우에는 지금 말씀드린 그러한 중대한 사태가 벌어질 수 있는 그러한 점이 말하자면 의원내각제도의 결점이라고 말하겠습니다. 그런 고로 여기서 생각되는 것이 소위 대통령제도인데 대통령제도는 지금 말씀드린 내각제도와 정반대의 장단을 가졌다고 볼 수 있겠습니다. 대통령과 즉 정부측과 국회는 갈려 있으므로 정부측은 국회에 대해서 해산권을 행사하지 못하는 동시에 국회는 정부의 불신임결의를 할 수가 없습니다.

대통령제도에 있어서도 국회는 입법권을 행하는 외에 국정에 대한 감사도 행할 수 있게 할 수 있습니다마는 그 감사는 오로지 감사에 그치고 정부에 대한 불신임이라든지 그러한 강력한 수단으로 나타나질 못하는 것입니다. 동시에 정부는 국회의 불신임을 받지 아니하지마는 그 국회에 대해서 해산을 명할 권한이 없으므로 결국 대통령제도에 있어서는 정부와 국회는 둘로 갈라져서 각각 하나는 입법권을 행사하고 하나는 행정권을 행사하게 된다 하겠습니다. 그러므로 정부는 그 점에 있어서 안정성이 있다고 말할 수 있겠습니다. 적어도 대통령 임기 동안은—대통령 임기는 4년이라고 되어 있습니다. 한번 대통령이 되면 대통령 임기 동안에는 국회의 신임, 불신임 여하를 불구하고 정부는 그대로 정책을 수행해 나갈 수 있겠습니다.

그런 고로 그러한 의미에서 안정성과 강력성이 있다고 볼 수가 있겠습니다마는 한편으로 그 장점은 동시에 단점이 된다고 하겠습니다. 즉 국회와 정부가 의견을 달리하는 경우에는 이것을 적당하게 조절하는 길이 적어도 법제상으로 없는 것입니다. 그것이 격화해서 국회의 의사와 정부측 의사가 전연 배융(背融)되는 경우가 되어도 정부는 국회의 해산권이 없고 국회는 정부에 대한 불신임권이 없으므로 그것을 법제상 조화할 수 없다는 것이 대통령제의 가장 큰 약점이라고 볼 수가 있겠습니다.

헌법기초위원회에서는 저희들이 의원내각제로 된 먼저 초안을 가지고 그 동안 여러 가지로 검토하고 상당히 의견대립이 있었습니다마는 지금 건국초기에 있어서 무엇보다도 정부의 안정성, 정치의 강력성을 도모할 필요가 있다고 해서 이 초안은 보시는 바와 같은 대통령제를 채택하게 된 것입니다. 다만 이 초안에 나타난 대통령제는 "순미국식 대통령제"가 아니란 것을 여기서 말해 둘 필요가 있습니다. 미국식 대통령제에 있어서는 행정 각 장관은 국회에 출석할 권한이 없으며 동시에 국회에 출석할 의무도 없습니다. 그러나 우리 헌법에 있어서 국무위원은 국회에 출석해서 발언할 수 있고 또 국회의 요구가 있으면 출석해서 발언을 해야 할 의무를 지게 됩니다. 즉 국회와 정부는 미국식으로 아주 갈려 있지 않고 다만 해산권과 불신임권이 없을 뿐으로 항상 밀접한 연락을 할 수 있게 되어 있는 것입니다. 또 한 가지 미국제도와 다른 것은 미국에 있어서는 각성(各省) 장관은 합의체를 형성하고 있지 않습니다. 물론 사실상으로는 행정장관들은 가끔 모여서 회의를 하는 모양입니다마는 그러나 그것은 헌법상의 제도는 아닙니다. 우리 초안에 있어서는 대통령제도를 채용하되 다시 국무원제도를 두어서 제67조에 "국무원은 대통령과 국무총리 기타의 국무위원으로 조직되는 합의체로서 대통령의 권한에 속한 중요국책을 의결한다" 하였습니다. 그러므로 대통령의 권한에 속하는 사항은 대통령 한 사람이 결정하고 한 사람이 실행해 나가는 것이 아니라 제67조의 국무원에 관한 규정에 의해서 국무원의 의결을 통해서 행해 나가게 되는 것이 미국의 대통령제와 우리 헌법의 대통령제의 다른 점이라 말할 수 있겠습니다.

제 5 장 법원 장(章)에 있어서는 사법의 민주화에 대해서 상당히 저희들은 머리를 썼다고 생각합니다. 즉 사법권의 독립을 유지하기 위해서 재판소의 조직을 반드시 법률로써 정하고 법관의 자격을 또한 법률로써 정하고 법관은 반드시 헌법과 법률에 의해서만 재판을 하는 그러한 제도를 취하는 동시에 종래의 제도에서는 사법관의 신분을 종신관으로 하는 것이 통례였습니다마는 이 헌법에서는 법관의 임기를 10년으로 하고 10년 동안은 법관은 형벌이라든지 징계처

분이라든지 탄핵이라든지 그러한 사유에 의하는 이외에는 법관의 신분을 보장하는 동시에 10년이 지나면 법률의 정하는 바에 의해서 연임되지 않는 법관은 퇴관하게 될 것입니다. 그래서 우리는 법관의 신분을 보장하는 동시에 10년이라는 임기를 둠으로써 일종 청신(淸新)한 민주주의 공기를 불어넣어 보려고 한 것입니다.

제80조에서 주목할 점은 제80조 제 1 항은 행정소송에 대해서 대륙식 특별재판소제를 취하지 않고 "영미식제도"를 취해 본 것입니다.

종래의 불란서라든가 이러한 구라파 대륙에서는 행정권의 처분에 관해서 그 불법을 주장하는 사람이 있다고 하더라도 보통재판소에 소송을 제기하지 못하는 행정재판소라는 특별한 제도를 통해서만 할 수 있게 되어 있던 것입니다. 그러나 이렇게 행정권의 처분에 관한 소송을 행정권 자신에게 맡기는 것은 국민의 자유와 권리를 보장하는 의미에 있어서 적당치 아니하다고 해서 법률의 정하는 바에 의하여 명령 · 규칙 · 처분 그런 것이 헌법과 법률에 위반되는 경우에는 보통재판소에다가 소송을 제기할 수 있다고 이렇게 한 것입니다. 한 걸음 더 나아가서 국회에서 제정된 법률이 헌법에 위반되는 경우에는 어떻게 하느냐 하는 이 문제에 관해서는 우리는 제80조 제 2 항에서 헌법위원회라는 한 새로운 제도를 생각해 냈습니다. 종래의 각국제도를 보면 미국에서는 법률이 헌법에 위반되느냐 안되느냐 하는 것을 판단하는 권리는 재판소가—다만 대심원(大審院)뿐만 아니라 모든 재판소가—이것을 가지고 있습니다.

그와 반대로 대륙계통 및 일본 같은 데에서는 법률이 헌법에 위반되는 여부는 오로지 국회가 스스로 판단하게 이렇게 되어 있던 것입니다. 국회에서 헌법에 위반되지 않는다는 인정을 받아서 제정된 법률은 의례히 헌법에 합치되는 것이라고 이러한 해석을 받아

왔던 것입니다. 그런 고로 하나는 사법권우월주의라고 할 수 있고 하나는 국회의 우월주의라고 할 수가 있겠습니다. 그러나 우리 조선에서는 법률이 헌법에 위반되느냐 안되느냐 하는 문제를 제기할 권한을 재판소에 주었습니다. 그러나 문제를 제기하기만 했지 과연 그것이 헌법에 위반된다 안된다 하는 판단은 재판소에 주지 아니하고 대법관 5인과 국회의원 5인으로써 구성되는 헌법위원회에서 이것을 결정하게 한 것입니다. 이 새 제도가 잘 운용되어서 우리나라가 훌륭한 법제국가의 성과를 올리기를 우리는 기대하는 바입니다.

제 6 장 경제 장(章)에 규정된 몇 개의 조문은 대체로 자유경제에 대한 국가적 통제의 원칙을 표시한 것입니다. 그러므로 일견 이 경제장을 보면 경제에 관한 국가적 통제가 원칙이 되고 자유경제는 예외가 되어 있는 것 같은 인상을 받을는지 모르지만 그런 것이 아니라 적어도 중소상공업에 관해서는 자유경제를 원칙으로 하고 대규모기업, 독점성 · 공공성이 있는 기업, 이런 기업을 국영으로 하는 동시에 국방상 또는 국민생활상 긴절한 필요가 있는 때에는 법률로써 사기업을 국영 또는 공영으로 이전시킬 수 있다는 소위 기업사회화의 원칙을 이 경제장에서 게양(揭揚)해 본 것입니다.

즉 경제적 활동은 원칙적으로 자유입니다. 그러나 그 경제적 활동이 공공성을 띠는 정도로 이를 때 그 때에는 국가권력으로써 경제문제에 간섭을 한다, 이것이 제 6 장의 기본정신이겠습니다. 특히 제83조는 이 경제문제에 관한 우리나라의 기본원칙을 게양한 것입니다.

모든 사람의 경제상 자유를 인정하지마는 그 경제상 자유는 사회정의의 실현과 균형 있는 국민경제의 발전이라는 그 두 가지 원칙 하에서 인정되는 것입니다. 사회정의라는 것은 대단히 막연한 것 같습니다마는 조문에는 사회정의의 내용에 관해서 정의를 내리고 있습니다. 즉 모든 국민에게 생활의 기본적 수요를 충족할 수 있게 하는 사회정의입니다. 자유경쟁을 원칙으로 하지마는 만일 일부의 국민이 주리고 생활의 기본적 수요를 충족시키지 못한다고 하면은 그 한도에서 경제상의 자유는 마땅히 제한을 받을 것입니다. 우리 헌법은 그러므로 균등경제의 원칙을 기본정신으로 하고 있다고 말씀할 수가 있습니다.

이러한 사회정의의 실현과 또 균형있는 국민경제의 발전—다시 말씀하면 경제상의 약자를 다만 도와줄 뿐만 아니라 국민경제의 전체에 관해서 균형 있는 발전을 하는 것을 우리나라 경제의 기본정신으로 하는 것입니다. 국가적 필요로 보아서 어떠한 부문의 산업을 진흥시킬 필요가 있는 경우 또 국가적 필요로 보아서 어떤 부문 산업을 제한할 필요가 있는 경우 그러한 때에는 국가권력으로써 이 모든 문제에 관해서 조정을 할 것입니다. 대개 이러한 것이 경제에 관한 기본적 제원칙이라고 말씀하겠습니다.

제7장 재정에 관해서는 특별히 말씀드릴 것이 없습니다마는 다만 국회에서 회계연도까지에 예산이 성립되지 아니하는 경우에 어떠한 방책을 쓰느냐. 그 점에 관해서 외국의 예를 보면 흔히 가예산제도를 쓰고 있습니다. 혹은 2, 3개월 동안 예산을 인정하기도 하고 혹은 한 달씩 한 달씩 가예산을 의결해 나가기도 합니다. 그러나 그러한 제도는 국회를 상설기관으로 하는 국가에서 채용할 수 있는 제도입니다. 우리 헌법에서는 국회의 회기를 정하지 않았으나 회기제도를 예상하고 있습니다.

각국의 국회발달의 경로를 보면 대개는 일정한 회기제도로부터 차차로 상설기관화하고 있습니다마는 지금은 우리 국회는 일정한 회기를 두는 것이 좋다고 생각이 되어집니다. 국회법에 의하면 우리 국회의 회기는 90일로 되어 있습니다. 그러면 90일이란 회기 이

내에 예산이 성립되면은 좋지마는 예산이 성립되지 아니하는 때에는 어떻게 하느냐, 회기를 연장하거나 하는 수밖에 없습니다. 그러나 회기연장이라는 것은 또한 일정한 기간을 한해서 연장하는 것이 됩니다. 그러므로 예산이 성립되지 않는 경우에는 가예산제도를 다른 나라와 같이 채용하지 못하고 전년도의 예산을 실행한다 하는 제93조가 된 것입니다.

이 제93조는 다른 외국에서는 별로 예를 볼 수 없고 과거의 독일, 일본 헌법 등에 있는 예입니다. 그러나 국회의 회기제도를 원칙으로 하면 이렇게 하지 않을 수 없어서 1년 동안 전년도의 예산을 실행하게 이렇게 된 것입니다. 기타에 관해서는 별로이 새삼스럽게 말씀드릴 것이 없으므로 이만치로 말씀을 끝마치겠습니다.

2. 사법권 독립과 법관의 자세

초대 대법원장 취임인사

가인 김병로(佳人 金炳魯, 1887~1964) 선생은 대한민국 최초의 대법원장으로 임명되었으며, 한국의 법률가 중 가장 유명하고 존경받는 인물이기도 하다.

가인은 일제하에서는 허헌 · 이인 등과 함께 민족운동가들의 변론에 앞장섰으며, 신간회 등 민족운동에 주도적으로 관여한 애국적 변호사였다. 해방 후 그는 미군정하에서는 사법부장(1946~1948)으로, 건국 후에는 대법원장(1948~1957)으로 한국 사법의 초석을 닦았다. 그러나 그의 활동은 사법의 영역에 국한되지 않는다. 건국 직후 초미의 현안이었던 기본법제의 제정을 주도한 입법자였다. 헌법, 법원조직법, 민법, 형법, 형사소송법 등 한국의 기본법들에는 아직도 가인의 영향이 살아 있다. 대법원장으로서 가인은 정치적 압력과 외풍에 맞서 사법부의 독립을 수호하고, 사법제도와 기풍을 만들어 갔다. 이렇게 입법 및 사법의 기본질서를 정립한 것 못지않게, 그 스스로가 바람직한 법관 및 법률가로서의 모범적인 상을 보여주었던 것이다.

아래의 글은 대법원장으로 임명된 뒤, 제헌국회에 출석하여 취임인사를 한 내용이다. 이 글에서 김병로는 법관의 필수적인 덕목으로서 자신의 수양과 (법)기술적 단련에 힘써야 함을 강조하고 있다. 또한 사법부는 입법 · 행정으로부터 엄정한 독립성을 가져야 하며, 입법부에서도 삼권분립의 원칙을 잘 지켜 사법부가 소신과 능력을 발휘할 수 있도록 뒷받침해야 함을 역설하고 있다.

법률가들은 그의 삶과 법률가로서의 활동 · 법사상 전체를 깊이 음미할 필요가 있다. 길잡이가 될만한 책으로는 김학준, 『가인 김병로 평전: 민족주의적 법률가 · 정치가의 생애』(민음사, 1988), 김진배, 『가인 김병로』(가인기념회, 1983)를 들 수 있다.

2. 사법권 독립과 법관의 자세

김 병 로

(하오 2시 5분 계속 개의)

○ 의사국장(車潤弘) 곧 개회하겠습니다. 착석해 주십시오. 죄다 좌석정돈해 주십시오.

○ 부의장(金若水) 지금부터 개회를 하겠습니다. 개회하기 전에 여러분이 다 아시는 바와 같이 첫 번 사회이니만큼 많은 협력이 있기를 바랍니다. 그러면 지금부터 정식으로 속개하겠습니다. 오전에 신의장으로부터 이미 예고가 있었습니다마는 우리가 절대다수로서 승인을 한 대법원장 김병루(金炳魯) 씨로부터 지금 이 자리에 간단한 인사의 말씀이 있겠습니다. 여러분이 잘 들어 주시기를 바랍니다.

○ 대법원장(김병로) 나는 지금 의장으로부터 소개하여 주신 김병로올시다. 물론 여러분 가운데에는 수십년 이래 많은 충고를 가지고 여러 가지로 애호를 봐주신 이도 많이 있습니다. 그러나 오늘날까지 처음 인사도 드리지 못한 분도 계십니다. 그런데 금월 5일 국회에서 나 같은 무능한 사람을 국회의원 제위께서 대법원장이라

* 1948년 8월 16일. 제 1 회 국회의사속기록 제41호, 국회사무처, 736~738.

는 중책에 임하기를 인준하여 주심으로 말미암아 그 중임에 임명을 맡게 되었습니다. 거기에 있어서는 일방으로 국회의원 제위에 대해서 감사한 뜻을 마지않는 동시에 일방으로 부끄럽고 스스로 두려운 마음을 금치 못합니다. 실상은 여러분의 인준을 받은 즉후로 와서 인사의 말씀드려야 당연함에도 불구하고 오늘날까지 지연돼서 역시 여러분에게 미안한 말씀을 아니 드릴 수 없습니다. 또 오늘 귀중하신 법안을 말씀하시는 시간 가운데에 이 시간을 허용해 주셔서 오늘 와서 여러분에게 인사말씀을 드리게 된 광영을 얻게 된 것을 더욱 감사하는 바입니다.

나는 과거에 1945년 8월 15일 해방 후에 경성에 들어와서 약 1년 동안 정당에 몸을 두고 있었습니다. 그 후 1946년 7월 1일부터 군정하에 사법사무에 책임을 갖게 되기 때문에 정당관계를 다 끊고 오늘날까지 그 사무에 종사하여 왔습니다. 그러나 최초에 마음먹기는 군정하에 제반사무에 우리가 협력하는 것이 우리의 정식 정부를 수립하고 앞으로 독립국가를 건설하는 데에 기초사업이 되는 것으로 믿고 나로서는 미력이나마 일신상의 다소의 곤란과 나의 한 몸에 병고도 돌볼 바가 없이 나로서 성의를 다해서 사무에 종사하여 왔습니다마는 오늘날 2년 유여의 세월을 지내고 보니 무어라고 일반국민에게 대해서 하등의 성과를 얻지 못하고 만 것은 참으로 외람하고 두려움을 더욱 느끼는 바입니다. 그것은 물론 나의 능력이 부족한 큰 원인이겠습니다마는 일방에 특수한 정치정세에 제약을 받고 사상적으로, 경제적으로 혼란한 시기를 그대로 지속하여 나온 때문에 마음에 먹은 바의 십분지일도 시행을 못한 것입니다. 과거가 그럼에도 불구하고 오늘날 다시 이 무능한 사람에게 중책을 짊어지게 하신데 대해서 일층 더 심신을 다해서 온 국민의 대표되시는 여러분 앞에 온 국민전체 앞에 장래에 그 기대하시는 것

김병로 대법원장은 1950년 골수염으로 왼쪽 다리를 절단해야 했다.
그의 지팡이와 의족은 정치적 외압 속에 꿋꿋이
버티던 당시의 사법부의 상징이었다.

을 만분지일이라도 갚지 않으면 안되겠다는 것을 스스로 맹서하는 것입니다.

원래 사법사무라는 것은 어떠한 관공직에 있는 이가 모두가 자기의 인격수양과 또는 기술적 훈련에 힘을 안써서는 안될 것은 물론이지만 이 사법기관이라는 것은 직접적으로 온 국민의 생명과 신체, 재산과 명예와 온 국민의 허용한 헌법에 규정된 권리 · 의무를 최종적으로 결정하는 중대한 일을 가지기 때문에 더욱이 제일로는 자가(自家)의 수양을 더욱 긴급히 아니하면 안될 것입니다. 자가의 수양이라는 것은 물론 한도가 있고 말로서는 쉬워도 실천에 옮겨서 일반국민에게 정성스럽게 임하기는 과연 용이한 일이 아닙니다. 그 다음에 기술적 단련을 받지 않으면 안될 것입니다. 기술적 단련을 갖지 않으면 안될 것은 여러분이 국민의 총의에 의지해서 제정해 주신 법을 적당하게 해석하고 공정하게 제정하고 온 국민으로 하여금 거기에 대한 신뢰심을 떨어뜨리지 말고 온 국민으로 하여금 부족한 감을 주지 않도록 반드시 거기에 심심(深甚)한 연구와 단련이 있지 않으면 안될 것입니다. 그렇기 때문에 사법에 몸을 두는 사람은 제일 첫째는 자가수양을 배(倍)일층 더해야 되겠습니다. 그 다음에는 단련을 더욱더욱 날로 심심한 주의를 갖지 않으면 안될 것입니다.

이러한 점에 있어서 사법에 몸을 두는 사람은 제일 첫째에 자기 몸을 갖는 데 있어서 어떠한 사람도 의심하지 않는 확신성을 가져야 되겠습니다. 그러나 그 점에 있어서는 만일 나 자신에 있어 맹서하라고 하시면 내 한 사람으로는 과거나 현재나 장래는 물론하고라도 국민의 총의에 어그러짐이 없이 내가 실천궁행(實踐躬行)해서 국민의 기대에 맞도록 능히 용감스럽게 나가겠다고 하는 것을 맹서할 수 있습니다마는 온 사법기관에 있어서의 여러 판관, 법관은 … 여러분들은 모두 아시는 바와 같이 두 가지 요건을 마음 가운데에 넣어서 국민 앞에 신뢰를 얻고 국민의 기대에 어그러짐이 없이 하는 것은 대단히 어려운 일입니다. 그와 같은 것은 오늘날까지 우리 신흥국가의 정세에 아직도 안정성을 가지지 못한 우리 국가에 있어서 오늘날에 급속스럽게 그와 같은 것을 실현하는 것은 어렵다고 하지 않을 수 없습니다. 차차 일보일보 장래에 앞으로 신뢰감을 주고 내 마음껏 여러분의 기대에 어그러짐이 없도록 결정하는 것입니다.

여기에 있어서 물론 사법기관은 자기가 법을 제정하는 것도 아니고 또 자기가 법을 제정할 권리도 없습니다. 다만 국민의 총의에 의지해서 국회의원 여러분이 제정해 주시면 그 제정한 법률을 잘 적당하게 적용하는 데 그치고 마는 것입니다. 그렇기 때문에 여러분 국회의원은 온 국민을 대표하고 국회의원 여러분은 이 시기에 적당하게 법관으로 하여금 마땅히 이것을 적용할 만한 법률을 제정해 주시면 거기에 우리는 의준(依準)해서 일반국민의 공복으로 그것을 공정하게 운영하는데 노력을 게을리 아니할 것을 결심하고 있습니다. 거기에 끝으로 한 말씀을 드리고자 하는 것은 … 그렇기 때문에 이 사법기관은 법관의 운영에 관한 사업에 대해서는 반드시 엄정한 독립성을 가져야 되겠습니다. 만일에 다른 방면에 간접이나 직접으로 강제를 받는다든지 어떠한 정신이 거기에 첨부된다고 할 것 같으면 아무리 수신을 갖고 나간다 하더라도 거기에 지장이 없지 않을 것입니다. 현명하신 국회의원 제의원께서는 헌법에다가 기본원칙이 3권분립원칙임을 뚜렷이 내세웠습니다. 그 원칙에 따라서 만반의 법령을 제정하실 때에 거기에 기준해서 제정하셔서 사법기관으로 하여금 유감없는 소신과 그 능력을 발휘하게 하여 주시기를 간절히 바라는 바입니다. 오늘 특별한 말씀을 드린 바도 없이 다만 여러분 앞에 중대한 책임을 주셨다는 인사의 말씀을 간단히 드리려고 여기에 나왔습니다.

○ 부의장(김약수) 여러분 우리가 아무리 선량한 법을 제정했다 하더라도 적용하는 데 있어서 그 사람을 얻지 못하면 그 법이라는 것은 소용이 없습니다. 그런데 거기 우리가 그것에 관심했던 차에 마침 우리가 인준한 사람 말하자면 김병로 씨는 우리가 절대다수로써 결정을 지은 것입니다. 말하자면 승인을 한 것입니다. 우리가 승인을 한 사람이 그 사람이 이 자리에 나와서 여러분이 들으신 바와 같이 명랑한 인사의 말을 우리가 다같이 듣게 된 것으로 대단히 유쾌하고 또한 감사한 생각을 가지는 것이올시다.

(대법원장 김병로 씨 퇴장)

3. 부역자 처벌과 재판관의 고민

1958년 7월 5일 정치깡패 이정재 등의 관제데모단들은 서울지방법원 청사 안까지 난입하여 "용공판사 유병진을 타도하라"고 외쳤다. 그들은 "9·28 수복 이후 부역자들을 수없이 풀어준 유병진은 「유근일 사건」을 무죄라 하더니 이제 조봉암을 간첩이 아니라고 하니 용공판사가 틀림없다"고 주장했다. 사법부 독립의 명제가 정치깡패와 정치권력에 유린당하던 시대, 유병진의 존재는 한국 사법부의 양심과 고민의 화신이었다.

유병진(柳秉震, 1914~1966)은 1950년 불의의 남침에 가족을 남겨두고 홀로 부산으로 떠난다. 9·28 수복 이후 서울에 돌아온 그에게는 자녀의 죽음이란 가혹한 현실이 기다리고 있었다. 재판관으로서 그에게 닥친 첫 임무는 적치하의 소위 부역자의 처벌 문제였다. 이미 정부는 「비상사태하범죄처벌에관한특별조치령」이라는 긴급명령을 제정하여, 부역자에 대하여는 사형·무기 등 초중형을 선고할 수 있도록 하였으며, 재판은 단심으로, 그것도 40일 이내 선고하고, 증거의 설시를 생략할 수 있도록 규정하였다. 거기다 "부역자는 씨를 말려야 한다"는 여론의 압력과 부역자를 관대하게 처리했다간 스스로 부역자 혐의를 덮어쓸 수도 있는 엄혹한 상황이었다. 유병진은 엄혹한 법과 비등한 여론에 맞서 '법률의 노예'냐 '법관직의 사표'냐의 택일을 강요받던 상황에서, 최선의 법리와 사실심리를 통해 재판관의 임무를 수행했고, 그 과정에서의 자신의 논리와 심경을 『재판관의 고민』(고시학회, 1952)이란 책에서 정리하였다. 아래 소개되는 「재판관의 고민—부역자처벌에 관하여—」는 위 책의 논리를 압축적으로 요약한 것이다.

유병진은 그 뒤 「모색—무산대중체로의 지향」이란 글을 교내신문에 쓴 대학생 유근일에 대한 국가보안법 혐의에 대해 무죄를 선고하였다. 피고인의 평화통일 주장은 북괴에 호응한 것으로 볼 수 없고, 피고인이 가입한 학술서클이 국가변란을 목적으로 한 불법단체라는 증거가 없다는 이유에서였다. 그 뒤 이승만의 정적이었던 정치인 조봉암의 간첩 혐의에 대하여 사형 구형과 권력의 압력에도 불구하고 무죄를 선고하였고, 그 여파로 1958년 법관 재임용에서 탈락하게 된다. 조봉암에 대한 항소심과 대법원에서 사형이 확정되어 형장의 이슬로 사라진 것을 보면, 유병진의 어려움이 얼마나 컸을지 짐작된다. 그는 탁월한 법이론과 법관으로서의 양심과 용기를 겸비한 법률가로서 기억된다.

3. 부역자 처벌과 재판관의 고민

유 병 진

「재판관의 고민」이라고 제(題)하여 원고청탁을 받았다. 나로서는 퍽 망설였다. 그러나 이미 「재판관의 고민」이란 책자를 낸 필자로서 굳이 거부할 이유도 못되는 까닭으로 편집자의 청에 따르기로 했다.

그런데 필자로서 이에 주저하게 된 것은 물론 까닭이 있다. 「재판관의 고민」이라 하는 책은 6·25사변중에 일어난 부역자를 필자가 9·28 수복 후부터 1·4후퇴까지의 사이에 서울지방법원에서 처리하던 과정을, 즉 이에 대한 나의 법적 견해와 실제처리상황 등을 기록한 것이다. 동 처리에 있어서는 그 근본문제인 그 처벌법 자체의 비판을 비롯하여 당시의 정부조치의 타당성 문제와 나아가서 민족애의 문제를 총 검토치 아니할 수 없었던 것이다. 동 검토가 이러한 문제에 관한 위정자의 조치에 있어서 그릇된 면을 분석치 아니하면 안될 안타까운 사정이 있었던 까닭이다. 더구나 필자 자신이 법관이기 때문에 일어나는 색다른 점인 필자가 혹시나 법의 존

* "재판관의 고민—부역자 처벌에 관하여—," 신태양 제 6 권 제 7 호(통권 제58호), 1957. 7, 84~95.

엄성을 침해하지는 않았을까 하는 의구도 적지 아니하다. 그러나 부역범 처벌이라는 점을 고려에 넣는다면 지나친 점은 지나친 것으로서 질책할 만한 가치가 있을 것이요 다소라도 참고될 만한 가치가 있다면 이는 이대로 검토하여 볼 가치가 있다고도 할 수 있을 것이다. 필자가 여러 면으로 생각하다가도 동 책자를 재판(再版)하게 된 것은 이러한 일련의 희망을 갖게 되었던 까닭이었으며 이에 본고를 초하게 된 것도 실로 이러한 면에 연유된 것이다.

격증한 부역자

불의의 6·25 적침(赤侵)은 대한민국 전국민에게 최대의 비극을 초래하였다. 대항하는 당시의 우리 국방력은 너무나 미약하였으므로 적은 삽시간 내에 수도 서울을 비롯하여 거의 남한 전역을 풍미하였던 것이다.

이 너무나 뜻하지 않은 일로 인하여 정부는 민생을 안전의 길로 선도할 대책을 못잡았고 불안과 공포에 싸인채 우왕좌왕하던 서울시민의 태반은 바라지 않는 적 치하에서 갖은 시련과 고역을 겪어야만 했던 것이다.

필자는 이제 6·25당시의 경황 없는 사태를 전제하면서 9·28 이후, 서울 재후퇴시까지의 사이에 서울지방법원에서 취급한 부역범처단에 관하여 고민의 과정을 회고하여 보려는 것이다. 그 고민은 통상적인 것은 아니었다. 그것은 부역범을 처리하는 기본적인 비상사태하의 범죄처벌에 관한 특별조치령이 너무나 어마어마한 법이었기 때문에 일어난 심각한 고민이었던 것이다. 이러한 고민은 나로 하여금 구미도 없게 하였다. 잠도 못자게 하였다. 나의 눈으로 볼 때 당시의 사회현상은 극도의 흥분에서 냉징에의 추이과정이었으며 이에 시달리던 나의 과거야말로 심혹한 고민의 과정이었던 것이다.

9월 28일 우리의 수도 서울을 탈환하자 모든 수사기관에서는 부역자의 일제 검거에 착수하였다. 우선 서울시만 하더라도 불과 1개월간에 1만여건이나 검거하였으며 이에 대한 군법회의의 심판도 시작되었다. 당시는 비상계엄하이었던 관계로 원칙적으로 부역범 처리는 군법회의에 의존하는 것이나 전시한 바와 같이 격증한 사건을 2개소의 군법회의에서 짧은 시일 내에 처리하기 어려웠으므로 비교적 경미한 것만은 재판소로 이관하였던 것이다. 이리하여 법원에서도 부역자 처리라는 중대한 책임을 부담하게 된 것이다.

고민의 대상

생각건대 부역자처리에 관한 비상조치령 그 자체가 법률상 여러 가지의 의문을 내포하고 있다. 즉 부역범은 보통범죄와는 그 성격을 달리하여 첫째로 그 수가 허다한 데 반하여 단시일 내에 처리해야 한다는 것, 둘째로 동 처리는 국가백년대계에 중대한 영향을 가지고 있다는 것이다. 물론 당시 군법회의에서의 처리상황과 같이 간단한 심리로써 그 대부분을 극형에 처한다는 것은 탈환 직후 서울시민의 여론에 합치되고 어떠한 면으로 볼 때 그 의의도 많다고 할 것이다. 그러나 우리 법원의 입장으로 볼 때 첫째 재판이라고 하려면 충분한 심리를 하여 한 사람 한 사람에 대한 법관의 확신이 있어야 할 것이요, 둘째 극형조치만이 이에 타당할 수 없다는 것이다. 즉 확신 없는 형식적 심리만을 거쳐서 일률적으로 엄벌에 처한다는 것은 재판이 아니요, 이는 일종의 행정조치에 불과하다 할 것이다. 만일 법원으로서 한 발자욱 그 처리를 그르친다면 재판사상의 일대오점을 남기게 될 것이요, 따라서 법관된 자가 그 처리의 중책을 느끼지 않을 수 없는 것이다.

더구나 본건 처리는 지방법원의 단독판사가 하며 단심제도이다. 그런데 원래 재판이란 그 신중을 기하기 위하여 원칙으로 3인으로 구성하는 합의체에서 처리하는 것이다. 그러나 본건 처리에 있어서는 신중성보다도 신속성이 한층 더 요청되는 까닭으로 단일인의 판사에 의하여 처리하게 되었으며 모든 사건은 그 처리결과에 대하여 불복신립(不服申立)을 할 수 있는 심급제도로 되어 있으나 본건처리는 불복제도를 인용치 않는 단심제도가 되어 있는 것이다. 그러므로 우리는 일단 그 판결을 내린 후는 그것이 설령 부당한 판결이라고 인정되더라도 판사 자신이 이를 시정 못함은 물론 피고인도 그 불복의 방도가 전연 없는 만큼 자기판결이란 움직일 수 없는 크나큰 위력을 가지고 있는 것이며 따라서 우리는 일찍이 상상조차 하지 못한 이러한 절대권에 일종의 전율감마저 느꼈던 것이다.

그러나 여기에 명언하거니와 나의 고민이란 부역자 전체에 대한 것은 아니었다. 왜냐하면 우리 대한민국의 국시에 비추어 도저히 용납 못할 자에 대하여는 하등의 고민이 있을 수 없는 것이며 오히려 쾌감마저 느끼며 처리할 수 있는 것이다. 그러나 원래 우익인 사이면서 어떠한 환경에 휩쓸려 본의는 아니나 놈들에게 부역한 자, 또는 이에 준할 자가 근본사상문제를 운위할 여지도 없이 부역하였다는 단순한 사실로 인하여 위로는 사형을 아래로는 10년 이상의 징역이라는 엄청난 중형을 받게 된다면 이는 여러 면으로 고려되어야 할 것이다. 이러한 자만이 이에 고민의 대상이 된다는 것이다.

재판관의 사색

10월 말경 드디어 문제의 부역자 재판은 시작되었다. 이때까지 나는 그 재판에 대한 태도를 결정하지 못하였다. 그러니 이제 그 부역자 심리라는 현실을 눈앞에 둔 몸으로 이 이상 더 태도결정을 지연시킬 수는 없는 것이었다. 이에 이하에서 나의 부역범 처리에 있어서의 근본태도를 다시 회고하기로 한다.

원래 재판을 함에 있어서는 일정한 과정을 밟는다. 우선 형사재판에 있어서는 그 범죄행위는 현실사회에 있어서 피할 수 있는 것이냐, 또는 피할 수 없는 것이냐를 검토하여야 한다. 보통 사람으로서 누구라고 할지라도 피할 수 없는 일이라면 과연 그것까지 처벌하여야 할 것이냐가 신중히 검토되어야 할 것이다. 왜 그러냐 하면 아무리 법률이라고 할지라도 사람에게 불가능한 일을 시킨다든가 또는 하지 않을 수 없는 일을 하지 말라고 할 수는 없다는 것이다. 이러한 면에서 재판관은 우선 사회적 사실이라고 할까 또는 사회적 근저라고 할까 이것을 파악하여야 한다.

그러나 재판이라는 것은 사회적 사실만의 파악만으로써 쉽사리 되는 것은 아니다. 파악된 사회적 사실을 토대로 판결이라는 열매를 맺는 과정에는 다시 용기와 결단이 필요하다. 보통사건에 있어서는 그러한 문제가 별로 나타나지 않으나 사회적 주목을 끄는 사건일수록 더욱 그렇다. 본건 내용과 같은 수복 직후에 있어서의 부역자 재판과 같이 눈에 보이지 아니하는 사회적 압력이 심한 사건처리에 있어서는 자신의 소신대로 처리한다는 것은 용기와 결단을 필요로 하는 바 크다. 이렇게 재판관이라는 것은 사색으로부터 용기 결단의 과정을 거친다.

그런데 부역범 처리에 있어서는 위에 말한 바 사색의 단계와 용기 결단의 단계의 어느 면에 있어서도 보통 고민이 아니었다. 우선 부역범 처리는 민족의 근본문제에 관계되는 일이다. 그러므로 동 처리는 이에 앞서 민족이라는 것이 어떠한 것이냐의 문제부터 시초되지 아니하면 안될 것이요 이에 연유된 처리의 기본이 확립되지 아니하면 안된다. 그러한 점에서 우리는 멀리 이역에서 외로운 그림자를 짝하여 달빛 아래 초연히 걸어 보라. 가지가지의 향수가 그대의 머리를 스치리라. 삼각산이 눈에 아롱거리고 한강물소리가 귀에 쟁쟁하지 않을 수 없는 연유를 찾아본다.

민족의 피

이것은 즉 민족의 혈관 속에 맥맥히 간직하고 있는 민족애라는 생리적 본능을 발견함에 있다. 민족은 사랑하지 아니하면 안된다. 민족을 사랑함은 오직 민족만이요, 따라서 그들(부역자)의 잘못을 용서하는 것도 오직 한 줄기 「피」의 민족만이다. 그러나 당시 부역범을 처벌할 기본법인 소위 비상조치령의 내용을 들여다 볼 때 그것은 반드시 민족애의 정신에 부합되었다고 볼 수가 없었다. 아니 오히려 어떠한 부면에 있어서는 법과 민족애(민족적 정의)는 어느 편이 우위를 차지하여야 하느냐가 문제된다. 이것은 또한 법과 현실과의 암투를 의미한다. 법은 법이기에 정(正)이며 진리라고 한다. 조리(나아가서 현실)는 조리이기에 정이며 진리라고 한다. 그리하여 두 개의 진리성은 「내가 진리다」라고 자웅의 암투를 연출한다. 그러나 법과 현실은 어디까지나 우리 인간사회의 소산이다. 사람이 만들고 사람이 싸우다. 나는 이러한 사색에 잠겼을 때 저 자연이 부러워졌다. 저 해나 달을 보라. 그것은 옛적이나 지금이나 다름없이 우리를 비추어 준다. 우리의 지구를 보라. 그것은 어디까지나 둥글며 여전히 태양의 주위를 돌고 있다. 자연계에 있어서의 이러한 사실은 고금을 통하여 하등의 변화가 없는 것이다. 이러한 자연법칙은 현세에도 진리일 뿐만 아니라 미래 영원히 진리일 것이다. 여기에는 어느 누가 반대의 법칙을 주장하여 본들 이러한 자연의 움직임이 변하여질리는 없는 것이다. 따라서 자연과학에 있어서는 부진정한 법칙이란 무용한 것이며 진리의 싸움이란 있을 수 없는 일이

유병진은 조봉암 등의 간첩죄혐의에 대해 무죄취지의 판결을 선고하였다.
진보당 사건의 공판모습

다. 그러나 인간사회에 있어서의 각인각양의 지식은 인간본래의 불완전성과 더불어 사물의 올바른 판단을 곤란케 한다. 이에 더하여 이에 연결되는 인간 흉중(胸中)의 감정은 그 지식조차 마비시킨다. 과연 법과 현실 따라서 법과 민족애는 어느 편에 우위성을 허여하여야 할 것인가? 이러한 사색에 시달리고 시달릴 때 나의 감각은 영계(靈界)에로나 옮긴 듯 하였다. 나의 가슴에서는 무엇인지 뜨끔뜨끔 하였다. 그것은 심장이었다, 맥이었다. 심장이 뛰고 맥이 뛰놀았다. 그 맥은 머리에도 손목에서도 아니 온몸에서 뜨겁게도 화끈 뛰놀았다. 뛰노는 「피」 그것은 그 뜨거운 심장에서였다. 다시 몇 근원을 찾아보면 그 「피」는 저 몇 천년 전 백두산 밑에서 벌어진

한줄기의 「피」였다.

한줄기의 「피」 그것은 어떠한 얽힘을 가졌던가. 나는 새삼스럽게도 민족의 「피」를 분석하였다. 아! 저 소리. 저! 힘없고 목매인 소리가 가느다랗게 들려오지 않았든가. 「판사님 죄송합니다. 우리의 과거를 한 번 용서하여 주시요. 우리인들 대한의 민족이 아니겠습니까. 놈들 모략에 빠진 과오란 다시야 밟겠습니까. 우리의 가슴에서도 뜨거운 대한의 「피」가 흐르나이다. 한번 용서하시요」라고! 다음 순간 나의 눈은 형무소의 장벽을 뚫고 그 처참한 그들의 모습에 접하였다. 아! 저 모습, 저! 핼큼한 얼굴, 쑥 들어간 눈, 앙상한 뼈, 흩어진 머리, 꺼멓게 길어진 수염. 아! 벌벌 떨지 않는가. 전신을 쪼그리고 벌벌 떨지 않는가. 아! 산송장이 아닌가. 그렇다. 민족을 사랑함은 오직 민족 자체만이다. 저! 죄수들 몸에서도 지금 나의 「피」와 똑같은 「피」가 흐를 것이지!, 그들 「피」와 나의 「피」는 한 덩어리로 엉킬 것이지!, 그렇다. 그들을 사랑할 사람은 우리만이다. 그들의 잘못을 용서함도 오직 한 줄기의 우리만이다 라고! 이러한 사색에서 깨어난 나의 머리는 나 모르게도 강하였고 날카로웠다. 민족애, 더욱이 이러한 초과도기에 있어서의 민족애란 우리에의 지상명령인 것이다. 나의 눈초리는 점점 날카로웠으며 나의 입술은 보다 더 굳게 닫혔다. 그렇다. 나는 민족애를 발휘하기 위하여 몸을 버릴 것이다. 법도 민족을 위한 것이요 민족을 해치는 법이란 있을 수 없는 것이다. 나는 이상과 같이 외쳤던 것이다. 그리하여 나는 위에 말한 바 과제에 있어서 민족애에 우위를 인정하지 않을 수 없었던 것이요 그 범위 내에서 법을 회피하는 방법을 강구키로 하였던 것이다. 그것은 법의 규정으로서의 정상적인 입장에서 10년이나 15년에 해당되는 죄질에 대하여는 다시 말하면 여러 짐을 고려하여 처벌하기엔 너무나 무익하다고 동정되는 사건에 대하여는 오히려 무죄로 하여야 한다는 것이다.

법과 여론

혹사를 당한 서울시민의 「부역자는 종자를 말리어 버리겠다」는 외침의 환경하에서는 이와 같은 처리태도의 실행 역시 용이한 일이 아니었다. 사변 전 우리는 소위 빨갱이들의 사건에 대하여 그 소신대로 처리하였을 때 어떠한 방면에 있어서는 「그 판사는 이상해! 빨갱이들을 그렇게 관대히 하는 것을 보면 당자 역시 빨갱이인 모양이지」 하여 소위 빨갱이 판사의 낙인을 찍었을 뿐만 아니라 그 심한 예에 있어서는 현직에 있는 동료까지 어떠한 기관에 넘겨서 부하직원들 손에서 그러한 취조를 받게 한 과거의 사실을 상기하지 않을 수 없게 하였다. 「수박의 가면」 그것을 칼로 쪼개어 보기 전에는 판명되지 않을 것이다. 그러나 그렇다 하여 너무나 남을 의심하고 하나하나 칼로 쪼개 보아야 한다면 이는 견딜 수 없는 공포가 되지 않을 수 없다. 더구나 부역자 재판은 비등(沸騰)된 여론에 미치는바 사변 전의 그것과는 비교할 수 없을 만큼 예민한 바 있다. 이러한 사실을 물끄러미 생각하고 있던 나에게는 나도 모르게 어떠한 불쾌감이 떠오름과 동시에 역시 일종의 공포심조차 솟아오르는 것을 감득(感得)하지 아니할 수 없었다. 이러한 과거를 돌아다 볼 때 나는 다음과 같은 실례를 유심히 바라다보지 않을 수 없었다. 그것은 서울시의 어떤 반(班)이다. 탈환 직후 종래의 반장에 대한 평은 별로 나쁘지 않았던 것이다. 그런데 그 후 반 내 어떤 배급관계를 계기로 그 반장에 대한 반민의 여론이 급격히 악화되어 버렸다는 것이다. 「년놈 석달 동안 반장을 하여 잘 먹었지!, 그 동안 여맹(女盟)에 가입하라고 몇 번이고 성화를 시키고 운운…」 하는 것이다. 그렇다 하여 그 반장에게 뚜렷한 부역사실이 있는 것은 아니었다. 이 사실은 나에게 무엇을 가르치는가? 물론 어떠한 사사로운 감정이 상대방의 부역사실에 걸려드는 예도 많다는 것을 너무도 명백히 제시하여 준다. 그러나 나의 깨달음은 그뿐만 아니라 여론이란 그렇게도 급격히 악화할 수 있듯이 이와 반대로 완화될 수도 있을 것이라는 점이다. 그렇다면 나의 이러한 여론에 공포를 느끼기보다도 한 걸음 용감히 박차고 나아가 정상적인 여론의 인도를 하여야 된다는 크나큰 책무를 깨닫지 않을 수 없었다.

그것은 즉 우리 판사로서 여론으로 하여금 정상적인 길로 인도할 것을 맹서하였던 것이다. 그 후 나는 전시한 표준에 의하여, 처벌함에는 너무나 무익하다고 인정되는 사건은 모두 무죄를 언도하였던 것이다. 그러한 사건의 대부분은 부녀자였다. 나는 지금도 그 부녀자들의 태도가 눈에 환히 비친다. 검사의 사형구형에 이은 그들의 울음. 당시 그들은 구형을 끝마치자 「와-」 하고 일제히 울었던 것이다. 그러나 그 울음은 참회의 눈물은 아니었다. 이는 다만 「하도 더러운 세월을 만나서 이렇게 죄를 썼구나」 하는 그 이상의 것을 나는 엿볼 수 없었다. 다음 순간 나로부터 무죄언도가 내리자 이번에는 전보다도 오히려 더 큰소리로 울기 시작하는 것이다. 의외의 울음에 멍- 하니 있는 것은 재판하는 「나」만이 아니었다. 방청인의 어느 누구도 둥그런 눈을 뜨고 이것을 보았던 것이다. 그러나 다음 순간 방청석의 모든 사람도 고개를 숙이고 마치 무엇인가를 묵상하는 듯이 몸 하나 움직이지 아니하던 그 광경이 지금도 눈에 아롱거린다. 동시에 나는 「집에서 아해들이 발발 떨면서 어머니를 기다리고 있다」고 호소하던, 그들이 당장 그 날 밤으로 각기 집에 가서 어린 자식의 현모가 되어 줄 것을 연상하면서 이 세상에서 사람을 창조하여 낸 것과도 같은 기분으로 걸음도 가볍게 어두컴컴한 길을 집으로 향하였던 당시의 기분이 너무도 새로워진다.

재판관과 법

과연 우리들은 민족이라는 문제를 어떻게 볼 것인가? 민족에 대한 막연한 관찰에서 한 걸음 나아가서 구체적인 진지한 관찰을 할 것이 아닐까? 단순히 밉살스럽다 하여 학대하여서는 안되지 않을까? 학대는 민족의 이간이다. 저 많은 「피」와 눈물은 무엇 때문에 흘리고 있는 것일까?

판사와 법. 이것은 불가분의 관계에 있다고도 볼 수 있을 것이다. 그러므로 판사만큼 법을 존중하여야 할 사람은 없을 것이다. 그러한 판사인 「나」로서 제한된 범위 내이기는 하나 비상조치령에 적대하지 아니할 수 없었던 환경이야말로 가슴 아프지 않을 수 없는 일이다. 지금도 어쩐지 법으로부터의 응시를 당하고 있는 기분으로서 가득찬다.

이하 의뢰자의 요청에 의하여 재판실례 중의 일부를 이에 게재하기로 한다.

인간으로서의 생명도태

공판은 개시되었다. 그다지 넓지 않은 공판정에는 8, 9명의 피고인과 3, 40명의 방청객이 자리잡고 있었다. 부역자의 재판은 오늘이 처음이므로 어디 보자는 기분으로 8, 9명의 피고인밖에 소환하지 않았던 것이다. 피고인의 모두는 의외에도 침착하고 공손한 태도였다. 방청인의 어느 누구도 진지하였다. 만장의 시선은 나를 쏘아보는 듯 하였다.

심리는 시작되었다. 심문에 대한 그들의 태도는 한결같이 솔직하고 순수하였다. 그것은 과거 우리가 경험한 바 빨갱이들 태도와는 판이한 것이었다. 그들은 무리한 변명도 하지 않았다. 대개는 전비(前非)를 후회하는 기분으로서 충만한 것 같았다. 그러나 어느 한 사람도 용서를 애원하지는 않았다. 이러한 과정은 나의 심리를 재빨리 진전시켰다. 그리하여 그 중 한 사람을 내놓고는 심리도 끝마쳤다. 검사의 논고는 시작되었다. 만장의 시선은 검사의 일언일구에 예민하였다. 논고는 민족정기를 외쳤으며 삼개월간 역도들의 포악성과 잔인성을 해부한 후 그에 협력한 피고인들의 죄악성을 단정하고 나중에 칼날같은 어조로서 「피고인 전부에 대하여 사형을 구형합니다」고 결론을 맺었다.

이 순간 방청인의 얼굴에는 긴장의 빛이 떠올랐다.

사형, 그것은 하나의 생명을 이 세상에서 영원히 도태함이다. 우리는 「사형」이란 통상적인 감각으로서는 도저히 들을 수 없는 것이다. 그런데도 불구하고 하물며 그 사형구형을 받은 당자 자신의 어느 누구노 태연자약 그것이었다. 「내가 언제 사형구형을 받았던고!」, 「사형구형을 받았대야 별일 있나!」 하는 태도였다. 그러면 그들은 모두 생명의 애착이란 감각조차 없을 것인가. 단 한 마디로 말한다면 「작금 인간생명의 존엄성이란 땅에 떨어졌기 때문에!」라고 함이 아마 적합하지 않을 것인가 생각한다. 그들은 최후진술의 기회를 주었을 때에도 모두 「아무 말씀드릴 것 없습니다」라는 말 한 마디뿐이었다.

여하튼 우리는 현실을 똑바로 보아야 할 것이다. 역도들의 잔인성, 사상적 대립의 격화, 이로 말미암은 미래의 분규예상, 아직은 전쟁중이라는 모든 일련의 사실을 생각할 때 그 일체는 철저를 기하지 않을 수 없었던 것이다. 이상도 현실을 무시치 못할 것이요, 현실을 도외시한 이상도 있을 수 없는 것이다. 「사상의 대립은 민족을 초월한다!」 나는 이 참혹한 문구를 반추하면서 우리 겨레로서 도저히 용납 못할 존재에 대하여서는 다시 꿈꿀 여지를 완전히 봉쇄하여 버릴 것이며 그렇지 않은 자에 대하여서는, 무조건으로 용서하여야 하겠다는 방침 밑에 다음 한 건(홍안소년)을 내놓고는 즉시 판결을 언도하였다.

판결내용은 극형과 초중형이었다. 그러나 그들의 태도는 여전하였다. 폐정선언에 이은 나에 대한 그들의 최후의 예의도 공손하였다. 나는 우정 간시(看視) 형무관에게 피고인들의 퇴정을 명령하였다. 형무관에 인도되어 퇴정하는 그들은 여전히 말 한 마디 없고 곁눈질 하나도 없었다.

홍안소년

나는 여기에서 동 공판에 있어서의 특이한 사건 하나를 설명하지 않을 수 없다.

피고인은 만 14세를 초과한 지 불과 4개월에 지나지 않는 홍안소년이며 겨우 국민학교를 졸업한 빈가의 자식이었다. 이 홍안소년에 대한 검사의 기소사실은 이렇다.

피고인은 ① 괴뢰군이 입성하자 그들 소위 내무서에 근무하여 동 서원(署員)들의 제반사무를 조력하고, ② 동 내무서원에게 거동(居洞) 우익인사의 가옥을 안내하여서 동인들을 살해케 한 것이다라는 것이다.

심리한 결과 동 소년은 변명하여 왈 인민군이 입성한 후 어느 날 동네 파출소 앞을 지나갈 때 그 안에서 내무서원이 나와서 「야, 너 똑똑하구나 매일 여기 와서 심부름을 하여라」 하면서 끌어가기에 그 후부터 그 파출소에서 관계인의 호출 전달, 청소, 기타의 심부름을 하였던 것이요, 또 어느 날 동네에서 내무서원이 누구의 집은 어디인가 하고 묻기에 동네 우리집 부근에 있는 2, 3인의 집을 가르쳐 주었을 뿐이며 거기에는 그러한 사람을 살해케 하기 위한 어떠한 마음도 있을리 없다는 것이다. 물론 그렇다 할 증거도 없다. 소년을 보매 그러한 심부름을 시키기에 알맞게 똑똑한 편이었다.

그런데 나는 이 사건을 심리할 때 이러한 사실을 상기하지 않을 수 없었다. 우리 집에는 동년 중학에 입학한 14세의 생도 하나가 있다. 7월 말경 어느 날 성동경찰서 부근을 지나갈 때 그들의 소위 소년단원들에게 붙잡혀 동단 가입의 강청을 받던 중 도망하여 왔다는 이야기 끝에 「그 때 나도 파출소 같은 데서 심부름이나 하라면 오히려 좋아서 하였겠지만, 거기에서는 밥도 얻어먹을 수 있으니까—그러나 소년단 같은 데에 들어가서야 할 일이 있어야지—」 하던 그 이야기를 생각하지 않을 수 없었던 것이다. 그렇다 하여 당시 그 생도는 그들과 자기 아버지와는 원수지간이며 그러한 관계로 아버지가 피신까지 하고 있다는 사실을 몰랐던 바도 아니었다. 실지에 있어서 그러한 설령 형사책임의 연령은 초과하였지마는 민족의식을 몰각하였다는 소위 부역죄의 책임을 지우기에는 너무도 고려의 여지가 없지 않을 수 없는 것이다. 물론 호출의 전달을 하였다는 점을 고려할 때 널리 해석하여 그 역도들을 방조한 것으로 볼 수 있겠지만(사실은 이 점에 대하여 호출내용이나 기타 조사할 것이 많겠으나), 그러나 도대체가 만 14세를 형사책임자라 한 것은 통속적으로 말하여 일반적인 시비판단을 할 수 있는 능력이라는 전제에서 나온 것이라고 생각된다. 그러면 민족의식의 능력, 그것도 이러한 시비판단의 능력과 동등한 것일까? 아니다. 이것은 명백히 차이가 월등하다 할 것이다.

물건을 훔쳐서는 안된다는 것과, 한국 사람은 한국 사람으로서의 의식이 있어야 한다, 똑같은 한국 사람이라 하더라도 이러한 의식을 몰각한 놈들에게 협력하여서는 안된다는 것과는 문제가 안될 만큼 능력의 차이가 요청되는 것이다.

그렇다면 전시(前示) 연령과 교육 등에 비추어 이 홍안소년에 그러한 능력이 있을 수 없는 것이요, 설령 있을 수 있다 하더라도 일반적으로 그러한 소년에 그 의식을 기대할 수가 없는 만큼 그 소년에 대하여 이를 문제시할 수는 없을 것이다. 다음 사실에 대하여서도 이렇다 할 증명이 없었다. 그리하여 나는 2, 3일 후에 홍안소년에게 무죄언도를 하였던 것이다.

비상사태하의 절도범

나는 여기서 소위 비상사태하의 절도에 대한 기억을 상기하지 않을 수 없다.

피고인은 당년 17, 8세 되는 두 명의 중학생이다. 그 피고인들은 모두 독실한 가정의 자제들이었으며 대단히 순직하게 보였다. 이 두 학생에 대한 범죄사실은 다음과 같았다.

6월 28일 오후 2시경 두 학생은 어디 놀러 나가던 중 경찰 책임자의 집 앞에 이르자 마침 그 집에서 가재도구를 잔뜩 싣고 나오는 빨갱이들의 트럭을 보았다. 열려진 대문으로 그 집안을 바라다보니 아무도 없고 텅텅 비어 있는 것 같았다. 두 학생은 문득 「야! 우리도 이 집에 좀 들어가 볼까」라는 호기심에 끌려 두 학생은 그 집 마당으로 들어서 방안을 더듬기 시작하였다. 거기에는 마침 빨갱이들이 미처 실어가지 못한 몇 개의 양주병과 비눗갑 기타 일용품 등 몇 가지가 여기 저기 눈에 띄었다. 이것을 본 두 학생은 「야! 우리도 이것을 가지고 가자. 이까짓 찌끄레기를 가져갔댔자, 누구가 말하겠니」 하는 생각에서 이것을 가져갔다는 것이다.

이것이 바로 20여 일 동안이나 경찰로부터 검찰청을 거쳐 재판소에까지 넘어온 착실한 사건인 것이다. 행위를 볼 때 학생의 행위는 절도라 하지 않을 수 없고 더구나 비상사태를 편승한 행위인 만큼 이것은 소위 비상사태하의 절도임에는 틀림없는 것이다. 그러면 관대한 처분을 하더라도 징역 10년에는 처하여야 할 것이다. 과연 이 두 학생에 대하여 그러한 처분을 하여야 할 것인가? 이 문제도 부역자 문제에 지지 않을 정도로 중요할 것이다. 그런데 나는 이 문제에 대한 내용의 검토보다도 먼저 「왜 이러한 사건을 기소하였을고!」 하는 문제에 주의가 끌리고 말았다.

검사의 기소권, 그것은 실로 절대한 권리다. 그때그때의 사회에 따라 각 개인 개인의 환경에 따라 공소할 수도 있고 하지 않을 수도 있는 자유재량권, 그 재량권은 실로 가혹한 법을 완화시키기도 하고 미급한 법을 보충할 수도 있는 사회정의의 나침반인 것이다. 그러한 공익을 위하여야 할 절대권이 한갓 기록의 중계기관이 되고 말아서야! 그러면 그 기소권은 누구를 위하여 행사함인가? 「아! 시끄러워 모두 치워라, 사건의 해결은 재판소에서 할 것이니까」 하고 그 시끄럽다는 구체적 내용이 무엇인지는 모르나 여하간 검사의 이러한 처분은 재판소에의 크나큰 고민의 선물이 아닐 수 없으며 동시에 피고인에 대한 지나친 희생의 요구가 되지 않을 수 없는 것이다. 그러면 본론에 돌아와서 본건 내용을 검토하여 보기로 한다.

비상사태하의 절도, 나는 이에 그 범죄의 질에 대하여 고찰하여 보지 않을 수 없다. 그 이미 피난하여서 텅 빈 집, 언제 돌아올지 모르는 그 집 식구, 자기가 훔쳐가지 않는다 하더라도 조만간은 없어질지 모르는 물건, 이러한 일련의 생각은 「야－저 ○國사람이 모두들 가버렸어, 어디 들어가 보자」 또는 「야－저 ○國사람 집에서 사람들이 물건을 꺼내오는데 우리도 끼어보자」라는 징면을, 아니 이에 유사한 장면을 자아내기 쉬운 것이다.

또는「저 집에서는 언제 올지 모르겠는데 저 집 장독에서 간장이라도 가져다 먹어야지」하고 이를 가져가는 수도 있을 것이다. 이것이 좋든 나쁘든 간에 당시 실지에 있어서의 사회면인 것이다.

이러한 소위 절도는 사람 있는 집에 혹은 사람 없는 틈을 타서 가만가만히 훔쳐가는 이따위 평시의 절도에 비하여 그 범의의 점으로 볼 때 그다지 악질이 아니라 함은 어느 누구도 인정하지 않을 수 없는 것이다. 그런데도 불구하고 보통 절도는 10년 이하의 징역이건만 이것은 비상사태하의 절도라 하여 사형, 무기 또는 10년 이상의 징역이라는 중형에 처하게 되어 있는 것이다. 그러면 그것은 어떠한 이유에서일까? 사회의 혼란기에는 모든 범죄가 감행되기 쉬울 뿐만 아니라 그 한 가지의 미치는 영향도 적지 않다는 것을 생각하는 나머지 그러한 범행을 완전히 봉쇄하기 위하여「알겠지, 물건을 훔치기만 하면 10년 이상의 징역이야」하고 경계하려는 것이 바로 그러한 중형을 규정한 이유일 것이다.

그러고 본다면 본건 범행자에 대하여도 10년이라는 징역을 보내야 하는가? 아니다. 아무리 그러한 요청이 있다 하더라도 나는 그 중형을 과하기에는 너무나 큰 법과 현실과의 간격을 느끼지 않을 수 없는 것이다. 진실로 법에 사로잡혀야 할 지경이라면 아니 법률의 노예가 될 지경이라면 나는 판사의 직에서 떠나버려야 한다. 이러한 고민은 또다시 재판의 목적과 법률의 존엄성과의 모순해결에로 귀착된다. 그러나 이 경우에는 전과는 달라서 법의 정면으로의 무시다. 아니 법의 무시라는 것보다도 재판으로서의 한 규범의 창조인 것이다.

이윽고 나는 다시 무모하게도 이에 대하여 (이런 종류에 대하여도) 무죄의 판결을 하였던 것이다.

「뭐요? 판결이유는 무엇인가요」

「마 그 점에 대하여서는 그 이상 물어주지 말기를 바라오. 그것을 정상화시킬 아무 이론도 있을 수야 없지 않소. 다만 단심제를 방패로!」

갔다 왔다 하는 판결

부역자에 대한 재판은 본 궤도에 올랐다. 부역자 처리의 시급성은 모든 판사로 하여금 가장 분망케 하였다. 법원 내외는 마치 범죄인 시장을 이루어 놓은 것과 같았다.

각 법정에서는 사형, 무기, 15년, 10년 등의 실형언도가 있는가 하면 한편 무죄언도도 속출되었다. 그리하여 인생의 가장 큰 희비극은 매일같이 여기에서 연출되는 것이다. 그러자 사회의 여론도 점차 냉정하여졌다. 「사실 말이지 놈들 밑에서 다소간 심부름을 하였다기로서 그렇게까지 혼을 낼 것이 무엇이요, 그렇게 되면 남아 있던 사람은 다 걸려들 껄」 등등 걱정하는 사람도 많아졌다.

한편 검찰청의 태도도 변경되었다. 이때까지의 전면적인 기소방침으로부터 악질자에 대한 중점주의에로 이행된 모양이다.

때를 같이하여 나는 공판을 거듭함에 따라 그 처단에 대한 어떠한 확신이 서게 되었으며, 다소의 정신상의 여유가 생겼으며 그러한 결과로 나타난 것이 바로 이 문제였던 것이다. 즉 악질이 아닌 자에 대하여서는 이때까지의 예와 같이 무죄로 할 것이 아니라 어떠한 형식으로라도 본래의 자태인 유죄로 하여 용서 즉 석방하는 방법이 필요하다는 것이다. 물론 그렇게 할 정당한 방법만 있었더라면 최초부터 그러한 방법을 취하였을 것이요, 따라서 「부역행위를 한 사실이 판연한 자를 재판소에서 무죄언도한다」는 일반민중의 의혹심을 자아내지 않았어도 좋았을 것이다.

그러면 그러한 비공식의 방법은 무엇인가? 이것은 부역행위에 대한 국가보안법의 적용이다. 물론 비상조치령 중 부역죄에 관한 규정은 국가보안법에 대한 특별법 관계에 있는 것이다. 그런 만큼 특별법인 조치령을 적용함이 당연할 것이며 이에 일반법인 국가보안법을 적용한다는 것은 소위 비공식 방법이 아닐 수 없는 것이다. 그러나 때마침 검찰청의 태도도 냉정화 혹은 완화되었는지라 나는 이읔고 이에 국가보안법을 적용하여 집행유예를 하였던 것이다.

비상조치령 위반에 국가보안법의 적용! 부역자에게 씌운 빨갱이의 탈! 과연 그것이 통과될까? 나는 그 후 일주일간 대단한 흥미를 갖고 검사의 태도를 주시하고 있었다. 공소기간이 지난 이튿날 아침 입회서기로부터는 「영감 그 사건은 검사가 공소하지 않았소」라고 보고하여 주는 것이다. 아! 검사도 동의하여 주신 모양이로구나 하고 생각할 때 나의 가슴은 평온하여졌으며 기쁨으로 꽉 찼다. 그 후 나는 그러한 정도의 사건에 대하여는 모두 이러한 방법을 취하였다.

그러나 얼마 후 나의 이러한 방법은 배척을 당하고 말았다. 즉 검사의 공소(항소를 말함—편집자 註)다. 그리하여 그 방법의 봉쇄를 받게 된 나는 본래의 목적을 위하여 다시 최초의 방법으로 돌아가고야 말았다. 무죄로부터 집행유예에 다시 무죄로 한 가지의 사실에 갔다 왔다 하는 판결.

애매한 밀고자

나는 이제 마지막으로 내가 처리한 사건 중 가장 전율을 느낄 만큼 흥미도 있고 기억이 또렷한 사건 하나를 더듬어 보려한다.

사건은 1건 2명이다. 피고인의 하나는 약 15일간 동 인민위원장을 하던 자의 처인 갑(甲) 당 40세 가량이며 다른 하나는 그들 소위 내무서원의 처인 을(乙) 당 32세 가량이다.

사건내용은 이러하다. 피고인들은 괴뢰군이 입성하자 여맹에 가입하여 열렬히 활동하던 자인바 ×월 ×일 ×전 ××근무의 경위 모(某)를 밀고하여 동인으로 하여금 피살케 하였다는 것이다.

「그 여자들은 가장 악질이며 경위 모(某)를 밀고한 자라 하여 부근민 일동은 그 여자들의 총살을 희망한다 운운」의 내용이 순경의 보고서인 것이다. 그뿐만 아니라 동 기록에는 그 경위의 처되는 자에 대한 검사의 증인신문조서까지 첨부되었다. 그 내용은 다음과 같다.

「우리 주인은 경위였기에 그들이 입성한 후는 다른 집으로 피신하여 다녔습니다. 그런데 ×월 ×일 주인은 우연히 집에 돌아와 계셨습니다. 어느 사이에 이러한 동정을 탐지하였던지 피고인들은 공모하여 이것을 내무서에 밀고하였습니다. 그 결과 주인은 그 날 밤중으로 그들에게 체포되어간 채 행방불명이 되고 말았습니다」라는 것이다. 일건기록을 볼 때 과연 피고인들의 죄상은 증오심을 자아내지 않을 수 없었다. 물론 밀고의 방법 등에 관한 아무런 조서가 없어 다소 의문이 아닐 수 없었지만!

공판은 시작되었다. 그러나 피고인들은 천만 뜻밖의 일이라고 전면적으로 이를 부인하였으며 다만 그 남편의 신분만은 틀림없다고 시인하였다. 그리고 그 경위라는 사람은 얼굴조차 모른다는 것이다. 그렇다고 그 이상은 추구하여 볼 아무 자료도 갖지 않은 것이다. 너무나 건잡을 데가 없는 재판소에서는 다음 기일에 그 경위의 처를 소환하였다.

「증인은 본건 피고인들이 증인의 남편을 밀고하였다는 것을 어떻게 아시요」

「그것은 우리 집은 2층집인데 우리 주인은 항상 그 2층에 계셨습니다. 돌아오신 때에도 2층에 계셨습니다. 그 2층 방은 앞이 모두 유리창이 되어서 밖에서 보면 그 내부가 환하게 들여다 보이는 것입니다. 피고인들은 우리집 앞 바로 아래에 있는 기다란 집에 나란히 살고 있었습니다. 그런데 우리 주인이 돌아오신 것이 바로 낮이었으니까 그 집들에서는 이러한 사실을 잘 보았을 것입니다. 그리하여 돌아오신 지 몇 시간도 안되어 소위 내무서원이라는 자가 주인을 잡아갔으니 결국 그들의 행위라고밖에야 볼 수 없지 않습니까. 더구나 빨갱이들 가족이니까」

「그러면 피고인들이 밀고하였다는 것을 구체적으로 확실히 알고 있다는 것은 아니지요」

「그렇습니다. 그 여자들이 밀고하였다는 것을 확실히 알 수야 있습니까. 지금 말씀드린 바와 같은 환경으로 볼 때 그 여자들이 의심스럽다는 것이지요」

「그러면 왜 전번 검사의 조사시에는 확실히 피고인들이 밀고한 것이라고 말을 하였소」

「아니요 그 때에도 지금과 같은 말을 하였다고 생각되는데요 아마 잘못 들으신 모양이지요」

증인조사의 결과는 이렇다.

조사하는 나는 하품이 나오지 않을 수 없었다. 이 사건에 있어서의 유일한 증거 자료란 이 증인만이었던 것이다. 그러한 증인의 입에서 나오는 이 증언.

그렇다 하여 이 증인의 말이 거짓이라고도 믿어지지 않았다. 나는 여기에서 본건 피고인들에 대한 여론조사와 가옥의 위치 등에 관한 검증을 하였다. 부근민에 탐문하니 피고인들은 자기 남편들이 모두 빨갱이었지만 그 동안 여맹원이란 그러한 단체에는 조금도 참여도 안하고 있었으며 더욱이 피고인 중 갑은 참 좋은 사람이요, 요사이 이 부근에서는 「재판소에 넘어갔으니까 그러한 사람들은 나올

건데」 하며 기다리고 있다는 것이다.

「아니 그 여자들이 ××를 밀고하였다는데」라는 나의 유도심문에 그들은 몹시 놀란 태도를 보이면서

「천만에 그럴리는 없을 것입니다.」

「그러면 그러한 풍평(風評)이라도 있었는지요」

「우리는 금시초문인데요」

이와 같이 명백히 말하여 주는 것이다. 나는 다시 검증에 착수하였다. 과연 피고인 등의 집은 나란히 있었다. 그 집 그리고 그 방들은 시장건물로써 꽉 둘러싸인 판벽을 바로 앞에 하고 있었으며 거기에서 내다보이는 것은 판벽 그뿐이다. 그뿐이랴. 크나큰 시장 지붕은 하늘조차 볼 수가 없게 하였다. 다시 그 시장을 나와 그 경위의 집을 찾았다. 그 집은 시장둘레 밖에 쑥 들어간 2층집이었다. 과연 그 2층은 유리창이 있고 내부가 다소 뵈었다. 그러나 그 전면에는 크나큰 시장둘레의 거무툭툭한 옥상과 벽만이 보일 뿐이다.

우리는 과연 이러한 사실을 어떻게 보아야 할 것인가.

「무고한 사람을 사형에…」

만약 이러한 사실이 발생된다면 우리 재판소에는, 사회는, 국가는 원성으로써 가득찰 것이며 국가대계를 위하여 참으로 유감된 일이 아닐 수 없는 것이다. 나는 너무나 무고한 사람에게 「무죄언도」를 한 후 기쁨에 흥분된 그에게 「당신은 지금 석방된다 하여 마음을 푹 놓아서는 안됩니다. 당신의 몸은 대단히 쇠약하였으니까 지금보다도 오히려 긴장을 하고 있지 않으면 심지어는 생명에까지 영향이 미칠 것입니다」라고 주의한 기억이 난다.

4. 친족편 · 상속편 초안 및 심의요강에 대한 의견서

이태영(李兌榮, 1914~1998)은 한국 최초의 여성법조인 · 법학자이다. 해방 후 첫 사법시험에 합격하여 판사를 지원했을 때, 이승만 대통령은 야당 인사인 정일형의 부인이란 애매한 이유로 판사임용을 거부하였다. 그녀에게 남은 선택인 변호사 생활은 평생에 걸친 법을 통한 사회봉사 실현의 디딤돌이 되었다. 개업하자말자 "마치 4천년 역사 이래 첫 여자 변호사가 탄생하기를 기다렸다는 듯이" 억울한 여성들이 몰려들었다. 수많은 여성의 억울함을 상담하면서 문제를 보다 근원적으로 치료할 방법으로 이태영은 법개정과 상담사업을 본격적으로 추진하게 된다.

그 하나가 가족법 개정운동이었다. 1953년 처음으로 전국여성단체연합회의 이름으로 남녀평등의 가족법안을 제출한 이래, 수십년 동안 건의서를 만들고, 여성단체를 연합하고, 여론을 이끌면서 가족법개정운동을 전개하였다. 이러한 고통어린 노력 덕분에 가족법은 1979년 일차 개정되었으며, 1990년에 대부분의 내용이 개정되었다. 남은 것은 동성동본불혼제와 호주제인데, 전자는 최근 헌법재판소에서 헌법불합치결정을 받아 무효화되었으며, 마지막으로 남은 호주제는 국회에서 개폐를 다투고 있는 중이다. 이러한 가족법개정운동의 성과는 이태영의 지도력에 크게 힘입었다고 할 수 있다.

두 번째로 법률상담의 본격적인 추진이다. 이태영은 1956년 '여성법률상담소' 간판을 내걸고, 이를 확대하여 1966년 한국가정법률상담소를 설립하여 여성과 가정문제를 상담하였다. 남성중심의 오랜 역사 속에서 천대받아온 여성들과 사회의 관심권 밖에서 고통받는 가정을 위해 행한 법률상담사업은 한국의 법률구조사업의 효시이자 빛나는 사례로서 지금까지 이어지고 있다. 한국가정법률상담소는 여성 · 가족문제에 관련된 법률예방교육에도 힘을 쏟았으며, 이화여대 법대와 함께 법률임상실습을 처음으로 교육과정에 포함시켰다. 그러한 상담의 모델은 이후 국가 차원의 법률구조사업의 밑거름이 되기도 했다.

이태영은 또한 촉망받는 야당의원의 아내이자 민주화운동가로서 독재정권으로부터 수많은 고초를 받아야 했지만 민주화운동에 앞장섰다. 1976년에는 명동사건-민주구국선언에 서명했다 하여, 형사법정에 섰고 실형을 선고받은 데다 변호사자격까지 박탈당하기도 했다. 그러나 이태영은 이에 굴하지 않았으며, 평생 동안 여성인권운동 및 민주화운동, 법생활화운동에 참으로 굵은 족적을 남겨놓았다. 이태영의 업적은 국내외로부터 이미 수많은 수상을 통해 생전에 널리 인지되었지만, 아직도 남성 법률가 세계에서는 의외로 소홀히 다루어지는 경향이 있다. 그러나 한국현대사에서 긴 생애에 걸쳐 이토록 투철하게 법과 인권의 가치를 고양시킨 법률가는 거의 유례가 없다고 평가받을 만하다.

선택한 글은 1953년 전국여성단체연합회의 이름으로 이태영이

쓴 가족법 제정에 관한 여성계의 의견서이다. 1953년 국회에 제출한 이 남녀평등의 가족법안은 남존여비, 남계혈통 중심의 가족제도를 당연시했던 당시의 분위기에선 극히 일부만 수용되었다. 그러나 그 의견서의 내용은 후일 성취될 핵심항목을 고스란히 담고 있었다. "사생활에서 자유롭지 못한 사람이 어찌하여 공생활에서 자유로울 수 있으며, 사생활에서 평등권을 향유하지 못하면서 어찌하여 공법상 평등하다고 할 수 있겠는가? 모든 일은 작은 일에서부터 시작되는 것이어늘 신분법에서 평등의 원칙이 존재하지 않는 한 헌법상의 남녀평등은 공염불에 불과하다"는 지론은 지금 보아도 생명력을 더해가는 명언이다. 아울러 가족법개정운동의 전개와 성과를 이해하기 위해 이태영의 다른 글을 실었다.

이태영의 생애와 사상의 이해를 위해서는 다음 글을 기초적으로 참고할 수 있다. 이태영의 저서로는 『한국이혼연구』, 『여성으로 태어나서』, 『나의 만남 나의 인생』, 『가족법개정운동 37년사』 등이 있으며, 유고변론집으로 한국가정법률상담소 편, 『'정의의 변호사' 되라 하셨네』(사람세상, 1999)를 참고할 수 있다.

4. 친족편 · 상속편 초안 및 심의요강에 대한 의견서

전국여성단체연합회

법전편찬위원회의 민법안 중 친족상속법초안과 그 수정안인 민의원법제사법위원회 민법심의소위원회에서 심의된 친족상속편심의요강 중에는 대한민국 헌법정신에 배치되는 규정이 허다하므로 이것을 시정하고 명실공히 남녀평등원칙에 일치하도록 수정하여 대한민국 1천 5백만 여성의 행복은 물론 자손만대의 행복을 위한 민법을 제정하여 주심을 경망하는 뜻에서 전국여성단체가 연합하여 다음과 같은 의견을 제출하나이다.

* 1953년. 이태영, 가족법개정운동 37년사, 한국가정법률상담소, 1992, 395~404.

가족법 개정운동 캠페인(1977년)

4. 친족편 · 상속편 초안 및 심의요강에 대한 의견서

〈친 족 편〉

제1 호주제도를 폐지할 것

이 유

(1) 남녀평등을 이상으로 삼는 우리나라 헌법정신에 배치된다.

호주제도는 본래 남계혈통주의에 입각한 남존여비사상에 기인하였던 것이다. 남성은 여성에 비하여 자녀에 대한 친권, 처에 대한 부권 이외에 호주로서 가족에 대한 지배권을 가지게 되고 여성은 가족이라는 신분에 의하여 복종의 의무를 지게 되었다. 즉 호주는 원칙으로 남자가 되고 여자가 호주되는 것은 일시적인 임시적·예외적 현상이었다. 그러므로 호주제도의 존재는 남성에 한한 여성의 지배를 의미하고 남계혈족은 존중하고 여계혈족은 무시하는 제도로서 남녀평등의 원칙에 어긋나는 것이다.

(2) 호주제도는 사실상 유명무실한 제도이다.

① 이것은 친권제도가 발달하기 전에는 친권을 포함한 제도로서의 의의가 컸으나 친권제도가 확립된 금일에 있어서는 옛날에 호주권에 속하였던 가족에 대한 감호, 교육, 징계, 직업지정 등의 호주권이 전부 소멸되고 지금은 그것이 모두 친권에 이전되고 있다. 또한 호주권의 주된 내용을 보건대 가족에 대한 부양의무, 가족의 거소지정권, 미성년자의 혼인과 입양에 대한 동의권, 가족의 입가, 거가에 대한 동의권 등인 것이다. 이상과 같은 호주권은 이미 그 의의를 상실하였거나 또는 현실적으로 행사되지 않거나 또는 행사할 수 없는 것이 실정인 것이다. 즉 ① 호주의 부양의무는 일본 구민법과 같이 가독상속인(家督相續人)에게 재산의 단독상속을 인정하는

법제하에서만 그 존재의의가 있을는지 모르겠다. 우리나라 민법초안은 가족에게도 재산상속권을 인정하고 호주에게는 단독상속을 인정치 않고 다만 가족의 상속분보다 비율을 높이 하여 호주로 하여금 가족을 부양케 하는 의무를 부담시키고 있으나 이는 호주와 가족의 구별 없이 재산을 균등분배케 하여 그 부양의무를 면제케 하는 것보다 가족관계를 번잡하게 하는 결과를 초래할 뿐이다.

② 호주의 거소지정권은 헌법에서 보장하는 거소자유의 원칙에 대한 제한이 된다. 여사한 제한은 법률에 의하여 할 수 있다 하더라도 가족의 생활활동의 자유를 구속하는 것이 된다. 초안은 만일 가족이 호주의 거소지정에 불응할 때는 가족으로 하여금 호주로부터 부양받을 권리를 상실케 하고 있을 뿐이다(초안 제791조). 그러므로 호주의 거소지정권은 가족개인의 활동의 자유를 구속함을 의미하는 유명무실한 규정이다.

③ 미성년자의 혼인과 입양에 대하여 부모의 동의 외에 호주의 동의를 필요로 하는 것은 혼인이 혼인당사자를 위한 것이 아니고 가족을 위한 것이라는 전세기적 혼인관에 유래한 잔재물에 지나지 않는 것으로서 혼인은 양자의 합의로 성립된다는 현행법상의 혼인이념에 배치되는 것이다.

④ 서자녀입적 등에 대하여 호주의 동의를 요한다는 것은 친자관계에 대한 부당한 간섭이 되는 것이다.

(3) 호주제도는 현실적 가족공동생활과는 유리된 호적용지면상의 제도라고 할 수 있다. 호주대상관계는 동일한 장소에서 생활하는 실제관계가 아니고 다만 동일한 호적면상에 기재되어 있는 자간의 관계인 것이다. 즉 원친이거나 심지어는 친족이 아닐지라도 호적을 공동히 하는 실제상 천리를 상단하여 별거독립의 세대를 가지고 있을지라도 가족으로서 호주권에 복종하게 된다. 그러나 이와

반대로 동거하고 있어도 별적으로 있는 자는 역시 가를 달리하는 것으로 취급되어 호주권에 복종할 필요가 없게 되는 것이다. 이와 같이 호주제도는 실제와 유리된 형식적 존재인 것이다.

(4) 세계의 입법추세를 볼 때 호주제도는 점차 몰락단계에 들어가고 있다.

호주제도를 인정하는 국가는 서서(스위스)와 자유중국뿐이며 그나마도 호주상속제도를 유지하는 국가는 우리나라뿐인 것이다. 퇴화일로에 있는 호주권 중 필요한 것은 친권, 부권에 이양하고 선조숭지에 관하여는 우리의 윤리생활에 일임하고 가족간의 남계편중을 시정하고 동시에 남녀 관계없이 누구나 자기 자신의 〈집〉(가족제도적인 집이 아니라 세대라는 의미의 집)을 가질 수 있게 하여 현호적은 호주중심의 호적이 아니라 현실적 공동생활체인 세대를 중심으로 한 호적으로 발전시키는 것이 오늘날 우리가 지향할 가족제도인 동시에 여성의 지위향상을 위한 최대의 과업이라 사료된다. 여사히 제도가 발전되어 호주제도가 없어짐으로써 가족간의 권리가 공평하여지고 친족회의 제도가 없어짐으로써 모든 복잡한 절차와 분쟁이 없어지고 여성도 자기의 집을 가짐으로써 그 지위가 더욱 보장되고 사생아에 대한 모든 불명예가 없어지며 이혼의 경우에 여자의 호적상의 문제가 간단하여지며 재산상속이 평등균분하여지는 등등 그 권리로운 점을 매거할 여지가 없다.

이상과 같은 허다한 이유로써 하등의 법률제도적 존재가치가 없는 호주제도를 그나마 전통과 미풍양속이라는 허울좋은 구실하에 유지하더라도 그 호주권의 한계는 최소한의 권한을 인정하여야 하겠고 동시에 여자에게도 호주상속권을 인정하여야 한다.

여자에게 호주상속권을 인정하여야 할 이유

(1) 종래의 호주제도가 남계혈통 일방주의의 호주제도였기 때문에 이성불양의 양자제도를 채택하게 되었고 또한 여식이 있음에도 불구하고 사후양자를 인정하게 된다. 즉 피상속인에게 여식이 있더라도 호주권을 계승시키기 위하여는 정성어린 부모슬하에서 자라난 여식을 내어보내고 타인과 다름없는 조카항렬의 남자를 양자로 맞이하여야 하고 주고 싶지 않은 재산이지만 호주상속을 하였기 때문에 주어야 하는 인간자연의 정의에 반하는 폐단이 발생한다.

(2) 근대민주주의 국가에 있어서는 여자도 남자와 같이 사회적으로 활동하는 분야가 넓어졌으므로 남자와 같이 분가할 수 있게 하여 자유로운 자기의 집을 가질 필요가 있다.

만약 여자에게 분가를 인정치 않으면 실제로 동거치 않은 방계원친가에 형식적으로 종속되어 법적으로 호주권에 복종치 않으면 아니될 기현상이 발생한다.

또는 상당한 사회적 활동을 하는 여자를 연하의 비속인인 남자의 호주권에 복종시킨다는 것은 여자에 대한 큰 모욕이며 사회적 활동에 막대한 지장을 초래함을 부인할 수 없는 일이다.

(3) 여자에게 호주권을 인정하면 이혼의 경우에 호적상의 문제가 간단하여질 뿐만 아니라 기타 무호적상태에 있는 여자들을 위한 해결책이 된다. 즉 기혼녀가 부가에 입가함은 혼인의 원칙적 효력이므로 그 원인되는 혼인이 해소되었을 경우에는 자유의사에 따라서 그 거취를 결정한다고 사료된다. 혼인이 해소되었을 경우에 여자의 사정은 혼인 당시 또는 부의 생존시와는 현저히 다르므로 시가 또는 친가에 재적 또는 복적함이 적당치 아니한 경우에는 그 자유의사에 따라 일가를 창립하게 함이 인권존중상 타당한 것이라고 믿는다. 또는 그 외에 사생자의 취적문제가 간단하게 해결된다.

(4) 역사적인 사실을 보아서 고려시대만 하여도 여자에게 호주상속권을 인정하였다. 현행법상 호주상속권이 남계적장남의 단독상속주의를 취하고 있는 것은 조선조시의 산물이며 고려시만 하여도 반드시 적장남에 국한하지 않고 차남에게 또는 여자에게 상속시킴은 공인되었으며 다만 적서남녀의 구별은 상속인의 순위에 지나지 않았다는 것은 《고려사절요》라는 문헌에 나타나 있는 사실이다.

(5) 호주권의 내용은 남자만이 행사하여야 할 생리상의 이유가 없다. 여자에게도 남자와 같은 인격만 구비되면 능히 행사할 수 있는 문제를 갖고 구태여 남자에 한할 필요는 없는 것이다.

오늘의 대한민국헌법은 제 8 조에서 남녀평등의 원칙을 선언하였고 법률 앞에는 만인이 평등하다는 인간평등의 원칙을 채택함으로써 여성도 공법적 생활권 내에서는 남성과 동등한 대우를 하면서 사법적 신분생활에서만 차별대우를 하여야 할 이유는 없다. 사생활에서 자유롭지 못한 사람이 어찌하여 공생활에서 자유로울 수가 있으며 사생활에서 평등권을 향유하지 못하면서 어찌하여 공법상 평등하다고 할 수 있겠는가? 모든 일은 작은 일에서부터 시작되는 것이어늘 신분법에서 평등의 원칙이 존재하지 않는 한 헌법에서 부르짖고 있는 남녀평등의 원칙은 한갓 공염불에 지나지 않는다고 본다.

제 2　혼인관계

1) 형식혼(신고)주의를 완화할 것(요항 제13항 초안 제805조)

이　유

(1) 형식주의는 아직 일반의 민중의 생활화되지 않았다는 점

형식혼주의가 도입된 지 30여년이 되는 금일에 있어서도 아직

일반대중은 혼인신고를 하고 있지 아니하는데 무슨 결과가 생기는가. 그 진의와 중대성을 이해하지 못하고 있고 한 개의 강요될 제도로서밖에 의식되어 있지 않고 민중생활과 유리되어 동거생활 수년 후에 소생자녀의 출생신고를 해야 할 때 비로소 혼인신고를 하는 실정이다. 준법만 잘되면 이상적인 법이라고 하나 사실혼인주의의 깊은 뿌리를 박은 우리 생활관념에서 좀처럼 생활화되지 않은 것을 강행할 수는 없는 것이다.

(2) 형식혼주의 강행은 사회적 모순과 사회악 조성의 근원이 된다. 즉 ① 사회관습 내지 사회일반의 혼인으로 인정한 부부를 일편의 혼인신고가 없다는 이유로 법률상 부부가 아니라고 부인되고, ② 사실상 살고 있지 않는 남자이지만 일편의 혼인신고가 있기 때문에 부부로 인정받으며, ③ 일편의 신고 때문에 정처가 내연의 처 또는 첩이 되고 첩이 정처가 된다든가, ④ 이에 따라 적출자가 사생자 혹은 서자가 되는 등의 사회적 모순이 허다하게 발생된다.

(3) 혼인신고라는 제도가 사회적 · 경제적 약자인 부녀자를 부당하게 학대하는 것이 되어 본제도의 강행은 나아가 결과적으로 보아 헌법정신에 위배된다.

이상과 같은 제이유에서 형식혼주의의 강행을 반대하고 이에 대한 완화 내지 시정의 방법을 제안하는 바이다.

“형식혼주의를 원칙적으로 하되 혼인신고를 하지 아니한 부부일지라도 확실한 혼인관계를 인정받을 만한 조건을 구비하면 일정한 자(부부 또는 자녀)의 신청에 의하여 법원의 판결로써 법률상의 혼인관계를 인정하고 이를 선언하는 제도를 신설할 것”

2) 동성불혼의 원칙을 폐지할 것(초안 제802조)

(이에 관하여는 법제사법위원회 요강은 이를 폐지한다고 언급한 바 있지만 초안은 이를 유지하려 하고 있으므로 이에 의견을 제출하는 바이다.)

이 유

(1) 동성불혼은 혈통을 무시하는 한국고유의 미풍양속이라고 하나 이는 봉건적 잔재에 불과한 것이다.

남계혈족간의 금혼제는 조선조시대에 이르러 유교사상의 도입에 의하여 확립된 원칙으로 이미 신라시대에는 계급적 내혼제가 성행하였으며 고려시대에도 동성혼 및 근친혼이 성행한 바 있다. 원래 족외혼제는 중국유교사상에 입각하여 인륜을 무시하고 인간은 인간임에 금수와 같아서는 안된다는 생각에서 나온 것인바 일족을 주안으로 하고 향관을 같이 하던 지역적 단체에서는 동 원칙의 실질적 의의가 있을는지 모르나 금일과 같이 제사회관계가 착잡하고 인구는 격증한 오늘 수십만의 동족 중에서 전의 남계선조가 동일하다는 이유만으로 혼인을 무효로 함은 부당한 것이다.

(2) 동성혼은 우생학상으로 유해하다 하지만 전혀 비과학적인 이야기이다.

그토록 동성혼이 유해할진대 왕족간에서도 근친혼이 성행하였던 신라 및 고려시대에는 오히려 우리나라 역사상 가장 찬란한 문화를 형성하였으며 그 문화를 형성한 위대한 인물들이 무수히 배출되었을 것인가? 또는 그토록이나 혈통의 순결을 중시할진대 통혼금지범위는 왜 철저화를 기하지 못하였던가? 우생학상 여계혈족과의 근친혼은 유해하지 않고 남계혈족과의 근친혼만이 유해하다는 것이 과학적으로 판명되지 않는 한 동성불혼의 원칙은 남녀평등원칙에도 위배된다.

(3) 동성자일지라도 원친자간의 혼인을 일정 초기에는 남계혈족간의 혼인은 절대로 금지하였으나 점차로 동 원칙이 완화되어 이를 근친혼이 아닌 이상 그 혼인신고를 접수하여 유효히 취급하였다. 고로 8·15 해방 이후 이 일정(日政) 말기의 관습법을 변경하려는 하등의 법률상 조치가 없는 한 원친자간의 혼인을 무효로 볼 수 없는 것이다. 고로 법제사법위원회 요강은 현행 관습법을 명문화하려는 데 불과하다고 본다.

3) 미성년자의 혼인에는 호주와 법정대리인의 동의를 요치 않고 부모의 동의로써 족하도록 할 것(초안 제906조)

이 유

(1) 호주제도는 호적용지면상의 유명무실한 제도에 불과하기 때문에 호주의 동의는 사실상 실정에 부합되는 경우가 적은 것이며 또한 개인의사 자치를 존중하는 금일의 시세에 부적합할 뿐만 아니라 호주권의 남용의 결과 부당한 일이 발생할 염려가 있다.

(2) 법정대리인은 부모가 아니고 제 1 차로 부이므로 부가 생존하여 있는 경우에는 모는 동의권을 행사할 수 없으므로 부모평등주의에 위배된다.

무릇 자녀를 양육함에는 부모쌍방이 심혈을 기울이겠지만 그 중 특히 적극적으로 보호감호하고 사랑하는 것은 어머니라고 할 수 있거늘 정성어린 자녀들의 혼인에 모의 동의를 요치 않는다는 것은 실로 조리에 어긋나는 일이다.

4) 부부동거장소에 대한 결정은 부부협의에 의하도록 할 것

이 유

처음부터 부부의 동거장소를 부의 주소 또는 거소로 하는 것은 부부평등의 원칙에 어긋난다. 동거장소는 일단 부부간의 협의에 의하도록 하고 협의가 성립되지 않을 경우에는 법원에서 결정하도록 하는 것이 타당하다고 본다.

5) 부부재산제는 부부별산제를 취하는 동시 부부간의 미분명재산에 관하여는 부부공유로 추정하도록 할 것

이 유

(1) 부부를 대등하게 취급하는 것이 혼인의 근대적 이념이다.

(2) 혼인생활에 있어서 부의 수입이 결코 부 단독의 노력에 의한 것이 아니고 거기에는 보이지 않는 처의 내조가 큰 것이다.

6) 이혼배우자에 대한 재산분여청구권을 인정할 것

이 유

(1) 재산분여청구권은 부부재산제의 반영이다.

재산분여청구권은 이혼 후의 처의 생활을 보장하여 처의 이혼자유를 확보하는 점으로 보아서 종래의 부양청구권과 사실상 차이는 없다 하더라도 그 본의가 이혼자의 생활곤란에 대한 은혜적 부조가 아니고 종전의 배우자로서의 인격적 존엄에 대한 보장이며 부부재산제의 반영인 점에 근본적 차이가 있다.

(2) 이혼피해자 특히 처의 경제생활의 안정을 도모할 필요가 있다. 특히 이혼으로 인한 여자의 고통은 남자에 비하여 심대한 바가 있다. 더욱이 우리나라 관습은 재산상속에 있어서 남성우월 상속제도를 채택하여 왔기 때문에 재산분배에 관여치 못한 여성에게는 경제적 독립을 도모하기는 곤란하며 또한 재혼의 기회도 남성의 경우에 비하여 불리한 처지에 놓여 있는 것만은 사실이다.

(3) 혼인생활 중 취득한 재산 중에는 처가 부에 대하여 한 내조

의 결과가 당연히 포함되는 것으로 이것은 처에게 반환하는 것이 지당하다. 이와 같이 함으로써 과거의 부당한 추출이혼도 방지할 수 있는 것이다.

(4) 이혼을 원인으로 하는 부양의무에 관하여는 관습에 의거할 바가 없다.

유책이혼에 있어서는 무책배우자가 불법행위를 원인으로 손해배상을 구할 수 있음은 물론 이혼으로 인한 유형무형의 손해배상을 구할 수 있으나(서기 1926년 8월 27일 고등법원판결) 다만 부부였다는 이유만으로 이혼 후의 생계불능을 구제받을 방법이 없는 것이다 (외국 입법례: 독일 민법 제1578조 내지 제1583조, 불 민법 제290조 내지 제301조, 서서 민법 제150조 내지 제153조, 일본 신민법 제780조).

제 3 양자문제

1) 〈가의 계승을 위한 양자〉만을 인정하려는 초안(제860조 이하)을 수정하여 〈친을 위한 양자〉, 〈자를 위한 양자〉로 인정할 수 있도록 할 것

따라서, ① 이성불양원칙의 수정, ② 사후양자제도의 폐지, ③ 여성양자제도의 인정, ④ 서양자제도의 인정, ⑤ 출계에 관한 규정 삭제, ⑥ 입양취소 및 재판상 파양사유의 수정.

법제사법위원회 심의요강(제26항)은 이에 관하여 언급한 바 있으나 초안은 현행관습법을 그대로 유지하려고 하므로 이에 의견을 제기하는 바이다.

이 유

(1) 현행관습법과 초안의 양자제도는 제사의 부단(不斷)과 남계혈통의 연속을 목적으로 하였으므로 이는 남존여비사상에 입각한

바로 우리나라 헌법정신에 배치된다.

(2) 현대 양자제도의 이상은 부모 없는 자에게 부모의 애정을 향유케 하기 위하여 또는 자녀 없는 자에게 자녀에 대한 애정을 충족케 하기 위하는 데 있다(요강과 동지)(외국입법례: 독일 민법 제1741조, 서서 민법 제264조 이하, 중국 민법 제1072조).

①의 이유

남계혈통을 계승시키기 위한 양자만이 아닌 이상 양자의 대상을 동성동본으로 국한할 필요가 없다. 즉 호주가 유산을 남기고 사망한 경우에 유처의 뜻에도 맞지 않고 생전에는 하등 관계없던 자가 다만 동성동본이라는 이유만으로 거의 강제적으로 사후양자가 되어 유산획득의 목적을 달하는 폐해가 많았음은 우리의 경험에서 증명된다. 고로 이성불양의 원칙을 요화(繞化)하여 이성자도 양자로 할 수 있게 하되 이는 양사자는 아니고 단순히 친본위 자녀본위의 양자로 함이 옳다.

②의 이유

사후양자는 양자제도가 남계혈통을 계승키 위하여 존재해 있을 경우에 한하여 인정할 수 있는 제도이며 양친 또는 양자 자신을 위한 제도하에서는 사망자를 양친으로 하는 사후양자를 인정한다는 것은 무의미한 일이다.

③의 이유

친본위 또는 자녀본위의 양자법하에서는 남녀를 구별할 하등의 이유가 없다. 즉 부인 남성만이 자녀애에 대한 만족을 실현하기 위하여 양자를 맞이할 수 있으되 여성의 자녀애에 대한 만족의 실현을 목적으로 한 양자를 인정치 않을 이유가 나변(那邊)에 있는 것이며 또한 사회사업의 목적으로 타인의 자녀를 부양교육시키고자 하는 그 심정을 남성에게만 국한시킬 정당한 이유가 없다. 현실적으로 여자가 독립의 생계를 유지하고 있고 또 사회적 지위에 있어서도 뚜렷한 비중을 가진 경우는 허다한 것이므로 여사한 경우에 그 여자가 어버이가 되고 싶다는 인간자연의 본능을 가졌다면 법률은 이러한 인간자연의 본질을 거부할 필요는 없다고 본다.

④의 이유

서양자제도는 이론상 또는 윤리상 · 인정상 이를 거부할 하등의 이유가 없다. 이는 세계 대다수의 문명국가가 인정하고 있는 것으로서 결코 일제의 독특한 제도가 아니다. 친자간의 정애로 본다면 애아를 타가로 출가시키고 평소에는 하등의 관련도 없던 혈연이 소원한 타인의 자를 동성동본이라는 이유만으로 양자로 맞이하여 그의 전 재산을 상속케 한다는 것은 인간자연의 정의에 반한다. 이러한 경우에 서양자제도를 인정하면 가녀들끼리 부모의 슬하에 두고 그 효양을 다하게 할 수 있을 뿐만 아니라 후일에 그 가산도 서양자부처에게 상속시킬 수 있다.

⑤의 이유

출계에 관한 규정은 양자제도가 호주제도를 유지하는 데 필요한 것이며, 결코 양자 자신을 위한 것이 아닌 전제하에서만 존재가치가 있는 것이다.

⑥의 이유

초안이 규정하고 있는 입양취소사유는 양자제도가 가본위의 남계혈통계승을 위한 경우에만 존재가치가 있다. 따라서 양자 자신을 위한 제도하에서는 불필요하다. 입양이 양자 자신을 위한 것이라면 양자의 생사가 다년에 걸쳐 분명하지 않을 경우에는 일반원칙에 따라서 실종선고제도를 이용하면 충분한 것이다.

제 4 친권문제(요강 제31항 초안 제906조)

1) 친권공동행사제도를 채택할 것

이 유

(1) 친권행사에 부모차별주의를 취함은 남녀평등의 원칙에 내재하는 부모평등사상에 배치된다.

(2) 친권의 공동행사를 인정함은 일부일부(一夫一婦) 혼인제도의 당연한 결과이다.

윤리학자의 소위 〈2인 공동체〉인 혼인은 자녀를 낳음에 의하여 〈3인 공동체〉로 발전하며 그리하여 혼인은 다시 부부의 애정을 바쳐 자녀를 육성하는 공동의 목적을 가짐에 의하여 고차적인 의의가 있는 것이다.

(3) 친권행사에 부모차별주의를 취함은 시대사조에 역행한다.

부모차별주의의 친권행사제도를 채택함은 일본 구민법인 명치시대의 민법을 그대로 받아들이는 것이 된다. 일본의 구민법은 봉건적인 〈가〉제도를 중심으로 하여 이 〈가〉제도의 본래의 목적에 합치되도록 제정하였다. 당시의 〈가〉는 물론 부모차별주의에 입각한 부권 부계의 〈가〉였으므로 부가 제1차로 친권자가 됨은 당연하였다. 오늘의 대한민국은 헌법정신을 기초로 하여 봉건적인 가제도가 소멸되었음은 물론 현시대 조류가 부모공동주의를 채택하고 있는 이때에 오늘의 현실정에 합치되는 법제도를 마련하여야 할 것이다(외국 입법례: 소련 혼인친족후견법 제38조, 중국 민법 제1084조, 일본 민법 제818조, 미국 민법 5개주 이상, 영국, 토이기(土耳其; '터키')).

〈상 속 편〉

제 5 재산상속문제(상속편 요강 제 5 항)

1) 처의 재산상속법상의 지위를 향상시킬 것(초안 제1009조~1010조)

이 유

(1) 재산상속에 있어서 부부차별주의를 취함은 우리나라 헌법정신에 내포되어 있는 부부평등주의에 배치된다.

(2) 처의 재산상속을 중요시하지 않음은 삼종지의탁이라는 봉건적 유교관념의 잔재물이며 현대사조에 역행하는 비민주적 사상이 된다. 현대친족상속법의 사조는 가본위에서 부부본위로 신분권계승에서 재산권계승으로 옮아가고 있다. 특히 망배우자와 이신동심체(異身同心體)가 되어 일생고락을 같이 한 유처(遺妻)에게 자녀 이하의 대우를 함은 인간자연의 정의에 반할 뿐만 아니라 인간윤리에도 어긋나는 일이다.

법제사법위원회 심의요강에서 처의 재산상속법상 지위에 대하여 자녀 이하의 대우를 한 이유로서 "망배우자의 유산을 상속한 처가 자녀 또는 시부모를 남겨두고 상속한 재산을 전부 가지고 재가할 경우에는 남은 자녀와 노부모는 심히 난처한 경우에 이르게 되므로" 하였지만 이와 같은 이유만으로 속단하여 버릴 것이 아니라 일단 유처에게 보장시키고 난 후 만일 재가할 경우에는 상속한 재산을 자녀들에게 상속시킨다는 등의 규정을 둠이 옳다고 본다. 대개 피상속인이 사망하여 자녀들에게 유산을 상속시켰다 할지라도 그 자녀들이 미성년자이거나 노부모가 활동불가능할 경우에는 실제적인 재산의 관리사용수익은 활동력 있는 유처가 하게 되는 것이므로 이와 같은 경우를 고려하더라도 배우자인 유처에게 상속분의 비율을 높이 함은 조금도 주저할 바 없는 것이다.

(3) 부의 이신동심체가 되어 일생고락을 같이 한 유처에게 자녀 이하의 대우를 함은 인간자연의 정의에 반한다.

2) 출가여식의 재산상속을 인정할 것(초안 제1007조)

이 유

(1) 출가여식에게 재산상속권을 인정치 않음은 〈출가외인〉이라는 봉건적 관념에서 유래된 것으로서 이는 실정에 적합지 않을 뿐만 아니라 남녀평등의 이념에 배치된다.

친생자녀일지라도 동일한 호적에 있지 않은 자녀에 대하여 재산상속을 인정치 않는 취지는 재산이 동일한 호적 외로 분산됨을 방지하려는 데 있다고 본다. 그러나 현금의 호적은 실제생활과는 완전히 유리되어 있어 동일한 호적에 있는 자라 할지라도 별거하는 자녀도 있고 또 부모와 별 호적에 있는 자라 할지라도 동거하는 자녀도 있는 것이니 동일한 호적에 있는 자녀에 한하여 재산상속을 인정함은 자녀를 부모의 호적에서 이거함을 방지하려는 간접적 강제책으로써 이는 부당한 것이며 더욱이 출가여식은 대개가 부가로 전적되는 것이므로 이는 자녀에 대한 차별적 규정이라 할 수 있다.

(2) 종래의 관습법은 출가여식에게도 재산상속권을 인정하였다(소화 8년 12월 8일 고등법원 연합부 판결).

따라서 관습에 배치된다고 할 수 있다.

3) 서자의 재산상속규정을 수정할 것(요강 제 5 항 초안 제1017조)

이 유

(1) 적서의 차별을 두지 않음은 "혼인의 순결은 국가의 특별한 보호를 받는다"라는 우리나라 헌법정신에 비추어 타당하다고 볼 수 없다. 고로 현행 호주상속법상의 적자우선주의와 아울러 재산상속에 있어서도 현행법과 같이 적서간의 차별을 두는 것이 타당하다.

(2) 서자에게 적자와 동일한 대우를 함은 축첩제도를 인정하는 결과밖에 되지 않는다. 따라서 적출여식에게는 불리한 결과가 되고 마는 것이니 즉 피상속인에게 여식이 아무리 많더라도 축첩하여 서자에게 호주상속과 재산상속을 인정하게 되면 다시 남계편중의 가족제도가 될 것이다.

대한여성단체연합회(무순)

대한부인회, 대한여자청년단, 대한여자국민당, 여성문제연구원, 대한조산원회, 국방부녀회, 애린선교단

4. 가족법 개정운동과 나

이 태 영

가족법 개정운동은 전통을 고집하고 있는 우리 사회에 대한 나의 또 다른 고발이요, 항거였다.

날이면 날마다 상담소에 와서 우는 여인들—남편의 사랑을 빼앗긴 여인, 시부모의 학대와 이간책으로 남편에게서 버림받은 여인, 자신이 낳은 자식을 빼앗긴 여인, 자녀들 때문에 어쩔 수 없이 남편의 폭력을 견뎌야 하는 여인, 남자에게 속아 재산까지 빼앗기고 버림받은 여인, 사랑해서 동거했으나 동성동본이라 혼인신고를 할 수 없다고 우는 여인, 그러자 남편의 사랑도 돌아서 버렸다고 우는 여인…, 도대체 그들은 왜 우는 것이며 누가 그들을 울게 만드는가.

대부분이 가정문제인 그들의 법률상담을 하다 보면 누구라도 '무슨 법이 이러느냐'고 분통을 터뜨리지 않을 수 없다. 법의 보호를 받아야 할 여성의 권리는 간 데가 없고 오히려 법 때문에 억울한 여인이 되어야 하는 것에 분노하지 않는다면 그 사람은 독재자거나 가해자임에 틀림없다.

---

* "「정의의 변호사」되라 하셨네," 이태영선생유고변론집, 한국가정법률상담소, 도서출판 사람세상, 1999, 173~186.

그러나 나는 상담소 문을 열기 이전부터 법개정의 필요성을 절감하고 있었다. 그러니까 1952년, 사법고시에 합격한 후 법관실무수습을 받고 있을 때였다.

주지하다시피 그 당시 우리의 가족관계를 규정하는 '민법 중의 친족 · 상속편'(속명: 가족법)은 전래의 관습을 법제화한 것으로서, 그 관습이란 조선시대의 유교사상에 기초한 남존여비관념과 비민주적인 남계혈통 중심 호주 본위의 가족제도를 근간으로 한 것이었다. 이 관습법 이외의 성문 법규로서는 일본의 구(舊) 민법 중 일부를 의용(依用)한 규정이 있을 뿐이었다.

이러한 관습법의 비민주성과 시대착오를 시정하고자 정부수립 후 법전편찬위원회가 구성되어 법전 기초 작업을 벌이게 되었는데, 이때에 남자 법조인들이 아직 권위주의와 가부장적 남성 중심 가치관을 벗어나지 못한 탓에 새 민법을 제정하면서도 여성의 지위나 남녀 평등사상은 뒷전이었다. 마침 법관실무수습중에 이러한 정보를 들은 나는 지도적인 여성단체들을 찾아가 법조계의 실정을 전하였고, 이를 계기로 가족법 개정운동이 일기 시작했던 것이다.

이후로 38년간이나 이어져 온 가족법 개정운동 과정에서 최초로 시도된 것이 1953년에 작성된 '1,500만 여성의 인간선언 담은 의견서'이다. 이것은 친족 · 상속편 초안 및 심의요강에 대한 전국여성단체연합회의 의견서로서 1989년에 개정된 가족법의 골간이 되는데, 그 내용을 간단히 요약해 보면 우선 친족편에서 첫째, 호주제도를 폐지할 것, 둘째, 혼인관계에서 일어나는 제 문제점들을 개정할 것, 셋째, 양자 문제, 넷째, 친권 문제 등이다. 다음으로 상속편에선 재산상속 문제를 다루고 있다.

또한 1954년에는 여성단체연합의 이름으로 국회에 진정서를 보내기도 했는데, 그 내용은 민법 중 친족 · 상속편 제정에 관한 건으로서 첫째, 남존여비사상의 계승인 특권제도를 인정하고 있는 호주제도의 존속, 둘째, 부부재산제도상 남성 우월, 셋째, 친권행사에서 모(母)의 제외, 넷째, 양자제도에서 여자는 제외됨, 다섯째, 재산상속상 남자 우선주의 등이다.

이리하여 그것들은 앞으로 전개될 가족법 개정운동 투쟁사에서 무수히 보내게 되는 진정서, 의견서, 건의문들의 시작이라고 할 수 있다.

민법전의 기초작업은 이러한 여성계의 압력으로 1956년까지 계속되었고 1957년 9월에야 국회에 상정되었다.

그 때로부터 현재에 이르기까지 39년간을 내가 이 법개정 싸움에서 손을 떼지 못하는 이유는 오로지 여성도 '똑같은 사람인데' 헌법이 보장한 기본인권을 가족제도에서부터 누려야 한다는 신념에서였다.

사람은 나면서부터 자유롭고 평등하다. 이는 곧 천부인권, 하늘이 준 권리이자, 창조된 대로의 인간 모습에 다름 아니다. 때문에 법에 의한 여성차별 타파를 외치는 것은 땅에서는 헌법의 정신에 부응하는 일이요, 하늘의 뜻으로 보면 인간 창조 당시의 모습대로 본연의 모습을 되찾는 신성하고 정의로운 일이다. 누구도, 그 무엇으로도 천부인권을 침해할 수는 없다. 하물며 시대에 뒤떨어진 낡은 전통이 법에 우선할 수는 없다.

전통이란 인간이 보다 나은 삶을 살려고 분투하는 과정에서 쌓아올린 문화유산이다. 그래서 전통에는 아름다운 인간정신이 들어있는 동시에 때로는 비합리성과 인간의 약점이 담겨 있을 수도 있다. 그러므로 전통도 인간을 좇아 생성 · 소멸하는 유한한 생명성을 갖는다. 다시 말해 사회변화에 따라 전통을 버려야 할 때도 있다는 말이다.

여기에서 가족적 가치를 위해서 1948년 수립된 대한민국의 헌법이 지향한 가족생활관계 부분을 다시금 살펴보는 한편, 1957년 12월에 국회에서 통과되어 1960년 1월 1일부터 공포 · 실시된 신민법의 개혁적 측면을 고찰하고자 한다.

먼저 처음 제정 · 공포된 우리 헌법은 그 전문에 "민주독립국가를 재건함에 있어서… 모든 사회적 폐습을 타파하고 민주주의 법제도를 수립하여… 각인의 자유 · 평등과 창의를 존중하고 보장한다"고 명시하였다. 또 제 5 조에 가서는 '개인의 자유'를, 제 8 조에 '법앞의 평등', '남녀평등'과 '사회적 특권계급의 창설 금지'를, 제12조에서 '혼인순결'을 각각 규정하였으며, 나아가 제100조에서는 헌법과 저촉되는 현행 법령의 법적 효력을 부정하였던 것이다.

그러면 당시 헌법이 내건 가족생활에 있어서 개인의 자유와 남녀평등이념을 새 민법이 어떻게, 어느 정도로 구체화하였는가. 신민법이 단행했던 개혁의 모습은 겨우 열 가지 점에서 혁신적이었다.

하나, 처의 무능력제도가 폐지되었다.
둘, 부부별산제가 채택되었다.
셋, 혼인과 협의이혼의 자유가 커졌다.
넷, 재판이혼원인상 부부평등이 실현되었다.
다섯, 양자법이 대개혁되었다.
여섯, 분가의 자유가 주어졌다.
일곱, 호주권이 약화되었다.
여덟, 모계혈통 계승이 인정되었다.
아홉, 호주상속과 재산상속을 분리하였다.
열, 재산상속 순위에 있어서 여성의 지위가 크게 향상되었다.

이상에서 살펴본 바와 같이 신민법은 완전하지는 못하나 가족제도의 혁신이라 부를 만한 것이었다. 오히려 그 당시의 사회관습과 의식 정도에 견준다면 입법이 앞서간다고 말할 수 있었다. 거기에는 선각자적인 여성지도자들의 '바른 민법 제정(혹은 개정)운동'이 크게 영향력을 미쳤기 때문이라는 것은 재론할 필요도 없다.

가족법은 일대 개혁되었지만 실시되면서부터 다시 개정이 논의될 수밖에 없었다. 물론 상담소에 찾아와 축첩이나 서자 입적 문제, 동성동본 혼인 문제 등으로 울면서 하소연하는 여인들이 신민법이 공포되었음에도 불구하고 줄어들지도 않았다. 억울하게 쫓겨나든지 아니면 때리는 남편 때문에 어쩔 수 없이 이혼하게 된 여자들은 으레 자식들을 포기해야 하는 줄 알았고, 그 때문에 한 맺힌 세월을 각오해야 했던 것이다.

그리하여 나는 곧 다시 가족법 개정운동을 계속했다. 신민법이 시행된 지 1년 남짓된 1961년에 5·16으로 혁명정부가 들어섰다. 다음해 나는 여섯 개 여성단체를 모아 5·16혁명정부 앞으로 친족상속법 개정과 가사재판소 설치의 필요성을 주장하는 건의문을 6개 여성단체 명의로 보내기로 했다. 건의문의 내용은 첫째, 친족상속법상 개정을 요하는 조항으로 1. 친족범위를 정하는 데 있어서 남녀평등(민법 제777조), 2. 처의 동의 없는 남편의 서자 입적(민법 제782조), 3. 재산상속에 있어서의 남녀차별—처 및 여식의 상속분과 서자녀의 상속분 문제(민법 제1009조), 4. 혼인해소시에 있어서 이혼 배우자에 대한 재산분배청구권 및 위자료, 부양료의 이행 확보제도 신설, 5. 부부간 귀속미분명 재산에 대한 남편의 소유—부부공유(민법 제830조 제 2 항), 6. 친권행사에 있어서 남편의 우선적 지위—부모공동행사(민법 제909조), 7. 호주상속에 있어서 적출녀에 우선하는 서자의 지위(민법 제984조), 8. 동성동본 불혼원칙의 폐지, 9.

기타 조항으로 ① 호주제도의 폐지, ② 혼인성립 선언제도 규정 신설, ③ 유류분(遺留分) 제도 신설, ④ 부부간 동거장소의 협정, ⑤ 협의이혼 당사자의 이혼의사확인제도 신설 등이며, 둘째, 가사재판소 설치의 필요성을 역설해 놓고 있다. 가정문제의 해결은 공개적인 것보다는 우선적으로 비공개적 방법에 의한 사회 저명인사들의 조정과 화해로써 적절한 처리를 할 수 있는 가사재판소 제도가 급히 필요하다는 것을 주장한 것이다.

나는 우선 YMCA와 손잡고 해마다 이 과제를 프로그램에 포함시켜 교육해 오던 중, 1973년에 들어서면서 범여성단체가 함께 하는 운동을 전개하였다. 이 시기는 유신헌법이 이미 공포된 뒤라 정부와 국회는 기왕의 법률들을 모두 손질하던 때였다. 한편으로는 우리 정치 사상 처음으로 10명의 여성 국회의원이 국회에 입성해 있어 매우 유리하다고 보았던 것이다.

그 해 7월 범여성가족법개정촉진회 명의로 작성한 건의문을 국회의원들에게 보냈는데 내용은 다음의 10개 항목을 개정하자는 것이었다.

1. 호주제도의 폐지
2. 친족범위 결정에 있어서의 남녀평등
3. 동성동본 불혼제도 폐지
4. 소유불분명한 부부 재산에 대한 부부의 공유
5. 이혼 배우자의 재산분배청구권
6. 협의이혼제도의 합리화
7. 부모의 친권공동행사
8. 적모서자관계와 계모자관계의 시정
9. 상속제도의 합리화

10. 유류분 제도

그리고 1975년은 UN이 정한 '세계 여성의 해'로서 우리 여성들을 더욱 고무시켰으나 남성 의원들의 보수성은 여전히 완고해 갖은 우여곡절을 겪고서 1977년에야 두 번째로 개정안의 통과를 보게 되었다.

물론 그 해 11월에도 동성동본 불혼제도 개정을 위해서 정대철 의원을 통해 '동성동본불혼제도개정촉진회' 명의로 국회에 청원서를 제출했는데, 남계혈통만을 중요시하는 낡은 인습의 잔재로 해서 규정된 불합리한 법이므로 금혼 범위를 8촌 이내로 제한하는 것으로서 가족법을 개정해 달라는 내용이었다.

또한 한국가정법률상담소 황신덕 이사장을 대표자로 해서 61개 전국여성단체가 범여성가족법개정촉진회를 결성하여 전국대회에서 채택한 10개 요강인 가족법 개정안을 빠른 시일 내에 심의, 원안대로 통과시켜 주기를 원한다는 내용의 가족법 개정을 촉구하는 청원서를 국회에 제출하기도 했다.

1979년부터 시행된 개정 가족법의 주요 내용은 다음과 같다.

① 부모의 동의 없이 혼인할 수 있는 연령이 20세로 대폭 낮춰졌으며 남녀에 차별을 두지 않았다.

② 미성년자로 혼인하면 성년자로 인정하여 법정대리인의 동의 없이 법률행위를 할 수 있게 되었다.

③ 혼인 후 모은 재산 중에서 누구의 소유인지 분명치 않은 재산은 부부공동 소유로 추정함으로써, 아내의 재산 축적 기여도를 따질 수 있는 기반을 마련했다.

④ 협의이혼을 할 때에도 가정법원에서 이혼의사의 확인을 받

도록 했다.

⑤ 미성년 자녀에 대한 친권을 부부공동행사제로 하였다. 그러나 부모의 뜻이 엇갈릴 때에는 부의 친권이 우선한다는 단서를 붙였다.

⑥ 재산상속분에 있어서 미혼과 차남 이하의 아들 몫을 똑같이 하였다.

⑦ 재산상속분에 있어서 아내와 장남의 몫을 똑같게 하였다.

⑧ 유언상속에 있어서 유류분 제도를 신설하여 배우자와 직계가족의 존재를 무시할 수 없게 하였다.

신민법이 제정된 지 20년 만에 개정된 내용치고는 너무도 미흡했다.

더욱이 이때는 '혼인신고에 관한 특례법'이 동시에 제정 · 공포되어 동성동본간의 혼인신고 및 자녀입적신고를 받기로 했는데, 이러한 한시법의 제정 자체가 가족법의 권위와 효력을 실추시키는 것이 아닐 수 없었다.

상담소가 주축이 되어 1980년부터 다시 '가족법은 개정되어야 한다'는 운동을 전개해 나갔다. 1982년에는 한국가정법률상담소 이사장 명의로 가족법 개정을 촉구하는 건의문을 정부와 정당 총재 등 열 군데에 보냈는데, 그 내용은 다음과 같은 현행 가족법의 병폐 조항을 개정하자는 것이었다.

1. 쓸모 없는 호주제도
2. 혈통이나 유전에 전혀 상관 없는 동성동본 금혼 조항
3. 아버지 쪽과 어머니 쪽, 남편과 아내 쪽을 크게 차별한 친족범위

4. 어머니를 무시한 친권 규정

5. 혼인생활 중 모은 재산에 대한 아내의 공을 전혀 고려치 않은 부부재산제도

6. 아내의 의견을 묻지도 않게 되어 있는 서자입적제도

7. 남녀의 불공평한 재산상속

8. 처의 상속분에 대한 상속세 면제를 위한 세법 개정

9. 양자제도의 개선 등

1984년에는 87개 여성 · 사회단체가 모여 '가족법 개정을 위한 여성연합회'를 결성하여 활발한 활동을 벌였다. 역시 1984년에 11개 항목의 가족법 개정을 위한 청원서를 한국가정법률상담소 명의로 김현자 · 황산성 의원의 소개를 통해 국회의장에게 제출하였는데, 청원 내용은 다음과 같다.

1. 호주제도의 개정
2. 친족범위의 개정
3. 동성동본 혼인금지 제도의 개정
4. 이혼 배우자의 재산부할청구권 신설
5. 친권규정의 개정
6. 적모서자관계의 시정
7. 계모자관계의 시정
8. 친정부모의 상속권 규정 개정
9. 양자제도의 개정
10. 딸의 상속분 차별규정의 시정
11. 아내에 대한 상속세 부과제도의 개정

이상의 청원서 이외에도 제123회 정기국회에서 가족법 개정이 이루어질 수 있도록 적극적인 활동을 권하는 건의서를 국회의원들에게 보냈다. 한편 '가족법 개정을 위한 여성연합회'에서도 국회의원에게 가족법 개정 촉구서한을 보내기로 했는데, 그 내용에는 불합리한 가족법을 개정해야만 하는 네 가지 이유를 밝혀 놓고 있었다. 첫째, 인간평등의 세계인권선언과 헌법이념에 충실하기 위하여, 즉 헌법규정에 정면으로 위배되는 현행 가족법은 명백한 위헌이기 때문이고, 둘째, 지배 복종의 비민주적 가족질서가 무너지고 혼란 속에 우왕좌왕하는 현실을 하루빨리 벗어나 민주적 가족질서를 확립, 정착시키기 위하여 가족법 개정이 시급하며, 셋째, 새로운 가족질서와 가족제도에 알맞은 새로운 미풍과 양속을 창조하기 위해서이고, 넷째, 남아선호사상으로 인한 인구문제의 해결을 위해서도 남녀차별의 현행 가족법을 개정해야만 한다는 것이다.

1980년대도 중반에 든 그 때, 세상은 하루가 다르게 변화해 갔으나 우리 남성들의 유교적 · 가부장적 사고와 그 문화의 장벽은 완고했다. 거리에 나가 서명운동을 벌이고 국회의원선거와 대통령선거 때에는 유권자로서의 엄포도 해 보았지만 기득권을 내놓지 않으려는 유림측 남성들의 거부와 반발 또한 만만치 않았다.

1986년에는 가족법개정촉구청원서를 '가족법 개정을 위한 여성연합회' 명의로 3만 명의 서명을 첨부하여 국회에 제출하였고, 국회의원들에게도 역시 다음의 8개 항목에 대한 가족법 개정건의서를 보냈던 것이다. 그 내용으로는,

1. 호주제도의 폐지
2. 친족범위의 남녀평등
3. 이혼할 때 재산분할청구권의 인정

4. 친권행사의 부모동등 보장
5. 적모서자 · 계모자관계의 시정
6. 동성동본 불혼제도의 개정
7. 상속제도의 합리화
8. 양자제도의 개정 등이다.

1988년 또다시 '가족법 개정을 위한 여성연합회 대표' 명의로 13대 국회에 가족법개정촉구청원서를 제출하였다.

1989년 1월에는 '가족법 개정을 위한 여성연합회' 명의로 국회의원들에게 가족법 개정안을 통과시켜 줄 것을 강력히 촉구하는 건의서를 보냈으며, 2월에는 국회법제사법위원에게 헌법에 위배되는 현행 가족법의 개정을 통해 국가 · 사회의 민주화를 실천하기 위한 가정의 민주화를 이룩하자는 내용으로 건의서를 보내기도 했다.

또한 당시의 이치호 법제사법위원장에게 회기 내 가족법 개정안을 통과시켜 달라는 내용으로 전국 88개 여성단체 회원 1만 5,810명의 서명을 받은 진정서를 보낸 바 있다.

그리하여 1989년 12월에 그 장벽은 드디어 우리 여성들의 손으로 무너지고 말았다. 1989년은 인간의 자유와 평등, 민주주의를 향한 물결이 동구권을 강타하던 때였다. 이제 우리도 가족 안에서 부부와 자녀, 부모-자녀 간에 인간의 권리와 자유를 한층 더 구가하게 되었음을 세계에 알려도 좋은 작은 '가족제도의 혁명'을 이룬 셈이다.

그 주요 내용을 적어 보면 다음과 같다.

먼저, 호주제가 사실상 폐지되었다. 맏아들 맏손자면 나이나 의사, 능력에 관계없이 강제로 호주를 상속해야 했던 것을 호주승계제도로 바꿈으로써 호주를 가족 구성원 중에서 추천하여 정하도록 했다. 또한 호주의 권리 · 권한을 대부분 삭제하였다. 이전에는 여자 호주가 양자를 들일 경우 그 양자에게 호주의 지위를 내주어야 했으나 개정 가족법은 여자가 여전히 호주로서의 지위를 유지할 수 있게 하는 등 호주권에 있어서 남녀불평등 조항을 고쳤다. 또 소유가 불분명한 재산을 호주 소유로 추정하던 규정을 가족공유재산으로 규정한다고 개정하였다. 이로써 현실에서 이미 유명무실했던 호주제도는 법률상에서도 거의 유명무실화된 셈이다.

둘째, 가계유지를 위한 양자제도가 모두 폐지되었다. 남계혈통으로 가계를 유지하기 위해 존재했던 사후 양자제 · 서양자제 · 유언양자제를 없앴다. 또한 미성년자 입양에 있어서는 가정법원의 허가를 얻도록 하여 후견인이 마음대로 입양을 할 때 생길 수 있는 부작용을 사전에 막을 수 있게 되었다.

셋째, 혈족의 범위를 부계, 모계 똑같이 하였다. 개정 이전에는 부계는 8촌, 모계는 4촌 이내로 돼 있던 혈족의 범위를 부계, 모계 모두 8촌 이내로 정했다. 인척의 범위 또한 평등하게 4촌 이내로 규정했다. 또 혈족범위에 자매의 자손도 포함시켰다.

넷째, 혼인생활에서의 남녀평등을 확실히 했다. 부부동거 장소의 결정을 부부협의에 의하도록 하고 합의가 안될 경우에는 가정법원에서 정하도록 했다. 이 조항의 개정은 남성 위주의 혼인생활 관행을 깨뜨려 민주적 부부관계 정립에 도움이 될 것으로 보인다. 부부생활 비용을 부부가 함께 부담한다고 규정함으로써 여성의 경제적 지위향상으로 인한 아내의 경제적 능력을 인정하는 근거를 마련했다.

다섯째, 이혼하는 여성의 권리가 크게 보장되었다. 이혼부부의 자녀양육권은 부부가 협의하여 정하도록 하고, 협의가 이루어지지 않을 때는 가정법원이 정하도록 하였다. 종래에는 협의가 안될 때

무조건 아버지에게 친권과 양육권을 모두 줌으로써 실제 자녀양육을 하면서도 이혼한 여성이 당해야 하는 불이익이 심대했다. 또한 면접교섭권이 신설되어 자녀 위주의 진일보한 입법이 이루어지긴 했으나, 이 때 다른 한 쪽으로 하여금 양육비 부담의무를 지게 하도록 규정하지 않은 것은 옥의 티라 하겠다.

더욱 특기할 만한 것은, 이혼할 때 어느 한 쪽은 다른 한 쪽에 재산분할을 청구할 수 있게 된 점이다. 이에 따라 여자도 실제 재산형성에 기여한 정도에 따라 재산을 나누어 가질 수 있게 되었으며, 이혼 후 자립에 큰 도움이 되게 하였다.

여섯째, 부의 친권우선제를 고쳤다. 부모의 의견이 일치하지 않을 경우 부의 친권이 우선되던 것을 가정법원의 판결에 따르도록 함으로써 이제 친권행사는 명실상부 부모공동행사의 권리가 되었다. 또 혼인 외 자의 친권은 생부모의 협의에 의해 행사토록 규정해 생모의 권한이 크게 강화되었다.

일곱째, 강제적인 적모서자, 계모자관계의 성립을 삭제하였다.

여덟째, 재산상속에서의 남녀평등이 더욱 강화되었다. 재산상속에 있어 자녀의 성별이나 딸의 출가 여부에 관계없이 똑같이 상속받게 되었다. 또 결혼한 여자가 자녀 없이 남긴 재산은 그 남편과 친정부모가 공동 상속하도록 했다. 또 호주에 50% 가산하던 규정을 폐지하고 대신 배우자의 상속분에 50% 가산토록 하였다.

아홉째, 금치산 혹은 한정치산 선고를 받은 기혼 여성의 후견인은 배우자, 즉 남편만 될 수 있도록 고쳤다.

이상에서 살펴본 바와 같이 1989년의 3차 가족법 개정은 가히 혁신적이라고 평가될 만하다. 우선 가족 구성원들 사이에 권위적인 서열관계가 허물어지고 평등한 부부관계, 민주적인 부모-자녀 관계를 기대할 수 있는 기초가 놓여졌다. 그리고 무엇보다도 이혼 배우자의 재산분할청구권, 미성년 자녀에 대한 친권공동행사나 면접교섭권의 신설 등은 이혼과 함께 모든 것을 포기하거나 잃어야 했던 여성들의 권익이 크게 신장된 일일 뿐만 아니라 자식을 부모의 소유물로 보던 이제까지의 자녀관에도 변화가 올 것이 기대되는 입법이다.

그러나 그야말로 다 허물어진 잔재가 되어버린 호주제나 동성동본 불혼제가 여전히 존속된 것은 매우 유감스런 일이다. 남자들의 한 가닥 남은 감정적 자존심이려니 하고 무시하고픈 생각마저 든다. 애당초 껍데기에 불과했던 호주제는 이번에 아예 산산조각 나버렸고 동성동본 불혼제 역시 두 번씩이나 임시특례법으로 그 법의 권위와 실효성이 실종된 지 오래이기 때문이다.

물론 여성들의 싸움은 법 차별로부터 온전히 자유롭게 될 때까지 계속될 것이다. 완전한 가족법 개정만이 가정에서 부부평등, 부모평등, 자녀평등을 이루어 낼 것이며, 오랜 세월 동안 깊고 높고 두터운 법의 장벽 앞에서 상처 입고 절망할 수밖에 없었던 숱한 여성들의 인간화와 가정의 민주화를 이룩할 것이라 확신한다.

5. 형사재판의 민주화

신 형소법의 입법경위와 관련하여

"제 2 대 국회를 움직인 유일무이의 인물," "대한민국의 불운을 초래하는, 썩어들어가는 독소를 보기 좋게 수술하는 명인," "이론정통파," "군의 한번 발언은 왕왕 (국회 표결시) 왕왕 수십표를 좌우한다." 정치 불신이 극도로 달한 요즈음, 국회의원 중에 이런 평판을 받은 인물이 있었다는 사실이 일견 놀랍다. 다름아닌 효당 엄상섭(曉堂 嚴詳燮, 1907~1960)이다.

국회사를 살펴볼 때 제 2 대 국회(1950~1954)는 매우 이례적인 것이었다. 무소속이 다수인 여소야대의 국회 구성도 특이하다. 무엇보다 제 2 대 국회는 전시하의 엄혹한 상황에서도 정치적 견제와 전시하의 인권침해를 막기 위해 노력을 아끼지 않았다. 부역행위특별처리법, 사형(私刑)금지법, 형사소송법 등 의원입법들은 대통령의 거부권 행사에도 불구하고 재의결을 통해 통과되는 저력을 발휘했다. 그랬기에 이승만 대통령은 "하늘아래 처음 보는 국회"라고 탄식했고, 그 국회를 꺾고 재집권을 위해 헌정파괴적인 비상계엄을 발포하여 발췌개헌이라 불리는 헌법개정을 단행하였다. 그 제 2 대

국회의 공론을 주도한 인사가 엄상섭 의원이다. 그는 국민방위군 사건을 적발하고, 거창학살사건의 국회조사를 관철시키는 데 앞장섰다. 그 때문에 그는 관권탄압으로 3대국회에의 진입이 실패하였지만, 4대국회의원에 당선되고 4·19민주혁명 직후 내각책임제 개헌안기초위원장을 맡아 전력투구하다가 과로로 순직하였다.

엄상섭 의원은 정치적 의정활동에만 열심인 것이 아니었다. 수많은 법률안을 정비하는 작업은 이론정통파로서의 그의 몫이었다. 그는 형법 제정(1953년) 및 형사소송법 제정(1954년)을 주도하였다. 형법에서는 자유주의에 입각한 실질적 법치주의를 제도화하고자 하였으며, 형사소송법에서는 '형사재판의 민주화와 인권옹호의 강화, 그리고 정치적 이용방지'의 목표를 달성하고자 하였다. 형사법에 대한 그의 업적은 '수훈 제 1 급에 속하는 민주과업'의 성취라고 자부할 만하며, 오늘날 「한국 형사법의 아버지」라는 칭호를 받고 있기도 하다. 그리하여 본서에는 형사소송법을 제정한 뒤, 그 취지를 밝힌 글을 채택하였다.

엄상섭의 입법자 및 법학자로서의 업적은 그 동안 간간히 소개되다가 최근 특히 신동운·허일태 두 교수에 의해 본격적으로 조명되고 있다. 두 교수는 엄상섭의 주저 『권력과 자유』(동아대학교출판부, 2003), 『효당 엄상섭 형법논집』(서울대학교출판부, 2003)을 펴냈다. 전자는 정치·법률평론집, 후자는 전문적인 논문의 묶음이다. 그를 통해 보여지는 엄상섭은 민주헌정을 이끈 정치가이자 타의 추종을 불허하는 법률전문가임이 드러난다. 그의 정치한 논리는 지금 읽어도 손색이 전혀 없는 문필력에 의해 뒷받침되고 있다. 또한 형사소송법 제정에 이르는 상세한 입법경위에 대하여는 한국형사정책연구원, 『형사소송법 제정자료집』(1990)을 참고하기 바란다.

5. 형사재판의 민주화

신 형소법의 입법경위와 관련하여

엄 상 섭

1.

말썽많던 형사소송법의 공포를 보고야 말게 되었다. 이 형사소송법 때문에 제 2 대 국회말기의 법제사법위원은 여야를 막론하고 모조리 낙선(김의준 씨만은 제외)이 되었다는 풍문이 있다. 필자도 그 중의 1인이어니와 만일 이 풍문이 사실이라면 필자는 자신의 그 『영예의 낙선』에 참여케 되었음을 한없이 기뻐하고 싶은 것이다. 그와 동시에 『검찰이 선거에 간섭하였다』는 오점을… 단불용허(斷不容許)의 민주주의에 대한 반역적인 이 더러운 족적을 조국 대한민국의 정치사상에 남기게 된 책임은 후세의 사가(史家)가 밝혀줄 것이라고 믿는다.

또 어떠한 풍설에 의하면 형사소송법안에 대한 대폭적인 수정은 필자 혼자서 한 것 같이 전파되고 있다. 이 풍설대로의 사실이

* 1956년 3월. 엄상섭, "형사재판의 민주화—新刑訴法의 입법경위와 관련하여," 권력과 자유, 경구출판사, 316~326. 이 글은 허일태 · 신동운 두 교수가 복간한, 권력과 자유, 동아대학교출판부, 2003, 301~308에도 실려 있다.

있었다면 필자야말로 제2대 국회의원 중에서 수훈 제1급에 속하는 민주과업의 전진을 수행한 사람일 것이고 그 이름이야말로 우리나라의 인권옹호사상에 영원히 빛나게 될 것이다. 그러나 형소법안은 어느 좌담회에서 변호사 출신 모 국회의원이 언명한 바처럼 『단 한 사람의 위원에 의하여 수정된 법안』은 아니었었던 것이다. 형사소송법안만 가지고도 1年有半 동안 무려 수십회의 위원회를 하였고 담임전문위원이 수개월 동안을 전담 검토하여 법전편찬위원장과 수 3차의 사전 논의가 있었으며 공청회까지 열어 가면서 일반의 의견까지도 충분치는 못하나마 반영시킨 연후에 얻어진 수정성안(修正成案)이었던 것이다. 그런 것인 만큼 『형사소송법 민주화』라는 광휘있는 공적은 필자만이 독차지할 수는 없다는 것이 뚜렷한 사실이다.

본회의에서는 일사천리식의 통과를 비난하는 사람들이 있으나 소관위원회에서 진중하고 면밀하게 검토된 사정을 잘 알고 있으며 4년간의 국회 경험을 가진 제2대국회 말기의 의원들이었던 만큼 『알지도 못하면서 아는체 하거나 아무 필요없는 말인줄 알면서도 자기도 한번 참가해 보자』는 식의 일언거사들이 적어졌던 까닭으로 신속통과를 보게 된 것이지 무책임하게 집어 치운 것은 아니었다. 도리어 선진국가의 능숙한 의사 처리방식과 방불할 만한 능률적인 진도에 의하였던 것이다.

어떠한 사람들은 오십여명의 법전편찬위원들이 결정한 법안이었으니 국회에서는 수정할 것이 없었을 것임에 불구하고 불과 3, 4인이 마음대로 수정했다고 하나 물론 국회의 법제사법위원회에서는 인권옹호의 면에 관한 것만을 수정하고 그 나머지는 법전편찬위원회안을 전적으로 신뢰하려고 하였다. 그러나 법전편찬위원회의 실정—당해법안의 기초자와 2, 3인의 관심 깊은 이외의 위원들은 위원회에 출석하더라도 극히 법률 상식적인 견해를 단편적으로 표시함에 불과하며 기초자라 할지라도 본무의 여가에서 틈을 타서 기초하는 정도라는 그 실정을 아는 필자로서는 법전편찬위원회안이라고 하여 안심할 수는 없었던 것이다. 필자도 시간부족으로 인하여 부칙 같은 것은 법전편찬위원회에서 잘 검토하였으리라고 믿었기 때문에 일별(一瞥)도 아니하였던 관계로 『신형사소송법 시행 이전에 공소가 제기된 사건에 대하여 구법을 적용한다』는 부칙 제1조 같은 것을 삭제 수정치 못했으니 필자는 이를 한 개의 실수로 여기고 있으며 이는 필자 이외의 누구나 모두 실수라고 할 것이니 법전편찬위원회안이라고 하여 어찌 안심할 수 있으랴?

2.

국회에서 형사소송법안을 수정함에 있어서는 대략 두 개의 기본원칙이 있었다. 이 기본원칙은 단순한 법률전문가나 실무가 특히 관료주의자들로서는 상상부도처(想像不到處)이며 때로는 심히 꺼리는 것으로서 신형소법 중 국회에서의 수정부분에 대하여 비난을 가하는 인사들의 대부분이 관료이거나 그 자신도 의식치 못하는 가운데서 관료주의 『마기야베리즘』에 빠져있는 인사들이었다는 것은 저간(這間)의 소식을 증명해 주는 것이다.

첫째의 원칙은 형사재판의 민주화인 것이다. 오늘의 대한민국에서 민주주의를 부르짖지 아니하는 사람은 하나도 없다. 그렇지마는 민주주의를 실천하는 사람은 거의 없다. 『입에 붙은 민주주의』라면 공산주의자들도 선전하고 있지 않는가? 만일 『실천하는 민주주의』를 하랴거든 무엇보다 먼저 수사단계까지를 포함하는 『형사재판』에 있어서의 민주주의의 실천, 특히 인권옹호가 먼저 법적으로 보장되어야 할 것이다.

신형사소송법은 대륙법식보다 영미법식이 가미되었다고 하며 이는 심히 부자연하다고 하는 사람들도 있는 모양이다. 우리로서는 우리 형소가 대륙법식이건 영미법식이건 그는 불관(不關)인 것이다. 다만 우리나라로서 가능한 한의 민주화를 기도했을 뿐이다. 그 결과로 해서 구법보다 영미법적인 것이 많이 채택되었다면 아마 대륙법 특히 독일법식의 형사재판 제도가 영미법의 그것에 비하여 비민주주의적이었던 모양일 것이다. 이는 독일의 민주화가 영미의 민주화에 불급하는 요인의 하나일는지 모르는 것이다. 그와 동시에 신형소법은 영미식도 독일법식도 아닌 『송접죽(松接竹)』식인 것이라고 비난할는지 모르나 그는 우리의 현실이라는 제약 때문일 것이다. 다만 조금치라도 민주화를 하기에만 노력한다는 것이 국회의 수정 원칙이었었다.

인류역사가 보여주는 정치사나 법제사는 국민주권주의와 국권절대주의와의 싸움인 것이다. 진정한 국민주권주의에 입각한다면 형사재판의 민주화는 당연 또 당연지사인 것이다. 그러나 국민주권주의도 입에 붙은 말뿐이고 국권절대주의를 내심으로 신봉하는 사람들은 범죄제거에 빙자하여 국민의 주권을 짓밟아 버리는 것이다. 때로는 『국가나 민족을 위한다』는 『국가지상 민족지상』이란 구호 밑에서 기실(其實)인즉 어느 개인이나 소수인을 위하여 국민 다대수의 특성을 강요하게 되는 것이다. 범죄 제거를 구실로 하여 국민주권주의를 반신불수에 빠지게 하는 것은 결국 반민주주의적인 음모이거나 불연(不然)일진데 민주주의에 대한 정당한 인식을 가지지 못하는 소치일 것이다.

둘째의 원칙은 형사소송법의 정치도구로서의 최대의 유효성을 발휘할 수 있다는 것은 그들에게 『형사소송법에 의한 권한』이 부여되어 있기 때문이다. 또 기강이 확립되지 못한 나라에서의 검찰

기관 때로는 재판기관까지도 정치세력에의 번견화(番犬化)될 우려성이 있다는 것도 역시 그들에게 부여된 권한 때문이며 이 권한은 형사소송법에서 구체화되고 있는 것이다. 그러한 까닭에 우리는 형사소송법 제정에 있어서 이 점에 대한 치밀주도한 조치를 해주어야만 하는 것이다. 이에 관해서는 좀 우수운 이야기 같지마는 국회에서의 필자가 발언한 일단을 소개코자 한다.

[전략] 즉 정치적인 문제까지 관련이 되어 가지고 어떤 범죄가 있더라도 자기당파에 소속되는 것은 돌아보지도 않을 수도 있읍니다. 예를 들면 현저한 선거사범이 있음에도 불구하고 그것이 여당측일 때에는 검찰기관은 법무부장관에게 인사권이 달려 있음으로 해서 전연 불문에 부처버리고 야당측의 선거사범만 빠짐없이 적발해 가지고 기소를 한다는 이러한 폐단이 나오는 것입니다. 이것은 막어야 되겠다… 이러한 생각으로서 형사소송법안을 수정할 적에 법제사법위원회에서 상당히 고려된 바가 있었던 것입니다. [중략] 똑같은 선거사범이 있는데 한쪽은 검거하고 한쪽은 내버려둔다. 그러면 이것은 공평성의 원칙에 위반될 뿐 아니라 정치적으로 형사소송법이 이용되는 결과를 가져오게 되는 것입니다. …(以上略)

필자의 이 발언은 5.20선거 때에 국민전체의 공지의 사실로 나타났었다. 필자는 상서(祥瑞)스럽지 못한 선견지명(?)을 가졌던 결과로 필자 자신이 기막힐 만한 사실로서 선거범으로 기소되어 있거니와 그 상대방은 주지육림(酒池肉林)의 향응과 『테러』와 선거방해를 했으되 방치되어 버렸다. 선거방해와 독직상해죄를 범한 모 경위를 필자 스스로 고소했으되 상금(尙今) 처리도 하지 않고서 그 경위는 방금 영전(榮轉)되어 있다. 이는 필자 자신에게만 일어난 일이 아니라 이러한 일을 당한 사람은 부지기수인 것이다. 필자 개인문제라면 중대한 것이 아니지마는 전국적인 문제의 일례로서는 언급해 둘 가치가 있는 것이다.

정부에서 신형사소송법의 공포에 있어 위헌을 해가면서까지 지연시킨 의도는 5.20선거 때문이었던 모양이다.

필자는 조금만큼이라도 형소법의 정치도구화를 방지하기에 노력하였다는 것을 자긍(自矜)하여 마지않는다. 썩어빠진 관료주의자들은 일생중 자신은 권력만을 쥐고 있을 줄로 알지마는 그는 완전한 착각인 것이다. 그들은 오로지 반민주적인 죄과만을 축적하고 있는 것이다.

3.

이제 우리 형사소송법의 입법경위의 일단을 발표함에 있어서 이 법전이 그 입법정신대로 운용되는 그 날이 하루바삐 오기를 충심(衷心)으로 기원하는 바이며 그 날이야말로 조국의 민주평화가 확립되는 때라고 본다. 약간의 입법기술상의 문제는 차후에 개정하면 될 것이고 그 기본정신만큼은 우리 배달민족의 자손만대와 더불어 길이 보존되기를 염원한다.

필자는 언제든지 말하는 바이어니와 국가기관은 신뢰해야 하겠지마는 절대로는 신뢰할 수는 없다는 현실인 만큼 『국가기관을 구성하는 자연인의 욕망을 법적으로 구속해 두어야 한다』는 신조만은 형소법에서도 강조되어야 할 것이다. 이는 형소이기 때문에 도리어 더욱 필요한 것이다.

판사나 검사가 모두 국가기관이다. 동시에 모두 자기 본위적인 인간성을 가지고 있는 자연인이다. 그 사이에 약간의 교양과 경험의 차이가 있다더라도 인간이라는 범주를 벗어나지 못한다는 점에서 동일하고 더구나 우리나라에서는 그 교양과 경험에 있어서도 별다른 차이가 없다. 그렇기 때문에 필자로서는 형사재판에 있어서의 신뢰도에서 판사, 검사를 구별하고 싶지 아니하다. 더구나 그 처우에 있어서는 절대평등이 정당하다고 본다. 그러나 그 직무의 성질상 강자에게 이용되는 면에 있어서는 경찰관이 검찰관보다 더하고 검찰관이 법관보다 심할 수밖에 없다는 것은 필자의 설명보다 또 다른 나라에서의 실정보다 우리나라의 현실이 웅변으로 설명해 주고 있다. 여기서 우리는 법관보다도 경찰관과 검찰관의 그 직권의 남용 또는 불공정화에 대하여 신경이 과민할 수밖에 없는 것이다. 앞에서도 5.20선거의 말이 나왔지마는 그 때에 있어서의 경찰관의 부당처사는 두말할 것도 없거니와 검찰관들의 직무의 불공정행사도 법관들로서는 상상도 못할 정도인 것이다. 법관이라면 동일한 정도의 2개의 선거사범 중 하나는 유죄로 하고 하나는 무죄로 하는 일은 하지 못할 것이다. 그러나 검찰관들은 일방의 선거사범은 중함에도 불구하고 전연 불문에 부치고 타방의 것은 현미경으로도 보이지 아니하는 정도도 그를 검거기소하는 판이었으니 이러고도 검사가 판사와 동등한 신뢰를 받어야 한다는 심정이 싹트고 있으나 검찰진에서 공공연하게 행해진 바에 의하면 그는 구우일모(九牛一毛)일 것이다.

그런즉 검찰진에서는 신형사소송법에서 판사보다 신뢰를 받지 못함을 통분(痛憤)하게 생각하기 전에 참다운 『국가의 법률옹호의 번견역(番犬役)을 거당(據當)한 중요한 위치』에 있음에 상응하는 활동을 해준다면 국민의 신뢰감이 집중될 것이다. 법관들도 『법관까지 믿지 못하겠다』는 심정이 국민의 가슴에 자리잡지 않도록 노력해주기 바란다. 이러한 검찰관이나 법관이라면 신형소법에서 곤란을 느끼더라도 그를 기쁘게 감내(堪耐)하게 될 것이다.

4.

판사나 검사나 또는 경찰관들의 범죄수사나 재판하기에 불편한 신형소법이라고 하여 불만이 있는 듯하나 이는 민주국가의 공무원될 근본적인 자격을 갖추지 못한다는 것의 자기폭로에 불과한 것이다. 직업적으로 인신을 구속하는 일만 하고 있는 사람에게는 구속영장이란 일편(一片)의 종이조각으로 보이겠지마는 자신이 구속 당해본 경험이 있는 사람이라면 그가 『자기의 이름을 더럽히지 않으려는 노력을 하는 생활태도를 가졌다』면 그러한 사람일수록 구속이란 얼마만한 치명적인 문제인가를 알 수 있는 것이다. 민사사건의 채무정리 관계에까지도 구속영장이 이용되고 있는 현실에 비추어 다만 형식적으로만 판사가 발부해야 하는 정도라면 차라리 그런 제도를 두지 아니하는 일제시대의 형소제도가 훨씬 나을 것이다. 신형사소송법 제201조[1]에서 『구속의 필요를 인정할 수 있는 자료의 제출』을 요구하게 된 것이나 종래처럼 『구속영장신청에 범죄사실의 개요와 운운의 염려가 있다』는 것만을 기재한 검사의 주장을 일방적으로 신용하고서 구속을 감행한다는 것은 너무나도

---

1) 제201조 (구속) ① 피의자가 죄를 범하였다 의심할 만한 상당한 이유가 있고 제70조 제1항 각호의 1에 해당하는 사유가 있을 때에는 검사 또는 사법경찰관은 관할지방법원판사의 구속영장을 받아 피의자를 구속할 수 있다. 단, 1만 5천환 이외의 벌금, 구류 또는 과료에 해당하는 범죄에 관하여는 피의자가 일정한 주거가 없는 경우에 한한다.
② 구속영장의 신청에는 구속의 필요를 인정할 수 있는 자료를 제출하여야 한다.
③ 제1항의 신청을 받은 지방법원판사는 상당하다고 인정할 때에는 구속영장을 발부한다. 그 신청을 기각할 때에는 신청서에 그 취지를 기재하여 신청한 검사에게 교부한다.
④ 전 3항의 규정에 의하여 구속을 받은 자 또는 그 변호인, 법정대리인, 배우자, 직계친족, 형제자매, 호주나 가족은 관할법원에 구속의 적법여부의 심사를 청구할 수 있다.
⑤ 전항의 청구를 받은 법원은 지체없이 구속한 자와 구속받은 자를 심문하여 그 청구가 이유 없다고 인정한 때에는 결정으로 이를 기각하고, 이유 있다고 인정한 때에는 결정으로 구속받은 자의 석방을 명하여야 한다.
⑥ 전항의 청구를 기각하는 결정에 한하여 항고를 할 수 있다.

『빛좋은 개살구』식이 아닌가? 이는 일종의 번문욕례(繁文褥禮)에 불과한 것이다.

사법경찰관의 조서의 증거능력의 문제도 역시 형사재판의 편의에서 신형소법 제310조[2] 및 제312조[3]가 혐기(嫌忌)되는 모양이나 이것이 아니고는 경찰의 고문을 미연 방지할 도리가 없는 것이다. 신형소법의 운용의 실제를 보면 그 제317조 제 2 항[4] 등의 요건을 충족시키기 위하여 『진술자가 자의로 했다』는 요지의 서면을 받는 모양이나 이는 졸렬하고도 가치없는 일이다. 만일 효과있게 하려면 변호인이나 성인 가족이나를 입회시키고서 그러한 진술서를 받는다는 것은 좋겠지마는 피구속자만이 스스로 그러한 진술을 했다는 것은 고문으로서도 능히 할 수 있는 것이고 고문이기 때문에 더욱 그러한 진술을 하게 될 것이 아닌가?

혹은 신형사소송법 제87조[5]의 구속의 통지, 동법 제88조[6]의

---

2) 제310조 (불이익한 자백의 증거능력) 피고인의 자백이 그 피고인에게 불이익한 유일의 증거인 때에는 이를 유죄의 증거로 하지 못한다.

3) 제312조 (동전) 검사 또는 사법경찰관의 피의자 또는 피의자 아닌 자의 진술을 기재한 조서, 검증 또는 감정의 결과를 기재한 조서와 압수한 서류 또는 물건은 공판준비 또는 공판기일에 피고인 또는 피고인 아닌 자의 진술에 의하여 그 성립의 진정함이 인정된 때에는 증거로 할 수 있다. 단, 검사 이외의 수사기관에서 작성한 피의자의 신문조서는 그 피의자였던 피고인 또는 변호인이 공판정에서 그 내용을 인정할 때에 한하여 증거로 할 수 있다.

4) 제317조 (진술의 임의성) ① 피고인 또는 피고인 아닌 자의 진술이 임의로 된 것이 아닌 것은 증거로 할 수 없다.
② 전항의 서류는 그 작성 또는 내용인 진술이 임의로 되었다는 것이 증명된 것이 아니면 증거로 할 수 없다.
③ 검증조서의 일부가 피고인 또는 피고인 아닌 자의 진술을 기재한 것인 때에는 그 부분에 한하여 전 2항의 예에 의한다.

5) 제87조 (구속의 통지) ① 피고인을 구속할 때에는 변호인이 있는 경우에는 변호인에게, 변호인이 없는 경우에는 제30조 제 2 항에 규정한 자 중 피고인이 지정한 자에게 피고사건명, 구속일시, 장소와 변호인을 선임할 수 있는 취지를 알려야 한다.
② 전항의 통지는 구속한 날로부터 3일 이내에 서면으로 하여야 한다.

6) 제88조 (구속과 공소사실 등의 고지) 피고인을 구속한 때에는 즉시 공소사실의

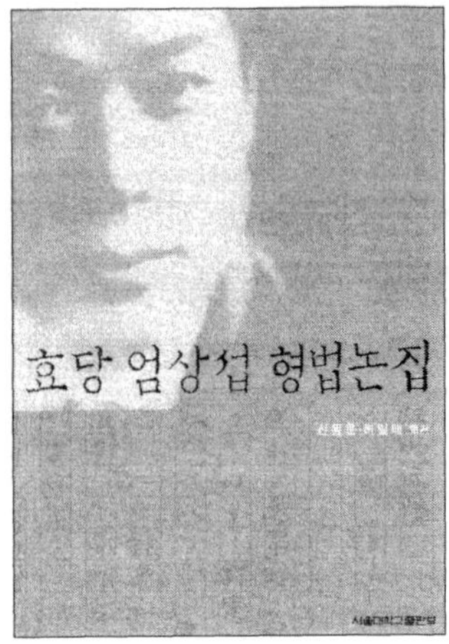

엄상섭의 글은 최근 「권력과 자유」, 「효당 엄상섭 형법논집」의
두 권으로 정리되었다.

공소사실 등의 고지, 동법 제34조[7]의 구속된 자와 변호인 또는 변호인이 되려는 자와의 접견 등의 문제를 들어서 수사의 비밀이 누설된다고 노발대발하는 분도 있는 모양이나 그 분은 우리 헌법 제9조부터 다시 한번 더 읽어본다면 그렇게 흥분치 안해도 좋을 것이다. 즉 제3항에 『누구든지 체포구속을 받은 때에는 즉시 변호인의 조력을 받을 권리와 그 당부의 심사를 법원에 청구할 권리가 보장된다』라고 되어 있는 바이니 신형사소송법 제34조 같은 것은 위의 헌법조항을 절차법화한 것뿐인 것이다. 만일 범죄 수사상의 편의를 고려하여 변호인 선임에 대한 소호(小毫)의 제한이라도 가하게 된다면 그는 헌법 제9조 제3항에 정면으로 위반되는 것이다. 그런즉 헌법이 나쁘다면 별 문제이지마는 이런 현행 헌법하에

요지와 변호인을 선임할 수 있음을 알려야 한다.

7) 제34조 (피고인, 피의자와의 접견, 교통, 受珍) 변호인 또는 변호인이 되려는 자는 신체구속을 당한 피고인 또는 피의자와 접견하고 서류 또는 물건을 수수할 수 있으며 의사로 하여금 진료하게 할 수 있다.

서 제정된 형소법을 운운한다는 것은 재고를 요할 문제가 아닐까? 범죄수사에만 열심인 나머지에 헌법조항을 잠깐 망치(忘置)했던 탓일까?

신형소법에 결점도 많다. 예를 든다면 법관의 보석허부를 결정하는 기간도 제한하여 『보석신청을 받는 날로부터 10일이 경과하도록 이에 대한 결정을 아니하는 때에는 허가된 것으로 간주한다』는 규정 같은 것을 두지 못하였음은 중대결함의 하나라고 본다. 그러나 이러한 것들은 점차로 개정해 가기로 하고 형사재판의 민주화와 인권옹호의 강화 그리고 형소법의 정치에의 이용방지라는 세 가지 점만은 역행시킴이 없이 유지하고 개선해 가야 할 것이다. 이 것만이 자손만대를 행복스럽게 하는 길인 것이다. 『人無遠慮면 必有近憂』인 것이다.

6. 국가보안법 개정안 반대성명서

국가보안법만큼 오랫동안 남용과 개폐의 논란에 싸인 법은 달리 없다. 국가보안법은 1948년 여순반란사건이란 미증유의 사태를 맞아 일시적으로 법치주의를 잠시 양보하고 비상한 방법으로 공산주의자를 박멸하자는 비상시국의 임시조치법으로 만들어졌다. 그러나 제정 당시에 이미 이 법이 일제하의 치안유지법과 같다거나 한국의 민주주의에 천추의 한을 남길 법이라는 비판이 제기되었다. 자유당 말기인 1958년에는 국가보안법의 3차개정이 이루어진다. 한국전쟁 후 공산주의의 무력적 기반은 남한에서 붕괴되었고 형법의 제정에 따라 국가보안법의 존립근거는 약화된 듯이 보였지만, 오히려 이승만 정권은 권력연장을 위한 책략으로 국가보안법의 확대구성을 기도하게 된다. 자유당의 개정안은 야당의 정치활동을 원천적으로 규제하고, 언론에 재갈을 물리고, 일반 국민의 시민적·정치적 자유를 근본적으로 말살하려는 기도였다. 이로써 국가보안법은 외부의 적에 대한 체제방위법으로부터 내부의 반대자를 겨냥한 정권보위법으로 탈바꿈하게 된다.

야당과 언론은 격렬히 반발하였다. 그러나 개정안은 자유당 의원들에 의해 국회 법사위에서 날치기 통과되었고, 이어 1959년 12월 24일 자유당측은 무술경위들을 동원하여 본회의장에서 농성하고 있던 야당의원들을 구타하고 끌어냈으며 그 과정에서 수십명의 의원들에게 부상을 입혔다. 이런 다음 자유당 의원만이 참석한 가운데 개정안은 순식간에 통과되었다. 역사상 이 사건은 "보안법파동," 혹은 "2·4파동"으로 불린다. 이 "민주주의를 타살"시킨 "미증유의 악법"에 대하여 국민은 전면적인 저항권을 행사할 수 있다는 법리도 이때 제기되었다. 4·19학생시민혁명은 그러한 주장의 연장선상에 있다고 볼 수 있는 것이, 자유당 정권이 몰락한 직후인 1960년 5월에 국가보안법이 개정된 데서도 알 수 있다. 그렇다고 국가보안법이 완전히 위축되거나 조종을 울린 것은 아니었다. 5·16군부쿠데타 직후 군사정권은 반공법과 국가보안법이라는 양대 공안형법체제를 재정비했으며, 이 두 법을 필두로 한 일련의 정치형법을 통해 국가기밀개념의 확대, 인심혹란죄, 헌법상 기관에 대한 명예훼손 등의 조항을 되살렸던 것이다.

여기서는 1959년 당시 국가보안법 개악에 반대의 소리를 선도했던 민주당의 성명서를 싣는다. 그 시점부터 계속된 국가보안법의 확대·남용의 문제점이 이 성명서에 압축적으로 들어 있다고 보기 때문이다. 국가보안법의 문제점에 대한 방대한 분석은 박원순, 『국가보안법연구 1(변천사) / 2(적용사) / 3(폐지론)』(역사비평사, 1989/1992/1992)을 참고할 수 있다. 한인섭, 『권위주의 형사법을 넘어서』(동성사, 2000) 및 조국, 『양심과 사상의 자유』(책세상, 2001) 등을 아울러 참고하기 바란다.

6. 국가보안법 개정안 반대성명서

민 주 당

一. 정부가 제출한 국가보안법안은 공산분자를 더 잡을 수 있는 이점보다도, 언론자유를 말살하고, 야당을 질식시키며, 일반 국민의 공사생활을 위협할 해점(害點)이 심대하다. 그 몇 가지를 지적하면:

(一) 이 법안은 허위사실을 지시 · 유포하거나 사실을 왜곡하여 지시 · 유포함으로써 인심을 혹란(惑亂)케 하여 적을 이롭게 한 자를 중벌한다고 하고 있으나, 이 조항에는 타 조항에 있는 「…을 위하여 또는 그 지령을 받고」라는 요건조차 없을 뿐 아니라 오늘의 법 운영의 기형적 현실은 「진실」을 「허위」라고 꾸며대는 사례가 허다하며, 황차 「진실」한 보도 · 연설 · 언담(言談)의 일부에 해당하는 사실을 부인하여 「왜곡」언론이라고 우겨대고 관권으로 억압하는 것쯤은 아주 쉬운 일이며, 「인심을 혹란케 하여 적을 이롭게 한」 것이라는 결과에 관해서는 독자나 청중수인의 진술을 받으면 족할 것이

* 1958년 11월 23일. 한국신문연감, 월간 신동아 편집실편, 한국현대명논설집, 동아일보사, 1979, 291~293.

므로 집권당의 비위에 맞지 않는 언론은 무슨 트집을 잡아서라도 말살할 것이며, 이는 선거법 중의 언론조항에 비하여 백배 이상의 독소를 내포하고 있는 것이다.

(二) 이 법안은 헌법상의 기관에 대한 명예훼손을 엄벌하는바, 이는 주최자인 국민이 정부, 국회, 법원이나 대통령, 장관, 국회의장, 국회부의장, 기타를 비판할 수 없게 하여 정치비판의 모든 길을 봉쇄하는 것이다.

이 조문에 「…을 위하여」 또는 「그 지령을 받고」라는 요건이 있으므로, 양민은 안전할 것 같으나 법률해석과 증거인정의 미묘한 실정 면을 아는 사람은 이 요건이 별무 실효임을 알고 있는 것이다.

(三) 이 법안은 「국가기밀」과 「정보」의 개념을 군사뿐만 아니라 정치, 경제, 사회, 문화의 각 분야에까지 확대하여 국민공사생활의 거의 전 영역을 처벌대상으로 하였는바, 아무리 총력전이라고 하더라도 「사회」와 「문화」의 영역까지를 「국가기밀」이라 하여 엄벌해서는 안될 것이며, 「정치」와 「경제」도 군사에 직결되는 특수기밀만 보호하면 족할 것이고, 그 한계는 법원판례가 적정 해석하고 있는 것이다.

(四) 이 법안은 경찰, 헌병, 특무대에서 작성한 피의자 신문조서에 증거능력을 부여하고 있는바, 이는 자백을 받기 위한 고문을 장려하는 결과를 초래할 것이 명약관화하며, 사법경찰관의 구속기간을 연장하고 보석허가와 석방명령에 대하여 그 효력을 정지시키는 즉시항고제도를 신설하였음은 국민의 신체자유권을 크게 침해하는 것이다.

국가보안법 개정안에 반대하여 국회에 농성중인 의원들을 무술경관들이 밖으로 끌어내고 있다.

6. 국가보안법 개정안 반대성명서

(五) 이 법안은 무실자(無實者)를 처벌의 위험으로부터 보호하기 위하여 범죄사실날조 등을 처벌하는 조문 등을 규정하였다 하나, 이러한 조문은 현행법에도 있지만, 한국실정하에서는 보호역할을 하지 못하고 있는 것이 사실이며, 더구나 수사기관이 날조한 경우에는 누가 이를 처벌할 수 있겠는가. 「부산정치파동」 당시 야당 국회의원 수십명을 국제공산당으로 몰아넣은 관헌과 제 3 대 국회 당시 야당의원들 집에 불온문서 투입을 한 관헌은 과연 처벌되었던가를 반문한다.

二. 정부와 자유당의 주장에는 진실 아닌 점이 불소(不少)한바, 그 몇 가지를 지적하면:

(一) 현행 국가보안법으로서는 침투하고 있는 첩자 · 간첩 호송의 무장안내원, KNA기 납북사건 공범 등을 처벌할 수 없다는 이유로 신법 제정의 필요를 역설하고 있으나 전 2자는 현행법 제 3 조로 10년 징역에 처할 수 있고, 후 1자는 형법의 특수강도로 무기징역에 처할 수 있으며, 이상 3자는 공히 간첩 또는 간첩방조이므로 그 점을 수사해 내면 사형에 처할 수 있는 것임에도 불구하고, 사찰력의 대부분을 야당사찰과 선거간섭에 낭비하는 폐는 시정할 생각도 하지 않고 법조문이 나빠서 못 잡는다고 하는 것은 허언이다.

(二) 정부와 자유당은 이 법안이 외국법에 비하여 관대하다고 말하나, 「국가기밀」에 관하여 독일형법 제100조와 법안 제11조, 제13조를 비교하라. 「헌법상 기관 명예훼손」에 관하여 독일형법 제97조, 제95조와 법안 제22조를 비교하라. 중과실범을 경벌하는 독일형법 제100조C와 공표된 정보수집조차 엄벌하는 법안 제12조를 비

교하라. 그러면 이 법안이 얼마나 가혹한가를 알 것이다.

(三) 자유당은 미국변호사협회보고서의 구절만을 인용하였으나, 그 보고서는 결론에 가서 「공산주의에 관련된 범죄라고 해서 다른 범죄와 달리 권리와 의무 그리고 범죄구성요건을 정하는 표준에 차이가 있고 변동이 있어서는 안될 것이다」라고 명기한 것은 못 보았단 말인가.

(四) 자유당은 「국권이 없으면 민권이 없다」고 말하나, 언론자유가 말살되고 야당이 소멸되어 일당독재가 되며, 국민들은 입이 있어도 말해서는 안되고, 눈이 있어도 보아서는 안되고, 귀가 있어서도 들어서는 안되는 암흑 · 공포국가가 된다면 민권을 장송(葬送)하고 민주주의국가의 주권도 거꾸러뜨리는 것이다.

三. 본당은 간첩 등 처벌에 있어 현 국가보안법, 형법, 국방경비법, 기타 법령으로도 별지장이 없다고 보는 바이고, 약간의 지장이 있다면 공포는 해 놓고 미시행중인 또 하나의 국가보안법을 시행하여도 족할 것이다. 만일 그것도 부족점이 있다 하더라도 이번 국회는 예산국회이니만큼, 먼저 예산을 통과한 다음 이 법안심의에 들어가되 그 중대성에 비추어 일개 위원회뿐 아니라 관계 3위원회가 공동으로 예비심사를 하고, 또 공청회를 개최하여 신중심의함이 당연함에도 불구하고 자유당은 이 모든 제안을 무조건 반대하고 저돌적 · 전격적으로 졸속통과를 강행할 결심이라 하며, 이 법안에 내포된 독소를 반대하는 사람들을 지금부터 공산주의자시하여 위협하고 있는데, 하물며 통과된 후에는 얼마나 선량한 국민들을 공산당으로 몰아대겠는가.

자유당은 자기들만이 반공인이고 여타는 모두가 용공자인 것 같은 망상과 형벌만능의 착각을 버려야 하며, 진정한 반공은 공산당식 언론탄압을 반대하고 언론자유를 보장하여 공산주의적 일당독재를 배격하고 복수정당정치를 발전시키는 데 있음을 알아야 하며, 집권 계속도 국민폭압으로써가 아니라 민주선정을 실시함으로써 비로소 가능한 것임을 깨닫고, 이 법안의 철회에 서슴지 않을 것을 권고하는 바이며, 본당은 이 개악반대의 선두에 서서 끝까지 투쟁할 것을 천명하는 동시에 전 국민은 자신의 자유와 권리를 수호하고 민주주의를 옹호하기 위하여 궐기 투쟁하여야 할 것으로 믿는 바이다.

7. 육법전서와 혁명

1960년 4 · 19 학생 · 시민혁명의 즉각적 효과는 이승만 대통령의 하야였다. 부통령 이기붕 일가의 집단사에 이어, 허정 씨는 대통령 승계순위에 따라 대통령에 오르고, 허정과도정부가 3개월 동안 지속된다. 허정 과도정은 '비혁명적 방법에 의한 혁명', 다시 말해 '합법적 방법에 따른 혁명적 정리'를 표방한다. 심지어 자유당도 해산되지 않았다. 자유당이 사라진 것은 순전히 7 · 29총선에서 의석을 얻지 못했기 때문이다. 그 7 · 29총선을 통해 장면의 민주당정부가 탄생한다.

비혁명적 방법을 통해 혁명적 요구를 담아내는 것이 얼마나 가능할까? 그것은 법철학적 고민인 동시에 당시의 현실 정치적 쟁점이었다. 허정 과도정은 혁명정부로 출범한 것이 아니라 자유당 정권의 연장이기에 혁명적 요구를 수용하는데 애초에 한계가 있었다. 혁명정부가 출범했다고 해도 국회의 즉각해산, 헌법의 개정, 총선거 실시와 같은 정치적 과제를 실현하고, 3 · 15부정선거 및 4 · 19발포자, 나아가 이승만 정권에서 자행된 각종 권력형 범죄의 단죄라는 과거청산의 법적 과제를 오로지 합법적 방법으로 해결하기란 거의 불가능했을 것이다. 그러면 혁명은 법 앞에 정지되는가?

시인 김수영(金洙暎, 1921~1968)은 바로 육법전서로 상징되는 기존법질서와 혁명간의 괴리를 풍자하고 있다. '합법적으로 불법을 해도 될까 말까 한 혁명', '혁명의 육법전서는 〈혁명〉밖에 없다'는 시인의 구절은 당대의 한 요구를 풍자적으로 표현했다고 할 만하다. 그러나 실정법을 외면할 수 없는 법률가로서는 시인과 같은 접근법을 취할 수 없는 것이기도 하다. 4·19의 세례를 내내 간직하고 살아간 김수영과 같은 시인들에게 법은 불편하고 한심한 것이었고, 많은 작가에게 법은 상상력을 옥죄는 질곡으로 기능해왔다. "자유가 없는 곳에 무슨 시가 있는가!"고 외치던 시인에게 4·19와 5·16 사이, 즉 "국민의 자유가 거의 최대한 인정받을 수 있었던 시기"는 "현실상의 척도와 규범"을 넘어서 "감정과 꿈을 다루는" 문학본령의 실험을 시도할 수 있었던 드문 기회이기도 했다. 최인훈의 『광장』도 바로 1960년의 열린 공간에서 출간될 수 있었다.

제2공화국에 대하여는 한승주, 『제2공화국과 한국의 민주주의』(종로서적, 1983) 등 여러 논저를 참고할 수 있을 것이며, 김수영의 시와 산문은 사후에 두 권의 『김수영전집』(민음사, 1981)으로 정리되었다.

7. 육법전서와 혁명

김 수 영

기성 육법전서를 기준으로 하고
혁명을 바라는 자는 바보다
혁명이란
방법부터가 혁명적이어야 할 터인데
이게 도대체 무슨 개수작이냐
불쌍한 백성들아
불쌍한 것은 그대들뿐이다
천국이 온다고 바라고 있는 그대들뿐이다
최소한도로
자유당이 감행한 정도의 불법을
혁명정부가 구육법전서를 떠나서
합법적으로 불법을 해도 될까 말까 한
혁명을—
불쌍한 것은 이래저래 그대들뿐이다

* 1960년 5월 25일. "육법전서와 혁명," 김수영전집 1—시, 민음사, 2003, 187~189.

그놈들이 배불리 먹고 있을 때도
고생한 것은 그대들이고
그놈들이 망하고 난 후에도 진짜 곯고 있는 것은
그대들인데
불쌍한 그대들은 천국이 온다고 바라고 있다
그놈들은 털끝만치도 다치지 않고 있다
보라 항간에 금값이 오르고 있는 것을
그놈들은 털끝만치도 다치지 않으려고
버둥거리고 있다
보라 금값이 갑자기 8,900환이다
달걀값은 여전히 영하 28환인데

이래도
그들은 유구한 공서양속(公序良俗) 정신으로
위정자가 다 잘해 줄줄 알고만 있다
순진한 학생들
점잖은 학자님들
체면을 세우는 문인들
너무나 투쟁적인 신문들의 보좌를 받고

아아 새까맣게 손때 묻은 육법전서가
표준이 되는 한
나의 손등에 장을 지져라
4·26 혁명은 혁명이 될 수 없다
차라리
혁명이란 말을 걷어치워라

하기야
혁명이란 단자는 학생들의 선언문하고
신문하고
열에 뜬 시인들이 속이 허해서
쓰는 말밖에는 아니되지만
그보다도 창자가 더 메마른 저들은
더 이상 속이지 말아라
혁명의 육법전서는 <혁명>밖에는 없으니까

8. 호헌선언

특별법 제정을 위한 개헌을 반대한다

정구영 등 20명의 변호사들은 1960년 11월 4일에 3·15부정선거 관련자 등을 처벌하기 위한 특별입법 및 소급적 처벌을 합헌화하는 헌법개정에 반대한다는 장문의 '호헌선언'을 발표하였다. 반민주행위자를 처벌하고 공민권을 제한하기 위한 특별법을 제정하고, 단심제의 특별재판부와 특별검찰부를 설치한다는 것은 혁명의 목적상 정당한 듯이 보이지만, 특정인만을 처벌하기 위한 처분성 법률이며 새로운 범죄구성요건을 만들어 적용하는 소급입법이어서 죄형법정주의, 소급효금지의 원칙, 평등주의 원칙을 무시하는 폭거라는 것이 그들의 주장이었다.

이러한 주장을 이해하기 위해서는 우선 소급입법의 제정에 이른 경과를 살펴볼 필요가 있다. 4·19혁명 직후 이승만 정권하에서 저질러진 소위 6대범죄에 대한 기소가 이루어졌다. 장면부통령 저격사건의 배후, 4·19 시위대에 대한 발포명령, 4·18정치깡패들의 시위대에 대한 폭력행사 등이었으며 사건발생시점은 1952년부터 1960년까지였다. 그런데 1960년 10월 8일 서울지방법원(장준택 재판장 등)에서는 일부 혐의에 대하여 증거불충분으로 무죄를 선고하였고, 다른 일부 혐의에 대하여는 공소시효 완성을 이유로 면소판결을 선고했으며, 유죄부분에 대하여도 비교적 경미한 형을 선고하였다. 장준택 판사는 "위정자가 법을 지키지 않아 4 · 19가 일어났는데 법관마저 법을 제쳐둔 채 감정대로 판결할 수는 없었다"고 당시의 고뇌스런 상황을 술회한 바 있다. 이러한 판결은 형사법의 법리에 충실한 판결이었다고 하지만 강력한 처벌을 원하는 여론의 격분을 불러일으켰다. 마침내 학생시위대가 국회의사당을 점거하고 이들을 처벌하기 위한 특별법의 제정 및 소급처벌이 가능하도록 하기 위한 헌법개정까지 요구하였다. 1960년 10월 13일 국회는 '민주반역자에 대한 형사사건 임시처리법'을 급히 공포하였다. 민주반역행위란 3 · 15 대통령 · 부통령 선거에 관련된 일체의 범법행위, 독재정치를 규탄하는 국민에 대한 살상 등 일체의 범죄행위, 정치적 모해행위, 기타 정치세력을 배경으로 한 일체의 폭력행위라고 정의되었다. 그와 함께 10월 17일 헌법개정안이 제출되었다. 일벌백계로 정의에 입각한 엄중한 심판과 제재를 가해야 한다는 역사적 요청 앞에 헌법의 기본원칙을 유예하고 헌법 부칙으로써 국민의 기본권에 대한 일부 예외규정을 둔다는 것이었다.

이미 법원의 판결이 여론의 폭발적인 질타를 받고 있는 상황에서, 정구영 변호사 등은 이러한 특별형법 및 헌법개정의 요구에 '호헌선언'을 발표하면서 맞섰다. 입법은 만능이 아니며, 헌법상의 권리를 부칙에 의해 제한한다는 것도 문제이고, 천부의 권리를 억제하는 법률을 제정해서는 안된다는 것이다. 그들의 주장이 일정한 무게를 가질 수 있었던 것은 그들의 과거행적 때문이었다. 유병진 판사에 대해서는 앞서 소개한 바 있거니와, 다른 변호사들도 그 동안 이승만 정권하의 인권탄압에 대해 변론과 판결로써 맞섰던 경력을 갖고 있다. 그 중에서 서명자의 대표자 격인 정구영(鄭求瑛, 1899~1978)은 1959년 대한변협 회장을 맡아 3 · 15마산발포사태에 대하여 '마산사건진상조사단'을 구성하여 파견하였다. 조사단은 "마산시민의 시위는 정부측의 주장처럼 용공분자의 책동에 의한 것이 아니고, 오직 부정선거에 항의하는 뜻으로 일어난 것이며, 경찰의 제지방법이 졸렬하여 무차별발포를 자행함으로써 인명을 살상한 것"이라고 밝히면서 "발포경찰을 색출하여 살인죄로 엄단하라"고 촉구하였다. 또한 경향신문 폐간사건 등에 대한 변론을 주도하였다. 그러나 그는 법률가로서 "소급입법 불가는 부동의 원칙이어야 한다"고 믿었고, "정치인이 헌법을 가볍게 여기면 국가의 기초가 흔들린다"는 소신을 갖고 임했다. 그 뒤 역사의 격랑 속에서도 그의 고집은 변함 없이 이어진다.

정구영은 1963년 민주공화당 의원이자 당의장으로 취임한다. 물론 개인적으로 군부출신 정치인의 권력남용을 막고자 나름대로 애쓴 흔적이 있지만, 소기의 성과를 거두지 못했다. 그러나 1969년 박정희의 3선개헌에 끝까지 맞서 공화당 의원 중에서 유일한 반대표를 던지고 공화당을 탈당함으로써, 소신과 원칙의 법률가로서 대미를 장식했다. 정치적 세파에 그 역시 상당한 오점을 입었지만, 그 와중에서 자신의 법률가적 일관성을 관철하려고 노력했다고 할 수 있다.

여기 소개하는 글은 정구영 등의 '호헌선언'이다. 과연 이 선언이 당시 법률가가 담아내어야 할 최선의 작품일까에 대해 의문도 있을 수 있다. 그러나 혁명적 요구와 법적 안정성의 요구 사이에 무엇을 우선시해야 할까, 압도하는 여론 앞에서 법률가의 양심은 어떻게 표현되어야 할까 하는 고민은 법률가들에게 회피할 수 없는 질문이다. 그 고민에 정면으로 답하려고 했던 문서로서 의미 있는 토론자료로 읽기엔 충분하다고 본다.

8. 호헌선언

특별법 제정을 위한 개헌을 반대한다

정구영 외

(1) 『수의천하홍익인간(數意天下弘益人間)』의 건국이념을 받들어 『유구한 역사와 전통에 빛나는 우리들 대한민국』은 『정의인도(正義人道)와 동포애로써 민족의 단결을 공고히 하며 모든 사회적 폐습을 타파』하고 『각인(各人)의 기회를 균등히』하고 『우리들의 자손의 안전과 자유와 행복을 영구히 확보할 것을 결의』하고 대한민국 헌법을 제정한 것은 동헌법의 전문(前文)에 명시되었을 뿐 아니라 또 우리의 민족적 신념이다.

이것은 인간의 기본적 인권과 자유에 관한 1776년의 「버지니아」권리장전과 1789년의 불란서인권선언에 의하여 확인되었고 1945년의 「유엔」헌장 전문에 나타난 『기본적 인권과 인간의 존엄과 가치와 남녀 및 대소각국(大小各國)의 동등권에 관한 신념을 다시 한번 확인하고』라는 것과 1948년의 세계인권선언 전문에 『인류사회의 모든 구성원이 나면서부터 가지고 있는 존엄성과 평등하고 양여(讓與)할 수 없는 권리와의 승인은 자유, 정의 및 평화의 기초가 되는

* 1960년 11월 7일. 법률신문, 제 1 면.

(一) 第413號 THE LAW TIMES

改憲은基本人權의侵害다

特別立法도革命精神에違背된다

在京辯護士20名이護憲宣言發表

護憲宣言

特別法制定을爲한改憲을反對한다

것이므로 인류의 무시와 경멸은 인류의 양심을 유린하는 만행을 초래한 것』이라고 지적하고 다시 이어『가맹국은 인권과 기본적 자유의 세계적인 존중 및 준수의 촉진을 위하여 국제연합과 협력해서 목적을 달성할 것을 서약하였기 때문에』『이 인권선언을 포고한다』라는 기본이념과 일치하는 것이다.

(2) 이 위대한 우리의 헌법정신은 재건된 대한민국의 첫번째 집권자인 이승만 정권에 의하여 완전히 유린되었다. 그 독재적인 횡포는 국헌을 무시하고 불법을 자행하였다. 그의 여당인 자유당은 선거라는 명목으로 온갖 부정과 포악을 다하여 3·15 선거에 이르러 그 절정에 달하였다.

이에서 우리의 애국지성에 불타는 청소년학도들은 잃어버린 민주주의와 기본적 인권을 회복하기 위하여 궐기하였다. 그리하여 드디어 이(李)정권은 타도되고 그 추종자들은 수감되어 4월 혁명은 성공하였다. 그러나 이(李)대통령에 의하여 임명되고 계승된 허정(許政)내각은 이 위대한 학도들의 혁명정신을 구현함에 부족이 있었다.

그래서 우리 재야법조인들은 수차의 회의를 거쳐 정부에 대하여 당시 계엄령하에서 헌법효력을 임시정지하고 국회를 즉시 해산하고 사회의 각계각층 대표자로서 혁명국회를 구성하여 대표적인 민주반역자만을 처단하는 특별법을 제정하고 단기간 내에 혁명조치를 완수한 연후에 조속히 정상상태를 회복하도록 할 것을 건의한 일이 있는데 동(同) 내각은 이것을 간과하여 불고(不顧)하고 『서서히 합법적으로 처리』할 것을 성명(聲明)하였고 이러한 방침은 민주당의 장(張) 내각에 의하여 계승되었다. 이것이 4월 혁명의 위대한 과업이 사실에 있어 좌절된 것과 동일한 결과를 초래한 원인인 것이다.

(3) 이와 같이 모든 것을 합법적으로 처리한다는 방침에 의하여 현행법의 범위 내에서 기소된 민주반역자에 대한 판결이 법의 불비와 증거의 불충분에 인하여 일부분이 무죄, 면소, 공소기각, 또는 형의 면제 등의 선고가 내리게 되자 이에 불만을 품은 일부군중의 행정부의 무정견(無定見)과 무기력을 규탄하고 입법부의 무성의를 문책하기 위하여 시위를 감행하여 세계의 헌정사상에 그 유례를 찾아볼 수 없는 의사당 난입사건까지 야기시켰는데 사태가 이에 이르자 이 때까지 파쟁(派爭)에만 몰두하여 정사(政事)는 생각할 여유조차 없던 입법부와 행정부는 혼비백산하여 시위대에 대하여 특별입법을 할 것을 언약하고 이 압력으로 인하여 입법부는 언약한 직후에 『민주반역자 형사사건임시처리법』을 급작통과시켜서 피고인의 인권옹호상 불가결한 구속영장의 자동적 효력상실과 각급심(各

級審)의 미결구속기간 제한에 관한 형사소송법의 규정을 말살하여 버리고 다시 나아가 특별입법을 할 수 있는 조항을 신설하는 개헌을 단행하기로 성안하여 이미 공고까지 하였는데 그 내용을 보면 「이 헌법시행당시 국회는 단기 4293년 3월 15일에 실시된 대통령 부통령 선거에 관련하여 부정행위를 한 자와 그 부정행위에 항의하는 국민에 대하여 살상 기타의 부정행위를 한 자를 처벌 또는 단기 4293년 4월 26일 이전에 특정지위에 있음을 이용하여 현저한 반민주행위를 한 자의 공민권(公民權)을 제한하기 위한 특별법을 제정할 수 있으며 단기 4293년 4월 26일 이전에 지위 또는 권력을 이용하여 부정한 방법으로 재산을 축적한 자에 대한 형사상의 처리를 하기 위하여 특별법을 제정할 수 있다」는 것과 단심제의 특별재판부 및 특별검찰부를 설치한다는 것이다.

이것은 이(李)정권시대의 특정인만을 처벌하기 위하여 입법하는 것이며 또 그들의 과거의 행위가 그 당시의 법률로서는 죄를 구성할 수 없으므로 이를 소급소추하기 위하여 새로 입법하자는 것인바 이는 확실히 민주국가에 있어서의 형사입법의 기본원칙인 죄형법정주의 및 형벌불소급의 원칙(헌법 제23조, 세계인권선언 제11조)과 평등주의의 원칙(헌법 제 8 조, 세계인권선언 제 7 조)을 완전히 무시하는 폭거라고 아니할 수 없는 일이다.

인류의 장구한 역사에 있어서 집권자의 억압에 대항한 동서고금의 기천만(幾千萬)의 희생에 의하여 획득한 기본적 인권과 자유 그리고 평등의 원칙은 민주주의의 기본원칙으로서 일국의 헌법의 개정에 의하여 이를 좌우할 수 없는 것이다. 그런데 새로 집권한 민주당의 내각과 국회는 이 불역(不易)의 대원칙을 파괴하려고 한다. 이것은 위로는 우리 선조의 건국이념에 위배되는 것이며 나아가서는 민주우방의 지탄을 자초하게 될 것이다. 만약 정부나 국회가 무리한 특별입법을 강행한다면 이로 말미암아 생기는 국가적 손해는 다음과 같다.

① 4월 혁명의 목적은 전기(前記)와 같이 유린당한 민주주의와 기본적 인권을 회복하는데 있는 것이므로 혁명 후의 정치방향 및 처벌방향은 민주주의 원칙에 따라야 할 것인바 이러한 원칙을 무시하고 입법과 처벌을 한다는 것은 혁명의 근본목적에 위반되는 것이다.

② 현 정부와 국회는 영원히 위헌자(違憲者)의 낙인을 받게 될 것이다. 원래 개헌과 입법에는 한계가 자재(自在)하나니 인간이 가진 기본적 인권은 법률이 창설한 권리가 아니고 인간이 인간인 까닭에 획득한 천부의 권리이므로 이를 억제하는 법률은 제정할 수 없고 헌법에 의하여도 이를 침해할 수 없다. 이것이 민주주의의 기본원칙이다. 하물며 헌법부칙으로서 헌법의 기본조문을 말살하여 기본적 인권을 침해한다는 것은 우리의 헌법사상 큰 오점을 남길 것이다.

③ 입법은 만능이 아니다. 국회는 다수의 힘을 구사하여 민주주의의 기본원칙을 묵살하고 무리한 개헌과 입법을 자행한다면 후세에 반드시 횡포와 독재의 오명을 쓰게 될 뿐만 아니라 자학을 감행하는 결과를 초래하게 될 것이다. 혁명의 사후처리라는 구실하에 특별입법을 강행한다면 이것은 입법부나 행정부가 스스로 혁명국회나 혁명정부임을 시인하는 것이니 과연 그렇다면 현 정부나 국회는 혁명입법의 임무를 완수한 다음에는 자진사퇴하여 그 신임을 국민에 물어야 할 것이다. 현 국무위원과 국회의원 제공(諸公)에게 과연 그러한 각오와 용기가 있는가? 정적의 섬멸에 눈이 어두워서 자기를 반성할 줄 모르는 자의 말로가 어찌된다는 것은 우리가 직접 목도한 일이 아닌가?

8. 호헌선언

3·15부정선거 관련자들에 대한 가벼운 처벌에 항의하여 4·19부상자들이 1960년 10월 11일 민의원 단상을 점거했다.

행정부나 입법부가 입법의 한계를 초월하는 불법을 자행하는 자학행위는 삼가야 할 것이다.

④ 특별입법은 자손만대에 민족상잔의 씨를 뿌리는 것이다. 개헌안과 특별입법안을 보면 부정선거의 원흉 및 부정축재자의 처벌뿐만 아니라 특정지위에 있던 자의 공민권 박탈까지 포함되어 있어서 그 처벌대상자는 무려 10만 이상이 된다고 하니 이것이 사실이라면 이것은 분명히 민족의 분열을 조장하는 적도(赤徒)를 이롭게 하는 결과가 된다고 아니할 수 없는 일이다. 세계의 혁명사를 보더라도 영국의 명예혁명은 합법적임을 특색으로 하였고 미국의 남북전쟁의 사후처리는 관용을 위주로 하여 망각법까지 제정하였는데

반하여 불란서의 혁명과 소련의 혁명은 과격하고 잔인하여 과거의 질서를 모두 부인하고 정적을 소탕하였다. 우리 역사에도 고려의 태조는 관용하였는데 이조의 태조는 포학하여 살벌(殺伐)을 일삼더니 그 후손이 궁중에서 상잔(相殘)하고 이것이 국풍을 이루어 사색당쟁(四色黨爭)으로 서로 살상을 반복하던 과거의 일을 생각할 때 실로 모골이 송연한 바 있다.

⑤ 특별입법은 순전한 보복수단이라고밖에 볼 수 없으므로 현대의 문명국가에서는 용인될 수 없는 것이다. 형벌에는 세 가지 목적이 있으니 기일(其一)은 피해자의 보복심을 만족시키는 것이요, 기이(其二)는 범죄로부터 사회를 방어하는 것이요, 기삼(其三)은 위하로서 범죄를 방어하자는 것인바 이 세 가지 목적은 과거, 현재 및 미래의 범죄에 적용되는 존재로서 달성할 수 있는 것이다.

그런데 이번 특별법의 내용은 순전히 과거의 민주반역자만을 처벌의 대상으로 하고 현재와 장래의 동일범죄자는 그 대상에서 제외하였으니 이러한 입법은 오직 보복만을 목적으로 한 것임이 명백하다. 이런 입법례가 한번 생기면 정권이 교체될 때마다 또 정치적 필요가 있을 때마다 보복이 반복되어 우리의 자손은 영원히 안정된 법률의 보호를 기대할 수 없게 될 것이다.

⑥ 우리의 "유엔" 헌장의 의무를 수락하고 이를 이행할 능력과 의사가 없는 국가라고 인정되어 "유엔" 가입에 암영을 초래할 것이며 한미간의 형사사건에 관한 행정협정 체결에도 영향을 줄 우려성조차 있다고 본다.

(4) 이상 서술한 바와 같이 금반(今般) 국회에서 공고한 개헌안과 국회에서 논의되고 있는 특별입법안은 우리 건국이념에 반역되고 헌법의 본연한 정신과 민주주의의 대원칙에 위배될 뿐 아니라 4

월 혁명의 목적에도 배치되는 것임이 명확하므로 뜻있는 우리 재야 법조인은 이를 절대 반대하는 바이며 나아가 정부와 국회에 대하여 시등(是等) 법안의 즉시 철회를 촉구하는 동시에 이 뜻을 천명하기 위하여 이에 호헌의 대의를 엄숙히 천하에 선언하는 바이다.

단기 4293년 11월 3일 정오까지 서명한 사람은 다음과 같다.

호헌선언찬동자(전부 변호사)

鄭求瑛 趙憲植 辛泰嶽 郭明德 李載元 柳秉震 崔淳文 姜協模
金洙郁 李炳瑢 許　香 朴漢相 朴孝寔 姜淳元 梁柄皓 安一龍
李鳳在 金秉熙 韓允洙 李英煥

9. 인권에 관한 건의서

6·3사태에 대한 계엄령은 위헌이다

1964년 6월 3일 서울시내에 비상계엄령이 선포되었다. 64년 3월 24일에 시작된 한일회담 반대데모는, 6월 3일에 2만여명의 학생들이 거리로 나서 경찰과 충돌하는 사태로 비약했으며, 당일 오후 정부는 계엄령을 선포하여 사태를 진압했다. 이를 6·3사태라 한다. 학생·시민들의 민주화와 대정부투쟁에 대하여 군사력을 동원하여 억압하던 계엄령은 군사체제의 최후의 지주이기도 했다.

그에 대하여 대한변호사협회는 6월 22일 「인권에 관한 건의서」를 발표했다. 비상계엄의 요건을 갖추지 않은 비상계엄은 즉시 해제되어야 하며, 계엄하의 인권유린은 근절되어야 하고, 계엄하의 군법회의를 통한 재판이 부당하다면서 비상계엄에 정면으로 도전하였던 것이다.

건의서 발표를 주도했던 인사는 당시 대한변호사협회 회장이던 이병린(李丙璘, 1911~1986) 변호사였다. 그는 즉각 구속되어 육군본부 보통군법회의에 회부되었지만, 130여명의 변호사들이 변호인단을 구성하여 법정투쟁에 나섰다. 그 해 7월 28일 계엄이 해제되면서 이병린 변호사는 법원의 공소기각결정을 받아 구속 31일만에 석방되었다.

이병린 변호사는 변호사의 '재야정신'의 표상이자, 한국의 '의인변호사'로 불리운다. "변호사는 권세에 굴하지 않고 돈에 팔리지 않고 어디까지나 정의를 위하여 불의에 대립, 투쟁하는 기백과 용기가 있어야 한다"는 그의 변호사관은 오늘날 더욱 귀하게 다가온다. 변호사는 권력의 압력과 인권유린에 맞서 헌법과 인권을 수호해야 함을 역설하면서, 스스로 인권변론을 정력적으로 수행하였다. 그는 3선개선 반대의 호헌선언문을 발표했고, 70년대에 들어와서는 법조계의 울타리를 넘어 「민주수호국민협의회」를 결성하여 민주화운동을 이끌었다. 권력의 비열한 술수로 낙향하게 되지만, 그의 존재는 1970년대 이래 인권변론 한 시대를 열어가는 변호사들의 정신적 기둥이었다. 1986년 그가 사망하였을 때, 대한변호사협회는 협회 차원에서는 처음으로 대한변호사협회장을 거행하였다. 그는 뛰어난 문장력과 정교한 법이론을 바탕으로 한 수많은 경구, 에세이, 그리고 논문을 남겼기도 하다. 그 글의 일부는 후학들에 의하여 『심당 이병린변호사 문집』(두레, 1991)에 수록되었다.

9. 인권에 관한 건의서
6·3사태에 대한 계엄령은 위헌이다

이 병 린

글 머리에

대한변호사협회장인 필자와 동회(同會) 사무장인 김동주 씨는 6월 17일에 돌연히 서대문경찰서에 구속영장 없이 구속되었다.

이 사실은 7월 5일자 신문에 처음으로 포고령위반으로 두 사람이 구속되었다고 났을 뿐이고 그 내용은 발표되지 않았던 것이다.

6월 30일에 이 사건이 육군본부 보통군법회의 검찰부로 송치되는 동시에 서울교도소로 이감되어 7월 25일에 기소되었던 것이다. 그러나 다른 사건은 기소되면 기소된 사실과 공소장 내용이 紙上에 발표되었지만 이 사건만은 언제 기소되었는지 또 공소장 내용이 무엇인지 계엄이 해제될 때까지 일체 공표되지 아니하였던 것이다.

그러다가 7월 26일 계엄이 해제되는 날, 공소가 취하되는 동시

* 원제는 "우리는 위헌에 항의했다—계엄하 32일간의 옥중수기," 사상계 제12권 제9호, 1964년 9월호, 40~49. 이 글은 심당 이병린 변호사 문집, 심당이병린변호사문집간행위원회, 도서출판 두레, 1991, 231~242도 실려 있으나 약간의 표현상의 차이가 있다. 여기 실린 것은 앞의 사상계의 글이다.

에 공소기각 결정을 받고 그 날 오후 9시 두 사람이 출감되었다. 계엄해제 후에 이 사건의 내용이 단편적으로 보도된 바도 있지만 위와 같이 계엄기간중에 사건 내용이 공표되지 않았던 탓으로 이 사건이 상당히 사회의 이목을 끌었으면서도 그 진상을 구체적으로 아는 사람은 의외로 드문 것 같다.

그래서 우선 이 사건의 진상을 발표하고 아울러 거기에 대한 소감을 적어서 일반사회의 비판에 공(供)하고자 하는 바이다. 그렇게 하는 것이 우리 헌정의 앞날을 위하여 무의미한 일이 아니라고 생각되기 때문에 「사상계」사의 집필요청에 응한 것이다.

공 소 장

우선 무슨 사실로 두 사람이 32일간이나 구속되었던가 하는 것은 아래와 같은 공소장을 보시는 것이 첩경일 것이다.

공 소 장

▲ 피고인의 인적사항

① 본적 서울특별시 종로구 옥인동 127의 2
주거 서울특별시 종로구 내자동 201의 9
직업 대한변호사협회 회장
성명 이병린 1911년 2월 3일(54년)

② 본적 함남 북청군 신포읍 신포리 이하 미상
주거 서울특별시 성북구 돈암동 210의 13
직업 대한변호사협회 사무장
성명 김동주 1911년 7월 29일(54년)

▲ 공소사실

피고인 이병린은 대한변호사협회 회장의 직에 있는, 동 김동주는 대한변호사협회 사무장의 직에 있는 자들로서

1. 피고인들은 계엄령하에서 포고령 제 8 호에 의거 제외된 집회 이외에는 일체의 집회가 법상 불가능하다는 것을 잘 알고 있음에도 불구하고 1964년 6월 20일 15시경부터 동 17시경까지 서울 서대문구 소재 대한변호사협회 2층 회의실에서 공소 외 변기업(대한변협 부회장, 상무위원장) 외 17명을 소집 참여케 하고 피고인 이병린 사회하에 대한변호사협회 상무위원회를 개최하여 상무위원장에 공소 외 변호사 김갑수를 선임하고 인권에 관한 건의서를 심의 통과시킴으로써 계엄사령관의 집회금지에 관한 조치를 위반하고

2. 피고인 이병린은 위 일시경에 채택된 인권에 관한 건의서를 상(相) 피고인 김동주로 하여금 출판케 하여 정부기관 및 언론기관에 배포케 하여 동 김동주는 이를 1964년 6월 22일경에 시내 중구 북창동 153번지 소재 태평프린트사 대표 김원제로 하여금 100부를 등사케 하여 동 유인물을 계엄당국의 사전검열을 필하지 않고 대통령, 국무총리, 계엄사령관에게 각 1부씩 등기우송하고 각 일간신문 통신사와 법원 출입기자들에게 배포함으로써 계엄사령관의 언론출판물 사전검열에 관한 조치를 위반한 것이다.

(육본계엄보통군법회의 검찰부)

9. 인권에 관한 건의서

대한변호사협회측의 반박

대한변호사협회는 5월 25일에 1964년도 정기총회를 개최하고 협회장, 부회장, 총무, 회계 등 임원을 개선하고 연례에 따라서 9개 각 지방변호사회원 중에서 상무위원 25명을 위촉하는 동시에 신년도 상무위원회를 소집하고 위원장을 선출하고 여러 가지 의제를 토의 결정하여야 할 처지에 있었다.

비상계엄이 선포된 후 집회금지가 다소 완화되자 6월 9일에 협회장 명의의 공한(公翰)으로 계엄사령관에게 변협상무위원회의 집회에 대하여는 집회허가가 필요 없다고 보는데 귀견여하(貴見如何)라는 질의를 하고 대한변협의 규약일부까지 참고로 보냈었는데 아무런 회답이 없었다.

6월 10일에는 포고령 제 8 호가 발표되어 집회금지가 대폭 완화되었고 그 수일 후에는 계엄사령부 대민상담소에서 더 일층 집회를 완화하는 구체적 발표가 있었다.

그에 의하면 관공서 및 각종 기업체가 주관하는 공식회합에 관한 집회는 자유로이 할 수 있다고 되어 있고 기업체, 회사, 조합 등의 집회도 무방한 것으로 되어 있다.

대한변협은 변호사법에 의하여 설립된 공법인이며 상무위원회는 그 상설기관이고 동 위원회를 개최하는 것은 회의 직무집행이라고 하지 않을 수 없으므로 위 관공서 및 각종 기업체가 주관하는 공식회합에 준한다고도 해석할 수 있을 뿐 아니라, 조합이나 회사가 역원회(役員會)를 열 수 있는데 공법인인 대한변협 상무위원회의 집회를 할 수 있다는 것은 물론해석으로 될 수 있는 문제다 하는 것이 변협의 공론이었던 것이다. 그렇기 때문에 6월 20일에 상무위

우리는 違憲에 抗議했다

—戒嚴下 三十二日間의 나의 獄中手記·
大韓辯協은 內亂罪로 다스리는데 反對한다—

李 丙 璘

머 리 말

大韓辯護士協會 会長인 필자와 同會 사무장인 金鍾旺氏는 六月二七日에 돌연히 西大門 경찰서에 구속영장 없이 구속되었다. 이 사실은 七月五日字 신문에 처음으로 布告令違反으로 두 사람이 구속되었다고 났을 뿐이고 그 내용은 발표되지 아니하였던 것이다. 六月二十日에 이 사건이 육군본부 보통군법회의 검찰부로 送致되는 동시에 서울拘置所로 이감되어 七月二五日에 기소되었던 것이다. 그러나 다른 사건은 기소되면 기소된 사실과 公訴狀內容이 紙上에 발표되었지만 이 사건만은 언제 기소되었는지 또 公訴狀 내용이 무엇인지 계엄이 해제될 때까지 일체 공표되지 아니하였던 것이다. 그러다가 七月二八日 戒嚴이 해제되는 날 公訴가 취하되는 동시에 公訴棄却決定을 받고 그날 오후 九時에 두 사람이 출감되었다. 戒嚴解除後에 이 사건의

(308)

원회를 개최하였던 것이다.

포고령 제8호나 대민상담소 발표문구 안에 대한변호사협회라는 문구가 없다 하여 불법집회라고는 도저히 볼 수 없는 것이다. 왜냐하면 법문의 성질을 가진 문구 중에 일일이 단체의 이름을 있는 대로 늘어놓을 수는 도저히 없기 때문에 그 규정을 해석하지 않으면 안되게 되는 것이다.

그 해석을 할 때에 법인도 아닌 조합 같은 것이라도 자유집회를 할 수 있는데 공법인인 대한변호사협회는 직무집행상 집회를 할 수 없다는 이유는 과연 무엇인가? 그러면 대한변협은 일개조합보다도 집회에 있어서 더 제한을 받아야 된다고 한다면 대한변협은 조합만치도 여기지 않는 것인가?

계엄선포와 포고령 발표에 있어서는 무제한이라고 할 수 있을 정도로 확상해석을 하는 당국에서 국민기본권에 관한 집회에 있어서는 물론해석도 인정하지 않을 정도로 축소해석을 할 권한이 있는 것인가? 이런 것이 대한변협측의 항의이고 또 본인의 답변요지이었던 것이다.

출판물 사전검열문제에 관하여서는 위에 말한 인권에 관한 건의서가 100부 프린트 되어 관계당국에 제출되고 법원 출입기자에게 배부된 것은 사실이다.

공소장에서는 이 건의서의 유인물을 출판물이라고 인정했지만 출판물이란 것은 법률상 일정한 정의를 가지고 있는 것이다.

출판이라는 행위가 있어야 하는데 이것은 이를테면 서적을 출판한다든가 하는 것 같이 법률상의 출판행위가 있어야 될 것이고 이것이 다수인에게 배포되어야 하는 것이다. 그러나 앞서 말한 유인물 백부는 출판물도 아니며 다수인에게 배포된 것도 아니다. 기자들에게 배부되었다 하더라도 신문에 실리거나 방송을 하거나 할 때에는 검열을 받아야 할 것이므로 출판물에도 해당하지 아니하는 이러한 유인물이 이중으로 검열을 받아야 할 필요가 없는 것은 명백하다. 그러므로 출판물 사전검열에 관한 포고령에 위반되는 것이 아니다.

이와 같이 최후까지 강조하였음에도 불구하고 끝내 구속기소가 되었던 것이다.

인권에 관한 건의서

6·3 사태로 인하여 비상계엄이 선포되리라고는 누구나 생각지 아니하였고 계엄법 규정에 비상계엄을 선포할 때의 요건이 명백히 규정되어 있으므로 이번 계엄선포는 계엄법에 위반되는 비상계엄 선포라는데 본 협회원들의 의견이 일치하였던 것이다.

비상계엄 선포로 말미암아 포고령으로 구속영장 없이 사람을 체포할 수 있게 하고 언론, 출판, 집회, 결사 등 여러 가지 국민의 자유를 극도로 제한하였을 뿐 아니라 수많은 사람이 체포되고 데모에 가담한 자가 내란죄로 기소되는 것을 보고 놀라지 않을 수 없었다. 내란죄라는 것은 사형까지 할 수 있는 중죄이기 때문이다.

국민은 공포에 떨게 되었고 억울하게 구속되었다고 호소하는 사람이 많았으며 인권은 풍전등화와 같은 상태에 있었던 것이다.

이런 마당에 대한변협이 상무위원회를 개최하면서 인권에 관하여 아무 건의도 하지 않는다는 것은 있을 수도 없는 일이라고 하는 것이 변호사회 내의 지배적 여론이었던 것이다.

그렇기 때문에 서울변호사회에서는 긴급히 상임위원회를 소집하여 인권에 관한 건의서를 상정하여 6월 20일 오전에 전원일치로 이것을 가결 채택하고 이 건의서를 대한변협으로 보내서 그 상무위원회에서 채택하여 당국에 건의하여 달라고 요청하였던 것이다.

그 건의서가 그 날 오후 3시부터 개최되는 대한변협 상무위원회에서 다소 수정되어 전원일치로 가결되었기 때문에 협회장이 22일자로 위와 같이 유인물을 만들어 대통령, 국무총리, 국회의장, 계엄사령관에게 발송하였던 것이다. 당시 상무위원 16명이 출석하고 위임장 8명이 있었기 때문에 24명의 결의로 된 것이다.

그 건의서의 내용은 다음과 같다.

인권에 관한 건의서

대한변호사협회는 현재 중대사태에 제하여 전국상무위원회의 의결을 거쳐 다음과 같이 건의합니다.

건의내용

1. 금번 선포된 비상계엄은 계엄법 제 4 조의 요건에 해당되지 아니한다고 사료되므로 이를 즉시 해제할 것.

2. 6·3사태는 애국적 동기에서 유래하는 것이라고 사료되므로 이에 관련하여 구속된 학생, 언론인, 민중들을 석방하여 융회의 분위기를 조성할 것.

3. 계엄하라 할지라도 이미 질서가 회복되었고 계엄법 제13조에 규정된 군사상 필요가 있다고 할 수 없는바 영장 없이 구속하고 재판도 군법회의에서 단심제로 행하게 된다는 것은 국민기본권에 대한 중대한 침해라고 하지 않을 수 없으므로 시급히 구속영장제도를 부활하고 재판관할권을 평시대로 일반법원으로 이관시킬 것.

4. 6·3사태에 관련하여 구속된 자 등에 대하여 내란죄로 처리하는 것은 그 동기에 비추어 타당하지 않다고 인정됨.

5. 6·3사태에 관련하여 구속된 자에 대한 수사와 심리에 관하여는 형사소송법에 규정된 접견 기타 모든 권리를 절대 보장할 것.

1964년 6월 22일

대한변호사협회 회장 이 병 린

건의서의 정신

〈제 1 항〉 원래 계엄법은 국민의 기본권을 극도로 제한할 뿐 아니라 사법권과 행정권까지 군에서 행사 또는 지배하게 되는 중대한 법이기 때문에 이를 해석할 때는 엄격하게 해석하지 않으면 안된다는 것이 헌법학자들의 정설로 되어 있는 것이다. 계엄법 제 4 조에 의하면 '비상계엄은 전쟁이나 사변에 있어서 적에게 포위된 때'에만 선포할 수 있도록 되어 있다.

6·3사태는 전쟁도 사변도 아니며 적에게 포위된 것도 아니기 때문에 비상계엄선포요건에 해당하지 않는다고밖에 볼 수 없는 것이다. 요건에 해당하지 않는 비상계엄 선포는 위법이기 때문에 이를 즉시 해제하라고 요구한 것이다.

경찰의 힘만 가지고는 질서유지를 할 수 없다고 한다면 국가는 군대를 일시 동원하여 질서유지를 할 수 있는 것이고 질서유지가 되면 군대는 본무로 돌아가면 되는 것이다. 그런 까닭에 경찰의 힘만 가지고 그 당장에 질서유지를 할 수 없다는 이유만으로서는 비상계엄 선포를 정당화할 수는 없는 것이다.

다시 말하면 일시 군대의 힘을 빌리는 것과 비상계엄을 선포한다는 것은 전혀 별개의 문제인 것이다.

그런데 정부에서는 비상계엄을 선포한 것만도 위법인데 이것을 정국이 안정될 때까지 장기화하려는 태세를 보이고 있었다. 비상계엄은 결코 정국을 안정시키기 위해 선포하는 것은 아니다. 물론 비상계엄을 선포해 놓으면 정부에서는 일하기가 편리할 것이다. 그러나 그 반면에 국민의 자유가 극도로 희생된다는 것을 생각하여야 된다. 민주정치는 정부의 편의를 위하여 법을 위반할 수는 없는 정치인 것이다.

따라서 설사 부득이 비상계엄을 선포했다 하더라도 파괴행동 같은 지극히 위험한 상태만 진압되었다면 조속히 이를 해제하여야 할 것은 당연한 것이다.

대한변협이 즉시 해제를 주장한 것은 준법정신과 호헌정신(護憲精神)을 강조하고 정부에 대하여 그 실천을 요구한 것이고 그 이외에 아무 정치적 의도가 있는 것은 아니다. 정부에서 이러한 건의를 마땅치 않게 여겼다면 이것은 법에 관하여 집권자나 피치자와 법률가들의 사고방식이 전연 달라서 선명하게 대립하고 있다는 것을 의미하는 것이다.

그러나 국가의 백년대계를 위하여, 정국의 안정을 위하여, 관민의 융합을 위하여, 헌법과 법을 존중하는 이상의 길이 없다는 것을 강조하는 것이다.

〈제 2 항〉 정부에서도 3월경부터 일어난 학생데모에 대하여 애국적 충정이라고 말하였다.

6월 3일까지 데모는 계속적으로 일어났다. 정부에서도 실정(失政)이 있었다는 점을 자인하였다. 그렇다면 6·3사대 같이 악화되기 전에 더 과감한 조치를 하였어야 할 것이다.

6·3사태에서 파괴행동이 있었고 '박정권 물러가라'라는 구호가 나왔다.

학생들을 공산주의자로 볼 수 없는 이상, 6월 3일에 와서 돌연히 나라를 망치려고 목적하였다고 볼 수 있겠는가? 군중심리가 격화될 때에 그 도를 지나칠 수 있다는 것은 상식에 속하는 문제가 아닌가?

그런데 6월 3일에 와서 대량 검거를 하고 이것을 내란죄로 처리한다고 하는 것은 결국 데모에 가담한 적어도 수만이라고 추측되는 사람들이 나라를 망치려고 한 것이고 비국민적이라고 인정하는 결과가 될 것이니 과연 이러한 관찰로써 시국이 안정된다고 볼 수 있겠는가?

따라서 이런 때는 역시 정부에서 군중심리라는 것을 생각하고 일시적 과오로 높고 넓은 견지에서 관대하게 보아주는 것이 원칙이다.

쌍방에 과오가 있을 때에는 서로 반성하고 서로 이해하는 것이 문제를 해결하는 유일한 방법이 아닐까? 대량엄벌로 문제가 해결되는 것이 아니라 문제는 점점 심각하게 되어간다는 것을 생각하지 않을 수 없다.

대한변협에서도 파괴행동을 애국적이라고 말한 것은 아니다. 그렇기 때문에 6·3사태는 애국적 동기에서 유래했다고 말하였고, 범인들을 석방하여 융화의 분위기를 달성하여 달라고 요청하였던 것이다. 이것이 과연 우리가 정부를 해하려는 의도가 있어서 한 말인가?

근본문제에 대하여 깊이 생각한 결과 우리는 우리의 애국심으로 정부에 대하여 숙고를 요청한 것뿐이다.

반대의견 속에서 진리를 찾아가는 것이 민주주의의 일면이 아닐까? 시일이 경과함에 따라 우리의 이 건의가 부당하지 아니하였다는 것이 증명될 것이다.

〈제 3 항〉 계엄법 제13조에 의하면 계엄사령관은 군사상 필요가 있을 때에 구속영장제도나 언론, 출판, 집회, 결사 등에 대하여 특별한 조치를 할 수 있다고 규정되어 있는데 6·3사태에서는 전쟁과 교전상태가 없고 적의 포위가 없는 이상 군사상 필요는 있을 수 없는 일이다.

그럼에도 불구하고 계엄사령관이 구속영장제도를 없애고 언론, 출판, 집회, 결사 등에 대하여 극도의 제한을 하는 포고령을 발포하는 것은 위 제13조를 위반한 것이라고 보지 않을 수 없기 때문에 구속영장제도를 복구하고 재판도 일반법원으로 이관시키라고 요구했던 것이다.

〈제 4 항〉 3·1운동 당시에 만세를 부르고 구국투쟁을 한 우리 민족을 일본인이 처벌할 때도 내란죄로 처벌한 것은 한 건도 없었다는 것이며 소요죄 등으로 처벌하였다 한다.

데모군중이 정부를 물러가라고 외쳤다 해서 이것을 내란죄로 처리한다는 것은 법률상으로도 난점이 있을 뿐 아니라 정부의 체면으로 보더라도 숙고할 문제라고 생각되었고 사형까지 할 수 있는 내란죄로써 젊은 우리 자제들의 전도(前途)를 나락의 구렁텅이로 떨어뜨린다는 것은 어느 모로 보나 있을 수 없는 일이기 때문에 그 부당성을 지적하였던 것이다.

〈제 5 항〉 피구속자에 대한 조속한 통지, 접견, 사식과 물품차입 등 모든 권리를 절대 보장하여 주지 않는다면 위법일 뿐 아니라 피구속자와 가족에게 불필요한 심한 고통을 주는 것이므로 이러한 모든 권리를 절대 보장하여 줄 것을 요구한 것이다.

법과 정치

법이 정치의 시녀가 된다면 그 나라의 민주주의는 장송곡을 부르게 되는 것이다.

일본에서 명치시대에 노국(露國) 황태자가 일본시찰을 갔을 때에 그를 살해하려다 미수로 그친 자가 있어서 그 범인을 재판하게 되었는데 그 때의 노국의 국세는 욱일승천(旭日昇天)의 모양으로 팽창한 데 반하여 일본은 그 때까지만 해도 국세가 미약하였을 때였다.

당시 수상인 이등박문(伊藤博文)은 이 범인을 사형에 처하여 노국의 비위를 맞추지 않는다면 일본에 어떠한 불리한 일이 있을지도 모른다고 추단하였던 것이다. 그래서 당시의 대심원장 아옥(兒玉) 씨와 그 사건을 담당한 법관들에 대하여 범인을 사형에 처하라고 직접 간접으로 형언할 수 없는 압력을 가하였던 것이다.

그러나 당시의 일본 형법에 의하면 자국의 천황이나 황태자 등을 살해미수한 자에 대하여는 사형을 할 수 있었지만 외국의 황태자를 살해미수한 자에 대하여는 사형할 법이 없었던 것이다.

그렇기 때문에 아옥(兒玉) 대심원장도 법을 위반할 수 없다고 끝까지 행정부의 압력을 물리치고 법관들도 법에 없는 처벌을 할 수 없다고 그 소신을 관철하여 범인에 대하여 유기징역판결을 선고한 후에 신변이 위태하여 피신까지 하였던 것이다.

그러나 그 후 의외에도 노국에서는 그 재판을 문제시하지 않았기 때문에 일본에도 아무 불리(不利)가 없었던 것이다.

그리하여 명 대심원장이 되고 명 재판관이 되었던 것이다.

이와 같이 첨예한 법과 정치의 대결은 인류사회에 일찍이 없었다 해도 과언이 아니며 또 법이 이처럼 정치를 지배한 희귀한 실례의 하나인 것이다. 영국에서 제임스 1세와 에드워드 코크의 대화는 유명한 이야기로 되어 있다.

재판관할권을 둘러싸고 제임스 1세는 국왕의 권한에 의하여 자기가 직접 재판할 수 있다고 주장하고 코크는 보통법(Common Law)에 의하여 그것은 부당하다고 주장하자 제임스 1세는 국왕이 법 아래 있다고 주장하는 것은 대역죄라고 대노(大怒)하였다.

코크는 답변하기를 "국왕은 누구에게도 복종하여서는 안됩니다. 그러나 신과 법에는 복종하지 아니하면 안됩니다"고 주장하여 결국 코크의 주장이 관철되었던 것이다.

우리나라 법관들은 위에서 말한 일본 법관의 태도를 어떻게 보는가? 또 우리 국민은 코크의 태도를 어떻게 보는가?

우리에게 이런 사람들의 처사가 옳았다고 생각하고 우리도 그와 같은 용기로 법을 지켜 나가야겠다는 각오를 하고 이것을 실천하지 못하는 이상 민주주의와 법치주의는 실현될 수 없는 것이며 급기야는 독재주의로 흐를 수밖에 없는 것이다. 우리 헌법이 이런 상태를 용인하고 있는가.

헌법과 법률을 존중하는 것이 법률가만의 문제가 아니고 치자(治者)와 피치자(被治者)와 우리 모두의 문제인 것이다.

이것이 국가의 흥망을 결정하는 중대한 문제이다. 그렇기 때문에 국민도 치자의 비위에 거슬린다 하더라도 할 말을 하고 법치주의를 살려야 하는 것이다.

대한변협의 입장

이번에 이러한 사태가 발생한 데에는 그 원인이 있을 것이다. 첫째는 정부에서 대한변호사협회의 성격과 정신을 오해하지 아니하였나 보는 것이다.

대한변호사협회는 변호사법에 의하여 설치된 공법인이다. 민사사건의 소송대리인이 되거나 형사사건의 변호인이 되는 것이 고도의 공공성을 띠고 있는 것이다.

그렇기 때문에 변호사법에 변호사의 권리, 의무와 자격규정이 있고 징계에 관한 규정이 있으며 대한변호사협회에 관하여는 동법 제43조에 "대한변호사협회는 법률학의 발달, 사법사무, 변호사사무의 쇄신, 개선, 변호사의 품위보전과 국제적 친선을 도모함을 목적으로 한다"라고 규정되었으며 동 협회 규약 제 5 조에는 "본협회는 다음 사항을 행함을 목적으로 한다.

1. 헌법의 준수와 민주정체의 유지
2. 법률제도의 개선과 사법운영의 합리화
3. 변호사로서 품위향상과 협회 및 법률사무에 관한 부단의 연구
4. 공공의 복지를 위한 법률지식 활용의 보편화
5. 변호사 상호간의 긴밀한 연락과 변호사회의 조직과 활동의 강화
6. 국제적 친선과 문화교류"

라고 규정되었고 동 규약 제 7 조에는 "본협회는 법제, 정치, 경제

1964년 6·3학생운동에 대해 박정희 정권은 계엄령을 선포, 군대를 동원하여 진압하였다.

등 문제에 관하여 필요하다고 인정할 때에는 의견을 발표하거나 건의할 수 있다"라고 규정되어 있다. 이 규약은 법무부 장관의 인가를 맡은 것이다.

현행 변호사법에 변호사회의 활동에 관한 점에 대하여 미비한 점이 있는 것은 일정시대의 변호사법을 모방하여 제정한 것이기 때문에 그러한 것이고 대한변협에서는 5, 6년 전에 변호사법 개정안을 만들어 역대 국회에 그 입법을 촉구하여 오고 있는 형편이다.

대한변협은 단순한 친목단체나 직업의 이익만을 도모하는 직업단체만이 아니며 고도의 공공성을 지니고 있는 국가의 공적 기관인 것이다.

이러한 점에 대하여 혹시나 정부에서 대한변협이 무엇이길래 이러한 발언을 하는냐고 생각하였다면 이것은 대한변협의 성격을 이해하지 못한 것이라고 할 수밖에 없다. 그렇기 때문에 정부에서는 변호사나 변호사회를 육성하는 것이 국정의 일부라고 생각하여 주기를 바란다.

다음은 이번 건의에 무슨 정치적 의도가 있는 것이 아니냐고 오해하였던 일면이 있었던 것 같다.

그것은 우리의 주장이 야당의 주장과 유사한 점이 있었다고 하는데 있는 것 같다. 그리고 계엄문제를 둘러싸고 여야의 대립이 첨예화하였던 데도 원인이 있는 것 같다.

그러나 생각할 점은 세인이 주목할 만한 법률문제가 발생할 때는 언제나 여야가 대립하는 때이다. 그렇다고 하여 우리가 우리의 주장을 내세울 수 없다고 하는 결론은 나오지 않는다.

변호사회의 의견은 야당의 주장과 유사한 점이 있었던 때가 많이 있었다는 것은 사실일 것 같다. 그러나 언제나 그랬던 것도 아니다.

가령 평화선(平和線)문제, 일본어부 억류(抑留)문제 등에 대하여 일본변호사연합회에서 국제변호사회에 대하여 호소하는 정책을 취하였을 때 대한변협은 책자까지 발행하여 우리 주장의 정당성을 강조하고 기선을 제하여 효과를 낸 때도 있었다.

요는 우리의 입장은 주안이 언제나 헌법과 인권에 있으며 시시비비(是是非非)주의로 주장한 것이다.

가령 위원회 구성 등도 정당의 적을 가진 사람들은 극소수이며 여야의 인원비례 등도 치우치지 않도록 하고 대부분이 무소속 변호사인 것이다. 그리하여 언제나 정치적 중립성을 견지하고 있는 것이다.

우리는 언제나 합법적인 사회개선주의자인 것이다. 우리가 정치에 참여하자는 것도 아니며 정당의 사주를 받는 것도 아니며, 어느 정권을 해하거나 이롭게 하자는 의도도 없는 것이다.

이러한 것은 대한변협의 전통으로 되어 있는 것이다. 우리가 만약 어느 정당에 이용을 당한다면 그것은 우리 협회의 권위를 상실하는 것이라는 점을 우리 자신이 너무나도 잘 알고 있는 것이다. 이번 건의서만 해도 이러한 마당에 대한변협을 빼놓고 국민의 인권을 위하여 건의할 만한 단체가 어디 있는가 하는 것이 회원들의 여론이었던 것이다. 그렇기 때문에 정치적이라고 우리 대한변협을 오해한다는 것은 우리의 본의와 그 거리가 너무나 먼 것이다.

원래 치자나 집권자와 법률가 간에는 의견대립이 있는 것이 아닌가 생각한다. 집권자는 국민에게 너무 지나친 자유를 주면 자유권을 남용하여 혼란이 일어나서 정치를 할 수가 없다고 생각하는 것 같다. 그러나 법률가의 생각은 현재도 국민은 헌법이 보장하고 있는 자유도 누리지 못하고 있는데 더욱이 단속만 강화하여 위헌적이고 불합리한 법률을 만든다는 것은 말이 안된다는 것이다.

국민도 자유권을 남용해서는 물론 안되겠지만 수습할 수 없는 혼란이 일어나는 것은 대개의 경우 집권자가 법을 무시하고 불법, 부정을 감행하고 실정을 하는데 그 근본원인이 있다고 보기 때문에 집권자가 먼저 법을 지키는 것이 선결문제라고 보는 것이다.

10. 인민혁명당 사건

검사의 양심과 상명하복

1964년 소위 인민혁명당 사건이 지상에 드러났다. 중앙정보부의 발표에 따르면, 인혁당은 북괴의 지령을 받아 발족된 대규모의 지하조직으로, 학생데모를 배후조종해 오다가 6·3계엄령의 선포로 지하로 잠적하여 기회를 노리다 검거되었다는 것이다. 학생운동·민주화운동이 북한 지령을 받은 반국가단체의 조종의 산물이라는 주장은 그 운동의 진지성과 순수성을 부인하고자 하는 반공군사정부에게 전가의 보도처럼 애용되어 왔다. 그러나 그러한 주장은 인혁당 사건의 경우에는 벽에 부딪쳤다. 사건을 송치받은 서울지검 공안부 검사팀은 수사결과 증거가 없으므로 공소제기를 할 수 없다고 결론지었다. 그러나 검찰 상부는 빨갱이 사건은 일반 사건과 다르고, 정부의 체면을 생각해서라도 기소하라는 압력을 가했다. 그 압력의 근거는 "검사는 검찰사무에 관하여 상사의 명령에 복종한다"는 검찰청법상의 검사동일체의 원칙이었다. 그러나 수사검사들은 끝내 기소를 거부했으며, 대신 당직 검사의 서명으로 기소가 이루어졌다. 제1심 재판부는 일부에 대해서만 유죄와 경미한 형을 선고하였으며, 항소심은 반공법 위반사실에 대하여 유죄를 인정하였다. 그러나 원래의 중앙정보부의 발표대로 국가보안법 제1조 위반은 누구도 인정하지 않았으며, 유죄자의 범위와 형량도 대폭 축소되었다. 그 판결들의 진실성에 대하여는 오늘날 관점에서 찬성하기 어렵다. 담당검사 중에 이용훈 부장과 김병리 · 장원찬 검사는 모두 사표로 대응하였다.

인혁당 사건은 그것만으로 끝나지 않는다. 1974년 민주청년학생연맹의 배후조직으로 다시 인혁당을 꼽아, 그 주모자로 찍힌 도예종 등 8명은 군법회의에서 사형을 선고받고, 대법원의 확정판결이 내려진 다음날 새벽에 그들에 대한 사형이 집행되었다. 이것이 「한국사법사의 암흑의 날」 혹은 「사법살인」으로 지탄받는 제 2 차 인혁당 사건이다. 제 1 차 인혁당 사건에서 보여준 검사들의 소신과 기개는 바로 피고인과 국민의 생명을 지키는 방파제였음을 제 2 차 인혁당 사건의 검사와 법원의 태도와 대비해보면 잘 알 수 있다.

검사동일체의 원칙은 그 동안 많은 비판을 받아왔다. 검찰사무의 전국적인 통일성 확립의 견지에서 그 필요성이 부인될 수 없지만, 실제로 주임검사의 소신을 통제하고 검찰수뇌부, 나아가 그와 통하는 정권의 도구로 검찰권 행사가 이루어질 빌미를 제공해왔다는 것이다. 그러나 검사는 (준)사법관으로서의 지위를 갖고 있는 이상, 합법성과 정당성이 의심스러운 상사의 지휘 · 감독을 따를 이유가 없다. 한국 검찰사에서 이렇게 상부와 권력의 요구에 정면으로 맞서 검사의 양심적 소신과 기개를 보여준 경우는 드물다. 그렇기에 제 1 차 인혁당 사건을 통해 담당검사들은 한국 검사가 당연히 나아갈 길을 제시했다고 할 것이다.

10. 인민혁명당 사건
검사의 양심과 상명하복

이 용 훈

인민혁명당 사건이 세상에 처음 알려진 것은 1964년 8월 14일이었다. 대일(對日) 굴욕 외교 반대 학생 데모, 군인 법원 난입 사건, 6.3 계엄령 선포 등으로 정국이 어수선했던 1964년 8월 14일, 당시의 중앙정보부장 김형욱이 기자 회견을 했다.

이 자리에서 김형욱은 "북괴의 지령을 받아 발족된 대규모의 지하 조직으로서, 국가를 변란하려고 기회를 노려 왔던 인민혁명당 사건을 적발, 일당 57명 중 41명을 검거하고 나머지 16명을 전국에 수배중에 있다"는 중대 발표를 하였다.

金炯旭 中央情報部長의 중대 발표

김형욱 정보부장이 기자 회견에서 밝힌 발표문의 요지는 이러했다.

> 3.24 이후의 학생데모를 배후에서 조종한 인민혁명당은 1962년 1월

* 이용훈, 사필귀정의 신념으로—법과 정치와 나의 인생, 삼연, 1994, 95~112.

서울특별시 서대문구 부암동 소재 우동읍(禹東邑) 가(家)에서 북괴로부터 특수 사명을 띠고 남하한 간첩 김영춘의 사회로 통일민주청년동맹 중앙위원장이던 우동읍과 동 동맹 간사 김배영 · 김영광, 민주민족청년동맹 간사장이던 김금수, 동 경북도 간사장 도예종, 사회대중당 간사였던 허작, 전(前) 진보당원 김한득, 빨치산 출신 박현채 등이 참가한 가운데 창당 발기인회를 갖고 외국군의 철수와 남북 서신 · 문화 · 경제 교류를 통한 평화 통일을 골자로 한 괴뢰 노동당 강령 규약을 토대로 인민혁명당의 새 강령과 규약을 채택함으로써 발족하게 되었던 것인데, 이는 1961년 9월 14일 평양에서 개최된 북괴 노동당 제4차 대회에서 행한 김일성의 사업 총화 내용에서 지적된 남조선의 혁명 정당의 필요성, 즉 인민 대중 속에 파고든 정당이 없었기 때문에 4·19 학생 혁명을 당이 지향하는 목표로 이끌 수 없었다는 자기 비판을 기초로 채택된 대남사업의 강화책에 의하여 이루어진 것이다.

지난 7월 7일 치안국에 의해 10만원의 현상금까지 걸고 전국에 지명 수배된 바 있는 도예종 · 김정강(민족통일전국학생연맹결성준비위원, 불꽃회) 등도 낀 이 인민혁명당은 1964년 2월 북괴 중앙 노동당으로부터 남한의 전 외국군의 철수와 한일 회담 반대를 전국화하는 학생 데모를 조직적으로 일으키라는 지령을 받고 당의 지도 체제를 학생 데모 지휘를 위한 방향으로 개편 · 강화하는 한편 학생 지도층과 언론계 인사의 포섭에 주력하였음이 드러났을 뿐만 아니라, 북괴는 남한 학생 데모를 성원하기 위하여 김책공업대학을 위시한 대내적인 데모를 연일 감행하는 일방 일본 소총련에 지령하여 재일교포 학생 데모를 일으켰음이 이번에 밝혀지게 되었다.

1962년 1월 창당 발족한 인민혁명당은 1962년 4월 전국 조직을 확대하기 위하여 역량있는 인재를 물색 중 김금수의 추천으로 전기(前記) 도예종을 중앙상무위원회 책임위원으로 등용하였으며, 1962년 5월 중순 북괴 간첩 김영춘은 동 인민혁명당의 조직 확대 공작 및 투쟁 목표에 관한 제반 임무를 도예종 · 우동읍에게 일임 후 월북하여 괴뢰 중앙당에 인민혁명당 창당 결과를 보고하고 비밀 조직 연락선을 연결했으며 그 후 우동읍은 중앙상무위원회 위원장 대리의 자격으로 약정된 암호 방법에 의하여 당 자금 수령차 교양위원인 김배영을 1962년 10월 일본 경유

월북시켰으며, 도예종은 전국 조직을 담당 1963년 12월 중앙상임위원회 중앙당대회와 중앙당위원회 등의 조직을 완료하고 계속해서 서울시 당을 위시한 전국의 일반 당부와 특수 조직에 착수하여 학생부 · 노동부 · 농민부 · 청년부 · 언론기관부 · 합법정당부의 중요 인물로서 정도영(鄭道永: 합동통신사 조사부장), 박현채(朴玄埰: 서울상과대학강사), 김병태(金炳台: 농업협동대학 강사), 전무배(全武培: 서울신문사 기자), 이재문(李在汶: 대구매일신문사 기자), 오병철(吳炳哲: 서울 문리과대학 학생), 서정복(徐正福: 서울문리과대학 학생), 임창순(任昌淳: 전 성균관대학 부교수), 김한득(金漢得: 한의사) 등 50여 명을 포섭하는데 성공, 전국의 군 · 면 단위와 군소 직장 내에 세포 조직을 부식하여 오던 중 1964년 2월 북괴 중앙당의 지령을 받고 동당 상임중앙위원인 도예종 · 정도영 · 박현채 등이 중심이 되어 한일 회담 반대 학생 데모 유발을 획책함과 동시에 학생 데모를 4 · 19와 같은 혁명으로 발전케 함으로써 현 정권을 타도할 것을 결의하고 전국학생 지도부책 임창순 · 서정복 등에게 전국 학생 조직을 정비 · 강화할 것을 지령하여 오던 중 3월 24일 한 · 일 굴욕 외교를 반대하는 순수한 학생 데모가 서울 문리대에서 발생하자 이를 절호의 기회가 도래한 것으로 판단하고 도예종과 정도영은 박현채를 중앙당 데모 총지휘책으로 기용하여 데모 주도 학생 포섭에 착수한 결과 오병철 · 서정복을 조선일보 견습기자 박범진(朴範珍)과 서울 문리대생 황건(黃建)을 당원으로 포섭하였으며, 포섭된 박(朴)과 황(黃)은 문리대 내의 불꽃회 간부 김정강(金正剛) · 김정남(金正男) · 민비(民批)간부 김중태(金重泰) · 김도현(金道鉉) · 현승일(玄勝一) 등도 포섭한 외에 성균관 대학 김승균(金承均), 대구대학 정만진(丁滿鎭), 중앙대학 박익수(朴益洙)를 포섭하였던 것이며, 일방 중앙당 데모 지도부는 데모의 방향과 구호를 통일토록 전국 학생 조직에 지령함과 동시에 현 정권이 타도될 때까지 학생 데모를 계속 조종함으로써 북괴가 주장하는 노선에 따라 남북 평화 통일을 성취할 것을 목표로 투쟁하였으나 6.3 비상 계엄령이 선포되자 그들의 죄상과 당 조직망이 폭로될까 우려한 나머지 학생 데모 주동자와 일절의 연락을 끊고 지하로 잠복, 차후 기회를 노리던 중 검거되었던 것이다.

10. 인민혁명당 사건

北傀指令받고
國家變亂陰謀
革新系·言論人·教授·學生·會社員등
人民革命黨41名拘束
中央情報部발표
事件內容
拘束者名單

이와 같은 중앙정보부의 발표가 있은 지 3일 후인 1964년 8월 17일 하오 이 사건이 서울지방검찰청으로 송치되어 지검 공안부에 배당됨으로써 수사가 시작되었다. 당시 서울지검 공안부는 내가 부장으로 있었고, 검사로는 최대현(崔大賢)·김병리(金秉璃)·장원찬(張元燦) 검사가 있었다. 세 검사 모두 장래가 촉망되는 유능한 검찰 엘리트로 평가받고 있었다.

혐의 사실 立證할 증거 없어

서울지검 공안부에 송치된 피의자들은 구속자가 22명이었으며, 불구속자가 12명, 미체포된 자가 13명으로 관련자는 모두 47명이었다. 이처럼 피의자도 많고 사건의 기록 또한 방대했으므로 나는 구속된 피의자 22명을 세 검사가 분할 담당하여 조사하도록 명했다. 그리고 나는 종합 분석 정리와 취합 지휘를 하기로 하고 바로 구속된 피의자들에 대한 조사에 착수했다.

나를 비롯한 세 명의 검사들은 매일같이 집중적으로 수사를 계속하였고, 또 매일 저녁 정기적으로 모여 그 날의 조사 결과를 서로 교환·보고하면서 이 사건 수사에 총력을 기울였다. 그런데 우리는 조사를 해 나가면서 차츰 피의자들의 피의 사실을 증명해 줄 증거에 대해 의문을 가지기 시작했다. 증거를 찾을 수 없었던 것이다.

우리는 그럴수록 더욱더 엄정하고 치밀한 조사를 행하였다. 그러나 의문은 점점 더 커져만 갔다. 우리는 우리가 할 수 있는 한의 모든 조사를 끝내고 그 달 29일 일단 수사를 종결지었다. 그러고 나서 이 사건에 대한 결과 보고 회의를 가졌다.

이 사건 피의 사실의 핵심은 피의자들이 북괴에서 넘어 온 간첩 김모(중앙정보부장 발표문에는 김영춘으로 되어 있었는데, 송치 의견서에는 김모로 되어 있었다)의 지령에 의하여 대한민국을 변란할 목적으로 인민혁명당을 조직해 창당하고, 학생 데모를 조종해 오다가 6.3 계엄령의 선포로 지하로 잠적해 기회를 노리고 있다가 검거되었다는 데 있다.

그러나 결과 보고 회의에서 우리는 단 한 사람도 빠짐없이 위의 핵심 사실을 인정할 수 있는 증거가 없다는 데 의견의 일치를 보았다. 따라서 이렇듯 증거가 없으므로 공소 제기를 할 수도 없다고 입을 모았다. 이 같은 결론은 바로 큰 고민으로 연결되었다. 이토록 중대한 사건을 증거도 없이, 또 검찰에 송치도 하기 전에 전 국민을 상대로 대대적으로 발표부터 해버린 중앙정보부가 원망스러웠다.

어쩔 수 없이 우리 네 검사는 조사 기록을 다시 정리하여 서로 교환·검토하기로 하고 각자 검토 후 다각적으로 토의를 계속해보았으나 별다른 방책을 강구할 길이 없었다. 일이 이렇게 된 이상 이젠 한시라도 빨리 이 결과를 검찰 상부에 보고하는 것이 좋을 것 같았다. 우리는 이 같은 결론에 따라 바로 서울지검 검사장실로 갔다.

上部의 命令대로 하시오

나는 검사장에게 그간의 수사 결과를 상세히 보고하고, 이 사건은 증거가 없어 기소하기 어렵다는 것이 우리 공안부 검사들의 일치된 결론이라고 말하였다. 나의 보고가 끝나자마자 검사장은 화가 난 표정으로 벌떡 일어서면서 언성을 높였다.

"그렇다면 정부의 위신은 뭐가 되고, 정보부의 위신은 또 어떻게 된단 말이오? 학생들의 데모 재발을 막기 위해서라도 어떻게든지 해보아야 할 것이 아니오?"

나는 검사장의 말을 듣는 순간 나도 모르게 흥분이 되었다. 그러나 애써 흥분을 가라앉히면서 검사장을 향해 다시 한 번 정중한 태도로 설명을 하였다.

"우리들 네 명의 공안부 검사들은 국가안보적 견지에서 사건 수사에 한 치의 소홀함도 없도록 전심전력을 다하여 수사했습니다. 그러고도 증거가 없어서 기소할 수 없다는 결론을 내릴 수밖에 없었던 고충을 검사장으로서 어찌 이해를 못해 주십니까? 그리고 어떻게든지 해보라는 말씀은 증거가 없어도 기소하라는 말씀입니까?"

그러고 나서 검사장에게 "차라리 저희들의 의견을 상부에 말씀드려 보시는 것이 좋지 않겠습니까?"라고 건의했다. 그러자 검사장은 더욱 화를 내면서 자신은 그러한 보고를 상부에 할 수 없다는 말로써 나의 의견을 일축해 버렸다. 이에 나는 다시 이렇게 말했다.

"그러면 저희들이 직접 상부에 올라가서 지금까지의 모든 수사 경위와 내용을 말씀드리고, 수사 결과 증거를 찾을 수 없었다는 결론을 상세히 보고 드리겠습니다."

그러자 검사장은 이번에는 어조를 바꾸어 간곡하게 만류하면서 다시 나가서 어떻게든 해보라며 애원조의 지시를 하는 것이었다.

우리는 검사장실에 더 이상 머물러 있을 수가 없어 그대로 물러나왔다. 공안부 검사실로 돌아온 우리는 거듭 회의를 계속해 보았으나 끝내 별다른 방안은 나오지 않았다. 나올리가 없었다.

이러한 일이 있은 지 이틀 후인 8월 31일, 나는 검찰총장실에 올라가 대검찰청 검사 전원이 참석한 가운데 사건의 전모와 수사 결과에 대한 보고를 하였다. 보고를 받은 대검 검사들은 아무도 입을 여는 사람이 없었다. 그러나 검찰총장은,

"검사 앞에서 범죄 사실을 순순히 자백할 피의자 놈들이 어디 있겠소? 부인하는 피의자들의 진술을 그대로 받아들여도 되는 겁니까?"

라고 말하며 나의 수사 결과 보고를 못마땅하게 받아들였다.

"피의자들이 부인한다고 해서 기소할 수 없다는 것이 아니라 공소 제기를 하여 유죄를 받을 수 있는 증거가 전혀 없다는 것입니다. 또 직접 피의자들을 심문한 검사들의 피의자 진술에 관한 심증은 세 검사 공히 똑같았습니다. 피의자들이 정보부에서 한 자백 내용을 믿기가 어렵다는 것입니다."

나는 검찰총장에게 이렇게 말하며 다시 한 번 구체적으로 수사 결과를 보고했으나 역시 받아들여지지 않았다.

다음 날인 9월 1일, 나는 법무부장관실에서 법무부차관을 비롯해 주무국장, 대검찰청 차장검사, 서울지검 검사장 등이 참석한 자리에서 이 사건에 대하여 다시 한 번 법무부장관에게 보고를 하게 되었다. 보고를 마쳤으나 한 동안은 참석했던 어느 누구에게서도 질문이나 반론이 제기되지 않았다. 그러던 중 법무부차관이 돌연 너무도 어이가 없는 말을 하였다. 그의 발언 요지는 이러했다.

"빨갱이 사건에 일일이 증거 운운할 수 있겠소? 정보부에서 받아낸 피의자들의 자백을 검사들은 왜 못 받아내는 거요? 정보부에

서 자백한 것이 있으니 그대로 공소 제기를 해도 되지 않겠소?"

법무부차관으로부터 이런 어이없는 말을 듣고나자 나는 어찌나 기가 막히고 흥분이 되는지 한 동안 입이 안 열렸다. 잠시 침묵한 뒤에 내가 말했다.

"차관님, 어찌 그런 말씀을 하십니까? 차관님께서는 대학에서 형사소송법을 강의하시면서 학생들에게도 그런 식으로 가르치십니까? 또 저술하신 책에도 그렇게 쓰셨습니까? 밤을 새워가며 전심전력을 다한 검사들의 노고를 치하하시지는 못할망정 어떻게 그런 말씀을 하실 수 있습니까?"

그 때 나는 너무나 흥분한 나머지 내가 상관에 대하여 얼마나 불손한 언행을 하고 있는지조차 의식하지를 못했다. 법무부장관실을 나온 후 한참 뒤에야 나는 비로소 나의 무례했던 언행을 깨닫고 후회하였다.

起訴를 하든지 옷을 벗고 물러나든지

법무장관실에서의 회의에 이어 서울지검장실에서도 회의를 하였다. 이때는 부장검사인 나를 포함해 최대현 · 김병리 · 장원찬 등이 사건을 담당했던 네 검사 모두와 서울지검 차장검사까지 합석한 자리였다. 이 자리에서 우리는 검사장으로부터 충격적인 발언을 듣게 되었다.

"빨갱이 사건은 일반 사건과는 다르게 취급해야 하는 것이오. 이 사건에 대한 공소 제기는 법무부장관과 검찰총장의 절대적인 명령이므로 당신들은 기소를 하든지, 아니면 옷을 벗고 물러나든지 둘 중의 하나를 선택하시오. 기소를 해서 무죄가 되더라도 검사들에겐 책임을 안 지운다는데 왜들 그러는 거요? 여러분들이 기소를 안 한다면 나는 검사장을 그만둘 수밖에 없소. 당신들도 사표를 써 가지고 있어요!"

이런 심한 말은 내 평생 처음 들어 보는 말이었다. 우리는 어안이 벙벙하여 아무 말도 할 수가 없었다. 공안부 말석 검사인 장원찬 검사가 마침내 울음을 터뜨렸다. 젊고 유능한 장 검사의 울음소리를 듣자 나는 흥분이 극에 달했다.

『人革黨』사건 起訴經緯에 말썽

無視된擔當檢事意見

起訴될만한嫌疑없다 擔當檢事

犯證가기때문에한것 地檢長談

"검사장으로서 부하에게 어떻게 그런 말을 하실 수 있습니까? 좋습니다. 우리 검사들은 마음의 준비가 다 되어 있습니다. 만일 우리 검사들에게 끝까지 공소 제기를 명령하신다면 다 함께 사표를 제출하기로 이미 합의를 보았습니다."

김병리 검사 또한 흥분하여 언성을 높이면서 나와 같은 취지의 발언을 하였다. 그런 후 우리는 더 이상의 흥분을 가라앉히기 위해 검사장실을 나왔다. 맥이 빠지고 다리가 후들거렸다.

다음 날 검찰총장과 검사장은 우리들을 개별적으로 한 사람씩 불러들여 설득을 하기 시작하였다. 이러한 설득이 있은 뒤에 검찰총장과 개인적인 친분 관계도 있고 또 신임도 받고 있던 최대현 검사로부터 이번 사건의 피의 사실을 북괴를 찬양 동조하였다는 반공법으로 바꾸어 보면 어떻겠느냐는 의견이 나왔다.

이에 우리 검사들은 이 문제를 놓고 다시금 진지하게 토의를 하기 시작했다. 피의자들이 모여서 서로 논의했다는 혁신 세력의 규합, 민족자결주의, 평화 통일론 등을 과연 반공법으로 다룰 수 있겠느냐 하는 것이 문제였다.

혁신 정당을 불법 단체로 볼 것인가? 평화 통일론의 주장을 반공법으로 다룰 수 있는가? 설령 그것이 모두 불법이라고 하더라도 그에 대해 논의를 했다는 사실 자체만으로 처벌을 할 수 있는가? 현재 우리 정부에서 혁신 정당과 평화 통일론에 대한 확고한 정책 결정이 서 있는가? 우리 검사들의 의견만 가지고 이런 중대한 정책 결정을 내릴 수 있는가?

이상의 문제들에 대해서 장시간에 걸친 토론이 계속되었지만 공안부 검사 네 사람의 의견이 제각기 다 달라 일치된 결론을 내리지 못했다. 결국 상부에 보고하여 의견을 구한 다음에 다시 결론을 내기로 합의를 보았다.

이에 따라 나는 검사장에게 가서 이 문제에 대한 우리 검사들의 토의 내용과 의견을 보고하고 상부의 의사 결정을 건의하였다. 그러나 검사장은 "상부의 명령은 지금 그러한 문제를 가지고 논의를 하라는 것이 아니라 정보부에서 넘어 온 국가보안법 위반 혐의대로 기소하라는 것인데 왜 딴소리들을 하고 있느냐"면서 일언지하에 배척해 버렸다.

宿直 檢事의 署名으로 起訴

9월 3일이 되었다. 어느덧 피의자들의 구속 만기일이 2일 후로 다가와 있었다. 검사장으로부터 최후 통보라고 하면서 기소하라는 명령이 내려 왔다. 그러나 우리 공안부 검사들은 계속 응하지 않았다. 마침내 검사장과 차장검사는,

"당신네들이 정 기소를 안 하겠다면 검사장이나 차장 이름으로 기소하겠으니 기소장이나 작성해 달라"
고 했다. 그러나 우리는 그것도 할 수 없었다. 기소를 할 수 없다고

'人革黨'事件擔當檢事

네名全員辭表

"上命下服原則어긴 檢事들은 某種措置"

閔法務言明, 監督不充分問題도 검토

했는데 어떻게 기소장을 작성할 수 있겠는가. 우리는 끝내 그마저 거부했다. 그리고 일이 이렇게까지 된 마당에 우리 네 검사는 모두 사표를 내는 것이 옳겠다고 결론지었다.

그 다음 날 출근도 하지 않고 연락도 안 되는 최대현 검사를 제외한 나머지 3명의 검사들은 더 이상 기다릴 시간의 여유가 없어 모두 사표를 제출하였다. 나와 김병리 검사, 장원찬 검사였다.

구속 만기일인 9월 5일, 사표를 제출한 나는 그 전 날부터 이미 출근을 하지 않고 있었다. 전해지는 말을 들으니 대검찰청으로부터 서울지검 차장검사의 이름으로 기소하라는 지시가 내려왔다고 한다. 그러나 차장검사 역시 기소장 서명을 거부했다. 이에 당황한 검찰 고위층은 서울지검의 다른 검사들에게 위촉했으나 그들도 역시 거부했다.

결국 이 사건은 기소 서명할 검사를 한 사람도 찾지 못해 그 날의 숙직 담당이었던 정모(鄭某) 검사의 이름으로 공소 제기를 했다고 한다. 정 검사는 그 때까지 이 사건을 수사해 본 적이 없는 사람이었다. 나중에 안 바에 의하면 그 공소장은 중앙정보부에서 넘어 온 송치 의견서에 기재되었던 범죄 사실을 그대로 옮겨 쓴 것이었다고 한다.

나는 무엇이라고 표현할 수 없는 참담하고 착잡한 심정에 빠져 내 책상을 깨끗이 정리한 다음 집으로 돌아와 수도의과대학 부속 병원에 입원하고 말았다. 모든 사람의 면회를 일절 사절하고 조용히 시간을 보내면서 나의 앞날을 구상해 보기 위해서였다.

檢事의 良心을 살려라

그런데 날이 지나면서 우리의 이 사표 제출 사건은 법무부 고위층으로부터 검사들의 항명(抗命)이라는 단죄와 함께 모종 조치를 강구중이라는 보도가 나오는가 하면, 신문 논설이나 사설의 요지를 보면 단연 검사들의 결단이 옳았다는 논조로 상반되고 있었다. 또 법조계에서는 물론 국회에서 정치 문제로까지 비화되기에 이르렀다.

9월 9일, 국회에서는 당시 법무부장관을 출석시킨 가운데 "이 사건이 6.3 계엄령을 합리화하고 또 앞으로 있을지도 모를 학생 데모를 막기 위해 조작한 정치적 쇼가 아니냐?"는 신랄한 추궁이 이어지기도 했다. 그러나 우리 검사들은 단지 양심과 소신에 따라 행동했을 뿐이었고 하나같이 후회하지 않았다.

당시 경향신문(1964년 9월 12일자)에서는 우리 검사들의 사퓨 문제와 관련하여 '검사의 양심을 살려라'는 제하에 다음과 같은 내용의 사설을 싣고 있었다.

> 인민혁명당 사건의 기소를 둘러싸고 공소장에 서명하기를 거부한 검사들이 사표를 냈는가 하면, 법무부장관은 그들이 항명을 하였으니 검찰 기강상 어떤 조치를 해야겠다고 하여 법조계에 파문을 던지고 있다. 검사는 행정관으로서 검사동일체(檢事同一體)의 원칙에 의하여 상명하복의 관계에 있는 것은 사실이다. 그러나 검사는 일반 행정관과는 달리 사법권의 운영에 참여하는 일종의 준사법관이다. 사법권 독립의 원

칙에 의하여 법관은 누구의 압력도 받지 않고 오직 양심에 좇아 독립적인 판단을 내리도록 되어 있다.

검사도 법관과 같이 그 지위가 보장되어 있으며, 검사가 될 수 있는 자격은 법관이 될 수 있는 자격과 동일하고 또 검사와 법관은 서로 교류하고 있는 실정에 비추어 검사는 법관에 준하여 취급하는 것이 마땅하다. 그러므로 검사도 자기의 양심에 좇아 판단할 수 있도록 하여 주는 것이 사법권의 독립을 실질적으로 보장하는 것이다.

이번 사건과 관련하여 국민들은 이와 같은 양심적인 검사가 있다는 것을 앎으로써 검사를 더욱 신뢰하게 될 것이다. 그러므로 이번 사건은 검찰의 위신을 앙양하였을지언정 결코 검찰에 폐를 끼치지는 않았다. 처벌은 고사하고 오히려 표창을 하여야 마땅할 것이다. 그런데 항명 운운하는 것은 천부당만부당한 일이다.

그런데 이미 사표까지 낸 그들에게 어떤 조치를 취하겠다는 말인가. 그들이 법관이었더라면 그런 사표를 낼 필요조차 없는데 검사인 까닭에 사표까지도 제출한 것이니 오히려 그 충정을 이해하여 주어야 할 것이다. 우리는 양심적인 검사가 건재한 것을 다행으로 여기면서 이 문제가 원만히 수습되기를 바란다.

이러한 여론의 향배 속에서도 나는 외부에 일언반구 언급을 하지 않았다. 소신대로 양심에 따라 올바른 길을 걸어왔다고 자부하기 때문이었다. 또 이 사건을 담당했던 검사로서 이러고 저러고 해명을 하고 싶지도 않았다. 그것이 검사로서의 정도(正道)일 것으로 생각되었다.

정모 검사의 이름으로 기소된 이 사건은 그 후 대검찰청 검사들에 의해 재검토가 시작되었다가 서울고등검찰청 한옥신 검사에 의해 공소 유지를 위한 재조사가 진행되었다. 그 결과 검찰에서는 사건이 기소된 지 1개월 11일 만인 1964년 10월 16일 공소장의 변경을 발표하기에 이른다.

公訴 취소와 公訴狀의 변경

최고 형량이 사형까지로 규정되어 있는 국가보안법 제1조 위반 혐의로 기소되었던 26명의 피고인 중 14명에 대하여는 공소 취소로 석방 조치하였고, 나머지 12명은 국가보안법 위반 사실, 즉 북괴의 간첩 지령에 의하여 반국가 단체인 인민혁명당을 조직·구성하여 창당 후 학생 데모를 조종했다는 사실에 대하여는 공소 유지할 증거가 없으므로 반공법 위반으로 공소 사실을 변경한다는 내용의 발표였다.

그리고 인권옹호협회 회장인 박한상 변호사 등에 의해 고발 조치된 정보부에 대한 고발 사건, 즉 고문설(拷問說)의 폭로는 별도의 사건으로서 다른 검사에 의해 수사를 할 것이라는 발표도 추가되었다. 이 같은 검찰 조치를 전해 들은 나는 우리 네 검사의 기본적인 주장이 받아들여진 데 대해 얼어붙었던 마음이 조금이나마 풀리는 느낌이었다.

그렇게도 정보부 송치 의견서 내용대로 기소하라고 강요하던 사람들이 어떻게 공소를 취소하고 변경하였는지 이해하기 어려웠다. 그러나 우리의 뜻은 받아들여졌고 우리가 옳았다는 것이 증명된 셈이다. 나도 모르게 '사필귀정(事必歸正)'이라는 좌우명이 탄식처럼 터져나왔다.

이러한 검찰 조치가 있은 지 사흘 후 1964년 10월 19일이었다. 오전 10시경 나는 민복기 법무부장관의 부름을 받고 장관실로 갔다. 법무부장관은 나를 앞에 앉혀 놓고 그 동안의 고충을 위로해 주며 말했다.

"이 검사에게는 아무 잘못이 없다고 봅니다. 이제 모든 문제가 풀렸으니 그대로 그 자리에서 전과 같이 일을 잘해 주시오. 이 검사는 검찰을 위해 일할 사람이지 변호사로서는 적성이 아니니…."

나는 그 순간 그만 눈물을 떨구고 말았다. 법무부장관의 그 너그럽고도 따뜻한 말씀에 그 동안 쌓이고 쌓였던 울분과 억울함이 봄 눈 녹듯 사라지면서 가슴속 깊은 곳으로부터 다시금 새로운 의지와 의욕이 불타올랐다. 근 1개월 동안이나 등청하지 않고 있었던 것이 오히려 죄스럽게 느껴졌다.

나는 바로 그 자리에서 오늘부터 다시 나와 검찰의 일꾼으로서 힘써 이바지하겠다고 장관에게 다짐하였다. 그리고 그 길로 검찰청으로 출근하였다. 그런데 다시 등청한 지 사흘도 채 안 되어 또다시 충격적인 소식이 들려 왔다. 나를 서울지검 공안부장 검사 자리에서 물러나게 하고 서울고등검찰청 검사로 전보하는 한편, 이 사건을 재조사하여 공소장의 변경 조치를 하였던 서울고등검찰청 한옥신 검사를 서울지검 차장검사로 보(補)하는 검찰 인사 이동안이 법무부를 거쳐 총무처로 올라갔다는 것이다.

이 사실을 확인한 나는 대검찰청 차장검사에게 "어떻게 이런 일이 있을 수 있느냐?"고 항의하였다. 그러자 검찰총장은 "몇 달 동안만 가 있으면 다시 원상회복 조치하겠으니 그 때까지만 참아 달라"고 말하면서 나를 설득하였다. 하지만 나는 검찰총장의 설득을 받아들일 수 없었다.

1964년 10월 23일, 나는 마침내 또다시 사표를 내기에 이르렀다. 그 동안 사회 정의의 구현을 사명으로 하는 검사로서 나의 몸과 마음을 다 바쳐 일해 왔고, 또 앞으로도 그러리라 굳게 다짐했건만 나는 더 이상 검사가 나의 천직인 것만은 아닌 것으로 판단되었다. 내 나이 서른일곱 때였다.

검찰 人事波動으로 여론 비등

당시의 검찰 인사는 언론에서도 크게 관심을 보여 이번의 검찰 인사는 기강 확립이 아니라 위신 추락이라는 논조를 보였었다. 다음은 내가 사표를 제출한 다음 날인 1964년 10월 24일 경향신문 사설 중 일부이다.

> 잘못이 없다 하여 등청함으로써 일단락지은 듯하던 문제가 왜 이틀 후에 다시 뒤집히고 새로운 인사 파동이 검찰 내부에 일어나야 하는 것인지 우리는 도저히 이해가 가질 않는다. 행정 질서의 건전은 인사 행정의 공정에서 비롯된다 함은 너무나도 상식에 속한 일이다. 또 양심에 충실한 검사들이 푸대접받고 고분고분하기만 한 검사들이 더 중용(重用)된다고 한다면 이는 기강 확립이 아니라 위신의 추락을 의미할 뿐이다.

다음 해인 1965년 1월 21일 서울형사지방법원에서 이 사건에 대한 제1심 판결을 선고했다는 내용의 신문 보도를 접하게 되었다. 그 내용은 동 법원 합의 제2부(재판장: 김창규 부장판사, 배석: 하경철, 현순철 판사)에서 피고인 13명 중 도예종 · 양춘우 등 2명에게만 징역 3년과 1년의 유죄 판결을 각각 선고하고, 나머지 11명에 대해서는 반공법 위반 사실을 인정할 증거가 없다는 이유로 모두 무죄 판결을 선고했다는 것이었다. 잊어버리려 했던 옛 일들이 다시 회상되어 착잡했다.

제1심 판결이 있은 지 4개월 후인 1965년 5월 29일 서울고등법원 형사항소부(재판장: 정태원 부장판사)에서 위 제1심 판결을 파기하고 전원 유죄 판결을 선고했다는 신문 보도를 또 읽게 되었다.

신문에 게재된 판결 이유의 요지를 보니 인민혁명당이라는 명칭을 쓴 서클을 조직한 증거는 인정할 수 없으니 서클을 조직하여 활동함으로써 북괴 활동을 이롭게 하였다는 반공법 위반 사실은 인정된다는 것이었다.

그 후 이 판결은 다시 상고심에 올라가 대법원 형사부(재판장: 사광욱 판사)의 상고 기각 판결에 따라 원심인 고등법원의 판결 사실이 최종적으로 확정되었다.

상기 1심, 2심, 3심 판결에 대하여 나는 그 당시나 지금이나 논평하고 싶은 생각이 없다. 또 논평할 수 있는 근거 자료도 입수할 수 없어 논평할 자신도 없다. 나는 내가 수사 과정에서, 또 수사 종결 후 사건 처리 과정에서 하였던 일과 겪었던 일을 사실 그대로 회고해 볼 따름이다.

다만 여기에서 밝혀 두고 싶은 것은 1심에서 최종심에 이르기까지의 판결을 볼 때, 당시 우리 4명의 공안부 검사들의 양심적 주장이 절대 그르지 않았었음을 뒤늦게나마 확인할 수 있었다는 점이다. 이에 대하여는 어느 누구의 반론도 있을 수 없다고 믿으며 또한 자부하고 싶다.

나이 스물둘의 청년 검사로 시작하여 서른일곱 장년의 나이가 되도록 15년 동안 나의 온 정성과 젊은 패기를 쏟아부었던 검사 생활이었다. 평생의 천직으로 알고 전심전력을 다해 왔던 검사 생활을 끝맺으면서 나의 감회는 참으로 남다른 것이었다. 그 때 나의 머릿속에 떠오르는 글귀는 역시 나의 좌우명인 '사필귀정(事必歸正)'이었다.

11. 인간 최소한의 요구입니다

1970년 11월 13일, 평화시장 한 노동자의 분신자살은 사회 전체에 일파만파의 충격을 던졌다. 전태일(全泰壹)! 그의 이름은 급속히 산업화해가는 한국사회에 내재한 노동문제에 대한 관심을 일깨웠다. 죽어가면서 그는 "노동자는 기계가 아니다," "근로기준법을 준수하라"고 외쳤다. 그는 살아서 어린 나이에도 불구하고 노동실태를 조사하고, 정부의 근로감독을 요구하며, 초기적 형태의 노동조직을 결성하여 부당한 근로조건에 대항하여 싸웠다. 어려운 한자로 꽉 찬 노동법전을 혼자 공부하면서 법을 아는 대학생 친구가 있었으면 하고 되뇌었다. 그의 죽음의 소식을 듣고 제일 먼저 달려온 장기표는 조영래 등과 함께 장례식 투쟁을 주도하면서 노동문제를 사회문제이자 법적 문제로 끌어올렸다. 특히 조영래는 청계피복노조와 함께하면서, 『전태일 평전』을 썼다. 그 책은 1978년 일본에서 익명으로 먼저 출판되었고, 1983년 『어느 청년노동자의 삶과 죽음』(돌베개)으로 출간되었다. 나오자마자 판금조치된 그 책은 수많은 젊은이들이 노동자의 인간다운 생활을 위해 헌신하도록 하는 자극제가 되었다. 전태일의 죽음은 분단 이후 처음으로 한국노동운동의 본격적인 도화선이 되었다.

당연히 준수되어야 할 실정법인 근로기준법이 장식화 · 사문화된 현실을 고발하고, 민주노동법이 제정되고 준수되어야 함을 역설한 전태일의 죽음은 진정한 의미의 한국 노동법의 출발을 알리는 사건이었다. 전태일이 남긴 글은 『내 죽음을 헛되이 말라—일기·수기·편지 모음—』(돌베개, 1988)으로 정리되었다. 조영래의 『전태일 평전』(돌베개, 1991)은 고전의 반열에 올라 있으며, 그의 생애는 『아름다운 청년 전태일』(박광수 감독, 1995)로 영화화되었다. www.juntaeil.com에는 그에 관한 자료와 정보가 풍부하다.

여기 선정된 글은 대통령과 근로감독관에게 1969년에 보내기 위해 쓴 진정서이다. 21세의 나이에 쓴 이 짧은 글은 노동현실에 대한 정확한 실태를 바탕으로 하여 "인간으로서 최소한의 요구"를 호소하고 있다. 다만 이 진정서는 발송되지는 않은 것으로 보인다.

11. 인간 최소한의 요구입니다

전 태 일

존경하시는 대통령 각하

속(옥)체 안녕하시옵니까? 저는 제품(의류)계통에 종사하는 재단사입니다. 각하께선 저(희)들의 생명의 원천이십니다. 혁명 후 오늘날까지 저들은 각하께서 이루신 모든 실제를 높이 존경합니다. 그리고 앞으로도 길이길이 존경할 겁(것)입니다. 삼선개헌에 관하여 저들이 알지 못하는 참으로 깊은 희생을 각하께선 마침내 행하심을 머리 숙여 은미합니다. 끝까지 인내와 현명하신 용기는 또 한번 밝(밝)아오는 대한민국의 무거운 십자가를 국민들은 존경과 신뢰로 각하께 드릴 것입니다.

저는 서울특별시 성북구 쌍문동 208번지 2통 5반에 거주하는 22살된 청년입니다. 직업은 의류계통의 재단사로써 5년의 경력을 가지고 있습니다. 저의 직장은 시내 동대문구 평화시장으로써 의류전문 계통으로썬 동양 최대를 자랑하는 것으로 종업원은 2만여 명이 됩니다. 큰 맘모스 건물 4동에 분류되어 작업을 합니다. 그러나 기업주가 여러분인 것이 문제입니다만 한 공장에 평균 30여 명은

* 1969년 12월 19일. 전태일 전집, 내죽음을 헛되이 말라, 돌베개, 1988, 136~139.

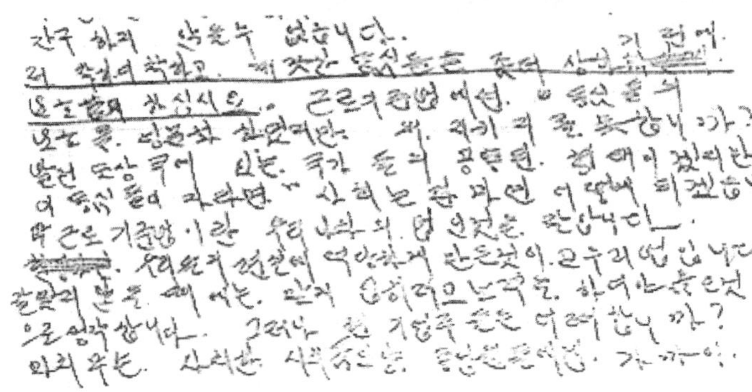

됩니다. 근로기준법에 해당이 되는 기업체임을 잘 압니다. 그러나 저희들은 근로기준법의 해택을 조금도 못 받으며 더구나 2만여 명을 넘는 종업원의 90% 이상이 평균연령 18세의 여성입니다. 기준법이 없다고 하더라도 인간으로써 어떻게 여자에게 하루 15시간의 작업을 강요합니까? 미싱사의 노동이라면 모든 노동 중에서 제일 힘든[정신적, 육체적으로] 노동으로 여성들은 견뎌 내지를 못합니다. 또한 2만여 명 중 40%를 차지하는 시다공들은 평균연령 15세의 어린이들로써 육체적으로 정신적으로 성장기에 있는 이들은 회복할 수 없는 결정적이고 치명적인 타격인 것을 부인할 수 없읍니다. 전부가 다 영세민의 자녀들로써 굶주림과 어려운 현실을 이기려고 하루에 90원 내지 100원의 급료를 받으며 1日 16시간의 작업을 합니다. 사회는 이 착하고 깨끗한 동심에게 너무나 모질고 메마른 면만을 보입니다. 저는 여기에서 각하께 간구하지 않을 수 없습니다.

저 착하디 착하고 깨끗한 동심들을 좀더 상하기 전에 보호하십시요. 근로기준법에선 동심들의 보호를 성문화하였지만 왜 지키지를 못합니까? 발전도상국에 있는 국가들의 공통된 형태이겠지만 이 동심들이 자라면 사회는 과연 어떻게 되겠습니까? 근로기준법이란 우리나라의 법인 것을 잘 압니다. 우리들의 현실에 적당하게 만든 것이 곳(곧) 우리 법입니다. 잘 맞지 않을 때에는 맞지(게) 입히려고 노력을 하여야 옳은 것으로 생각합니다. 그러나 현 기업주들은 어떠합니까? 마치 무슨 사치한 사치품인 양 종업원들에겐 가까이 하여서는 안된다는 식입니다. 저는 피끓는 청년으로써, 이런 현실에 종사하는 재단사로써 도저히 참혹한 현실을 정신적으로 받아들이지 못합니다. 저의 좁은 생각 끝에 이런 사실을 고치기 위하여 보호기간(관)인 노동청과 시청 내에 있는 근로감독간(관)을 찾아가 구두로써 감독을 요구했습니다. 노동청에서 실태조사도 왔었읍니다만 아무런 대책이 없습니다. (우리는) 1개월에 첫 주와 삼 주 2일을 쉽니다. 이런 휴식으로썬 아무리 강철같은 육체라도 곧 쇠퇴해버립니다. 일반 공무원의 평균 근무시간 일 주 45시간에 비해 15세의 어린 시다공들은 일 주 98시간의 고된 작업에 시달립니다. 또한 평균 20세의 숙련 여공들은 6년 전후의 경력자로써 대부분이 햇빛을 보지 못한 안질과 신경통, 신경성 위장병 환자입니다. 호흡기관 장애로 또는 폐결핵으로 많은 숙련 여공들은 생활의 보람을 못 느끼는 것입니다. 응당 기준법에 의하여 기업주는 건강진단을 시켜야 함에도 불구하고 법을 기만합니다. 한 공장의 30여 명 직공 중에서 겨우 2명이나 3명 정도를 평화시장주식회사가 지정하는 병원에서 형식상의 진단을 마칩니다. X레이 촬영시에는 필림도 없는 촬영을 하며 아무런 사후 지시나 대책이 없습니다. 1인당 3백원의 진단료를 기업주가 부담하기 때문입니까? 아니면 전부가 건강하기 때문입니까? 나라의 경제발전을 위해서는 어쩔 수 없는 실태입니까?

하루 속히 신체적으로 정신적으로 약한 여공들을 보호하십시요. 최소한 당사자들의 건강에 영향을 끼치지 않는 정도로 만족할 순진한 동심들입니다. 각하께선 국부이십니다. 곧 저희들의 아버님이십니다. 소자된 도리로써 아픈 곳을 알려드립니다. 소자의 아픈 곳을 고쳐 주십시요. 아픈 것을 알리지도 않고 아버님을 원망한다면 도리에 틀린 일입니다.

저희들의 요구는

1日 14시간의 작업시간을 단축하십시요.

1일 10시간~12시간으로.

1개월 특(휴)일 2일을 일요일마다 휴일로 쉬기를 희망합니다.

건강진단을 정확하게 하여주십시요.

시다공의 수당 현 70원 내지 100원을 50% 인상하십시요.

절대로 무리한 요구가 아님을 맹세합니다.

인간으로써의 최소한의 요구입니다.

기업주측에서도 충분히 지킬 수 있는 사항입니다.

(근로감독관에게)

여러분, 오늘날 여러분께서 안정된 기반 위에서 경제번영을 이룬 것은 과연 어떤 층의 공로가 가장 컷다고 생각하십니까? 물론 여러분의 애써 이루신 상업기술의 결과라고 생각하시겠읍니다만은 여기에는 숨은 희생이 있다는 것을 명심하셔야 합니다. 즉, 여러분들의 자녀들의 힘이 큰 것입니다.

성장해 가는 여러분의 어린 자녀들은 하루 15시간의 고된 작업으로 경제발전을 위한 생산계통에서 밑거름이 되어 왔습니다. 특히 의류계통에서 종사하는 어린 여공들은 평균연령이 18세입니다. 얼마나 사랑스러운 여러분들의 전체의 일부입니까? 가장 잘 가꾸어야 할 가장 잘 보살펴야 할 시기입니다. 정신적으로 육체적으로 어느 면에서나 성장기의 제일 어려운 고비인 것입니다.

이런 순진하고 사랑스러운 동심들을 사회생활이라는 웅장한 무대는 가장 메마른 면과 가장 비참한 곳만을 보여주고 있습니다. 메마른 인정을 합리화시키는 기업주와 모든 생활형식에서 인간적인 요소를 말살당하고 오직 고삐에 매인 금수처럼 주린 창자를 채우기 위하여 끌려다니고 있습니다.

곧 그렇게 하는 것이 현 사회에서 극심한 생존경쟁에서 승리한다고 가르칩니다. 기업주들은 어떠합니까? 아무리 많은 푹(폭)리를 취하고도 조그만한 양심의 가책을 느끼지 않습니다. 합법적인 아닌 생산공들의 피와 땀을 갈취합니다. 그런대 왜 현 사회는 그것을 알면서도 묵인하는지 저의 좁은 소견은 알지를 못합니다.

내심 존경하시는 근로감독관님. 이 모든 문제를 한시 바삐 선처 있으시기를 바랍니다.

12. 국가배상법 위헌판결

1967년에 전면개정된 국가배상법 제2조 제1항은 다음과 같다. “공무원이 그 직무를 집행함에 당하여 고의 또는 과실로 법령에 위반하여 타인에게 손해를 가하였을 때에는 국가 또는 지방자치단체는 그 손해를 배상하여야 한다. 다만, 군인 또는 군속이 전투·훈련 기타 직무집행 중에서 발생하였거나 국군의 목적상 사용하는 진지·영내·함정·선박·항공기 기타 운반기구 안에서 발생한 전사·순직 또는 공상으로 인하여 다른 법령의 규정에 의하여 재해보상금 또는 유족일시금이나 유족연금 등을 지급받을 수 있을 때에는 이 법 및 민법의 규정에 의한 손해배상을 청구할 수 없다.”

문제는 단서에 규정되어 있는, 군인·군속에 대한 국가배상청구권의 제한규정이었다. 그러나 군인·군속이라 하여 일반 시민과 달리 취급되어야 할까? 이는 헌법상의 평등권의 적용범위의 문제이자, 군인 등에게 특별권력관계에 따른 제한을 인정할 수 있는가 하는 문제, 배상청구권의 봉쇄는 재산권의 본질적 침해에 해당하지 않는가 하는 법적 쟁점이 대두되었다. 정부 입장에서는 베트남 전에서 군인들의 피해가 속출하면서 국고부담의 과중으로 인한 예산상의 애로를 호소하고 있었다.

당시 위헌법률심사권을 갖고 있던 대법원은 대체로 사법소극주의의 입장에서 위헌판결을 되도록 자제해왔다. 그러나 1971년의 사회적 분위기와 소장판사들의 적극적 위헌의견의 개진으로 인해 이 문제를 본격적으로 검토할 수 있었다. 그 결과는 9 대 7로 위헌의견이 우세했다. 이 같은 표결결과는 그와 함께 계류된 법원조직법상의 위헌정족수의 개정조항—대법원판사의 2/3 이상이 되어야 위헌이라는—을 그대로 받아들인다면 위헌이 될 수 없었다. 그러나 대법원은 11 대 5로 법원조직법상의 의결정족수 조항이 위헌이라고 판시했다. 따라서 9명의 위헌의견이 판결로 성립하여, 국가배상법 제2조 단서는 위헌으로 선언되었다.

이 판결은 단순한 헌법논쟁으로 끝난 것이 아니었다. 이 판결과 당시의 사법적 판결에 대해 불만을 가진 정권은 검찰을 통해 법관을 통제하고자 했다. 그 하나가 시국사건에 대해 무죄판결을 선고한 법관의 동향을 사찰하여 구속영장을 청구한 사건이었다. 그에 대해 전국의 법관들이 정면으로 반발하면서 정권의 사법권 침해 실태를 폭로하면서 그 유명한 「사법파동」이 발발하였다. 국민적 지지가 사법부에 쏟아지면서, 권력은 일단 후퇴하는 듯했다. 그러나 그로부터 1년 뒤 유신체제가 들어서면서 박 정권은 위헌판결을 내린 대법원판사 9명을 위시하여 정권의 눈 밖에 난 법관 40여명을 '의원면직'의 형식으로 법관재임명에서 탈락시켰다. 그리고 위헌논쟁을 근원적으로 불식시키기 위해 아예 헌법에다 "군인 · 군속 · 경찰공무원 기타 법률로 정한 자가 전투 · 훈련 등 직무집행과 관련하여 받은 손해에 대하여는 법률이 정한 보상 이외에 국가나 공공단체에 공무원의 직무상 불법행위로 인한 배상은 청구할 수 없다"(제26조 제2항)고 쐐기를 박았다. 이 조항은 1987년 헌법개정시에도 엄밀한 검토 없이 현행 헌법에도 잔존해 있다.

1995년 한국사법 백주년을 맞아 법관들을 상대로 한 설문조사에서 법관들은 한국사법 사상 가장 자랑스러운 판결로 이 국가배상법 위헌판결을 꼽았다. 여기서는 1971년의 판결문을 그대로 싣는다. 그러나 그 판결문의 내용은 좋지만 호흡이 긴 문장을 그대로 읽기는 쉽지 않다. 그리하여 판결문의 취지와 배경을 이해하기 위하여 위헌판결을 주도했던 방순원 대법원판사의 회고록(『나의 길 나의 선택 법조반백년』) 중에서 「국가배상법 위헌판결」에 관한 부분을 발췌하여 같이 싣기로 한다.

12. 국가배상법 위헌판결

대 법 원

【판시사항】

국가배상법 제2조 제1항 단행과 법원조직법 제59조 제1항 단행의 각 규정은 위헌이다.

【판결요지】

구 국가배상법(67. 3. 3. 법률 제1899호) 제2조 제1항 단행의 규정은 구 헌법(62. 12. 26. 개정헌법) 제26조, 제8조, 제9조, 제32조 제2항에 위반한다.

【참조조문】

국가배상법 제2조 제1항 단행

법원조직법 제59조 제1항 단행

* 1971년 6월 22일. 대법원 1971. 6. 22. 선고 70다1010 판결.

【재판전문】

1971. 6. 22.　　70다1010　손해배상

【원고, 피상고인】 김희원 외 3명

【피고, 상고인】 대한민국

【원심판결】 제 1 심 서울민사지방, 제 2 심 서울고등

【이　　유】 헌법 제26조는 공무원의 직무상 불법행위로 손해를 받은 국민은 국가 또는 공공단체에 배상을 청구할 수 있다고 규정하여 공무원의 불법행위로 손해를 받은 국민은 그 신분에 관계없이 누구든지 국가 또는 공공단체에 그 불법행위로 인한 손해전부의 배상을 청구할 수 있는 기본권을 보장하였고 한편 헌법 제32조 제 2 항에는 국민의 모든 자유와 권리는 질서유지 또는 공공복리를 위하여 필요한 경우에 한하여 법률로써 제한할 수 있으며 제한하는 경우에도 자유와 권리의 본질적인 내용을 침해할 수 없다고 규정하여 헌법 제26조의 규정에 의하여 보장된 국민의 손해배상청구권은 질서유지 또는 공공복리를 위하여 필요한 경우에 한하여 그 배상청구권의 본질적 내용을 침해하지 않는 범위 안에서 법률로써 제한할 수 있으나 헌법 제32조 제 2 항에 의하여 손해배상청구권을 법률로써 제한하는 경우에도 다시 헌법 제 9 조의 모든 국민은 법 앞에 평등하다. 누구든지 성별, 종교 또는 사회적 신분에 의하여 정치적, 경제적, 사회적, 문화적 생활의 모든 영역에 있어서 차별을 받지 아니한다는 규정에 위반되지 않아야 하며 또 헌법 제 8 조의 모든 국민은 인간으로서의 존엄과 가치를 가지며 이를 위하여 국가는 국민의 기본적 인권을 최대한으로 보장할 의무를 진다는 규정에도 적합하여야 하므로 결국 헌법 제26조에 의하여 보장된 손해배상청구권을 법률로써 제한함에는 첫째, 질서유지 또는 공공복리를 위하여

제한할 필요가 있어야 하고 둘째, 위 제한은 질서유지 또는 공공복리를 위하여 필요한 최소한도에 그침으로써 손해배상청구권을 최대한도로 보장하여야 하며 어떠한 이유로도 헌법 제26조에 보장된 손해배상청구권의 본질적 내용을 침해하는 정도로 제한할 수 없으며 셋째, 위 제한은 국민평등의 원칙에 적합하게 모든 피해국민에게 평등하게 제한하여야 하며 일부국민 특히 군인군속에 대하여서만 제한하는 경우에는 헌법 제 9 조의 평등의 원칙에 반하지 않는 합리적인 이유와 범위 안에서만 할 수 있다 할 것이요, 이 제한의 범주를 넘은 손해배상청구권의 부인은 위 헌법이 보장한 기본권 자체의 박탈이므로 어떠한 이유로도 헌법의 규정상 불가능하다 할 것인바 한편 국가배상법 제 2 조 제 1 항 단행의 입법이유의 하나는 군인군속이 공무수행중에 신체 또는 생명에 피해를 입은 경우에는 군사원호보상법, 군사원호보상급여금법, 군인연금법, 군인재해보상규정, 군인사망급여금규정 등에 의하여 재해보상금, 유족일시금, 또는 유족연금 등을 지급받게 되어 있음으로 불법행위로 인한 손해배상도 받게 하면 이중이 된다는 것이나, 위 법들의 규정에 의한 재해보상금 등은 군인군속 등의 복무중의 봉사 및 희생에 대하여 이를 보상하고 퇴직 후의 생활 또는 유족의 생활을 부조함에 그 사회부장적 목적이 있고 손해배상제도는 불법행위로 인한 손해를 전보하는데 그 목적이 있으므로 양자는 그 제도의 목적이 다르며, 군인연금법 제41조 등에는 타 법령에 의하여 국고 또는 지방자치단체의 부담으로 같은 법에 의한 급여와 같은 류의 급여를 받는 자에게는 그 급여금에 상당하는 액에 대하여는 같은 법에 의한 급여를 지급하지 않도록 규정하여 불법행위로 인한 손해배상과 같은 성질의 급여가 손해배상과 이중으로 지급되지 않게 하고 있으며 판례도 양 청구권은 경합할 수 있고 같은 성질의 손해전보는 어느 한 쪽의 행사에 의하여 만족되면 다른 청구권은 그 범위 안에서 소멸한다는 전제 아래에서 재해보상금, 유족일시금 또는 유족연금이 이미 지급된 경우에는 손해배상을 명함에 있어서는 같은 성질의 손해액에서 이를 공제하여 손해액을 산정하여야 한다고 하여 같은 성질의 돈이 이중으로 지급되지 않도록 하고 있고 또 이러한 재해보상 등은 군인군속뿐 아니라 경찰관(상이 또는 전몰경찰관)에 대하여도 지급되며 일반 공무원에 대하여도 지급되며 일반공무원에 대하여도 공무원연금법(군속인사법 제21조에 의하여 군속에도 이 법이 준용된다) 등에 의하여 같은 보상제도가 마련되어 있으며 심지어 사기업의 피용자에게도 근로기준법 등에 의하여 같은 제도가 마련되어 있으므로 위와 같은 이유로써는 군인군속에 대하여서만 별도로 다루어 손해배상청구권을 제한할 이유가 되지 못하고 다음 위 입법이유의 또 하나는 군인군속이 피해자가 된 불법행위 사고가 많아서 국고손실이 많으므로 이를 최소한으로 감소 내지 방지함에 있다는 것인바 그러한 불법행위가 많다는 이유만으로는 군인군속에 대하여서만 배상청구권을 부인하여 그들의 희생 위에 국고손실을 방지하여야 할 이유가 되지 못한다 할 것이며 또 군인군속은 국가에 대하여 무정량의 위험근무임무를 부담하는 이른바 특별권력관계에 있으므로 그러한 근무임무의 성질상 공무중의 피해에 대하여는 일반국민과는 달리 이를 자담수인할 의무가 있다고 주장하나 그것은 어디까지나 군인 또는 군속으로 근무함에 있어서 전투 또는 훈련 등의 각 그 직무상 불가피하고 정당한 것으로 인정되는 행위로 인한 피해로서 불법행위의 결과가 아닌 경우의 희생에 한하여 수긍할 수 있는 이론이라 할 수 있을 뿐이고, 다른 공무원의 고의 또는 과실 있는 직무상의 위법행위로 인하여 군인 또는 군속이 공무중에 입은 손해는 군인 또는 군속이 복종하는 특별권력관계의 내용이나 근무임무에 당연히 포함되는 희생은 아니므로 특별권력관계를 이유로 그 배상청구권을 부인할 수 없을 뿐 아니라 위험근무임무에 당하거나 특별권력관계에 있음은 비단 군인 또는 군속에 국한되지 않고 경찰공무원이나 다른 위험근무에 당하는 기타 공무원도 다를 바 없다 할 것이므로 유독 군인 또는 군속에 대하여서만 차별을 할 하등의 합리적 이유도 없다 할 것이니 군인 또는 군속이 공무원의 직무상 불법행위의 피해자인 경우에 그 군인 또는 군속에게 이로 인한 손해배상청구권을 제한 또는 부인하는 국가배상법 제 2 조 제 1 항 단행은 헌법 제 26조에서 보장된 국민의 기본권인 손해배상청구권을 헌법 제32조 제 2 항의 질서유지 또는 공공복리를 위하여 제한할 필요성이 없이 제한한 것이고 또 헌법 제 9 조의 평등의 원칙에 반하여 군인 또는 군속인 피해자에 대하여서만 그 권리를 부인함으로써 그 권리자체의 본질적 내용을 침해하였으며 기본권제한의 범주를 넘어 권리 자체를 박탈하는 규정이므로 이는 헌법 제26조, 같은 법 제 8 조, 같은 법 제 9 조 및 같은 법 제32조 제 2 항에 위반한다 할 것이니 원심이 이 점에 관하여 이와 같은 취지로 판단하여 피해자가 군인인 이 사건에 국가배상법 제 2 조 제 1 항 단행을 적용하지 아니한 것은 정당하고 이를 논난하는 상고논지는 채용할 수 없다.

위는 대법원 판사 16명 중 대법원판사 손동욱, 김치걸, 사광욱, 양회경, 방순원, 나항윤, 홍남표, 유재방, 한봉세 등 9명의 일치된 의견이며 위에 반대하는 대법원판사 민복기, 홍순엽, 이영섭, 주재황, 김영세, 민문기, 양병호 등 7명의 의견은 별첨 제 1 호와 같다.

다음 1970. 8. 9. 법률 제2222호로 개정된 현행 법원조직법 제59조 제 1 항은 「합의심판은 헌법 및 법률에 다른 규정이 없으면 과반수로써 결정한다. 다만 대법원이 제7조 제1항 제1호의 규정에 의한 합의심판을 하는 때에는 대법원판사 전원의 3분의 2 이상의 출석과 출석인원 3분의 2 이상의 찬성으로 결정한다」라고 규정하고 있으며 위 법원조직법 제59조 제1항 단항의 적용여하에 따라서 국가배상법 제2조 제1항 단항의 적용문제의 결론이 달라지므로 법원조직법 제59조 제1항 단항의 위헌여부를 심사한다.

법원의 법률, 명령, 규칙 또는 그 법률 등의 조항의 위헌결정의 효력은 그 법률 등을 무효화하는 것이 아니고 다만 구체적 사건에 그 법률, 명령, 규칙 또는 그 일부 조항의 적용을 거부함에 그치는 것이고, 이 위헌심사와 사건의 재판이 불가분의 관계에 있고 법관의 과반수로써 재판하여야 함은 재판의 근본원칙이기 때문에 헌법 제102조는 1948. 7. 17. 제정헌법 제81조 제4항의 헌법위원회의 위헌결정의 합의정족수의 제한, 1960. 6. 15. 개정헌법 제83조의 4 제5항의 헌법재판소의 위헌판결과 탄핵판결의 합의정족수의 제한, 또는 현행헌법 제62조 제3항의 탄핵결정의 합의정족수의 제한 등과 같은 제한을 하지 아니하고, 「(1) 법률이 헌법에 위반되는 여부가 재판의 전제가 된 때에는 대법원은 이를 최종적으로 심사할 권한을 가진다.」

「(2) 명령, 규칙, 처분이 헌법이나 법률에 위반되는 여부가 재판의 전제가 된 때에는 대법원은 이를 최종적으로 심사할 권한을 가진다」라고 규정하여 특별한 제한 없이 일반원칙 즉 과반수로써 위헌결정을 할 수 있다는 것을 간접적으로 규정하고, 이를 전제로 하여 이에 대한 예외로서 헌법 제103조에서 「정당해산을 명하는 판결은 대법원 법관정수의 5분의 3 이상의 찬성을 얻어야 한다」고 제한하였다. 그러므로 이 합의정족수는 삼권분립제도를 채택한 헌법의 근본정신으로 보나, 이 합의정족수를 제한하는 경우에는 반드시 헌법자체에서 규정하여온 경위에 비추어 일반법률로써는 제한할 수 없다고 보아야 할 것이고, 특히 법원의 위헌심사권은 사법권에 의하여 입법부가 제정한 헌법에 위반된 법률의 적용을 거부함으로써 위헌입법을 억제하여 헌법을 수호하고 사법권과 입법권이 균형을 갖도록 하자는 것이므로 헌법의 근거 없이 법원의 위헌심사권을 제한할 수 없다 할 것이다. 그러므로 개정 전 법원조직법 제59조 제 1 항에서 합의심판은 과반수로 결정한다는 원칙을 선명하였던 것이다.

그런데 1970. 8. 7. 법률 제2222호로 개정한 현행 법원조직법 제59조 제 1 항은 「합의심판은 헌법 및 법률에 다른 규정이 없으면 과반수로써 결정한다. 다만 대법원이 제 7 조 제 1 항 제 1 호의 규정에 의한 합의심판을 하는 때에는 대법원판사 전원의 3분의 2 이상의 출석과 출석인원 3분의 2 이상의 찬성으로 결정한다」라고 규정하여 합의정족수를 제한하여 위헌심사권을 제한하고, 동법부칙 제 3 항에서 「이 법 시행 당시 대법원이 법률명령, 또는 규칙이 헌법에 위반한다고 재판한 종전의 판결에 따라 재판하는 경우에도 제59조 제 1 항 단서를 적용한다」고 규정하였는바, 위 개정법원조직법 및 같은 법 부칙의 규정은 위에서 본 바와 같이 아무런 제한 없이 일반원칙에 따라 법률 등의 위헌심사를 할 수 있는 권한을 대법원에 부여한 헌법 제102조에 위반하여 대법원의 위헌심사권을 제한하여 헌법의 근거 없이 과반수 법관의 의견으로 재판할 수 없다는 재판의 본질에 어긋나는 것을 요구하는 결과가 되고, 법원조직법 제59조 제 1 항 단항을 적용한다면 대법원 법관 16명 전원이 출석하여 합의하는 경우에는 헌법 제103조에서 제한한 정당해산의 판결은 대법원 법관 10명의 찬성으로 할 수 있음에도 불구하고 헌법에 제한이 없는 법률 등의 위헌판결은 11명의 대법원법관의 찬성이 있어야 할 수 있게 되는 모순이 생기게 될 것이므로 법원조직법 제59조 제1항 단항 및 같은 법 부칙 제3항은 헌법 제102조에 위반됨이 명백하다. 이 결론에는 대법원판사 16명 중 대법원판사 민복기, 양회경, 이영섭, 주재황, 유재방 등 5명을 제외한 법관 전원의 일치된 의견이다.

대법원판사 민복기, 양회경, 이영섭, 주재황, 유재방의 반대의견은 별첨 제2호와 같다.

대법관 민복기(재판장) 손동욱 김치걸 사광욱 홍순엽 양회경 방순원 나항윤 이영섭 주재황 홍남표 유재방 김영세 한봉세 민문기 양병호

〈별첨 제1호〉

헌법 제20조 제1항의 규정에 의하면 재산권의 내용과 한계는 법률로 정한다고 되어 있으며 헌법 제26조에서 인정한 손해배상청구권이 위 헌법 제20조에서 말하는 재산권의 범주에 속하는 것임은 재론할 여지없는 바로서 군인군속이 국가배상법 제2조 제1항 단항 소정사유로 인하여 발생하는 손해배상청구권의 한계나 내용을 국가배상법의 위 규정에서 정하였다고 하여 그것이 헌법 제20조나 제26조에 위배되는 것이라고 할 여지가 없고 위 국가배상법 제2조 제1항 단항이 정하는 한도 내에서만 손해배상청구권의 범위를 인정하게 하는 결과를 가져오는 것이 군인군속에게 대한 손해배상청구권의 박탈이 될 수도 없다.

무릇 우리 헌법이 보장한 기본권 중에서 종교의 자유와 양심의 자유와 같이 헌법의 개정에 의하여도 침해할 수 없는 영구불가침의 기본권이 있음에 반하여 재산권과 같이 법률에 유보된 기본권도 있

는 것이다. 물론 헌법 제20조는 재산권의 보장을 선언하고 있으나 위에서 말한 바와 같이 그 내용과 한계는 법률에 유보되어 있으며 법률에 유보되어 있는 이상 재산권을 전적으로 부인하는 것과 같은 입법의 침해는 허용될 수 없음도 부인할 수 없다 하여도 개개의 재산권에 일종의 제약을 정할 수 있음은 물론이다. 위 국가배상법 제2조 제1항 단항에서 정한 바와 같이 군인군속이 전투훈련, 기타 직무집행중이나 진지 영내 함정, 선박, 항공기 등에서 전사, 순직, 공상으로 인하여 재해보상금 또는 유족일시금이나 유족연금 등을 받을 수 있을 때에는 국가배상법 또는 민법의 규정에 의한 손해배상청구권을 청구할 수 없다고 하여 그 규정이 인정하는 범위 내에서만 손해배상청구권을 인정하게 되는 결과를 가져온다고 하여 법률로써 그 재산권의 내용이 정해진 이것을 가지고 손해배상청구권의 전적인 박탈이 될 수 없음은 물론 개인에 대한 재산권의 전적인 부인이라 할 수 없고 재산권의 본질적인 내용의 침해라고도 할 수 없으며 위 국가배상법의 규정이 완전보상을 제약한 것이 된다 하여도 군인군속은 특별권력관계에 있는 자로서 훈련, 전투 등에 의하여 전사, 순직, 공상이 있을 경우 그 훈련, 전투 등 그 직무수행의 위험수반성이나 명령관계 및 복종 의무의 철저화 등 그 특수성에 비추어 그의 위법성을 주장하여 배상문제를 법정화하느니 보다는 전체에 대한 봉사자로서의 그 청구권의 내용에 제약이 된다 하여도 군사원호보상급여금법이나 군인연금법 등이 정한 바에 따른 보상으로 만족케 하려는 합목적성이 인정되는 바이므로 완전보상이 아니된다 하여도 위 국가배상법 제2조 제1항 단항 소정제약의 합리성이 수긍된다 할 것이다. 이와 유사한 입법례는 고도의 민주주의 국가에서도 채택되어 있고 국내법에서도 재산권의 내용과 한계를 법률로 정함에 있어 합리성이 인정되는 한 군인군속과 같은 특별권력관계에 있지 아니한 경우에도 법률로써 재산권의 내용이 제약되고 있음은 전기통신법 제82조, 제84조, 우편법 제38조, 제40조 등에서 이를 찾아볼 수 있는 것이다. 그리고 헌법 제 9 조 소정 법 앞에 평등이라 함은 기계적 평등을 의미하는 것이 결코 아니며 합목적성이 요청되는 경우에는 구체적으로 적당한 제약을 가할 수 있음은 대통령선거법이나 국회의원선거법이 선거권이나 피선거권을 연령 기타 소정요건과 같은 제약을 가한 사례에서도 이를 찾아볼 수 있고 그것을 가리키어 모든 국민은 법 앞에 평등하다는 헌법 제 9 조에 위반되는 법률이라 할 수 없을 것이다. 또한 공무원의 정치활동을 금지한 국가공무원법 제65조, 제66조의 규정이 언론집회 결사의 자유를 보장한 헌법 제18조에 위반된다거나 법 앞에 평등을 보장한 헌법 제 9 조나 인간의 존엄성을 선언한 헌법 제 8 조 또는 국민의 권리 제한에 한계를 정한 헌법 제32조에 저촉된다고 볼 여지가 없는 것도 국가공무원이라는 특별권력관계의 합목적성이 있기 때문이다.

위에서 본 바와 같이 국가배상법 제 2 조 제 1 항 단항은 같은 규정사유로 발생한 손해배상청구권에 일종의 제약을 가한 것이 되나 원래 재산권은 법률에 유보된 권리이고 그 제약 또한 군인군속의 특별권력관계에 그 합목적성이 인정되는 바이므로 그 규정이 국민의 기본권을 보장한 헌법의 어느 규정에도 저촉되는 것이라는 명백한 근거를 발견할 수 없다.

뿐만 아니라 헌법 제26조는 종전의 「국가나 공공단체는 불법행위에 의한 책임을 지지 않는다」라는 전근대적 법원칙에서 탈피하여 국가나 공공단체도 불법행위에 의한 책임을 져야 한다는 대원칙을 새로 채택규정한 것이며 외국예를 보더라도 같은 원칙을 새로 채택한 일본헌법 제17조는 「누구든지 공무원의 불법행위로 인하여 손해를 받은 때에는 법률이 정하는 바에 의하여 나라 또는 공공단체에 그 배상을 구할 수 있다」라 규정하고 있어 우리 헌법 제26조와의 차이는 「법률이 정하는 바에 의하여」라는 규정 유무에만 있는 것이고 만약 우리 헌법 제26조에 같은 규정이 있었다고 한다면 국가배상법 제 2 조 제 1 항 단항의 위헌문제가 나올 여지가 없는 것이다. 그렇다면 헌법 제26조에 「법률이 정한 바에 의하여」라는 규정이 없다고 하여 위헌론을 주장하는 것은 너무나 형식적 이론이라고 하지 아니할 수 없다.

〈별첨 제 2 호〉

헌법 제102조에 의하면 「(1) 법률이 헌법에 위반되는 여부가 재판의 전제가 된 때에는 대법원은 이를 최종적으로 심사할 권한을 가진다.」「(2) 명령, 규칙, 처분이 헌법이나 법률에 위반되는 여부가 재판의 전제가 된 때에는 대법원은 이를 최종적으로 심사할 권한을 가진다」라고 규정하였으나 그 심사에 있어서의 평결방법을 규정한 바 없을 뿐만 아니라 헌법은 그 제103조에서 정당해산을 명하는 판결을 하는 경우의 평결정족수를 규정한 외에는 법원의 심판에 있어서의 평결방법이나 합의 및 의결정족수를 스스로 규정한 바 없이 그 제98조에 「법관은 이 헌법과 법률에 의하여 그 양심에 따라 독립하여 심판한다」라고 규정하고 있으므로 법원이 심판을 함에 있어서 의거하여야 할 법률을 제정함에 있어서는 민사소송이나 형사소송과 같은 소송절차뿐만 아니라 그 평결방법이나 그 정족수에 관하여도 규정을 둘 수 있는 것이라고 하여야 할 것이다. 이러한 의미에서 종래부터 법원조직법이 합의심판의 평결방법과 그 정족수에 관하여 규정을 하였고 이러한 규정에 대하여 종래 헌법에 위반된다고는 보지 아니하였고 또 볼 수도 없는 것이다. 따라서 1970. 8. 7. 법률 제2222호의 법원조직법 개정법률이 그 제59조 제 1 항 단항에서 「다만 대법원이 제 7 조 제 1 항 제 1 호의 규정에 의한 합의심판을 하는 때에는 대법원판사 전원의 2/3 이상의 출석과 출석인원의 2/3 이상의 찬성으로 결정한다」라고 규정하였다고 하여 이것이 곧 법률로써 정할 수 없는 사항을 규정한 헌법위반의 것이라고는 말할 수 없을 것이며 헌법 제103조의 경우와 같이 헌법 스스로가 평결정족수를 규정하지 아니한 경우에는 과반수결정의 원칙을 전제로 한 것이니 법률로써 과반수 결정방법과 다른 규정을 하는 것이 헌법위반이 된다고 할 수도 없다. 왜냐하면 합의나 평결의 정족수를 법률로 정할 수 있음은 위에서 설명한 바와 같고 또 헌법에 평결방법의 규정이 없는 것은 그 스스로가 평결방법을 규정하지 아니하였다는 것뿐이고 법률로써 평결방법을 규정하는 것을 금하는 취지는 아니라고 함이 상당하기 때문이다. 다른 예에 의하더라도 헌법 제97조 제 1 항에 의하면 「(1) 대법원에 부를 둘 수 있다」고 규정하여 대법원의 심판을 그 부에서 할 수 있는 것으로 규정하면서도 법원조직법 제 7 조에 의하면 대법원의 부에서 먼저 사건을 심리하여 재판을 할 수 있는 경우에는 그 부의 대법원판사의 의견이 일치되어야 할 것으로 규정하였고 같은 법 제59조 제 2 항의 평결방법에 관한 규정에 의하더라도 이것들이 엄격한 의미에서의 과반수결정의 원칙을 밝힌 규정이라고 보기 어려움에도 불구하고 아무 누구도 이와 같은 규정을 헌법위반이라고는 말하지 아니한다. 물론 위의 규정들은 전자는 전원합의체로서의 대법원의 심판권을 전제로 하여 그 일부에서 먼저 심판하는 데에 관한 특별규정이고 후자는 합의심판의 성질상 1설이 과반수에 달하지 못하는 경우의 특별규정이기 때문에 위헌여부를 논의할 여지가 없다고 할 것이다. 그러나 대법원이 하는 위헌심사를 일반심판과는 다른 특별한 성질을 가진 것이라고 보지 못할 바도 아니니 이 경우에 있어서의 평결정족수를 예외적으로 규정한 법원조직법 제59조 제1항 단항의 규정을 헌법에 위반된 것이라고 단정할 것은 못된다고 하여야 할 것이다. 그리고 헌법 제103조에서 정당해산판결의 평결정족수에 관하여 특별히 규정한 것은 그것이 정당해산이라는 중요성에 비추어 신중을 기하기 위한 제한규정인 동시에 다수당이 정당해산 판결에 관한 평결정족수를 자기당리를 위하여 법률로써 수시 변경하는 것을 방지하기 위하여 이를 특별히 규정한 것이라고 볼 수 있는 것이므로 이 규정이 있다고 하여 정당해산판결 이외의 사항에 관하여는 과반수 결정 이외의 평결방법을 법률로써 정할 수 없는 것이라고 단정할 근거는 되지 못한다고 하여야 할 것이다. 특히 법률의 위헌심사는 직접 국민을 대표하는 국회에서 제정된 법률의 적용을 거부하느니만치 오히려 헌법 제103조가 규정한 정당해산의 경우보다 의결의 신중성이 요청된다는 뜻에서 의결정족수에 대한 제한이 가중된 것이라고 볼 수 있으니 정당해산의 경우보다 의결정족수의 제한이 가중되었다고 하여 부당하다고 할 수는 없는 것이다. 그러므로 위헌심사에 관한 합의정족수와 평결정족수를 법률로써 정하였다고 하여 그 법률이 헌법에 위반되는 것이라고 단정할 수는 없는 것이고 다만 그 규정의 내용이 헌법이 보장하는 정도를 넘어 법원의 사법권행사를 해치는 것으로 해석이 된다면 법원의 사법권행사를 유명무실하게 하는 법률로서 이는 헌법에 위반되는 것이라고 할 수 있는 여지는 있다 할 것이다. 그러나 위의 법률 제2222호로 개정된 규정의 취지는 법원이 법률, 명령 또는 규칙이 헌법에 위반함을 인정하는 경우에는 직접 국민이 선출한 국회에서 제정되고 따라서 합헌이 추정되는 법률이나 그에 의거하여 제정된 명령 또는 규칙의 적용을 배제하는 것이 되는 것이므로 그 평결방법을 신중히 하자는 데에 있다 할 것이고 위 규정이 사법권의 행사를 유명무실하게 하는 정도의 제한이 된다고 단정할 수는 없는 것이다. 물론 과반수 대법원법관의 찬성 의견이 있음에도 불구하고 개정된 법원조직법 제59조 제1항 단항에서 규정한 의결정족수의 찬성에 미달하여 위헌결정을 하지 못하여 결국 다수의견이 소수의견에 따라야 하는 결과가 된다 하더라도 그것은 의결정족수를 과반수를 초과하여 가중한 경우에는 언제나 필연적으로 발생하는 결과이며 그 결과만 가지고 그 부당성을 주장할 수는 없는 것이다.

따라서 법률 제2222호로서 개정한 법원조직법 제59조 제1항 단항의 규정은 헌법에 위반한 무효의 것이라고 할 수 없다.

12. 국가배상법 위헌판결

방순원

우리나라 제 1, 2공화국 헌법은 위헌심사권에 관하여 대륙법주의를 채택하여 그 권한을 일반 사법법원에 맡기지 아니하고, 헌법위원회에 위헌법률심사권을 인정하였다. 그러나 5.16 후의 제 3 공화국 헌법은 미국식 사법심사제도를 채택하여 대법원에 위헌법률심사권을 인정하였던 것이다. 그리하여 국회와 같은 국민의 직접적 신임(국민의 직접투표)에 의해 부여된 입법권능에 의하여 제정된 법률의 효력을 국민의 직접적인 신임에 의하지 않고, 선임권자의 의사만에 의하여 임명된 법관(대법원)이 지나치게 위헌판결에 의하여 그 효력을 상실시키는 것보다 되도록 이를 삼가고 해석에 의하여 부당한 법률의 적용을 배제하는 것이(위헌재판자제설) 타당하다는 기류가 있어 나의 대법원 재직중에 정면으로 위헌판결한 사건은 극히 드물었었다. 그러나 국가배상법의 군인 · 군속 등에 대한 불법행위로 인한 국가의 손해배상책임을 배제하는 규정(국가배상법 (구) 1967년 3월 3일 공포 법률 제1889호 제 2 조 단서)이 당시에 시행되던 제 3 공화국 헌법(1962년 12월 26일 공포) 제26조의 공무원의 직무상 불법행위로 손해를 받은 국민은 국가 또는 공공단체에 배상을 청구할

* 방순원, "나의길 나의 선택 법조반백년," 187~192.

수 있다는 헌법규정에 저촉된다는 법률상 쟁점이 두드러지게 부각됨으로써 오랫동안 우여곡절을 거쳐 대법원에 의해 1971년 6월 22일 드디어 위헌판결이 선고된 것이다. 위와 같은 법률해석이 쟁점이 된 상고사건이 재직중인 대법원판사 15인에게 1건 내지 수건씩이나 계류되어 있었으며, 대법원 판결을 기다리고 있는 하급심법원에도 동종의 미제사건들이 적체되어 있었다.

그 당시에 위 손해배상사건에 대한 나의 법률적 견해는 단순하고도 확고한 것이었다. 즉 헌법에는 국가공무원의 직무상 불법행위로 국민이 손해를 받은 경우에는 누구든지 국가(또는 공공단체)에 대하여 손해배상청구를 할 수 있다고 선언하고 있음에도 불구하고 헌법보다 하위법인 국가배상법이 군인 · 군속의 직무집행중에 받은 손해에 대하여는 배상청구권이 없다라는 규정은 명백하게 헌법규정에 저촉하는 위헌의 법률이라고 생각하였다. 헌법에는 일반국민은 누구든지 국가공무원의 직무상 불법행위로 인해 손해를 입은 때에는 국가에 대하여 손해배상을 청구할 수 있다고 정해 놓고 있다. 헌법보다 하위법인 국가배상법으로 다른 일반국민이 모두 국가에 대하여 손해배상청구를 할 수 있는 권리를 유독 군인 또는 군속에게만 가질 수 없다고 규정한 것은 헌법이 일반국민에게 기본권으로 인정한 권리를 군인 또는 군속에게만 박탈한 것이 명백하다고 생각하였다. 군인 또는 군속이 전사나 순직 또는 공상(公傷)으로 인하여 다른 법령에 의해 재해보상금 또는 유족일시금이나 유족연금 등을 지급받을 수 있는 경우에 손해배상청구를 할 수 없다고 하였으나, 위와 같은 지급금은 대개 사회보장의 의미에서 지급되는 것이어서 손해배상의 성질을 가지지 않는다. 설혹 손해배상의 성질이 포함되는 것이 있다고 하더라도 군인 또는 군속이 받을 전손해를 보상하는 것이 되지 못하므로 결국 군인 또는 군속의 손해배상청구권을 배제하는 결론에는 아무런 영향이 없다고 확신하였다.

이 사건은 당시의 행정부에서 군인 또는 군속의 이러한 종류의 손해배상사건이 속출하여 손해배상을 하게 되면 국고의 부담이 증가되어 재정상 어려움이 있을 것을 염려하여 이를 모면하여 보려는 고육책으로 국가배상법 제 2 조에 군인 또는 군속의 배상청구권을 배제하는 단서를 신설하였던 것이다. 그러므로 정부당국자들은 대법원에서 위헌판결이 나오지 않기를 절실히 바랬던 것이다. 그 증거로서는 1970년 여름에 양회경 대법원판사를 단장으로 하는 대법원판사 6인(나도 포함)이 파월장병위문 겸 사법제도 시찰차 일본, 대만, 월남, 태국, 홍콩 5개국을 방문하였는데, 가는 곳마다 대사관 측에서 빠놓지 않고 군인 또는 군속에 대한 손해배상청구에 대한 애로사항과 현황 등을 열심히 브리핑하는데 놀라지 않을 수 없었다. 국가배상법 위헌사건에 관해서는 대법원은 신중히 검토하고 연구한 끝에 대법원 판사 16명 중 9:7로 위헌판결의 결론을 얻었다. 위헌이라는 견해는 손동현, 김치걸, 사광욱, 양회경, 방순원, 나항윤, 홍남균, 유재방, 한봉세 등의 9명이었고, 반대의견은 민복기, 홍순엽, 이영섭, 주재황, 김영세, 민문기, 양병호 등의 7명이었다.

문제의 위헌 대법원판결(71년 6월 22일 선고, 70다1010 대법원판결집 19②민110)의 판결사항, 판결요지는 다음과 같다. (생략. 편자)

위와 같이 국가배상사건에 대한 대법원의 위헌판결이 선고된 후 며칠 안된 그 해 7월 28일, 검찰은 하찮은 사건에 관련하여 현직판사 두 사람에 대한 구속영장을 청구하는 불상사가 발생하였다. 이를 계기로 불행한 사법파동이 일어났다. 두 판사에 대한 법원의 구속영장청구가 기각되자 검찰은 2차의 영장청구를 하게 되어 전국의 판사들이 현직법관에 대한 도에 넘치는 검찰의 강경조치에 분개, 전국

「司法府波動」새局面

서울大邱高法도「獨立守護」결의

野, 閔大法院長·申法務 사퇴要求

긴급法院行政회의 法官사표·七개建議논의

「判事독직」白紙化處理一任

閔大法院長辭退권고

申法務·李檢察總長도

共和, 政治問題化저지

법원판사들의 집단사표, 고위층의 사건백지화 지시, 국회의 검찰관계자 사퇴요구 등으로 이어진 사법파동은 그해 가을 정국을 뒤흔든 “태풍”을 이루었다. 국가배상법 위헌판결과 사법파동과의 함수관계는 나로서는 단정하여 말할 수 없으나, 일반 여론은 국가배상법 위헌판결에 격분한 행정부의 조직적인 사법부에 대한 파괴공작이었으며 보복이었다는 중론이었다.

1970년 여름 파월장병 위문차 월남에 갔을 때, 그 곳 대법원장과 대법원판사와 우리 일행이 환담한 일이 있었다. 그 당시 들은 이야기인데, 월남 대법원에서도 행정부의 의사에 반하는 위헌판결을 하였더니, 행정부는 별 수 없이 위헌판결에 승복하고 위헌법률의 개정에 노력하였다는 말을 들었다.

그 곳 행정부도 다년간 독재정권으로 국제적인 지탄을 받고 있었는데도 대법원 판결을 승복하고 도리어 위헌법률의 개정작업을 서둘렀다는데, 우리나라 행정부는 위헌법률에 흥분하고 반발하는 태도는 심히 유감이 아닐 수 없었다. 1972년 10월 공화당정권은 한국 정치상황을 암흑기로 끌고 들어가는 유신헌법을 제정하여 국가배상법의 위헌시비의 소지를 아예 없애기 위해 헌법조문에 군인 또는 군속에 대한 배상제한을 명시해 버렸다. 그리고 유신헌법에 의한 법관 재임명에 있어 위헌의사에 가담한 대법원판사 9명은 고스란히 재임명에서 탈락되어 대법원에서 축출당하게 되었다. 우리나라의 집권자들의 너무나 지나친 아집과 단견을 개탄할 수밖에 없고, 사법의 독립을 무시하고서야 어찌 민주화를 기할 수 있겠는가?

13. 마지막 강의

대학의 강의실에 정보원이 출입하고 캠퍼스에 경찰폭력이 자행되고 있는 상황에서 교수-스승은 무엇을 할 수 있겠는가. 유기천 교수는 1971년 4월 12일 서울대의 형법 강의시간에 잠못 이루는 자신의 심경과 스승의 도리가 무엇인지 고민하면서 마지막이 된 강의를 했다. 사람의 머리를 향해 뒤에서 내려친 행위가 문제시되지도 않은 현실에 분개하면서, 이런 상황에서 형법학자는 무엇을 가르칠 수 있고, 이 땅에 법치주의가 이루어질 수 있는지 자괴하고 있다. 학문의 자유, 대학의 자치를 남달리 옹호했던 그로서는 권력의 학원침탈은 더더욱 인내할 수 없는 것이었다. 더욱이 그는 박정희 정권이 권력연장과 집중을 위해 총통제를 획책하고 있다고 폭로하고 있다. 1년 후에 유신체제로 가시화될 한국판 총통제의 음모를 처음으로 폭로한 대가로 유기천은 신변위협으로 국내에 머무를 수도 없게 된다. 1972년 1월 그는 미국으로 긴 망명생활을 시작한다. 그로부터 2년 뒤 같은 대학의 최종길 교수가 중앙정보부에서 고문사한 사례를 보면, 정권의 학원 탄압은 교수의 생명과 신변을 직접 위협하는 단계에 이르고 있음을 반추해볼 수 있다. 그가 강단에 돌아온 것은 박정희 정권이 명운을 다한 뒤인 1980년 봄학기 동안이었다. 그리고 5·17쿠데타 직후 다시 미국으로 돌아가 생애 마지막까지 그 곳에서 생활한다.

형법학자로서 그는 『형법학총론』, 『형법학각론(상, 하)』과 수많은 논문을 남겼다. 그 저작은 일본법에 얽매이지 않고, 미국법과 독일법의 이론을 소화하면서 그것을 뛰어넘고자 하는 구상을 펼쳤다. 서울대 총장으로 여러 일화를 남겼으며, 예비법조인을 교육하는 사법대학원을 창설하여 그 원장을 맡기도 했다. 그는 학자로서 자유주의 법사상을 일관되게 구축하고자 했으며, 세계 무대에 통하는 드문 법학자로서 법학의 국제적 교류에 선구자적 역할을 했다. 영어, 독어로 쓰여진 논문만도 23편이나 된다.

여기 수록되는 「마지막 강의」는 강의를 들은 학생들이 당시 서울대 법대의 등사판 신문인 『자유의 종』에 실은 것이다. 이 강의에 대한 자신의 기록은 「나와 박정희와 학문의 자유」(신동아, 1988/8)에 실렸다. 그가 남긴 글은 최근 유기천교수추모사업회에 의하여 『자유사회의 법과 정의』(지학사, 2003)로 정리되었으며, 『영원한 스승 유기천』(지학사, 2003)에는 후학들이 본 그의 생애와 사상이 정리되어 있다.

13. 마지막 강의

유 기 천

여기에 정보원이 있으면 자진해서 나가라. 나는 제자 아닌 그들을 상대하고 싶지도 않다.

그리고 문을 꼭 잠가라. 나는 연일 동안 잠을 제대로 자지 못하고 오늘의 상황에서 내가 해야 할 일이 무엇인가를 곰곰이 생각해 보았다.

아예 학교에 나오고 싶지도 않았으나 사랑하는 제자들에게만은 나의 의사를 밝히는 것이 스승의 도리라고 생각해서 학교에 나왔다. 나는 지금 형법을 강의할 필요를 느끼지 않는다.

강의실에서 형법을 가르친다지만 바로 교문 앞에서는 권력에 의한 폭력이 그대로 자행되고 있는데 학문을 해서 무엇하겠는가.

법이 존재하지 않는 곳에 법학강의는 무의미하다. 이런 상황 속에서는 학자적 양심으로서 도저히 강의할 수 없다. 나는 학교에

* 이는 유기천 교수가 1971년 형법강의시간에 시국에 관하여 학생들에게 밝힌 자신의 견해이다. 원래 『자유의 종』(법대 귀중문서실 보관)에 수록된 이 강의내용은 나중에 김상웅 편, 민족 민주 민중선언, 일월서각, 1984, 141~142에 실리기도 하였다. 유기천전집 I: 자유사회의 법과 정의, 유기천교수 기념사업회 편, (주)지학사, 2003.

4304.5.18
제17호
1부 10원

자유의 종

자유의 종 동인회
발행인 이 신 범
(서울 법대 4)

「유교수 귀국시키라」 -서울法大학생총회-

서울法大生 300여명은 5月12日 11시 합동강의실에서 학생총회를 열고 유교수문제등 학원자유를 침해하는 일련의 사태를 규탄성토했다. 학생들은 선언문에서 「죽어가는 민권의 회복과 학원자유수호를 역설하신 유교수를 강제로 해외로 추방한 것은 분명 교권침해이며 무장경관의 사대난입은 학생대표의 불법감금은 학원에 최류탄가스와 유황가스를 살포함은 학원질서를 파괴하는 것」임을 선언했다. 13일 다시 학생총회를 가진 法大生들은 ①유교수문제를 필두로 한 사대난입사건 문리대해방가문제 퇴제적문제등의 학원탄압에 항의하여 ②학원자유수호투쟁위원회를 결성하고 유교수문제가 해결될때 까지 15일부터 자퇴서명을 받고 형법수강을 거부하기로 결정하고 문교부 학교당국 등의 3者의 공개토론을 제의하고 ③교수단의 사각을 촉구했다. 학원자유수호투쟁위원회(위원장 장성규 행정과 3年)은 17일 11시반경 유교수의 조속한 귀국을 당국에 요구하고 유교수 사건을 계기로 학원민주화 운동을 벌이자는 성명서를 발표했다. 이어 이같은 요구가 관철되도록 1시반현재 115명이 자퇴서에 서명했다.

다」고 하는데 대신 강의를 하려는 교수도 적다 했을 것이다. 그런데 유교수의 출국이 「自意」나 「他意」냐를 두고 문제시 하는 것 같으나 그것은 별 문제가 안되는 것이다. 어디가서 물어도 대답은 「自意」라고 나오겠지만 그것은 他意가 강요하기 때문이다. 自意, 他意를 문제시 하는 것은 벌써 유교수의 참된 뜻을 사장하려는 것 밖에 안된다. 떠나가신 유교수의 뜻을 받드는 것은 독력이 지배하는 법주정과 사회를 거부하고 총통제음모를 저지하는 민주수호투쟁을 과감히 전개하는 길이라 생각된다. 유교수의 출국경위에 대해 변명하려하여 더이상 학생들의 비난을 살 것이 아니라 학생과 힘을 합쳐 추락된 교권을 회복하고 대학의 자유를 수호하여 지성인의 사명을 다하기 위해 외부로부터의 압력에 항거하여 원제의 철거해 주기를 바란다.

가까운 곳에 살면서도 이러한 중대사건의 내용을 늦게서야 알게 되었다.

법대 학생회장이자 총학생회장인 최회원 군의 후두부를 뒤에서 내리친 것은 형법상 미필적 고의에 의한 살인미수죄에 해당하는 것이다. 총학생회장이라면 1만 5천 서울대인을 대표하는 사람인데 회원 군에 대한 이런 야만적인 행위는 전 서울대인에 대한 모독인 것이다.

동물도 뒤에서 잡지 않는데 비인간적으로 사람을 뒤에서 물건을 패듯이 하는 사태를 나는 중시한다.

내가 알기로는 그 날 교문 앞에 무궁화 둘을 단 지휘자가 있었고 그 고위 책임자의 지휘에 따라 계획적으로 회원 군의 뒤에서 곤봉으로 그의 후두부를 내리쳤던 것이다.

공무원이 그 지위를 남용하여 범죄를 저지를 때는 엄중히 처벌하기로 되어 있는데 이런 살인미수죄가 기소되기는커녕 문제조차 되고 있지 않는 현실에 대해 분개하지 않을 수 없다. 회원 군 사건에 대해 그것을 시킨 책임자가 누구인가를 색출해서 처벌하지 않는 한 법치주의란 공염불일 뿐이다.

회원 군 문제뿐만 아니라 현실을 보면 어떠한가? 현정권은 무엇 때문에 국민에게 위기의식을 불어넣고 있는가? 지금이 반드시 위기라고 할 수는 없다. 이것은 오히려 빈부의 심각한 양극화와 국민의 분열에서 생기는 국민의 불만을 억누르고 독재권력 확립을 촉진할 뿐이다. 분명히 정부고위층 중에 국민분열을 통한 국력손실을 획책하는 자가 있다고 보며 나는 그것에 관한 구체적인 자료를 수집하고 있는 중이다. 그리고 내가 얼마 전 자유중국에 갔을 때 자유중국의 고위층 장교로부터 지금 한국에서 자유중국의 총통제를 연구하러 온 사람이 있다고 말하는 것을 듣고 정말 놀랐다.

총통제를 실시하려는 것은 국민을 모독하는 처사로서 국민의 이름으로 규탄받아야 할 것이다. 내가 이런 말을 할 때 나의 거취 문제가 어떻게 될 것인가 하는 것은 짐작이 갈 만도 하지만 그러나 여기서 주저할 수야 없지 않은가.

대학의 자유는 존엄한 것인데 한국에서는 이다지도 중대한 침해를 받고 있다. 회원 군의 문제를 해결하기 위한 총장, 문교부장관, 기타 관계자를 만나 교섭을 하는 데는 시간이 필요할 테니까 이 문제가 해결될 때까지 당분간 강의는 하지 않겠다. 대학의 자유는 중요하다. 이러한 폭력집단보다도 더한 행위에 대해 대학의 자유를 지키기 위해 법의 범위 내에서 끝까지 싸우자.

14. 양심선언

어둠의 독재시대, 김지하의 존재는 저항과 희망의 상징이었다. 1972년 박정희 대통령의 영구집권을 위한 총통제적 권력강화의 기도는 유신헌법과 긴급조치로서 가시화되었다. 그러나 억압의 극한에서도 재야시민과 학생들의 저항은 잇달았으며, 1974년 민청학련사건으로 학생들에 대한 대대적인 검거선풍이 불었다. 학생운동의 배후의 하나로 꼽힌 김지하는 민청학련사건에 연루되어 옥고를 치르다, 1975년 2월에 석방된다. 석방직후 그는 「고행 1974」이란 글을 일간지에 연재하였으며, 거기서 특히 인혁당 관련자들에 대한 무자비한 고문을 폭로하였다. 때문에 그는 석방된 지 보름도 안된 그 해 3월 14일 재수감되었다. 그에게는 사형선고가 가능한 국가보안법상의 누범조항을 적용하는 공소장 변경이 이루어진다. 그에게는 어떠한 접견도, 통신도, 집필도 금지되었다. 그는 운동과 기타 모든 권리가 제약된 채 독방에 밀폐되었다. 그의 사상과 문학작업이 모두 공산주의의 산물이라는 자백을 강요받았다. 그의 말을 빌자면 '적색 오징어포'가 되기를 강요당했던 것이다. 그런 경위로 쓰여진 소위 자필진술서를 당국은 9개 국어로 번역하여 전세계에 「김지하에 대한 반공법 위반사건 관계자료」로 배포하였다.

'김지하는 공산주의자다'는 것으로 압축되는 날조된 선전을 반박하지 않으면 그의 생명은 물론 민주화운동 전체의 대의가 도전받는 절대절명의 상황에서 그는 옥중에서 양심선언을 준비한다. 그는 자신의 자백이 이루어진 경위와 자신의 사상 및 문학작업에 대해 자신이 공산주의자가 아니라 자유사상가, 민주주의자임을 밝히고 있다. 옥중에서 작성하여 반출된 그의 글은 그 해 8월 4일 국외에서 먼저 발표되어 전세계에 커다란 충격을 안겨 주었으며, 정부당국을 매우 난처하게 만들었다.

밀폐된 공간에서 어떻게 그의 양심선언의 반출이 가능했던가 하는 점도 오랫동안 수수께끼였다. 그를 구명하려는 동지들은 그의 생각과 양심을 하나의 양심선언의 형식으로 정리하고자 했다. 옥중에서 작성된 그의 메모는 바깥으로 전달되었고, 그것을 토대로 조영래는 체계적인 문건으로 정리하였다. 그 내용은 다시 옥중으로 전달되고, 김지하는 그 중에서 가감 · 보충하여 다시 바깥으로 전달하였다. 어떻게 외부와의 연락이 가능했던가. 그의 사상과 신념에 공감한 전병용 등의 교도관의 활약이 있었던 것이다. 그는 김지하에게 집필도구를 전달했고, 메모를 바깥으로 반출하였다. 그러한 사실을 숨기기 위해, 출소하는 재소자에게 종이뭉치를 명동성당의 신부에게 전달하는 형식을 취하여 알리바이를 만들었다. 발표는 일본과 미국에서 동시에 이루어지도록 계획되었다. 최근에 김지하는 양심선언을 조영래 변호사가 쓴 것임을 밝힌 바 있다. 이러한 양심선언 작성의 전 과정은 그 자체 하나의 드라마이다.

어둠의 시대, 정의는 법관의 판결 속에 있지 않았다. 검사의 공소장이 곧 판결문이 되는 정찰제 판결의 시대에 재판문서는 때로 '법률적 불법'의 문서요, 권력의지의 법적 표현일 뿐이었다. 김지하가 무기징역을 선고받은 것은 그러한 시대의 사법부에서 그다지 이상할 것도 없는 일이었다. 그가 석방된 것은 유신정권이 무너진 뒤였다. 그러한 시대에 정의의 소리는 피고인들의 「양심선언」과 「최후진술」을 통해 표출되었던 것이다.

김지하의 「양심선언」과 「최후진술」, 그리고 그의 문학(시, 담시, 희곡 등)은 최근 『김지하 전집』(실천문학사, 2002)을 통해 정리되었다. 그 자체 빼어난 문학적 성취이자, 시대적 증언으로서 헤아릴 수 없는 가치를 지니고 있다.

14. 양심선언

김 지 하

정의와 진리를 사랑하는 모든 이들에게 이 글을 보낸다.

참으로 어처구니없는 모략이 지금 나에게 들씌워지고 있다. 박정권의 억압사들은 나를 가톨릭에 침투한 마르크스-레닌주의자로, 민주주의자로 위장한 공산주의 음모가로 몰아 투옥하였다. 이제 곧 나를 교활 음험한 공산주의자로 영원히 그리고 합법적으로 낙인찍기 위한 재판놀음이 벌어질 것이며, 그 결과 나는 이 땅에서 만들어진 그 숱한 관제 공산주의자의 대열에 끼게 될 것이다.

분명히 말해 두거니와 이것은 나 개인에 대한 모략만이 아니라 우리들의 민주회복운동 전체와 사회정의구현을 위해 투쟁하는 신·구교에 대한 중상모략 소동의 일환이며 특히 천주교정의구현전국사제단의 활동과 민주회복국민회의 및 일체의 청년학생운동을 용공으로 몰아 압살하려는 대탄압의 예비 작업인 것이다.

현재의 내 솔직한 심정으로는 내 자신에게 지난 4년 이래 가해지고 있는 박정권의 이 더러운 상투적 모략에 대하여 한 마디 변명도 하고 싶지 아니하며 또 이번 사건에 관한 최소한의 진실도 정보

* 1975년 5월 4일. 김지하, 남녘땅 뱃노래, 도서출판 두레, 1985, 43~63.

부원들의 '일체의 주장과 변명은 법정에서'라는 말대로 법정에서 밝히려 하였다.

그러나 사건이 나 자신의 근본적인 사상과 사회적 근기를 왜곡 · 파괴하고 나아가 민주 역량 전체와 내 소속 교회, 그리고 후배 학생들에 대한 막심한 피해로 확대될 수 있는 이 시점에서 양심에 따라 나의 사상과 진실을 명백히 밝히는 것이 역사와 민중에 대한 나의 의무라고 생각한다.

(1) 내가 공산주의자인가?

한 마디로 잘라 말해서 지금껏 나는 자신을 공산주의자로 생각해 본 적이 한 번도 없으며 현재에도 나는 결코 공산주의자가 아니다.

나를 가리켜 공산주의자라고 한 중앙정보부의 발표는 실로 가소로운 것이다. 변호인들로부터 듣건대 그들은 정보부 5국 지하실에서 쓴 나의 이른바 자필진술서란 것을 온 세상에 공포하고 마치 그것이 내가 공산주의자임을 증명하는 결정적 증거나 되는 듯이 선전하고 있다 한다. 그 진술서('제 3 회'를 '제 2 회'로 고치고 제 2 회 조서는 파기처분한 문제의 그 문건)가 내 육체의 한 부분에 의해 씌어진 것은 사실이다.

그러나 그것은 전혀 나의 임의에 의한 것이 아니다. 한 무력한 개인이 대한민국의 대중앙정보부에서 쓴 종이쪽지를 여러분은 얼마나 믿을 수 있다고 생각하는가.

정보부에 끌려가서 나는 처음부터 내가 가톨릭에 침투한 공산주의자임을 시인하라는 강요를 받았다. 5~6일 간 나는 그 '틀'에 끼어들어 적색 오징어포가 되기를 거부하며 버티었다.

나는 정보부에 가기 전부터 극도로 쇠약, 빈혈로 졸도하거나 지독한 불면증으로 시달리고 있었는데 5~6일 간을 버티는 동안 극도로 정신적 시련과 육체적 피로를 겪어야 했고 내 체력은 한계에 도달, 의식마저 혼란상태에 빠졌다.

나는 박정권이 나를 공산주의자로 몰아 처단하려는 기본방침을 굳히고 있는 한 정보부에서 진실을 밝히려고 노력한다는 것이 얼마나 어리석은 것인가 하는 것을 깨닫게 되었고, 뿐더러 나를 어떤 일이 있더라도 공산주의자로 만들어내라는 상전의 절대적인 명령을 받고 며칠 밤을 밤샘하여 양심에 위배되는 짓을 하고 있는 불쌍한 말단 수사관들과 피차의 신경만 소모하여 다툴 필요가 없다고 느껴졌기 때문에 6일째에는 그들이 미리 작성해 가지고 온 소위 자필진술서 내용을 그들이 부르는 대로 낙서처럼 받아써 가지고 내던져 버렸던 것이다. 문제의 자필진술서라는 것이 만들어진 경위는 실로 이러하였던 것이다. 그러므로 그 진술서의 내용은 당연히 허구와 자기모순으로 가득 찬 것이 되었다.

"빈곤과 질병으로 인한 열등감과 좌절감 때문에 공산주의자가 되었다"는 대사는 그들이 즐겨 사용하는 상투문구로서 내가 지극히 혐오하는 부분이다.

그들은 「오적」사건에서도 「비어」사건에서도 그리고 민청학련사건에서도 똑같은 소리를 공소장이나 그 밖의 문건에서 되풀이 쓰곤 했었다. 가난한 자, 병든 자는 모두 다 공산주의 우범이란 말인가. 여러분은 자존심 있는 한 인간이 과연 그와 같은 비굴한 진술을 임의로 할 수 있다고 생각하는가?(그들이 나에게 쓰도록 강요한 진술서에 의하면 나의 모든 행위, 심지어 시 「오적」과 「비어」를 집필한 것까지도 공산주의 사상에 의한 것이라고 되어 있다.)

그렇다면 전 세계가 나에게 속았단 말인가.

세계의 모든 평론가들은 「오적」, 「비어」를 잘못 평가한 죄로 문책받아야 할 것인가? 문학작품이란 스스로 그 자신의 주제와 사상을 말하는 것이다. 「오적」이 공산주의 문학이라면 어째서 그에 관한 재판은 4년 이상이나 지연되었는가? 「비어」는 어찌하여 기소조차 되지 않았는가? 또한 진술서는 내가 공산주의자인 동시에 가톨릭 신자라고 한다. 가톨릭을 믿는 공산주의자란 뜨거운 얼음이란 말과 마찬가지로 형용모순의 표현이다. 공산주의자들이 종교, 특히 가톨릭을 백해무익한 이른바 '인민의 아편'으로 보고 있다는 것은 삼척동자도 아는 사실이다.

이와 같은 엉터리 진술서—그들이 임의로 부르고 내가 자필로 받아 적은 그들의 각본—이외에도 그들은 또 내가 읽은 몇 권의 서적과 나의 옥중수첩을 가지고 내가 공산주의자임을 입증하는 증거라고 선전한다. 과연 이것이 그들이 제시하는 증거의 전부인 것이다. 여러분은 냉철하게 생각해 주시기 바란다. 아무리 사상의 자유, 학문 연구의 자유가 없는 우리 사회라 할지라도 카알 마르크스의 고전 따위 몇 개를 읽은 것이 어째서 그가 공산주의자라는 증거가 된단 말인가. 어째서 검열관리는 좌경서적을 읽어도 되고 지식인을 포함한 일반 시민은 읽어서 안된다는 말인가. 내가 읽은 수백 권의 책 중 좌경서적은 그들이 나를 공산주의자로 몰기 위한 증거로 압수한 모택동의 「모순론」 한 권을 포함하여 모두 10권에 미달하며, 그것도 외국에서는 지식인 필독의 책으로 되어 있는 고전적 저작들뿐이다. 또 옥중에서의 정념(情念)과 사색의 단초(端初), 작품의 영상(映像) 따위를 편편이 기록한 나의 수첩들 어디를 뜯어보아도(만약 그들이 증거인 수첩들 전부를 공개한다면 이것은 더욱 분명해질 것이다) 내가 억압과 수탈을 철저히 혐오하고 그것을 제거하기 위한 길을 찾아 사상적 모색을 거듭하며 자신을 채찍질해 온 자취는 있을망정, 내가 공산주의자로서 하나의 확립된 기존 사상체계를 가진 사람이라는 증거는 전혀 없는 것이다.

그렇다면 나는 나 자신의 사상을 정확히 무엇이라고 말할 수 있을 것인가. 거기에 대한 해명을 시도하기 전에 나는 우선 두 가지 점이 전제되어야 한다고 본다.

첫째, 나는 나 자신을 자유사상가라고 생각한다. 나의 사상은 어떠한 개인적인 야욕에 유혹되거나 위협 따위에 굴복하지 않을 뿐더러 어떠한 독단이나 교조에 얽매이지 않는 것이 되기를 원한다. 따라서 나는 나 자신을 한번도 무슨 '주의자'로 규정해 본 일이 없다. 자유의 혼란 속에서 조성되는 창조적 긴장 가운데로 부단히 자신을 던짐으로써 참된 인식(認識)에 도달하려는 것, 이것이 현재의 나의 모습이다.

둘째, 나는 아직 사상적으로 미숙한 사람이다. 나는 어떤 기존의 이데올로기를 선택하기로 결단한 일도 없었음은 물론이고 내 나름대로 하나의 정연한 확립된 사상체계를 갖지 못하고 있다. 다시 말하면 나는 아직도 방황과 모색을 거듭하고 있을 뿐인 것이다. 이러한 사실은 어떤 의미에서는 매우 부끄러운 일이나 그렇다고 해서 반드시 전적으로 폄하(貶下)받을 일이라거나 또 나 혼자만의 책임은 아니라고 생각한다. 생각건대 인간 내심의 사상과 양심은 절대로 자유이어야 하며, 그 형성의 과정도 절대로 자유로워야 한다. 이것은 인간의 천부적 권리이며 유신 헌법에서까지도 보장하고 있는 바이다. 그럼에도 불구하고 우리 사회에서는 사상의 자유(그 형성 과정의 자유를 포함)는 사실상 극도로 제약되어 있고, 통제된 획일적인 사상과 편견만이 지배한다. 이것은 우리가 우리 자신의 정신적인 성장과정을 돌이켜 보면 누구에게나 명백한 일이다. 극도로 통제된 정보 입수, 극도로 제약된 독서 범위, 그 밖에도 가종의 불합리한 편견과 타부가 난무하는 불모의 정신풍토…. 이 속에서 우리의 그리고 나의 사상은 회의와 회오 속에 표류에 가까운 방황을 거듭하지 않을 수 없었던 것이다. 이러한 점을 염두에 둔다면 나는 우리 사회에서 이른바 '자생적 공산주의자'라는 것은 사실상 존재할 수 없다고 생각한다. 공산주의자라고 하면 우리는 거의 조건반사적으로 뿔 달린 붉은 얼굴에 피가 뚝뚝 흐르는 긴 손톱을 가진 악마를 연상하게 된다. 이것이 오늘날 남한에 살고 있는 30대 이하 세대의 공통된 정서적 토양(土壤)인 것이다. 뿐더러 우리는 공산주의 이론에 대하여 지극히 감정적인 태도 이외에는 아무것도 배울 수가 없었다. 이러한 풍토에서 호기심으로 남몰래 숨을 죽이고 읽은 몇 권의 좌경서적만으로 어떻게 확고한 공산주의의 이론과 신념을 갖춘 공산주의자가 형성될 수 있겠는가.

이것이 내가 이 땅의 젊은이 중에 자생적 공산주의가 절대로 있을 수 없다고 단언하는 근거이다. 나 역시 예외는 아니다. 다시 말해서 나는 공산주의자이기는커녕, 공산주의가 무엇인지, 공산주의 국가에서의 생활이란 어떠한 것인지조차 거의 제대로 알고 있지 못한 사람인 것이다. 내가 공산주의자라니 그것은 천만의 말씀이다.

(2) 민주주의와 혁명과 폭력에 관하여

나는 이웃인 인간을, 억압받고 수탈되어 고통과 모멸 속에서 인간적인 모든 것을 박탈당하고 있는 구체적인 인간들을 온몸으로 뜨겁게 실천적으로 사랑하는 사람이 되기를 원한다. 이것이 스스로 설정한 나의 인간적인 과제의 전부이다. 이것이 나의 모든 사상적인 모색의 출발점이고 귀착점이다. 따라서 나의 사상적인 모색의 전 과정은 인간에 대한 사랑이라는 관점에서 해석되기를 나는 바란다.

14. 양심선언

나는 형제들을 사랑하기 위하여 나는 그들을 비인간화하고 있는 따위의 모든 억압과 수탈을 증오한다. 그것은 억압받는 자만이 아니라 억압하는 자까지도 철저하게 비인간화하는 것이다. 그러므로 억압과 수탈을 반대하여 싸우는 것, 그것이 나의 사상적 · 실천적 관심의 전부이다. 내가 가톨릭에 입교하게 된 것은 가톨릭이 정신적 질곡과 물질적 질곡의 동시적 극복, 억압자와 피억압자의 동시적 구원을 통한 억압 그 자체의 절멸(絕滅)이라는 사상을 보편적 정신으로 제시하였기 때문이다. 그 신앙은 구체적으로 서로 모순되고 충돌하는 다양한 사상, 이론, 판단 등을 섭취 용해하여 보편적인 진리로서의 어떤 것을 제시하여 주기 때문이다. 내가 박정권과 오적에 반대하여 싸워온 것은 그들이야말로 우리 사회에 있어서의 억압과 수탈의 범인이기 때문이다.

나의 사상은 민중에 대한 사랑과 동시에 그들에 대한 신뢰 가운데에서 싹텄다. 나 자신이 그 일원으로서 억압받는 민중들 가운데에서 자라나면서 나는 억압자들이 사회에 강요해 온, 민중에 대한 모든 선입관 즉 비천, 추악, 도덕적인 타락, 천성적인 게으름, 비열한 성품, 무지, 무기력 등의 일종의 열등, 인종적 비하가 실은 아무런 근거가 없는 짓이며 오히려 억압자들 자신에게 돌려져야 할 성질의 것임을 확인하였다. 내가 체험한 민중들의 모습은 정직 · 근면하고, 어리석은 것 같으나 하늘의 지혜로 풍성하고, 힘없고 무기력한 것 같으나 실은 위대한 힘과 강인한 의지를 갖추고 거칠면서도 이웃에 대한 인간다운 짙은 애정을 가진 떳떳하며 싱싱한 모습이었다. 민중을 신뢰하므로 나는 이들이 스스로의 운명의 열쇠를 가질 때 모든 문제가 올바른 해결로 이끌어질 것이라는 확신과 동시에 그러한 위대한 민중의 날이 반드시 오고야말리라는 움직일 수 없는 신념을 갖게 되었다. 이러한 확신은 나를 민주주의의 철저한 신봉자로 만드는 동력이 되었다(민중을 신뢰하지 못하고 억압자들이 주입한 거꾸로 된 가치관을 갖는 자들은 일관성 있는 철저한 민주주의자로 될 수 없고 종국에 있어서는 압제의 편에 서게 마련이다).

민주주의란 무엇인가.

그것은 침묵에 반대되는 것이며, 자유로운 말을 뜻하는 것이며, 따라서 모든 감춰진 진실이 가차 없이 폭로되는 것을 뜻하는 것이다. 나는 진리가 그리고 오로지 진리만이 인간을 해방한다고 믿는 사람이다. 폭로된 진실이 억압자들의 주술(呪術)에 걸려 침묵의 문화 속에서 얽매여 있던 민중의 의식을 뒤흔들어 해방하고 그들을 자유로운 비판정신의 폭풍이 휘몰아치는 광야로 인도할 때에야말로 민중의 날이 오고 민중의 역사는 창조주에 의해 약속된 정의와 자유의 가나안으로 향하게 될 것이다. 이것이 나의 꿈이며 나의 신앙이다. 나는 그 가나안의 모습이 어떤 것인지를 정확하게 그릴 수 없다. 그것은 어느 한 개인에 의해 그려질 것이 아니라 민중의 손으로 창조되어야 할 성질의 것이다. 민중이 스스로의 운명의 열쇠를 스스로의 손에 쥐도록 싸우는 것—여기까지가 나의 과제이다.

이러한 의미에서 내가 요구하고 내가 쟁취하려고 싸우는 것은 철저한 민주주의, 철저한 말의 자유—그 이하도 그 이상도 아니다. 또한 이러한 의미에서 나는 기본적으로 민주주의자, 자유주의자이다. 내가 가톨릭 신자이며 억압받는 한국 민중의 하나이며 특권, 부패, 독재 권력을 철저히 증오하는 한 젊은이라는 사실 이외에 나 자신을 굳이 무슨 주의자로 규정하라고 한다면 나는 이 대답밖에 할 수 없다.

민주주의는 백성을 사랑하는 위정자를 바라는 것이 아니라 시민의 피와 시민의 칼을 두려워하는 권력을 바란다.

민주주의는 궁극적으로 압제에 대한 끝없는 거부를 뜻하는 것이다. 민중이 원하지 아니하는 정치권력을 폐지할 권리 없이는 민주주의는 없다. 그러므로 민주주의는 민중의 혁명권을 거부하는 것이 아니라 도리어 그것을 최종적인 담보로 하여 존립하는 것이다. 이 자명한 진리를 우리는 외면해서는 안된다.

혁명의 보장, 어떤 의미에서 항구적·상식적인 혁명 가능성의 존재는 민중이 지배자를 길들이고 억압과 수탈을 배제해 나아가는 근본적인 동력이다. 이와 반대로 혁명의 금압(禁壓), 혁명의 타부화는 지배자가 민중을 길들이고 억압과 수탈을 영구화하는 수단이다. 그러므로 나는 반항과 혁명의 신봉자가 된다. 나는 우리 민족의 연연한 혁명 전통을 사랑하고 거기에 무한한 민족적 자부심을 느낀다. 민중의 자기 존립을 위한 비판과 항의를 압살하고 끝내 회개할 줄 모르는 권력에 대하여 혁명 이외의 무슨 방법으로 대처할 수 있을 것인가.

토마스 아퀴나스 이후의 가톨릭 정치사상에서는 민중의 생존을 유린하고 공동선을 침해하는 명백한 폭군적 압제를 타도할 자연법적 권리와 의무가 민중 자신에게 명백히 주어진 것으로 인정되어 왔다. 이것은 압제에 의해 상실된 민중 자신의 인간성을 민중 스스로가 회복하는 폭발적 전환점을 마련함으로써 민중의 급격한 보편적 각성, 즉 역사가 비약하는 기적을 일으키는 것이다.

반항과 혁명은 그 과정에 있어 많건 적건 간에 폭력적인 현상을 수반한다.

권력의 억압적 폭력의 지속은 민중의 의지를 마멸함으로써 이른바 '침묵의 질서'를 만들어낸다. 때문에 이 죽음과 같은 질서를 깨뜨리는 폭력이 불가피하게 되는 경우가 생긴다. 나는 일단은 이러한 폭력적인 현상을 긍정한다. 아니 긍정할 수밖에 없다. 그러나 이 경우 내가 긍정하는 폭력은 억압하는 폭력이 아니라 저항하는 폭력이며 인간성을 박탈하는 것이 아니라 그것을 회복하는 폭력이다. 그것은 '사랑의 폭력'이라고 불러 마땅할 것이다. 성전을 더럽히는 장사치들의 머리 위에 내리치는 예수 그리스도의 회초리는 바로 이러한 '사랑의 폭력'이었다. 그것은 억압받고 수탈되는 민중만이 아니라 억압하고 수탈하는 압제적 지배까지도 인간으로 거듭나게 하는 사랑하는 폭력인 것이다.

기본적으로 폭력은 고뇌스러운 것이며 그로 인한 파괴는 쓰라린 것이다. 그러나 지상에 사는 우리로서는 이 고뇌를 딛고 넘어서야 할 때가 있는 것이다.

특히 민중이 침묵과 굴종 속에 잠들어 깨어나지 않았을 때 민중에게 '비폭력'을 요구하는 것은 황야의 이리 앞에서 민중을 벌거벗기는 짓이다. 그 때 민중을 각성, 격렬한 투쟁에 동원하기 위한 폭력의 계기가 불가피한 것이다. 간디도, 프란츠 파농도 이 때문에 괴로워했고 까밀로 토레스 신부는 이 때문에 총을 든 모습으로 발사하지 않은 채 민중 앞에서 사살당하였다.

총을 든 신부의 모습은 성스럽다. 그의 이념이나 그의 방법이 옳은 것인지 아닌지를 나는 알지 못한다.

그럼에도 불구하고 떨리는 걸음으로 골고다로 가는 길을 찾아 헤매는, 인간을 사랑하기 위하여 자신의 죄악까지도 각오하는, 그리하여 지옥 끝까지라도 가려 하는 그 처절한 사랑의 모습이 눈물겹도록 성스럽게 느껴진다.

비겁한 비폭력이 잔인한 폭력과 통하듯이 사랑의 폭력은 '용기 있는 비폭력'과 본질적으로 같은 것이라고 나는 믿는다.

사랑의 폭력을 긍정하는 나는 동시에 비폭력주의자인 것이다. 참된 비폭력주의는 억압자에 대한 한 치의 양보도 타협도 없는 철저한 불복종을 전제로 한다. 이 원칙에서 벗어나는 허울 좋은 모든

'비폭력주의'는 압제에 대한 협력 이외의 아무것도 아닌 것이다.

내가 지지하는 혁명은 이와 같은 철저한 비타협, 불복종의 비폭력주의와 고뇌스런 사랑의 폭력을 결합 통일하는 가운데에서 이루어지는 것이다(이것이 「장일담」의 세계이다). 거기에 이르기 위하여, 다시 말하면 비폭력이 비굴로 흐르지 않고 폭력이 사랑으로부터 벗어나지 않기 위하여 나는 인간의 부당한 내적 · 영신적 쇄신이 필요하고 민중의 보편적인 자기 각성 과정이 필요하다고 본다.

나는(비록 블랑키즘 같은 것이 심리적으로 혁명의 단초적 계기가 되는 점은 인정하지만) 소수의 조직적 폭력 음모에 의하여 요행으로 얻어지는 그러한 혁명은 꿈꾸지 아니하며 신뢰하지도 아니한다. 이것이 내가 어떠한 음모자의 조직을 구성하거나 거기에 소속되려 하지 아니하고 민주주의를 위한 발언, 집회 또는 기도회에 참여하는 이유이다.

또한 내가 꿈꾸는 혁명은 자유, 민주, 자주, 평화, 통일의 조국을 건설하기 위한 것이지만 본질적으로는 우리 민중이 스스로의 운명을 스스로의 손으로 결정하기 위한 보장을 전취(戰取)하려는 것이다. 그것이 내가 확신을 가지고 지지하는 혁명의 모습이다.

또 그것은 외래의 이데올로기에 의해 스테레오 타입이 된 모습이 아니라 우리 민족 특유의 혁명 전통을 계승 · 발전시킨 것이 될 것이다. 동학혁명과 3 · 1운동, 그리고 4월 혁명의 전통은 그러한 혁명의 모습을 예시해 주는 것이다.

(3) 혁명적 종교에의 꿈

「장일담」의 세계

나는 J. B. 멧츠의 고백처럼 내 속에 혼재(混在)하는 여러 사상들의 상대적 다양성 그 자체 때문에 더욱 유일 절대적 존재에의 신앙이 요구되고 또 가능해진다고 믿는다.

혁명은 종교를 거부하여야 하며 종교는 혁명을 거부하여야 하는가?

"아니다"라고 나는 말한다. 이 점에서 나는 이미 마르크스-레닌주의자가 아니다. 마르크스주의적인 아편종교관은 역사적인 종교의 한 측면에서만 타당한 일면의 진리일 뿐이다.

보름달이 구름에 가려 흐려지듯이 가열(苛烈)하고 오랜 억압에 찌들은 민중의 가슴 속에는 정의에의 열정과 이웃에의 사랑이 이기적, 개체 보존적인 도생주의(圖生主義)·보신주의(保身主義)에 압도되어 잠들어 버리고 그들의 미칠 듯한 한과 분노는 좌절과 자학(自虐) 속에서 방향을 잃은 채 분산·고립되어 무조직적 발산을 거듭하게 된다. 이것이 지배자들이 침뱉으며 형무소에 처넣은 수많은 '천민범죄'(賤民犯罪)—절도, 강도, 폭력, 살인, 자살, 탈영, 인질극 등—모든 참담한 비극의 원인이다.

이때 제사장의 종교, 바리세인의 종교는 민중의 이기적 도생주의·보신주의를 내세(來世)의 환상으로 영구히 타락시키고 그들의 한(恨)과 분노를 감상적인 자선주의로 길들여 거세(去勢)해 버린다. 민중을 걸인화(乞人化)하는 구호물자의 신(神)은 결국 억압자의 신인 것이다. 이것이 바로 내가 슈바이처에게 찬동할 수 없는 이유이다.

그러나 똑같은 시간에 예언자의 종교, 사랑의 종교는 광야에서 일어나 억압받고 그리하여 소외되고 비인간화된 민중의 가슴 속에서 잠자는 모든 인간적인 것, 모든 하늘의 것을 폭풍처럼 뒤흔들어 일깨워낸다. 그것은 부활의 신비—혁명이다. 그것은 민중들로 하여금 신의 형상대로 창조된 자신의 존엄성에 눈뜨게 하여 그들의 좌절과 자학을 종말론적인 희망으로 바꾸어 놓는다.

그리하여 그것은 민중의 이기적·개체보존적·환상적인 도생주의를 연대적 · 집단적 · 현실적인 도생주의로—만인의 인간다운 삶과 존엄을 쟁취하기 위한 투쟁으로 전변(轉變)시킨다. 그것은 민중의 한과 분노는 그 자학적인 발산으로부터 해방하여 그것을 하느님의 공의(公義)를 요구하는 강인하고 열렬하고 우렁찬 아우성으로, 나아가서 필요한 경우에는 그 결정적이고 조직적인 폭발에로 발전시킨다. 그것은 혁명적 종교이다.

이 기적과 같은 전환, 이 부활의 신비를 잉태하는 계기는 삶과 죽음을 꿰뚫는 인간의 종교적인 결단, 인간의 내적 · 영신적 쇄신에 있다(이것이 장일담이 노래하는 '단'(斷)의 철학이다). 대학시절 특히 결핵으로 오랫동안 요양할 때부터 나는 죽음에 대한 공포와 우리 사회에 만연한 정신적 비인간화가 물질적 빈곤과 더불어 동시에 극복되는 길에 대한 갈증을 느끼고 있었다. 그 때 '사람이 곧 하늘이다'(人乃天)라는 동학의 속삭임이 내게 들려왔다. 그리고 그것은 곧 '제폭구민'(除暴救民)의 깃발을 높이 들고 생존의 권리를 쟁취하기 위한 투쟁의 대열에 나서는 저 참혹한 농민전쟁의 처절한 기아행진의 영상과 결합되어 천지를 뒤흔드는 우렁찬 함성으로 울려왔다.

그 순간 이래 10여 년을 나는 이 영상을 줄기차게 추구해 왔다. 그러는 사이 나는 어느덧 이 영상에 신과 혁명의 통일이라는 이름을 붙이게 되었다. 또한 나는 '사람이 하늘이다'라는 말을 '밥이 하늘이다'라는 시어(詩語)로 번역하게 되었다. '신과 혁명의 통일'이라는 이 어렴풋한 영상을 끌어안고 피투성이의 고뇌로 가득찬 오랜 사색 과정을 거치는 동안 나는 현대의 진보적 기독교 사상과 그 운동에 이끌리게 되었다.

그 사상은 트릴쥐, 오자남, 마르크스 등을 포함한 구라파의 사회개혁 사상을 전통적인 기독교 사상의 거대한 건축 속에 흡수, 새로운 것을 발전시키려는 것이었다.

1972년 기독교 사회주의 산디아고 선언에서 제시된 바와 같은 마르크시즘의 사회개혁 원리와 기독교 사상과의 통일에 관하여 나도 같은 관심을 갖게 되었는바 그것은 예컨대 마르크스와 예수가 결합하는 경우 마르크스에서는 사회적 억압이 인간의 구원을 방해한다는 구조적 인식론이 선택되고 예수에서는 만인에 대한 사랑과 인간의 존엄을 주장하는 휴머니즘, 인간의 구원의 계기로서의 '거듭남'의 강조, 그리고 역사 속에서 심판하며 공평하게 하며 해방하는 소망의 신—나자렛 예수의 활동 모범이 선택되어 통일되는 것에 대한 관심이다. 적어도 나에게 있어서는 이 통일은 물론 역사적인 마르크시즘과 역사적인 기독교의 기계적인 결합이 아닌 완전히 새로운 어떤 것이다(이 새로운 것—아니 이 창조되어 가고 있는 도중의 미확정물에 대하여 나는 어떠한 기존의 명칭도 사양한다. 남북분단의 비통, 그리고 그것을 빌미로 한 가혹한 억압과 지배의 현실 아래서 경직될 대로 경직되어 버린 우리 사회의 불모적(不毛的) 정신풍토는 나의 이 사상적 미완물(未完物)에 관하여 성급하게 어떤 기존 이데올로기의 낙인을 찍기를 강요할지 모른다. 그러나 나는 이것을 창조하는 인간의 권리로서 거부한다. 단호히 절대로 거부한다. 인간의 모든 창조적 사상은 대량생산과정에 의해 만들어지는 획일적 규격품이 아니다).

나의 경우 신과 혁명의 통일의 영상을 요한 23세의 「어머니와 교사」가 '지상양식의 기적을 통해 천상양식의 마련을 예고'하던 예수의 빵의 신비를 지적함으로써 한층 분명하여지고, 현대의 해방신학(Frederick Herzok, James Cone, Richard Shaull, Paul Lehmann, Jürgen Moltmann, J.B. Metz, Toät Hugo Assman, Reinhold Niehbur, Bonhöffer)의 보고들, 그리고 제 2 차 바티칸공의회 이후의 교황들의 칙서 및 그 이전의 〈레룸 · 노바룸〉, 〈콰드라게시모 안노〉 등의 회칙 등으로 인하여 더욱 구체화되어 왔다. 그러나 무엇보다도 나는

14. 양심선언

1971년 이래 지금까지 줄기차게 전개되어 오고 있는 한국기독교의 민권운동의 실천에 스스로 참여한 과정을 통하여 한국과 같은 가장 깊은 모순을 품은 복잡한 조건과 풍토 속에서 독특한 생명력을 발휘해 온 우리 민중의 끈덕진 저항과 혁명의 전통 속에야말로 신과 혁명의 통일이라는 새로운 인간 해방의 원리를 창출하여 세계에, 특히 제 3 세계에 제시할 소재(素材)의 금광맥(金鑛脈)이 있다는 확신을 갖게 되었다. 이 소재를 현대의 해방신학의 끌로 다듬어낼 때 '하느님의 선교'(Missio Dei)는 투박한 한국적 민중투쟁의 전통 속에서 새로운 모습으로 기적을 일으킬 것이다. 바로 위와 같은 주제들, 한 종교가의 가르침과 사상적 편력(遍歷)의 일생을 통하여 복음서 형식으로 표현하려 한 것이 「장일담」이며 소위 '반국가적 표현물 제작 예비 음모'에 저촉되었다고 박정권이 주장하는 시작구상(詩作構想)인 것이다.

장일담은 원래 백정과 창녀의 아들로 태어난 '도둑놈'이다. 그는 자기의 처지에 고통받다가 어느 날 득도(得道), 해방의 설교자가 된다. 그는 임꺽정처럼 '부자가 훔쳐간 돈을 가난뱅이가 도둑질'하여 나눠야 한다고 생각하고 그것을 실행하다가 감옥에 들어와서도 도둑들에게 혁명을 가르친다. 감옥 안에서 어느 날 그는 운동시간을 빼앗기고 분통이 터진 나머지 "해방은 가차 없이 필요한 것, 원수인 부르주아를 타도하자"고 외친다(이 시작구상 메모는 장일담의 초기행동, 과격행동 사상에 따른 감옥에서의 가르침의 내용의 일부인데 저들은 이것을 내 사상 그대로인 듯 발췌, 클로즈업하여 내가 공산주의자라는 움직일 수 없는 증거라고 몰아대고 있다).

장일담은 탈옥하여 수배되고 창녀들이 있는 뒷골목에 숨는다. 그는 창녀들에게 "오 나의 어머니여!"하며 그 발에 입 맞추고 거기서 "밑바닥이 하늘이다," "하느님은 바로 당신들의 썩은 자궁 속에 있다. 하느님은 밑바닥에 있다"고 선언한다. 그 후 그는 계룡산으로 들어가 '해동극락교(海東極樂敎)'를 선포, '시천주(侍天主), 양천주(養天主), 행천주(行天主), 생천주(生天主)'의 네 단계의 수행과 '공동소유' 및 혁명행동 등을 설교하고 기도와 행동을 통일할 것을 강조하며, '흐름에의 거역', '밑바닥을 하늘로 전복할 것'과 지상에서 천상에로 이르는 나그네길이 혁명이며, 인간 속에 있는 짐승을 죽이는 것— '백정'짓—이 수행의 핵심이라는 것을 가르치고 이 세상은 말세이며 곧 새 세상이 온다, 해동에 극락이 온다는 것을 약속한다.

이후 그는 노동자, 농민들을 향하여 전도를 하며 황야에 이르러 제사를 올려 모든 옛것을 불태우고 폭력은 불가피하나 '단'(斷)이 바람직하다고 가르친다. 그는 무리와 더불어 마귀가 있는 서울을 향하여 모두 깡통을 들고 진군한다. 이때 그는 극락이란 "밥을 나눠 먹는 것"이며 "밥이 하늘이다"라고 선포한다. "밥이 있는 서울로 가서 거기를 또 지나 밥을 나눠 먹는 천국에로 이르는 영원한 나그네길로 간다"(이 길은 극에 이르면 다시 밥이 있는 곳으로 되돌아오는 영원한 수행(修行)을 암시한다).

그는 진군하고 패배하고 현상수배되어 배신자 유다스의 밀고로 잡혀 죽는다. 그는 한 마디 변명도 없이 반공법, 국가보안법, 내란죄 등의 죄명을 쓰고 목 잘린다. 이때 그는 '밥이 하늘'이라는 노래를 부른다.

> 밥이 하늘입니다. 하늘을 혼자 못 가지듯이 밥은 서로 나눠 먹는 것
> 밥이 하늘입니다. 하늘의 별을 함께 보듯이 밥은 여럿이 갈라 먹는 것
> 밥이 하늘입니다. 밥이 입으로 들어갈 때에 하늘을 몸 속에 모시는 것
> 밥이 하늘입니다. 아아, 밥은 모두 서로 나눠 먹는 것

14. 양심선언

처형된 장일담은 사흘 만에 부활하여 그 모가지가 배신자의 모가지를 떼고 배신자의 몸통에 붙는다. 배신자의 몸뚱이는 성자(聖者)의 머리와 결합한다. 간지(奸智)를 우반자로 하고 성(聖), 선(善), 진리(眞理)를 내용으로 하는 이 기이한 결합은 복수이면서 동시에 악인까지도 구원하는 기이한 장일담의 사상을 표현한다.

장시(長詩) 「장일담」은 다음과 같이 끝날 예정이다. "밥을 나눠먹는다는 노래를 부르는 소리, 폭동이 되어 전국 각처를 휘몰아친다고 전한다."

이와 같은 것이 「장일담」의 윤곽이다. 그것은 아직도 어렴풋한 윤곽이다. 거듭 말하거니와 '장일담'의 세계는 아직 미완성의 세계이다. 그 속에는 종교적 고행과 혁명적 행동이, 예수의 행적과 최수운 · 전봉준의 투쟁이, 초기 기독교의 공동체적 생활양식에의 동경과 우리 민족의 오래되고 강인한 민중운동에의 애착이, 파울로 프레이리의 피압박자의 교육테제, 프란츠 파농의 폭력론, 블랑키스트적인 급진폭력, 기독교의 원죄론적인 인간관, 가톨릭의 '행천주' 사상 등과 불교의 윤회설(輪回說), 임꺽정, 홍길동의 활빈(活貧) 사상, 동학의 시천주, 양천주 사상들이 결합하고 혹은 용해되고 혹은 서로 모순하고 부딪히면서 어지럽게 교차하고 있다.

현재로서는 내가 구상하고 있는 이러한 '장일담'의 세계에 대하여 나는 어떤 일관된 이론적 해명을 하려 하지 아니한다. 그것은 불가능한 것이다. 내가 그것을 할 수 있는 것은 「장일담」을 완성한 후의 일이 될 것이다.

(4) 나는 반공법을 위반하였는가?

나를 공산주의자로 '만들어내려는' 박정권은 내가 옥중수첩에 '장일담' 등의 시작, 극작구상을 메모한 것을 가지고 반국가단체를 찬양하는 표현물 제작행위로, 나의 소위 인혁당 사건 관계 발언들을 반국가단체 찬양 · 고무 · 동조 행위로, 내가 내 방에다가 몇 권의 서적을 놓아두고 있었던 것을 반국가단체를 찬양 · 고무 · 동조할 목적의 표현물을 은닉 · 보관하여 반국가단체를 이롭게 한 행위로 몰고 있다. 어제 오늘에 시작된 것이 아닌 이 지긋지긋한 반공법 제4조의 상투적 · 견강부회적 · 무차별적 · 모략적 적용이야말로 우리 사회의 사상적 · 정신적 성장과 발전을 가로막아 온 최대의 질곡이며 우리 민중으로부터 '말의 자유'를 빼앗아 숨막히는 암흑한 침묵의 문화를 보급함으로써 민주주의를 압살하고 부패특권의 압제권력을 유지해 온 최대의 억압의 무기이다. 나는 이에 대하여 자유의 이름으로 머리 끝부터 발끝까지 치떨리는 분노로 항의한다. 나는 또 다시 나에게 들씌워진 이 더러운 질곡을 단호히 거부한다. 인간을 인간답게 하는 개성의 허용, 사상의 자유, 표현의 자유를 온몸으로 요구한다.

(가) 첫째로, 중앙정보부와 경찰의 수사과정을 통하여 저들은 내 시작 구상 「장일담」에 관한 메모에 대하여 그것이 모택동 사상에 의해 쓰여진 것이라고 나를 강박하였다. 「장일담」의 메모에는 앞에서 언급한 바와 같이 동서고금의 수많은 사상, 입론, 행적 등에 관한 메모가 있다. 그 중 하나로서 모택동의 「모순론」도 있다. 이것을 빌미로 저들은 내가 모사상에 입각한 공산주의자이며 모순론의 대립물의 전화, 통일의 법칙에 따라 가톨릭에 입교했으며, 「장일담」 메모 중 '신과 혁명, 빵과 자유, 지상과 천상의 통일' 등의 기록은 모순의 전화론에 해당하는 것이며 심지어는 '부활'까지도 모택동 사상이라고, 즉 죽음의 부활로 '전화'된 것은 모순의 전화라고 실로 어처구니없는 억지를 부리고 있다('부활'을 모사상에 입각

한 '모순의 전화'로 보는 검사의 그 놀라운 상상력에 대하여 우리는 경탄만 하고 있을 것인가!).

유물론과 형이상학을 동일시하고 변증법 비슷한 것만 있으면 모두 공산주의자로 모는 대한민국의 '민주경찰' 앞에서는 노자도, 공자도, 예수도, 석가도, 아니 그 누구도 모두 공산주의자가 될 수밖에 없을 것이다.

앞서 나는 「장일담」이 아직 미완성의 세계이며 그런 고로 아직 그에 대한 이론적 해명을 할 수 없다고 하였지마는 적어도 그것이 마르크스주의 사상을 표현하기 위하여 일관된 사회주의 리얼리즘에 입각하여 쓰여진 것이 아니라는 것은 단언할 수 있다. 「장일담」의 내용은 묵시록적, 예언자적이며 우화, 괴기, 상징, 비유와 엉뚱한 초자연적 사건, 그리고 농민적 · 자유 노동자적 감수성이나 상상력으로 가득 차고 그 색채는 기교화미(技巧華美)하여 표현주의적이고 죽음, 동요, 불안, 공포, 혁명, 절망, 음울, 학살, 처형, 퇴폐 등이 주된 분위기를 이루어 강렬한 언어와 폭력적인 사건으로 피투성이와 같은 과도시대의 특징을 보여주는 것이다. 따라서 그것은 사회주의 리얼리즘의 회색 분위기나 자연주의적 묘사, 현실적 사건 전개, 철과 용광로 등 노동자적인 것과는 무관한 것이다.

이러한 작품세계에 관하여, 그것도 아직 미완성인 것을 가지고 '북괴를 이롭게 할 목적'으로 쓰여진 것이라고 강변하는 데에 이르러서는 할 말을 잃을 수밖에 없다. 이것이 '문예중흥 5개년 계획'을 내세우고 있는 저들의 진면목인 것이다.

다음 부르조아에 저항하는 '말뚝'을 주제로 한 나의 극작구상 메모에 관한 저들의 주장을 보자. 저들 검찰과 정보부는 이것이 자본주의와 부르조아를 타도하고 노동자 · 농민이 승리하는 마르크스주의적 작품이라고 몰아붙이고 있다. '공산주의자'를 만들어내기에 여념이 없는 저들은 '부르조아'라는 한 마디에 거의 조건반사적으로 반공법을 들이대는 신경질적인 반응을 보인다. 그러나 마르크스가 꽃을 꽃이라고 부른다고 해서 내가 왜 꽃을 보고 꽃이라고 불러서는 안되는가? 오늘날 '부르조아'란 이미 전 세계에 걸쳐서 보편적으로 인정되어 있는 역사적인 개념이다. 또한 '부르조아'라는 말을 사용하거나 '부르조아'를 증오한다고 해서 공산주의자라고 한다면 '부르조아'를 증오한다고 외쳤던 불란서 가톨릭의 오자남, 베르나노스는 어떻게 설명할 것인가? 뿐더러 우리 사회에서는 일반적으로 '잘 사는 사람, 있는 사람'을 가리켜 반(半)농담으로 부르조아라고 지칭하는 관용어법이 통용되고 있다. 내가 극작 구상 메모에서 쓴 '부르조아'란 용어는 바로 이러한 의미, 더욱 구체적으로 말하자면 우리 사회의 억압자인 '부패특권층'을 지칭하는 한정된 의미를 지닌 것으로서 이는 곧 〈오적〉과 동일한 내용이다.

또한 이 극작의 주제는 반부패, 반특권의 민생운동 테제에서 시작되는 것이며 주인공은 자유노동자로 설정함으로써('말뚝'이란 원래 탈춤 속의 반항적 종놈이다) 공업노동자 계급의 계급독재를 전제로 한 혁명 따위와는 전혀 무관한 '천민적 저항 인간상'을 창조하여 보여주려 하는 것이 목적이다. 즉 인륜을 상실한 정신, 육체적으로 소외된 '밑바닥 천민'을 주인공으로 하여 현대 한국 민중 정신, 육체적으로 인간성을 박탈당한 비인간의 전형을 창조 1) 그의 좌절과, 2) 그 좌절을 '미사' 즉 하늘로부터의 계시에 의해 극복하게 하고, 3) 저항케 함으로써 민중의 좌절—인간회복에 이르는 '행동과 기도의 상호작용'—을 '한국적인 투박한 저항적 천민'인 말뚝 속에 투사(投射)하여 '희망'을 강조하고 그 결과로 도래할 종말론적 환각으로서의 어떤 '친교'(성서의 KOINONIA)의 세상을 그리려 하였는바, 이는 참된 예술의 영원한 주제인 억압 없는 사회에의 표현이며 기독교적 · 종말주의적 상상력에 의거한 것이지 그 어떤 이데올로기에 입각한 것이 아님은 물론, 북괴를 이롭게 할 목적으로 쓰여진 것은 더욱 아닌 것이다.

여기서 나는 왜 내가 「오적」, 「비어」, 「장일담」, 「말뚝」 등의 문학작품을 쓰느냐는 동기를 분명하게 밝혀두려 한다. 나는 그것을 누구를 이롭게 할 목적으로 쓰는 것은 아니다. 쓰고 싶어서 쓴다. 쓰지 않고는 도저히 배길 수 없는 속으로부터의 억누를 수 없는 충동 때문에 쓴다. 쓰지 않을 수 없어 쓴다. 그것뿐이다.

(나) 나의 소위 인혁당 관계 발언들

하재완의 고문설, 인혁당 석방요구, 기자회견 등에 관하여 저들은 내가 '북괴의 선전활동에 동조'하였으며 '반국가 단체인 인혁당을 이롭게'한 것이라고 주장하고 있다.

인혁당 고문설에 관한 나의 발언과 북괴의 선전활동의 내용이 같았다고 하자. 그러면 내가 북괴의 선전활동에 동조한 것인가? 북괴가 나의 선전활동에 동조한 것인가? 그들은 하재완을 만나지 못하였으나 나는 직접 하재완을 만나 내 귀로 그 이야기를 들었다. 그것을 그대로 세상에 전한 것뿐이다. 나는 결코 북괴의 선전활동을 듣고 그것을 근거로 하여 하재완이 고문받았다고 선전한 것이 아니다. 만약 내용만 같다고 하여 모두 '동조'라고 한다면 민주인사 석방을 요구해 온 수많은 시민, 지식인, 종교인, 학생, 정당인들은 역시 '민주인사 석방'을 틀림없이 주장하였을 '북괴의 선전활동에 동조'한 죄로 반공법의 적용을 받아야 한단 말인가? 이 얼마나 지나친 넌센스인가?

나의 발언은 '반국가 단체인 인혁당'을 이롭게 하기 위한 것이었던가? 아니다. 나는 내가 아는 사실을, 세상 사람들이 마땅히 알

지학순 주교를 비롯한 재야인사들과 함께 원주시내에서
출옥기념 가두행진을 하는 장면(1975년)

아야 할 저 끔찍한 진실을 이 나라의 인권과 민주주의를 위하여 폭로하였을 뿐이다. 나는 많은 할 일을 젖혀 두고 나와 아무런 관계도 지면(知面)도 없었던 '인혁당'을 특별히 이롭게 하기 위하여 박정권의 탄압을 무릅쓰고 애쓸 아무런 이유가 없다. 저들은 내가 나의 '용공성'을 감추기 위해서 '인혁당 조작설'을 퍼뜨렸다고 주장하나 세상이 나를 용공분자로 알지 아니하고 국무총리란 사람까지도 김지하는 공산주의자가 아니라고 국회에서 공언한 처지에 내가 '용공성'을 감추기 위하여 그런 발언을 할 무슨 이유가 있었겠는가? 오히려 그런 발언을 하는 것은 박정권에 의해 '용공분자'로 몰릴 명백한 위협이 존재하고 있었을 것이다.

인혁당 사람들이 고문을 받았다는 것은 나의 확신이다. 중앙정보부란 어떤 곳인가? 학생들, 야당 국회의원들은 물론이요 최근에는 공화당 원내총무란 사람까지도 고문을 받은 일이 있노라고 폭로

한 그런 곳이다. 그러한 중앙정보부에서 공산주의자로 몰아 처형하려 한 '인혁당' 사람들이 고문을 받지 않았으리라고 하는 '논리적' 심증을 가질 수 있는 사람이 대체 몇 사람이 되겠는가?

그러한 나의 확신을 나는 그것도 내가 귀로 듣고 눈으로 본 사실에만 국한하여 표현한 것뿐이다. '인혁당'이 과연 반국가단체인가, 아닌가? '인혁당'이라는 것은 과연 실체가 있었던 것인가, 도깨비인가? 나는 아직도 이 의문에 관한 박정권의 선전을 절대로 그대로는 믿지 않는다. 만약 나로 하여금 그것을 믿게 하려면, 그리고 내가 거짓으로 고문설을 퍼뜨렸다고 국민들에게 납득시키려면, 박정권은 이미 처형된 8명을 되살려 놓든가, 하재완, 이수병의 혼이라도 불러와야 할 것이다. 이 문제에 관한 재판은 어떻게 가능한 것인가?

(다) 나에게 씌워진 가장 기막힌 죄목을 이야기하자. 1964년도 내가 읽은 잡지 「한양」(漢陽)과 「청맥」(靑脈), 그리고 1969년에 읽은 「실천론」, 「모순론」 등의 서적을 내 집 골방에 내버려 놓은 것이 반국가 단체를 이롭게 하기 위하여 반국가적 표현물을 은닉, 보관한 것이라는 것이다.

10여년 전에 읽고 버려둔, 골방 속에서 먼지를 뒤집어쓰고 잠자는 책이 무엇이 어째서, 어떻게 적을 이롭게 한단 말인가?

(5) 자유와 정의를 사랑하는 모든 이들에게

억압과 독재에 반대하고 자유와 정의, 그리고 양심을 지키려는 모든 사람들은 지금도 부패특권의 독재정권에 대하여 치떨리는 분노로 맞서고 있을 것이다.

나는 지난 2월 15일 무기수로서 출감할 때 분명히 약속한 바대로 내 생명이 붙어 있는 한 끝까지 독재정권에 대항하여 투쟁할 것이다.

위에서 나는 나의 반공법 위반사건의 진상을 밝혔다. 나는 나를 기억하는 모든 이들이 위의 양심선언의 내용에 반하는 어떤 형태의 나에 대한 모략도 신뢰하지 않을 것을 확신하면서 밀폐된 방 속에서나마 나는 나의 평화를 누리고 있다.

나의 옥중수첩에는 나의 위의 선언의 진실을 입증할 많은 기록들이 있고 또 나로서는 옥중에서의 고통스럽던 시절에 밑바닥의 버림받은 이웃들과의 교우에서 얻은 귀중한 체험과 진실과 영감들이 그 수첩에는 기록되어 있다. 그 속에는 나의 것만이 아닌 우리 시대의 진실이 있다고 말하고 싶다. 그 4, 5권의 수첩들이 인멸되지 않도록 노력해주기 바란다.

우리는 무엇 때문에 싸워 왔는가? 인간을 위하여서이다. 자유롭고 해방된 인간, 신이 창조한 본래의 모습으로 회복하기 위하여서이다. 우리의 이 과제는 그 무엇보다도 우선하는 것이며, 잠시도 늦출 수도 멈출 수도 없는 것이다.

부패와 특권, 독재야말로 적화(赤化)에의 황금교(黃金橋)이다. 독재와 억압을 유지시키는 것은 안보가 아니다. 독재와 억압을 물리치고 자유와 민주주의를 지키는 일이 참다운 안보임을 직시하자. 자유와 민주주의를 잃고 나면 우리는 무엇을 지킬 것인가?

저 지루한 기아와 질병, 암흑과 모멸의 끝없는 굴레를 지키기 위하여 우리는 목숨을 걸어야 할 것인가? “아니다”라고 우리는 다 같이 말하자.

자유와 평화를 사랑하는 전 세계의 양심 있는 이웃들은 우리의 외롭고 고난에 찬 투쟁에 아낌없는 지원을 보낼 것이다. 이 시대에 가장 필요한 것은 진실, 그리고 그것을 사랑하기 때문에 당해야 하는 수난에 대한 정열이다. 인간의 자유와 해방을 위하여 온 민중이 애타게 기다리는 민주주의의 승리를 위하여 우리의 모든 것을 던지자고 말하고 싶다.

우리 모두의 건투를 위하여 나는 오늘도 기도하고 있다.

추신: 나는 내가 체포될 때에 내가 살고 있던 시골집과 내 아들이 살고 있던 집(妻家)이 시간을 같이 하여 수색당하고 그 결과 나와 내밀(內密)한 사적기록(私的記錄)인 메모첩 4, 5권이 압수되었는바 그들이 나를 체포하고 집을 수색한 목적이 당초에 어디에 있었던가에 의문을 갖고 있다. 그들은 처음 "김대중 씨 납치사건의 진상을 시로 써 달라는 부탁을 받지 않았는가?" "원고는 어디에 있는가?"를 매우 신랄히 추궁했었으니까.

나는 지금 접견도, 통신도, 집필도 금지되고 운동과 기타 모든 권리가 제약된 채로 심지어 서적까지, 성경까지도 금지된 상태에서 1.27평의 어두움 속에 밀폐되어 있다. 이 어둠 속에서 나는 또한 끈질긴 추억의 유혹과 싸워야 하며 부단히 저 불길하고 잿빛뿐인 미래와 눈을 부릅뜨고 맞서고 있다.

이 고통만이 나를 적 앞에서 각성케 하고 잠들게 하지 않는다. 지금 내 마음은 물처럼 맑다. 다만 이 글이 나가 발표될 때에 연관된 선의의 사람들에게 가해질 그 쓰라린 피해만이 걱정이다. 벗들, 부디 그들의 고통에 관심을 기울여 달라! 나를 슬픈 눈빛으로 보지 말아다오. 우리는 곧 만나게 될 것이다.

15. 항소이유서

변호인의 변론을 이유로 처벌할 수 없다

1974년 7월 9일 강신옥 변호사는 변론을 하다 연행·구속된다. 민청학련사건을 맡아 최종변론을 하다가 법정모욕죄를 저질렀다는 혐의에서였다. 학생들이 반국가단체를 구성하여 폭력적 방법으로 정부를 전복하여 공산주의 국가를 건설하려고 했다는 혐의를 씌워 긴급조치 제 1 호, 제 4 호를 선포하여 군법회의 재판을 통해 군사정권에 대한 시민적 저항을 말살하려고 한 사건이 민청학련사건이다. 법정에서는 피고인의 최소한의 절차적 권리도 봉쇄되었으며, 군사작전하듯 공판이 진행되었다. 검찰관은 사형·무기징역 등의 초중형을 구형하였다.

그러한 재판진행에 대하여 재야 법조인들은 강력히 항거하였다. 그러나 피고인의 접견, 반대신문의 기회 등이 봉쇄된 채 변호인의 최종변론이 이루어질 수밖에 없었다. 황인철, 홍성우 변호사의 변론에 이어 강신옥 변호사는 그 재판의 부당성을 조목조목 지적하였다. 법이 권력의 시녀, 정치의 시녀로 전락함을 경고하고, 적법절차를 전혀 거치지 않은 재판과정의 문제점을 지적하면서, 애국학생을 빨갱이로 몰아 사형을 구형하는 것은 사법살인행위이며, 국민의 저항권의 역사적 근거와 법적 타당성을 설득력 있는 근거와 함께 강력히 주장하였다. 어린 학생이 공부는 못하고 민주헌정회복을 위해 이런 과감한 행동을 하지 않을 수 없는 데 대해 기성 세대로서 도덕적 책임감을 느낀다는 논조가 이어지자 그의 변론은 제지되었다. 그는 곧바로 중앙정보부 요원에 연행되어 조사받고, 정식 구속되었다. 그는 긴급조치 제1호, 제4호 위반과 법정모욕죄로 기소되었다. 그 사건에 대하여는 99명의 공동변호인단이 구성되어 변론에 나섰지만, 군법회의에서는 징역 10년, 자격정지 10년이 선고되었다.

이에 강신옥 변호사는 장문의 「항소이유서」를 제출하였다. 그는 변호인의 변론은 절대적 면책특권을 가지는 것임에 대하여 역사적 예증과 함께 법적 근거를 제시한다. 변호인의 사명과 윤리를 역설하고, 저항권의 법적 근거를 들어 주장하면서, 자신의 변론이 결코 범죄가 될 수 없음을 역설한다. 이 항소이유서는 변호인의 참다운 사명과 윤리, 자세를 풍부한 사례와 깊은 학문적 논증을 들어 제시한 글이다. 기실 강신옥 변호사는 바로 이 변호인의 변론 및 법정모욕죄에 대한 깊은 연구를 수행한 바 있는데, 그러한 지식을 자신의 사건에 대하여 실천적으로 적용한 것이 이 항소이유서라고 할 수도 있을 것이다.

물론 그의 항소 역시 기각되었다. 그리고 그는 보다 상세한 「상고이유서」를 또한 작성한다. 대법원은 이 사건에 대한 처리를 미루다, 긴급조치와 유신헌법이 폐지된 지 5년이 지나 1985년 원심판결을 파기하고 무죄취지의 내용으로 환송한다(대판 1985. 1. 29, 74도3501). 최종적으로 서울고등법원은 1988. 3. 4. 무죄판결을 내렸다. 이 대법원판결 및 서울고등법원의 판결문 역시 변호인의 변론권의 성격과 관련하여 음미해야 할 중요한 내용을 담고 있다.

여기서는 강신옥 변호사의 「항소이유서」를 게재한다. 이 사건의 전 경과를 이해하기 위해, 민청학련사건의 변론에 같이 관여했고, 7~80년대 인권변론을 이끌어온 황인철 변호사가 사건경과를 상술한 글을 함께 싣는다. 강신옥 변호사는 뒤에 김재규 재판의 변호인으로도 관여하였다. 황인철 변호사로 대표되는 인권변호사의 활동에 대하여는 이석태 외, 『'무죄다'라고 말할 수 있는 용기—인권변호사 황인철, 그 삶과 뜻—』(문학과지성사, 1998)을 참조할 수 있다.

15. 항소이유서
변호인의 변론을 이유로 처벌할 수 없다

강신옥

사건번호: 74고군형항 제54호
사 건 명: 대통령 긴급조치위반

피고인 강 신 옥

위 피고인은 다음과 같은 이유로 그 항소이유서를 다음과 같이 제출합니다.

다 음

원판결은 군법회의법 제345조(변론)에 따른 변호행위는 변호인의 직무행위로서 그 행위는 법률상 절대적 면책특권이 부여되고 있는 법리를 위반한 잘못이 있습니다.

* 1974년 9월. 강신옥, "법과 혁명(2)," 한국사법행정학회, 사법행정, 1989년 7월호, 47~53 및 강신옥, "법과 혁명(3)," 위 책, 1989년 8월호, 48~54.

第一. 변호인은 헌법기관

변호사는 형사피고인을 조력할 권리와 의무를 가진 헌법상의 공적 기관으로서 우리 헌법의 기본이념인 자유민주적 기본질서를 공고히 하기 위해 입법, 행정, 사법의 삼권을 분립하여 사법권은 법원에 속하도록 하였고 누구든지 법률에 의하지 않으면 형벌을 받지 않게 되어 있고 법률에 위반한 사람에 대한 형벌을 부과하는데는 독립하여 헌법과 법률 및 양심에 따라 심판하는 법관에게 소송관인 검찰관이 공소를 제기하여야 하고 이 공판사실에 대해서 검찰관과 피고인의 변호인은 대등한 지위에서 공격과 방어를 하게 한 뒤 법관이 공정하게 심판하는 당사자주의 원칙에 따른 재판제도를 마련해 놓은 것입니다.

사법권이 법원에 있다거나 재판제도로 법원의 법관에게 심판권이 맡겨져 있다는 것은 다른 말로 표현하면 헌법이나 모든 법률의 해석권은 법원에 있다는 것이며, 법원의 법률적용과정이 바로 재판과정이며 이 과정을 통하여 법원의 법률해석 및 사실인정에 따라 피고인이 처벌받도록 되어 있는 것입니다.

피고인을 위해 조력하는 형사변호인은 바로 위 재판에 관여하여 검찰관과 대등한 지위에서 법관의 직무인 법률해석과 공소사실인정에 관여하는 것이고 이 공적 직무 중에는 피고인에게 적용될 법률에 관한 전문적인 법률지식이나 사실인정에 관한 전문적 의견을 갖고 반대당사자인 검찰과 대결하여 법관이 올바른 심증을 형성토록 설득하는 헌법상의 공적인 단독기관의 직무를 행하는 자입니다.

第二. 군법회의법상의 변호인의 지위

1. 형사피고인이 법에 의하지 않고는 처벌받지 않는다고 할 때의 법이라고 하는 것은 형사피고인을 처벌할 실체적 법규뿐만 아니라 피고인에게 구체적 정의가 실현되기 위하여 규정되어 있는 여러 가지 형사절차법상의 권리규정까지 말하는 것으로서 피고인을 변호하는 변호사는 바로 이 인권보장상 필요불가결한 절차법적 제규정이 실질적으로 피고인에게 적용되어질 것을 지켜 보고, 이것이 반드시 시행되어지도록 피고인을 위해 싸워주는 파수꾼인 것입니다.

2. 군법회의법도 형사소송법과 같이 피고인에 대해서 공소장 일부만을 심판부에 재판을 위하여 보내도록 되어 있고 따라서 심판부는 사전에 사건에 관한 선입견을 갖지 않게 하여 백지의 상태에서 재판에 임하도록 하여 피고인에게 대해서는 판결선고시까지 무죄인 것으로 추정하여 주도록 하였을 뿐 아니라 검찰관은 입증책임을 지고 적법한 증거방법으로 피고사건에 대해 합리적 의심이 일어나지 않을 때까지 그 입증을 다하여야 하고 전문증거는 원진술자의 진술로 그 성립의 진정함이 증명되어야 한다고 하는 것은 형식적으로 그 진술조서에 적힌 날인이나 무인이 당신의 것이냐 하는 것만 증명되면 되는 것이 아니고 그 진술의 내용 전부가 자기 자의로 이루어진 것인지가 밝혀져야 하는 것이고 이것은 바로 근대형사소송법상 진실발견을 위해 가장 중요한 제도적 보루라고 하는 반대신문권의 보장을 위한 것임은 법률가의 공통된 해석이고 판결로 확립된 견해인 것입니다.

피고인들의 증인신문에의 참여권도 법률이 명정하고 있고 또 변호인은 검찰관이 입증을 다했다는 경우 변호인측에서 피고인을 위한 방어권을 행사하여 반증으로 증거신청을 할 수 있는 권리를 갖고 있고 심판부는 이와 같은 피고인을 위한 제반 보장규정들이 법의 기본정신에 따라 실질적으로 재판과정 속에 나타나도록 지켜줄 소송법상의 의무가 있는 것입니다.

3. 군법회의법 제45조에는 피고인신문과 증거조사가 끝난 후 변호인에게 범죄사실과 법률적용에 관해 최종적으로 의견을 진술할 수 있는 변호권을 부여하였고 동법 제368조에는 유죄판결에 명시될 이유로서 ① 형의 선고를 할 때에는 판결이유에 범죄된 사실, 증거의 요지와 법령의 적용을 명시하여야 한다. 법률상 범죄의 성립을 조각하는 이유가 되는 사실상의 진술이 있을 때에는 이에 대한 판단을 명시하여야 한다고 규정하여 이러한 법률의 규정취지로 보면 변호사 최종 변론권은 형사피고사건에 대한 사실조사가 끝난 뒤 변론종결 전 최후로 그 형사피고인에 대한 지금까지의 재판과정중에 나타난 모든 증거에 대한 평가, 지금까지 제출된 증거자료로서는 검찰관이 소송법상 가지고 있는 거증책임을 다하였는지 못하였는지에 대한 변호인의 의견을 표시하여 법원이 앞으로 하게 될 사실인정을 함에는 변호인의 의견을 받아 들이도록 설득하는 것이며, 피고인들의 행동에 대한 법적 평가 및 또 나아가서 피고인들에 대하여 적용될 법률에 관하여 그 법률이 형사피고인들에 대하여 적법하게 적용될 수 있는 타당한 법률인지의 여부, 그 법률이 피고에게 적용될 수 없다면 그 이론적 근거는 무엇인지 등에 관하여 피고인이 법률을 알았으면 주장하게 될 모든 법률이론을 전개하여 피고인이 정당한 법에 의하여 보호받을 수 있도록 재판부에 논증을 하는 것

이 포함될 것이며 마지막으로 피고인에게 공소사실 전부가 설사 재판부에서 인정되고 적용법률도 다 정당하다고 하는 경우에는 동인 등에 대한 양형을 함에 있어 참작할 모든 유리한 사정을 제시하여 관대한 형을 내리기를 법원에 호소하는 것이 포함될 것입니다.

4. 위와 같이 변호사의 최종변론권의 내용이 될 수 있는 범위는 형사피고사건과 피고인에 관계가 있는 모든 유리한 사실과 증거 및 법률상의 문제에 관해 변호사는 진술할 수 있는 것이며 이러한 주장들이 재판부에서 채택되지 않을지도 모른다는 생각으로 어떤 주장을 하지 않는 경우가 있어도 안되는 것이고 실로 변호사는 유리한 방어방법의 여러 가지를 자기의 전지식과 경험을 동원하여 상상할 수 있는 모든 방법을 다해야 하는 것입니다. 이렇게 하여야만 구체적 정의에 가까운 실체적 진실에 도달할 수 있을 것이란 것이 바로 당사자주의가 인정된 근거이기 때문입니다. 또 이것은, 변호인의 직무는 일방당사자를 위하여 변호인일 뿐이고 또 그것을 위하여 변호함이 그의 기본책무이고 마지막 판단은 재판관의 직무이기 때문입니다.

지금까지 말한 것은 피고인의 방어를 위해서 하는 변론에 대해서 말했는바, 변호인은 반대당사자로서 검찰관과 대결하여 동인의 공소사실을 두고 피고인을 위해 싸우는 일종의 전사와 같아서, 때로는 검찰관이 국가의 대표자인 까닭에 그의 지위는 배후에 국가의 권력의 도움을 받아 소추 자체가 정치적 영향을 받을 수도 있으며, 이런 경우에는 변호사는 불쌍한 피고인을 위하여 한 사람의 법률가로서 국가 그 자체와 대결하는 어려움을 갖는 수도 있게 되어 대단한 용기가 없이는 변호까지 하기 어려운 때도 있는 것이다. 변호사는 위와 같은 때에도 두려움 없이 과감하게 검찰권의 부당한 행사에 도전해야 하고 때로는 그 뒤에 있는 권력악적 요소에 대한 고발적 변호도 불사할 때도 있는 것입니다. 공격적 변호를 할 각오까지 있어야 하고 이와 같은 변호의 필요성에 대하여 미국의 유명한 변호사 크라렌스 데로(Clarance Darrow)는 어떻게 검찰관을 소추하느냐 하는 것을 하나의 변호의 기술로 보고 있어 그의 전기를 쓴 어빙스톤(Irving Stone)은 한 장을 위와 같은 제목으로 표시하여 기술하고 있는 것입니다.

5. 변론의 대상은 어디까지나 재판부를 설득하여 궁극적으로 재판부로 하여금 변호인의 사실상 및 법률상의 제주장을 채택하여 피고사건이 정의롭게 판결되어지기를 바라면서 호소하는 마지막 의견으로서 이것은 어디까지나 재판부를 향해서 하는 진술일 뿐, 이와 같은 변론 중에는 반대당사자인 검찰에 대한 공격은 있을 수 있을지언정 이것이 변론인 한 설득을 하려고 하는 법원은 공격의 대상이 아닌 것이므로 법원모욕죄에 해당될 수 있다는 것은 성질상 상상할 수도 없는 것이다.

第三. 변호인의 변론의 면책특권

1. 변호인의 변론 중에는 형식상 일반인을 규율하는 법률에 저촉되는 경우를 상상할 수 있는바, 예를 들면 타인의 명예를 훼손한다든가 모욕하는 경우가 그것이다. 이것에 대해서는 현재의 법률·학설은 재판업무 자체가 고도의 국가적, 공익적 이익을 추구하고 이를 보장코자 하는 것으로서 이와 같은 고차적 이익이 보호되어야 할 필요는 사법제도를 독립시키는 데까지 이르렀고 변호사를 재판에 관여시켜 구체적 정의의 실현에 조력할 권리까지 인정하였으며

사법권의 독립은 재야법조인의 독립이 없으면 진정한 것일 수 없다는 것을 역사상 경험하여 변론행위만은 정의를 위하여 자유를 인정하고 변호인의 윤리가 허용하는 한 제한이 없는 것이란 것을 당연한 것으로 이해하고 있고 거의 논란의 여지가 없는 상식적 범주의 문제로 간주되어 있다. 따라서 직무행위를 수행하는 중에 생기는 실정법 위반의 변론행위는 다른 법률의 위반사실에 대하여 문책할 수 없는 절대적 면책행위로 보고 있는 것이다. 본피고인이 알고 있는 역사적 지식으로서는 동서양 어디서나 변론자체가 법률상 문제되어 유죄판결을 받은 것은 없는 것이고 역사가 있고 난 뒤 오늘까지도 변론 그 자체로 범죄행위가 된 예는 없는 것으로 알고 있다. 이것을 보더라도 변호인은 변론의 자유를 누려오고 있는 증거가 아니겠는가?

2. 면책특권에 관한 영국법원의 판례 하나를 소개하면 1943년에 있었던 메어 對 리바즈사건(Mayer vs. Ribaz)에서 브라그덴 판사가 쓴 판결문에 의하면 다음과 같은 것을 볼 수 있다.

「영국의 역사는 대체로 국내에 있어서나 외국간에 있어 독재와 항거한 투쟁의 역사이다. 영국의 보통법은 영국역사의 결실인 관계로 모든 국민들은 누구나 문명국에서는 법 앞에 평등하다는 원칙을 당연한 것으로 여기고 있는 것이다.

실제로 그 원칙은 영국법정에서 무혈의 투쟁으로 확립된 것으로서 원래 독특한 영국적인 것이었다. 위 원칙은 계속 그 나라에 전승되어 현재까지 통용되고 있고 또 다른 나라에 수출되어 통용되고 있는 것이다. 이와 같은 보통법의 기본원칙이 있기 때문에 누구의 말이나 행동이 법률적 문제로부터 전적으로 면책되는 경우를 인정하는데 몹시 인색한 것은 사실이다.

그러나 영국법이 절대적 면책특권(Absolute Privilege)을 인정한 경우에는 내가 믿기로는 그것은 전적으로 언제나 공공의 이익을 위한 고려로 인정된 것이었다. 17세기 말도 되기 전에 이 때도 사법부는 이념적으로는 어떤 경우에나 행정부의 압력으로부터 자유로운 때였는데 보통법은 법관은 법관의 직무를 행함에 있어서 아무런 두려움이나 여하한 특혜를 고려함이 없이 자기가 하고 싶은 말을 할 수 있음을 인정하였다. 이와 같은 원칙이 인정되게 된 이유는 벌써 1676년 바나디스톤 對 솜 사건(Barnadiston vs. Soam)에서 대법관 노드판사(Chief Justice North)가 아래와 같이 명백히 밝힌 것이다. 「재판할 권리를 맡긴 자에게는 두려움 없이 결정할 수 있어야 할텐데 하는 걱정같은 것이 없어야 하고 법률은 법관이 용기를 갖기를 바라면서 그 용기를 지지하기 위해 보장을 해 준 것이다」라고.

이 구절은 뒤에 스크러톤 대법관(Lord Justice Scrutton)에 의해서 다른 사건(More vs. Weaver)에 판결을 하면서 다시 확인되었고 스크러톤 대법관 자신은 오랜 법관생활을 통해서 솔직하게 때로는 점잖은 예의의 한계를 넘을 정도로 전혀 두려움 없이 의견을 표시하여 정부나 국민간에 아주 공정한 태도를 지켰던 사람이다. 그의 이와 같은 인품은 행정관료들로부터 미움을 받는 때는 있었으나 이 위대한 판사에 대한 추억은 그 앞에서 변론했던 많은 변호사들로부터 존경의 념을 오랫동안 간직하게 했고 비록 불쌍하고 비난받는 피고인들이라도 그들 자신들이 분명하고 대담한 변소(辯疏)를 하는 한 공정한 재판을 받을 수 있도록 해준 사람이다. 대법관 스크러톤의 표현에 의하면 법관이라도 경솔하고 악의에 찬 말을 할 특권이 있는 것은 아니고 챤넬대법관(Justice Channel)이 다른 사건에서 (Bottomley vs. Brougham) 말한 바와 같이 다만 그가 악의로서 그랬는가 하는 법률상의 물음으로부터 면책될 뿐인 것이다. 더욱 그 특권은 법관의 지위를 가진 개인의 특권은 아닌 것이고 그가 차지하고 있는 높은 지위가 특권을 갖고 있는 것도 아니다. 만약에 어떤 사람이 다른 사람에 대해서 자기가 하고 싶은 어떤 말이라도 할 수 있는 까닭으로 법관이 되어야 되겠다는 생각을 하면 그는 법관이 될 자격이 없음을 표시할 뿐인 것이다. 우리 법관들은 위와 같은 면책특권을 수탁받은 자에 지나지 않고 그 특권은 진실로는 국민들의 분쟁이 특혜나 두려움으로부터 자유로운 사람들에 의해서 해결되어야 할 필요에 따른 공공적 특권인 것이다. 이론적으로는 아무도 법관들의 이 특권의 남용을 막을 자가 없다는 것이 불행한 것이기는 하나 재판을 하자면 누군가가 우월한 지위에 있지 않고서는 재판을 끌고 나갈 수가 없고 누군가가 법관이 되지 않으면 안되는 것이다.

민주정치는 이런 것을 원래 바라는 바는 아니지만 필요는 이런 것을 인정하지 않을 수 없는 것이다.

똑같은 절대적 면책특권이 언제부터 사건에 관계하고 있는 변호인에게까지 통용되게 되었는가는 분명치 않으나 그것을 인정하는 이유는 위와 같은 것임은 명백하고 변호인에게도 통용된다고 함은 오래 전부터 인정된 법률이다.

똑같은 이유는 면책특권은 자기자신의 변호인으로 활동하는 소송당사자 본인에게도 적용되어야 함은 틀림없는바, 이는 전문적인 변호사나 본인인 당사자의 지위는 똑같은 것이므로 같은 대우를 받는 것이 공정한 것이기 때문이다. 여기서도 역시 그 특권이란 공공의 것인 것이다. 단순히 변호사나 소송당사자라는 이유로 다른 사람에 대해서 자기 멋대로 말할 권리가 있는 것이 아니라 그들의 분쟁을 재판할 법관에게 자기들이 말하고 싶은 것을 분명하게 당사자 본인으로서 변호인으로서 소송에 관계하는 한 말할 수 있는 공공의 권리인 것이다. 소송당사자나 변호인은 이 면책특권이 남용되지 않도록 주의해야 할 것이다(위 판결은 ILR(1943) 1 Cal 250인바, 여기 인용은 Louis Blom Cooper가 편집한 The Language of the law pp. 244~246에서 함).

3. 군법회의법 제28조는 재판관의 독립이라는 제하(題下)에 ① 군법회의 재판관은 헌법과 법률에 의하여 독립하여 재판한다. ② 재판관, 검찰관 및 변호인은 재판에 관한 직무상의 행위로 인하여 징계 및 여하한 처분도 받지 아니한다고 규정하여 위에서 인용한 영국의 판결례에서 그 이유로 밝힌 것과 같이 원래 변호인의 면책특권이 인정된 논거는 사법권의 독립을 보장키 위한 것이었고 사법관의 독립이란 변호인의 독립성까지 보장되지 않으면 진정한 사법상의 정의는 이룩될 수 없다는 필요에 의하여 된 것이란 역사적 연원을 잘 나타내주는 실증적인 법조문이라고 할 수 있겠습니다.

다만, 이 법조문에 의하여 변호인의 면책특권이 창설된 것이라고는 할 수 없고 변호인의 면책특권은 훨씬 전부터 의심할 수 없는 권리로 인정되어 온 것을 선언한 것임을 주의해야 할 것입니다.

第四. 변호인의 사명과 윤리

형사변호인은 피고인의 범죄사실이 아무리 흉악한 것이라도 변호할 권리와 의무가 있는 것이며 일단 변호를 수임한 이상 변호인은 공정하고 명예를 더럽히지 않을 한도 내에서 생각할 수 있는 모든 방어방법을 자유롭게 하여서 피고인이 공정한 절차와 법에 의하지 않고서는 생명이나 자유를 잃지 않도록 하는데 전심전력하여야 하는 직업인 것입니다.

영국의 유명한 변호사 파트릭 헤스팅의 말을 빌리면 「그는 마치 택시 운전수와 같아서 차비를 거절할 수도 없고 자기 피고인이 과연 무고(無失)한지 죄인인지, 거짓말쟁이인지 진실한가 하는 것을 판단할 권리가 없다. 다만, 그 피고인의 주장의 범위 내에서 자기 능력의 최선을 다하여 피고인을 위해 투쟁할 뿐인 것이다. 그러나 언제나 그가 지켜야 할 행동규범은 언제든지 변호인은 자기 사생활에 있어서 행동한 바와 같이 정직하고 솔직해야 한다는 것이다. 그렇게만 하면 그는 잘못할 수가 없다」고 한 바 있고,

같은 영국의 어스킨 변호사는

「만약, 변호인이 피고인에 대한 공소사실이나 방어방법들을 생각해 보고 변호를 거절한다면 그는 재판관의 직무를 행사한 것이 되고 더욱 그는 판결도 나기 전에 판사의 지위를 행사하는 셈이 되는 것이다. 그렇게 되면 그 변호인의 사회적 지위나 명예의 정도에 비례하여 그의 그릇된 의견이 피고인에게 불리하게 심한 영향을 주게 되는 것이다. 우리나라 법은 무죄의 추정을 하고 있어 이 추정은 법관들까지 바로 피고인의 변호인이 되게 할 정도로 관용을 베풀고 있는 것이다」고 한 바 있고, 영국의 상식의 노대가(老大家)라고 존경을 받고 있는 샤므엘 죤슨 박사는 그의 전기를 집필하여 유명한 보스웰 변호사가 「박사님 옳지 않다고 생각되는 사건을 변호해 주는데 대해 어떻게 보십니까?」란 질문을 한데 대하여 「판사가 사건을 판결하기까지 사건이 옳은 것인지 그른 것인지 모르는 걸세. 자네는 사실을 공정하게 밝히면 되는 것이고 자네가 사건이 나쁘다고 알고 있는 생각은 자네의 변론이 약하게 보이고 자신이 없는 것 같은 데서 일어난 것일세. 그러나 그것만으로는 충분치 않네. 자네를 설득시키지 못하는 변론도 자네가 설득코자 하는 법관을 설득시킨다면 그 땐 자네가 틀린 것이고 법관이 옳은 것일세. 그것이 바로 판사의 직무이니까 그러니 사건이 나쁘다는 자네의 견해에 너

무 건방진 경신(輕信)을 해서는 안되고 자네는 자네의 피고인을 위해 할 수 있는 모든 것을 변론한 뒤 법관의 판결을 들어봐야 하는 것일세」라는 말은 변호사의 윤리를 잘 설명한 고전적인 것으로 변호사들은 취급하는 것입니다. 또 영국의 브러감 변호사는 당시 카로라인 여왕을 변호하면서 최종변론에, 「변호사는 자기 피고인에게 대해 지고 있는 신성한 의무를 수행하기 위해서는 세상에서 다른 사람 아닌 피고인만을 생각해야 하고 그 피고인을 구하기 위하여 생각할 수 있는 모든 방법을 동원해야 하고 그 피고인을 보호하기 위해서 다른 모든 것을 그 중에는 자기 자신까지도 어떤 희생이라도 감수해야 하는 것은 가장 고귀하고 명백한 의무이다」는 것을 천명한 바 있습니다.

법률가의 전통은 고상하고 명예로운 역사로 빛나 있으며 변호사로서 고귀한 사명을 다하기 위하여 훌륭하게 싸웠던 존경할 만한 법조인을 우리 변호사들은 언제나 추억하고 있으며 우리 자신들이나 법조후배들에게 이와 같은 전통을 상기하여 그 모범에 따를 것을 강조하고 가르치고 있는 것입니다.

영국의 버크 마스터 대법관은 1945. 9. 2. 미국의 변호사협회 연례총회에 초청을 받아 강연을 하는 자리에서 변호사의 이상상이라고 할까 본보기의 예로 세 사람을 들어서 미국 변호사들에게 설명하여 주었습니다.

첫째의 경우로, 중세의 「세일스의 프란시스」란 사람이 있었는데 현재는 성인이 되어 그의 성례(聖例)의 자리에 매월 수천명의 인간들이 자기들의 괴로움을 위로받기 위해 찾고 있는 사람이 되었읍니다만 그는 최초에는 변호인이었습니다. 그가 사건을 맡아 변론하는 중에 실수로 어떤 서류의 내용을 잘못 인용하였습니다. 그 때 상대방 변호인은 위 변론에 반론을 펴면서 프란시스에게 당신의 사건은 당신이 옳게 알아야 할 어떤 서류의 내용을 잘못 알고 있는 것에 그 근거를 두고 있는 것이라고 반박하게 되자 위 변호사는 자기가 하마터면 재판부를 기망할뻔 하였다는 생각에 놀라고 크게 양심의 가책을 느껴 변호사직을 그만둬 버리고 말았습니다. 물론 이때 재판부나 상대방 변호인은 단순한 실수에 불과한 것이니 변호사직을 그만둘 필요까지야 없지 않느냐고 설득하였지만 그는 변호업을 깨끗이 걷어치우고 종교에 귀의하여 위대하고 유명한 성인이 된 것입니다.

둘째로는, 위대한 이태리의 변호사 파리나치입니다. 여러분들이 교황청을 방문하면 벽에 걸려있는 그림을 볼 수 있는데, 본인이 알기로는 예술적인 가치로는 대단한 것으로 보이지 않지만 본인에게는 훌륭한 그림이나 더 귀한 동상이 줄 수 없는 감흥을 주는 힘이 있었습니다. 그 그림은, 형편없는 옷을 입은 사람이 열려 있는 큰 문으로 들어가는 그림인바, 이 분이 바로 파리나치 변호인으로서 그는 자기의 불쌍한 피고인인 베아트리체쎈치가 세상에서 버림받고 또 교회에서 파문을 당했을 때 당시 세계에 흥분한 여론과 법왕의 분노에도 불구하고 감연히 피고인을 위해 정의의 은총을 얻기 위하여 계속하여 투쟁한 것입니다.

셋째 경우는, 불란서의 말쉐버 변호사입니다. 그는 18세기 불란서 변호사로서 당시 그는 불란서 전역에서 그의 선행으로 인하여 국민들로부터 사랑을 받고 있던 사람이었고 과학과 문학에도 조예가 깊은 분이었습니다. 그는 변호인의 독립과 존엄성을 침해하려는 여하한 기도에 대해서 최대한으로 투쟁했던 사람입니다. 그는 변호인의 독립과 존엄성이 없고서는 사법권의 독립이 없다는 것을 알고 있기 때문이었습니다. 그는 두 번이나 장관이 되었다가 두 번 다 그 자리를 자기의 의사에 의해 박차고 나왔었습니다. 그는 그 당시의 권력의 남용에 대해서 가장 격렬한 고발자였었고 그 자신은 종교의 자유와 공평한 과세와 왕의 비밀영장제도의 폐지를 주장했던 사람이었습니다. 그의 의견을 들었더라면 불란서 혁명의 공포도 없었을지 모릅니다. 그러나 그의 고발은 무시되어 결국 폭동이 일어난 것입니다. 그 자신은 혁명이 일어났을 때 안전한 스위스에서 그가 좋아하는 식물들과 문학에 열중하고 있었습니다. 그 때의 그의 나이는 74세의 노령이었습니다. 루이 16세의 변호를 맡아 달라고 부탁을 받은 사람들은 자기 나이를 핑계로 다른 사람들은 다른 핑계를 대면서 변호를 거절했습니다. 그 때 그는 자진해서 변호에 나섰습니다. 그는 그 때 두 번이나 세상 사람들이 다 봉사(奉仕)하는 것을 명예로 생각할 때 왕의 부름을 받았었는데 지금 세상이 모두 그것을 위험하게 생각하고 있을 때 그를 도와야 할 것이 아닌가 하고 하면서 자진한 것이었습니다. 그는 루이 16세를 변호하는 무섭고 불가능한 일을 자진한 것입니다. 오랫동안 부정으로 고생하여 극도로 광란과 분노에 떨면서 굶주림에 정신이 나간 여인들이 꽉 차 있는 법정에는 그들에게 지금까지 불행의 원인이라고 생각되는 왕이 왕좌를 뺏긴 채 피고석에서 있으며 재판석에는 전문적인 법관도 아닌 심판받을 왕을 고발한 자들이 심판관으로 앉아 있고 그 뒤에는 많은 흥분한 군중들이 둘러싸고 있는 혁명군, 정신나간 군중들의 소동과 아우성 속에서도 늙은 말쉐버 변호사는 평소의 위엄과 우아를 잃지 않은 채 자기 피고인에 대해 베르사이유 궁전에서 부르던 왕의 칭호를 붙여주면서 변호키 위해 서 있는 것입니다. 결국 그의 왕에 대한 대접이 재판관의 신경을 건드리게 되어 재판장은 그에게 「어떤 근거로 변호인은 루이 카페를 우리가 폐지한 칭호로 부르는 것인가?」라는 질문을 던졌고 늙은 변호인은 재판부에 대해 「어떤 근거라니, 너희들에 대한 경멸과 내 생명을 걸고 하는 것이다」고 대답하였는바 그 결과는 뻔한 것이었으니, 그는 그의 피고인인 왕과 같이 사형을 당하였고 그 자신의 생명뿐만 아니라, 자기의 딸, 손자들까지 자기 눈앞에서 처형당하게 되었던 것입니다.

이 말쉐버는 자기가 충성을 바쳤던 옛 주인을 위해 자기생명까지 바칠 것을 각오했던 것입니다. 이 왕은, 그의 충언을 거절함으로써 자기 자신이 이와 같은 위험한 지경을 자초한 왕에게 자기가 가진 용기와 학문과 지식 전부를 거리낌 없이 바쳤던 것입니다.

위에 든 세 사람의 변호사에 대한 이야기는 법률가 모두가 알아야 하고 법률가의 사명이 존귀한 것이란 것을 나타낸 좋은 본보기인 것입니다.

第五. 법률상의 저항권이론

법학에 있어, 어떤 법률이 그 수범자인 국민을 구속하는 것이냐 아니면 법률 중에는 정당한 것도 있고 정당치 못한 법률이 있어 정당한 법률에 대해서만 국민을 구속하는 것이지 그렇지 않은 법률에 대해서는 준수할 의무가 없고 오히려 이 부당한 법률에 대해서는 저항할 권리가 있다는 두 견해가 대립되어 있는바, 자연법이론과 실증주의자들의 견해가 바로 그것이다.

저항권이나 자연법이 실정법에 우월하다는 이론은 일찍이 희랍의 비극 소포크레스의 "안티고네"란 작품에서 인정된 바 있다. 크레온이란 왕이 테베를 침략하다가 죽은 포리니케의 시체를 누구든지 묻어서는 안된다는 명령을 내렸는바, 당시 희랍 종교에 의하면 죽은 자의 가족은 죽은 자를 위하여 장례를 해주어야 할 절대적인 의무가 있고 이 의무에 빈하면 후세에 재화를 당할 것으로 되어 있었다. 이 비극의 주인공 안티고네는 죽은 자의 누님으로서 왕의 법을 고의로 복종하지 않고 하나님의 법을 지켰다. 이 디렘마를 소포크레스는 멋있게 표현하였는데, 왕은 말하기를 「왕의 명령은 적은 일이든 큰 일이든 옳든 그르든 복종되어야 한다」고 하였고, 안티고네는 「왕의 명령에 인간들이 불문(不問)이기는 하나, 언제나 지켜야 하는 하나님의 법을 이길 힘을 가진 것으로 믿지는 않는다」고 하였다. 이 비극은 안티고네가 인간의 법에 저항한 것이 옳았다고 자신있게 규정하면서 끝을 맺고 있다.

아리스토텔레스도 정의가 성문법에 우선한다고 하면서 위 소포크레스의 비극을 인용하였고 키케르도 같은 견해를 표시하였으며 성(聖) 토마스아퀴나스도 「신학대전(Summa Theologica)」에서 독재적 법은 이성에 따라 만들어진 것이 아니기 때문에 법이 아니라고 말하였고 절대적 표현을 하면 오히려 법을 왜곡한 것이다. 「인간의 법은 그것이 정당한 이성에 따른 것인 한, 법의 성질을 가진 것이고, 이 때는 이것은 영원한 법에서 도출된 것이 분명하기 때문이다」고 하였으며, 「이성에서부터 어긋난 것인 한 그것은 정당치 못한 법이 되고 그것은 법의 성질을 가진 것이 아니라 폭력의 성질을 가지게 되는 것이다」고 하였으며, 그리티우스도 그의 「홀랜드의 법학」이란 책에서 「법이 도덕성이 없으면 법이 아니고 인간은 두려움 때문에 법을 지켜서는 안되고 자기 양심 때문에 법을 지키는 것」이라고 하였으며, 존 록크는 그의 시민정부론에서 「입법권이나 명령권은 자의적 명령을 할 권한을 갖고 있는 것이 아니라, 정의에 따른 의무가 있는 것이다. 어떤 정부형태에서나 입법권은 그 사회나 자연이나 하나님의 법에 의해서 그 한계가 주어져 있는바, 그 한계는 첫째 기존의 법률에 반해서는 안되고 특별한 경우에 달리 취급한다든지 가난한 자나 부자에게나 왕이 좋아하는 사람에게나 농촌에서 밭갈고 있는 촌민에게나 똑같은 법률이어야 하며, 둘째 법률

은 오로지 국민의 복지만을 위한 것이어야 한다」고 하였으며,

위와 같은 자연법학자들의 견해는 근세에 들어와서 토마스 제퍼슨, 아렉산더 해밀튼, 아브라함 링컨, 헨리 데비드 소로우 같은 사람들에 의하여 정당한 것이라고 계승되었으며 미국법의 기본정신을 이루고 있을 뿐 아니라 독일의 경우에는 나치정권을 경험하여 악법에서 고생해 본 결과 종전 후에 만든 주 헌법에 저항권을 실정화하여 명문으로 해 놓은 곳도 있는 것이다. 즉 1946. 12. 1. 헷센 헌법에는 「헌법에 위반해서 행사된 공권력에 대한 저항은 각인의 권리이고 의무인 것이다」고 규정하였고, 1949. 10. 21. 브레멘 헌법 제19조에는 「헌법에서 확정된 인권이 헌법에 반한 공권력에 의해서 침해되었을 때에는 저항은 각인의 권리이며, 의무다」 하고, 1947. 1. 31. 마르구 · 브란덴브르그 헌법 제 6 조 제 2 항에는 「도덕과 인간성에 반하는 법률에 대해서는 저항권이 성립한다」고 규정되어 있습니다. 뿐만 아니라 서독 대법원에서는 본인이 변론 중에 판례를 소개한 바와 마찬가지로 나치스 때 휴가온 남편이 자기부인에게 히틀러의 욕을 한 사실이 있었는데 그 부인은 자기 남편을 당국에 고발하여 징역을 살게 한 사실이 있는바, 남편은 나치스가 망한 뒤 그 처를 상대로 고소를 제기하여 그 처는 당시 악법은 법률상 효력이 없는 것인데 그 악법으로 남편을 고소하여 형을 살게 한 것은 불법행위가 된다는 판례까지는 있는 것입니다(이 판례는 프리드만 교수가 쓴 「법률론」이란 책에서 인용. 현재 증거로 제출되었음).

독일의 저명한 법철학자인 라드브르흐도 법률에 의한 불법과 법률 위에 있는 법과의 대립을 인정하고 후자의 우위성을 인정하였으며 각 법적인 규정보다는 강한 법규가 있고 따라서 그 규정에 반하는 법률을 효력이 없다고 하고 그 원리를 자연법 또는 이성법이라고 하였다고 하며 자연법의 내용이나 이성법의 구체적인 내용은

수세기에 걸친 사고의 성과로 하나의 확고한 내용을 이루고 있고 그것을 소위 인권선언에서 비상하게 일치되어 채택되어 있고 그와 같은 권리의 대부분은 의심하려는 자만이 의문을 표시하는 상태에 있다고 하는 것입니다.

일본의 宮澤俊義란 헌법학자도 그의 헌법교과서에서 저항권의 이론을 42페이지에 걸쳐서 다루고 있고 이 저항권이야말로 사회질서와 인간양심의 충돌에서 빚어지는 인간사회의 딜레마로서 인간에 의한 인간에 대한 압제가 있는 한 없을 수 없는 기본권이고 이 저항권의 존재는 다른 모든 기본권을 담보해 주는 최후의 권리로 이해해야 한다고 보고 있고 어떤 경우에는 저항권이 있다고 봐야 할 것인가는 어려운 문제이기는 하지만 함부로 법을 악법이라고 하면서 순종하지 않는다면 무정부상태로 전락할 가능성이 있으므로 저항권을 행사할 때에는 그의 전인격적 판단에 의하여 순교자적 결단으로 이를 냉정히 생각해야 한다고 주장하고 있는 것입니다.

최근의 저항권이나 시민의 불복종의무를 주장한 실제 예로서는 미국의 마틴 루터 킹 목사가 미국에서 시행되는 법률 중 흑인차별을 하고 있는 법률 등은 도덕적으로 정당치 못한 것이므로 도덕적인 명령에 따라 이런 법을 순종한다는 것은 오히려 도덕상의 의무에 반하는 것이기 때문에 도덕상 의무를 다하기 위해서는 이와 같은 법에 저항해야 한다고 하고 있고 최근 사우드 아프리카 정부의 인종차별정책(Apartheid)에 의해서 만들어진 법률들에 대해서 현지 흑인들이 이런 법은 진정한 의미의 법이 아니라고 하면서 저항한 예들이 있습니다.

어떻든 현재 법철학에서는 자연법학자들의 이론이 더 우세한 상황에 있다고 본인은 믿고 있습니다.

第六. 공소사실과 재판경과에 대해서

1. 피고인이 변호를 수임한 문제된 소위 민청학련 관련피고인 등에 대한 공소사실은 모두 600페이지가 넘는 정도이고 본인이 수임한 사건에 관한 부분은 근 200페이지에 이르는 복잡한 것이나 요약하면 피고인 여정남은 인민혁명당이란 반국가단체를 구성하였다는 것과 나머지 피고인 등과 동 여정남은 전국민주청년학생총연맹이란 반국가단체를 구성하여 폭력적인 방법에 의한 정부전복을 기도하여 공산주의국가를 건설하려고 함으로써 내란음모, 반공법 및 국가보안법 위반 등의 죄를 범하였고 또 긴급조치 제1호 및 제4호를 각 위반하였다는 것으로 구속 기소되어 동 피고인 등은 다른 공동피고인 등 21명과 같이 공동피고인이 되어 모두 32명의 피고인들이 기소된 사건이었던 것입니다.

2. 동 피고인들 중 본피고인이 수임한 11명의 피고인들은 그들에게 공소된 범죄사실 중 국가보안법과 반공법위반, 내란음모 및 긴급조치 제4호 위반에 대해서는 모두 공소사실을 부인하였을 뿐 아니라 본인이 수임하지 않은 다른 21명의 피고인 등도 모두 위 공소사실들을 부인하였습니다.

3. 다만 피고인 등은 긴급조치 제1호 위반의 점에 대해서는 이를 인정하나 그 범행동기로서 피고인 등은 우리나라의 유신헌법이 장기집권을 위한 것이며 개인의 기본권이 무시되었고 사법의 독립이 위험할 정도로 되있고 대통령의 권한이 지나치게 강화되어 헌법이 너무 독재주의를 지향하는 것이 되어서 이는 우리나라의 장래를

위해 지극히 위험한 일이므로 진실로 우리나라를 위해서는 헌법상 개악된 부분은 개정되어 민주헌정에로 회복되어야 하는 것이란 것을 그들의 애국적 신념으로 하고 있었으므로 비록 긴급조치 제1호가 이 헌법에 대한 반대를 금하였고 긴급조치 자체에 대한 비방은 형사벌로 규정하여 금하였다고 하더라도 그들은 나라를 걱정하는 마음에서 긴급조치 제1호를 위반하여 처벌받는 한이 있더라도 나라를 바로잡는데는 옳다고 생각하는 것, 진리라고 보는 것을 위해 학생들이 압력단체로서 결속이 되어 학생운동을 통해 여론에 그들의 의사를 반영시켜 보려고 한 것뿐이며 이와 같은 도덕적으로 옳은 행동을 하는 것이 범죄가 된다면 그들은 차라리 구속되어서라도 법정에서 바른 소리를 할 수밖에 없을 것으로 알고 긴급조치를 위반한 것이었다고 변소(辯疏)하고 그 방법으로 피고인들은 추호의 폭력을 사용하거나 또 궁극적으로 공산주의국가를 건설키 위해 현정부를 타도하려는 음모를 한 적도 없고 다만 뜻있는 대학생들과 기독교인으로서, 기성세대들은 무기력하여 아무런 행동도 하지 않으므로 할 수 없이 단결하여 평화적인 시위를 하려 하였고 학생운동으로 정부에 의사를 호소해 보려던 것이 자기들의 행동의 전부라고 주장하였던 것입니다.

4. 이에 대해 동인 등에 대한 재판과정에서 검찰이 제시한 증거는 동 피고인 등 전부에 대한 검찰관 작성의 피의자신문조서 등이 가장 중요한 증거였던바, 이에 대해서는 동 피고인 등은 모두가 다 검찰관이 작성한 신문조서 중 평화적인 데모를 위해서 연락한 사실만 인정하고 반국가단체를 구성, 폭행으로 정부전복 공산주의국가 건설 등에 대해서는 검찰관들이 피고인들을 신문할시 전부 피고인들의 대답을 무시하고 자기들 멋대로 데모를 하려던 객관적 사

실 위에 적어 넣어서 무인을 강요하였기 때문에 강요된 상태에서 무인을 해 주었을 뿐이라고 법정에서 모두가 한결같이 진술하였고 검찰관이 작성한 참고인에 대한 진술조서 역시 변호인 등이 전부 증거로 함에 동의하지 않게 되자 검찰관은 이 참고인진술조서가 진정으로 성립되었음을 입증하기 위해 동인 등을 검찰측 증인으로 신청하여 이가 채택되어 증인신문기일에 참석하였는바 채택된 증인이 무려 6, 70여명이나 되었는데도 동 신문기일에 피고인들은 소환도 하지 않아 이것을 변호인들 전부가 정식으로 이의하여 피고인들의 참석권이 박탈된 증인신문은 부당한 위법이라고 하였으나 이유 없는 것으로 받아들여지지 않았으며 또 증인신문을 하는데도 처음에 시작한 약 10명 등에 대해서는 검사의 직접신문이 끝난 후 곧 변호인이 반대신문을 하여 모든 증인들이 검사 앞에서 참고인진술조서를 작성할 때 데모를 하려는 점을 제외한 폭력행사, 정부전복, 공산주의국가건설, 반국가단체구성의 점에 대해서는 증인 등이 진술한 사실이 없는데 검찰관들이 참고인 등의 진술과는 반대로 그것을 임의로 기재하였고 무인 또는 날인을 하라고 하여 참고인들의 의사에 반해 강요된 상태에서 무인 또는 날인한 것이라고 증언하게 되자,

그 때 검찰관은 동 증인 등은 검찰관이 참고인 진술조서의 진정성립만을 입증키 위하여 채택된 증인이므로 변호사의 반대신문권도 무인이나 날인이 사실인가에 대한 것만 할 수 있고 진술의 내용에 대해서는 반대신문 범위 밖이라고 주장하고 반대신문에 이의를 제기하자 법무사는 이 이의를 받아들이고 변호인의 반대신문을 제한하므로 변호인 전원은 이와 같은 이의는 법률상 그 근거가 없고 무인이나 날인만을 묻는다면 변호인이 증인신문에 참여할 아무런 의미도 없다면서 검찰관의 이의는 받아들여져서는 안되니 재고

려를 요구하였으나 역시 변호인의 애걸은 묵살당하여 변호인들은 모두 그 자리를 퇴장하고 말았습니다. 그런데, 이튿날 법정에 와 보니 어제 남은 참고인 약 60여명은 모두 조사가 다되었다는 것을 알았고 할 수 없이 본피고인은 그 날 법정에서 변호인측 증인을 신청하였던바 그 증인채택여부를 다음 날 고지하겠다고 하여 다음 날 나갔더니 피고인 등을 위하여 신청한 증인 등은 모두 기각한다고 그 자리에서 증거조사를 마친다며 검사의 의견진술을 하게 하였던 것입니다.

5. 본피고인이 민청학련 피고인 등의 변호를 의뢰받은 후 변호인으로서 한 일이란 1974. 6. 1. 오전 첫 기일에 있을 것이란 통지를 받고 6. 14 오후에 피고인에 대한 접견이 허가되어 접견한 사실이 있고(무슨 근거로 피고인 등에 대해 접견이 변호인에게 금지되는지 알 수 없는바, 본건의 경우에는 피고인 등이 3월 말경에 대개 구속되어 6.14까지 변호인을 만날 수가 없었다) 공판기일인 6.15부터 거의 매일 오전 9시부터 개정하여 재판을 속행하였으니 피고인을 위한 기록열람도 꼭 하루밖에 허용되지 않았으며 피고인을 반대신문해 본 것과 위에 이미 말한 10명의 증인신문에서 반대신문해 본 것과 위에 이미 말한 10명의 증인신문에서 반대신문하고 7. 9. 변호인들의 예상과는 반대로 변호인들의 모든 증거신청이 기각된 채 전격적으로 결심(結審)되어 당황하면서 최종변론을 한 것밖에 없습니다.

第七. 본인의 변론내용에 관해서

1. 피고인이 수임한 당시의 피고인 등에 대한 구형은 놀랍게도 시인 김지하가 사형, 서울대학 재학생인 나병식도 사형 또 여정남

도 극형의 구형이 있었고 나머지 피고인 등은 무기이거나 20년씩이었습니다.

당시 변호하기 직전의 본인의 심정은 지금까지 법은 정의의 학문으로 믿고 배우고 연구해온 것을 크게 후회하게 되었고, 법의 목적에 대해 큰 회의를 품었을 뿐 아니라, 본인이 변호인으로서 이번 사건의 변호인이 되었던 자체를 어리석게 생각하였던 것이 사실입니다. 그래도 이제 남은 변호의 기회만이 피고인 등을 위해서는 본인에 주어진 마지막 호소의 기회이고 변론에서라도 심판관은 이 사건을 판단함에 그들에게 맡겨진 재판권을 정말로 법이 정한 대로 헌법과 법률 및 양심에 따라서 공정하게 행사해 줄 것을 바라는 마음에서 그들의 양심과 정의감에 호소할 작정으로 변론을 시작하면서 본인이 법률가로서 이 사건에 대해서 본 순수하고 진지한 법률상 및 사실상의 의견을 솔직하게 진술한 것입니다.

2. 변론의 내용은 공소장에 적힌 것보다는 훨씬 분량이 많은 것이고 공소장은 변론내용을 거두절미하여 검찰이 필요하다고 생각되는 부분만 공소내용으로 제시하였는바 공소사실에 나타난 변론내용을 본인이 설명하면 다음과 같습니다.

「법은 권력의 시녀, 정치의 시녀」라는 용어를 사용한 경위는 「본인이 법과대학을 다닐 때 법의 임무에 관해서 현실주의적 사고방식을 가진 자들이 법은 권력의 시녀이고 정치의 시녀일 뿐이라고 핀잔하고 냉소적으로 법을 이야기 하는 것을 들은 적은 있으나 본인은 법의 임무는 정의를 실현시키려는데 있는 것이며 이는 결국 법률가들이 법의 집행에 관여할 것이니 각자가 자기가 맡은 분야에서 법의 목적을 생각하면서 노력하면 법이 그렇게 전락할 것은 아니지 않겠는가란 이상주의적 견해를 믿어 왔으나 이번에 이 사건에 관여해 본 본인은 법의 기능에 대해서 크게 실망하였고 과연 법은 정치나 권력의 시녀가 아닌가 느끼게 되었다」고 말하고 「그 이유는 이 피고인들에 대해서는 중죄로 기소되어 그들의 생명까지 걸린 사건인데도 피고인의 인권을 위해서 규정된 근대 소송법상의 제반보장규정들은 하나도 법적 효과를 발휘하지 못한 반면, 검찰은 수사과정에서부터 공판단계에 이르기까지 법의 혜택을 만끽하여 왔으며 심지어 법률상 근거도 없이 피고인 등에 대해서는 공판기일 하루 전에 겨우 접견하였을 뿐이고 접견이 금지된 채 수사가 종결되었을 뿐 아니라 기록열람도 하루밖에 허용되지 않았고 법률에 규정된 반대신문도 하지 못했다」는 취지의 변론을 하여 법이란 검찰이나 피고인의 양당사자가 공평하고 대등한 취급을 하도록 되어 있는데 이 사건에서는 정치의 배경을 갖고 일하는 검찰만을 위한 법으로 전락된 감을 느낀다는 뜻으로 말한 것으로 심판관은 법의 본래적 목적이 정의의 구현이며 공평이 그 이념임을 상기하여 정의로운 판결을 하여 달라는 뜻의 애소(哀訴)이고,

「지금 검찰관들은 나라일을 걱정하는 애국학생들을 내란죄, 국가보안법위반, 반공법위반 등을 걸어 빨갱이로 몰고 사형이니 무기이니 하는 형을 구형하고 있으니 이는 법을 악용하여 저지르는 사법살인행위라 아니할 수 없고」란 표현은 이와 같은 말을 단도직입적으로 한 것이 아니고 본건 소송사실에 대해서는 증거가 있다면 검찰관이 작성한 각 피고인들에 대한 신문조서와 참고인 등에 대한 진술조서들밖에 형식적 증거능력이 있는 것뿐인데 피고인들에 대한 피의자신문조서 등은 피고인들 전부가 당 법정에서 피고인들의 자의에 의해서 작성된 것이 아니고 수사기관의 강요에 의하여 작성된 신문조서와 의견서를 근거로 검찰이 일방적으로 작성하여 무인을 강요하므로 어쩔 수 없이 무인하였다고 항변하고 있고 동 피고들은

전부가 대학 재학생이든지 기독교인들로서 법정에서의 그들의 태도는 진실하였고 거짓이라고는 전연 보이지 않을 뿐더러 변호인 각자가 맡은 피고인들 이외의 피고인신문조서에 대하여는 반대신문을 경유하지 않은 조서들이어서 증거능력마저 없는 것이고 또 참고인 진술조서 역시 위 재판과정을 설명할 때 말한대로 반대신문을 허용치 않아서 이것 역시 증거능력이 없는 것이며 더욱 검사의 피고인들에 대한 신문조서 작성은 접견까지 금지된 상태에서 한 것으로서 그 신빙성이 더욱 의심스럽다고 할 수밖에 없고 여정남에 대한 참고인 등은 인민혁명당 사건으로 이 법정에서 멀리 떨어지지도 않은 곳에서 재판받고 있는 피고인 등으로서 이들에 대한 변호인의 증인신청을 모조리 기각한 것은 이해할 수 없는 일이라고 하겠고 이렇게 되면 피고인 등에 대한 재판은 피고인신문만을 마친 사정뿐이어서 형식이 재판일 뿐이지 실질적으로는 소송법상의 소위 적법절차의 보장은 전연 무시한 것으로서,

이와 같은 형식적인 절차로 피고인 등에 대해 사형까지 구형한다면 이것은 우리들의 기초적인 법감정인 정의이념에 너무나 동떨어진 재판이어서 결과적으로 검찰은 피고인을 형식적인 재판을 통하여 법의 이름으로 처단하려는 사법살인의 비난을 면치 못할 것이 아니냐고 변론하였는바, 사법살인이란 용어는 우리 법률가들이 사형을 선고하고 집행까지 한 뒤에 그 재판이 오판인 것이 드러나 재판이란 형식을 통해서 법의 이름으로 사람을 죽인 것을 지칭하는 하나의 경고로서 본변호인이 이 말을 사용한 것은 위에 누차 밝힌 바와 같이 증거도 충분치 않고 공정한 사법절차에도 위배된 재판을 하였을 뿐 아니라 피고인들이 젊은 학생들인데 이런 피고인에게 사형을 구형하는 것을 보니 본변호인이 생각하고 있는 구체적 타당성이나 정의관념에 너무도 배치되어 이것이 결국 후일 사법살인이란

과오를 범하는 판결을 하게 될 위구심까지 느끼고 심판부에서는 검찰의 구형이 너무나 지나친 것이니 진실로 심사(深思)하여 사형에 이르는 일은 없어야 할 것을 호소한 것입니다. 이는 어디까지나 검찰의 구형이 우리 상궤에 벗어난 것으로 공격하여 재판부의 양심에 어필해 보려는 본인의 진지한 법률가적 양심의 소치였고 변론의 본질상 재판부를 모욕할 수는 없는 것입니다.

「본변호인은 기성세대이기 때문에 그리고 직업상 이 자리에서 변호를 하고 있으나 그렇지 않다면 차라리 피고인들과 뜻을 같이 하여 피고인석에 앉아 있겠다」란 부분의 공소사실은 사실과 어긋난 것으로서 본변호인은 피고인들이 기성세대가 무기력하여 민주헌정으로의 회복을 위해 아무런 행동도 취하지 않고 있어 학생들인 자기들이 이와 같은 과감한 행동을 하지 않을 수 없었다는 것을 보고 피고인들은 대부분 학생들로서 이와 같은 어린 학생들이 공부는 못하고 이런 일을 하게까지 이른 것을 기성세대인 우리들이 도의적으로 책임감을 느끼는 바라고 변호한 것입니다.

「악법은 지키지 않아도 좋으며」부터… 나치스 정권하의… 「처에게 처벌을 받게 한 사실이 있으며」란 부분에까지 이르는 변호는 피고인들이 위에서 밝힌 바와 같이 긴급조치 제1호나 긴급조치 제4호는 피고인들의 양심상 지킬 수 없는 법이라고 보고 범행하였다는 것이며 그 이유로는 자기들이 이 긴급조치에 정한 형벌을 받더라도 우리나라의 민주헌정에로의 회복을 위해 투쟁하는 애국심 때문이며 헌법의 단점을 자유로이 토론하는 것이 국가안보와 무슨 관계가 있는 것인지 모르며 긴급조치를 할 객관적 정세는 없었다는 것 등을 주장하였는바, 피고인 등의 긴급조치위반에 대한 변소(辯疏)에 대해서는 법률학적으로 보면 바로 본인이 위에서 자세히 기술한 바 있는 저항권을 피고인들이 주장하는 것으로 판단하여 이에 대해 본인이 법률전문가로서 이들의 행동을 법률적으로 변호한 것입니다.

이에 따라 긴급조치 제 1 호, 제 4 호는 자연법학자들이 말하는 법 위에 있는 이성법과 자연법에 반하는 정당하지 못한 법이란 이론적 근거를 굳이 제시해 본다면, ① 법률이란 자연법학자들의 견해에 따르면 공평한 것으로 제정되어야 하는 것인데 긴급조치 제 1 호는 현재 정부의 정책에 찬동하는 자와 정치적으로 견해를 달리하는 자들과의 간에 법적 평등을 해하는 내용의 법률이고, ② 인간은 정치적 동물로서 동물과는 달리 밥만 먹고 사는 것이 아닌 사유하는 인간으로서 누구든지 헌법에 대해서 어느 정도 문화국민으로서 견해를 갖고 있고 이 생각들은 사석에서 서로 토론하기 마련이고 이런 행동은 인간의 최소한도의 자유의 범위로서 이와 같은 자유가 국가안보와 아무런 충돌이 있을 수가 없고, 이것은 오히려 국가의 장래를 위해서나 새로운 것과 보다 더 많은 것을 향해 전진하는 인류의 행복을 위해 필요불가결한 자유로서 이를 금지한 행위는 우리 인간들의 도덕적, 논리적 감정으로 이해할 수 없는 법률인 것입니다. ③ 더욱 이와 같은 지나친 명령을 하면서 이 법자체에 대한 비방도 안된다고 하는 것은 정부만이 덕을 독점하고 선행을 할 수도 없는 몽매한 백성들로 규정하는 것과 같으며 이는 국민의 존엄성을 모독하는 내용의 법률인 것입니다. ④ 원래 법이란 권력을 잡고 있는 왕이나 행정부도 구속하는 것이고 오히려 역사적으로 권력을 잡고 있는 자의 권력의 남용을 방지하기 위하여 발달하여 온 역사적 경험을 갖고 있는 것인데 법의 목적을 위배하여 법의 궁극적 목적인 국민의 복지와는 거리가 먼 행정부의 전제적이고 자의적인 법률이 과연 인간의 도덕적 감정에 일치하는 법인지 의심스럽습니다.

⑤ 현재 문명국가의 법률 중에 그 법률을 공포하면서 이 법률

자체에 대해서 왈가왈부할 수 없다. 비방하는 자는 사형이나 15년 이하의 형벌에 처한다는 내용의 것이 어느 나라에도 있는 것이 없으며 어떤 나라나 그런 법률의 정당성을 믿을 나라는 없다고 봅니다. ⑥ 우리나라의 과거의 역사에도 전제군주하의 법률에도 이와 같은 가혹한 법률은 없었던 것으로 알고 있고 왕에게 적어도 진실을 얘기할 권리는 누구에게나 있었던 것입니다. ⑦ 긴급조치 제4호의 점에 대해서는 행정부가 본피고인이 맡고 있는 피고인들의 공소사항 중의 일부로서 이는 재판을 통해서만 밝혀질 반국가단체구성에 관해서 재판도 시작하기 전에 일방적으로 어떤 단체를 반국가적인 것으로 단정하고 이에 대한 어떤 형벌을 부과한 것은 사법부의 권한을 행정부가 침해한 것으로써 문명국가에 일치된 헌법원리인 삼권분립의 기본을 뒤흔드는 법률이고, ⑧ 또 긴급조치 제4호는 1974. 4. 3에 선포되었는바 피고인 등은 거의 대부분 이미 3월 말경에 모두 구속된 자로서 이들에 대해 구속 후에 긴급조치를 발포하고 그것에 의해서 형벌이 새로 추가되게 한 것은 법정신으로 보면 일종의 사후법이라고 봄이 옳다고 하겠고, ⑨ 이 긴급조치 등이 없더라도 문제된 사건의 피고인 등을 구속할 법률은 이미 당시의 현재법률로도 충분하여 새로운 법을 만들 객관적 필요는 없는 것이며, ⑩ 이 긴급조치 등은 국민들로 하여금 자기 양심에 따라 법을 지켜야 한다는 것을 바라는 것이 아니라 국민들이 형벌이 무서워서 법을 지키지 않을 수 없게 한 조치로서 문화민족의 체면에 반한 법률인 것입니다.

어떻든 본변호인이 당시 피고인들을 위하여 변론하면서 저항권의 법이론을 들어 준 것은 피고인들의 범행이 일종의 순교자적 저항행위로서 나왔다고 변소하기 때문에 피고인들이 변호사와 같은 법률학에 대한 소양이 있었다면 주장했을 법률상의 주장을 변호를 위해서 해 준 것이며 이와 같은 피고인의 변호사의 법률상의 주장은 판결 중에 범죄의 성립을 조각하는 사유로서 주장한 것이며 이 주장에 심판관 5명 전부가 이를 받아들이지 않는 경우에는 계속 항소심이나 대법원에서의 최종적인 판단을 받아 보려는 심정에서 변론한 것이며 이는 긴급조치위반사건의 변호를 맡은 피고인으로서 당연히 주장할 변론인 것입니다. 더 나아가서는 위 법률상의 주장을 재판부에서 받아들이지 않는다고 할 때에는 적어도 피고인 등의 행위는 자연법학자들의 견해에 의하면 권리로서까지 봐주는 행위를 한 자로서 이들에 대한 범죄정상은 충분히 고려되어야 할 것이라는 주장도 포함되는 것입니다.

「러시아인이 당시 러시아는 후진국이라고 말한 관계로 러시아 황제로부터 엄중한 처벌을 받은 바 있다」는 부분 중 엄중한 처벌을 받았다는 것은 사실과 틀리고 미친 놈이란 평을 받았다고 하였는데 이와 같이 말한 것은 본변호인이 피고인들의 범행은 단순히 정치적 의견이 현정부 당국자들과 다른 데서 기인된 것으로서 피고인들이 비록 어린 대학생들이긴 하지만 그들 나름대로 애국심에 불타는 자들이고 그들의 소견으로는 현당국자들이 우리나라 민주공화국의 이념인 자유국가의 기본질서를 파괴하고 있는 것으로 보아 이 나라에 민주헌정의 기초를 확실히 세워야 한다는 애국자적 반대자에 불과하다고 보고 러시아의 니코라스 황제치하의 차다예프란 귀족이 당시 자기나라가 후진국이라 한 마디 한 것을 황제로부터 미친 놈이라는 비난을 받자 그는 「미친 놈의 변사」란 짤막한 글을 발표하였는바, 그 글 속에서 그는 자신도 내 나라를 다른 사람만큼 사랑하고 있다. 다만, 나는 다른 사람이 나라를 사랑하는 방법과 달리 내 나라를 사랑하고 있을 뿐이라면서 자기는 나라를 사랑하되 눈을 감고 사랑하는 것이 아니라 바로 뜨고 현실을 직시하며 나라를 사랑하고 있고 입을 다물고 나라를 사랑하는 것이 아니라 할 말을 하면서 나라를 사랑하는 것이며 머리를 숙이면서 나라를 사랑하지 않고 떳떳하게 나라를 사랑한다고 하면서 당시 그 나라의 안이하고 맹목적적인 애국심에 경고를 한 글입니다. 이 글은 미국의 훌부라이트 상원의원이 미국국회에서 월남전쟁에 반대하는 연설을 하면서 반대하는 자의 높은 차원의 애국심을 잘 나타낸 글로 서두에 인용한 명문인 것을 본인이 변호를 위해 인용한 것입니다.

또 피고인들에 대한 이번의 판결은 후일 「역사적으로 문제가 될 것」이라는 뜻의 공소사실은 이 사건은 피고인의 수에 있어서나 그들이 모두 대학생이든지 기독교인들이고 또 젊은 시인이거나 순수한 젊은이들로서 중형이 구형된 우리나라 사법사상 보기드문 역사적, 정치적 사건으로서 이런 중대한 사건을 판결하는 심판부는 역사적 안목을 가지고 정말 신중하게 하여야 할 것이란 것을 강조한 진부한 표현일 뿐이고 심판부에 거듭 중요성을 각성시키려는 변론이었던 것입니다.

第八. 결 론

1. 변호사는 법을 모르는 피고인을 변호해 주는 헌법상의 기관이고 그의 직무는 단순히 개인적인 것이 아니라 자유민주주의의 기본질서를 지켜 나가기 위하여 인간이 가장 최선의 방법이라고 생각하는 삼권분립원칙에 기하여 사법부에 의한 재판제도가 만들어져 이 재판에 관여하는 공공의 직업에 종사하는 전문가인 것입니다.

재판이 올바른 결론을 얻기 위해서는 당사자주의의 원칙이 제일 바람직하다는 인간의 오랜 경험에 의하여 또 법관의 독립이 없으면 피고인의 인권을 지킬 수 없다는 인간의 혜지에 의하여 재판관은 오로지 헌법과 법률 및 양심에 따라 재판하여야 한다는 사법권독립의 원칙을 천명하였고 진정한 사법권의 독립은 재판에 관여하는 변호인이 직무를 행하는데 어떠한 두려움도 없이 피고인을 위해 자기 양심에 따라 하여야 할 변호를 마음대로 하여야 이루어질 수 있다는 깊은 신념이 변호인의 피고인을 위한 변론은 일반인의 행동을 규정하기 위한 다른 법률에 위반할 수 없다는 법원칙을 확립한 것이고 이것이 변론행위의 절대적 면책특권이라고 하는 것입니다.

따라서 위 법률에 따라 피고인에 대한 공소사실은 공소사실 자체가 전부 사실이라고 하더라도 죄가 될 수 없는 것으로서 공소기각의 결정이 있어야 할 것입니다.

2. 만약에 원심판결 한 바와 같이 피고인이 한 변론이 긴급조치 제 1 호와 제 4 호에 위반한다 하여 이것을 문의한다면 민청학련사건의 심판부가 그 사건의 피고인 등에 대하여 긴급조치 제 1 호나 제 4 호가 자연법에 반하는 법률이고 이는 무효의 법률이란 법적 판단 아래 이 점에 대해 무죄판결을 하였다면 이 판결을 한 심판관도 또 긴급조치에 위반한 것이라 하여 문책할 수 있겠는지 의문입니다. 이렇게 심판관이 자기양심에 따라 자연법론자의 법철학을 신봉하는 자가 되어 자기의 직무로서 무죄판결을 할 경우에 말입니다. 만약 이와 같은 결론을 내려야 한다면 긴급조치는 재판제도, 사법권독립의 원칙, 삼권분립, 법관의 기능 등을 근본적으로 부정하는 것으로 볼 수밖에 없고 이와 같은 우리 헌법정신에 가장 기초적인 이념을 잠정적으로나마 정지시키려면 적어도 긴급조치 중에 그와 같은 일반 원칙이 무시된다는 예외를 명백히 규정했어야 할 것인데 긴급조치 제 1 호, 제 2 호, 제 4 호를 보아도 그런 해석이 가능한 규

정은 조금도 찾아볼 수 없습니다. 오히려 긴급조치 제2호가 절차법을 규정하면서 이번 긴급조치에 위반된 피고인들에게 대해서는 오직 군법회의법 제13조, 제238조, 제239조 및 제241조의 규정만 적용되지 않고 이 규정 외에는 군법회의법이 그대로 허용된다고 명정하여 둔 것을 보면 법관이나 변호인의 권리는 조금도 제한된 것이 아니니 군법회의법 제28조는 그대로 적용될 뿐만 아니라, 긴급조치법 자체가 동법에 의한 변론을 하는 것은 긴급조치에 정한 비방에 해당되지 않을 것을 예정하고 있다 할 것이라고 볼 것입니다.

3. 변호인은 피고인의 대언자(代言者)이고 그의 입으로서 변호업무 자체가 피고인의 과거의 범죄사실을 변호하는 자로서 피고인이 자기 자신의 범행을 변명함에 필요하다고 생각할 때에는 여하한 변명도 할 수 있는 것을 변호인의 전문지식으로 대신 말해주는 자입니다.

이런 때 피고인에게 적용될 법률은 이런 근거로 진실한 의미의 법이 아니라고 한 것이 범죄가 된다고 하면 피고인이 자기에게 적용될 법률이 무효라고 항변하는 때에는 공소사실 이외 또 긴급조치 위반의 죄를 범한 것이 된다는 결론에 도달되는바, 이는 명백한 논리적 모순에 봉착합니다. 이렇게 된다면 피고인의 변소가 바로 범죄가 되어 공소가 또 추가되어야 하고 무수한 범행이 예견되어 한 없는 연쇄범행이 이루어질 것으로 될 것입니다.

4. 어떤 범죄에 대해 재판을 한다고 할 때에는 그 사실만이 재판의 대상인 것이 아니고 적용법률 그것도 당연히 재판의 대상이 되는 것이고 법률이 재판의 대상이 될 때에는 당연히 그 법률에 대한 이론적 검토, 해석상의 논란 등이 뒤따르기 마련인 것이고 이 논

란은 재판에 따르는 필요불가결한 요소라고 생각되는 것이므로 이와 같은 논의는 긴급조치 제 1 호와 제 4 호에서 본법을 "비방한 자"는 이 비방에 해당될 수 없습니다. 긴급조치가 이렇게 무차별하게 적용될 성질의 법률로는 볼 수 없을 것이고 만일 이런 경우까지 적용될 것으로 제정된 것이라면 본인의 자연법에 대한 신앙심은 바로 이런 법률은 지키지 않아도 좋은 악법이고 벌써 법이 아니라고 주장하오니 이 점에 대해서도 판단하여 주시기 바랍니다.

5. 본변호인은 변호사의 사명이 위에 말한 바와 같이 실로 고귀한 것이고 피고인을 위해서는 모든 충성을 다 바쳐야 하는 것으로 알고 있고 법의 목적은 정의의 구현에 있고 하늘이 무너져도 정의는 시행되어야 한다는 것을 믿고 있는 진지한 법학도입니다. 법정이란 정의의 전당에서 법관과 같이 피고인의 정의를 위해 봉사하는 제관(祭官)과 같은 일에 전념하는 자로 자처하고 있고 법률학과 정의에 대한 연구를 평생의 학문으로 생각하고 정열을 갖고 본인의 분야를 추구하고 있는 사람이 되기를 바라온 사람입니다.

이와 같은 피고인에게「피고인 등을 변론하게 됨을 기화로 긴급조치 등을 비방할 것을 결의하고 재판을 위협할 목적으로」마치 변호할 것 같이 판시한 것은 본인의 인격과 존엄성에 대한 모욕과 독(瀆)으로 간주할 수밖에 없습니다. 이런 식의 자의판단은 법률가적 양식이나 인간의 경험칙에 반하는 것이라 하겠고 이렇게 법을 형식적으로 다루어서 인간을 처벌하려고 할 때는 인간이 법을 선용할 때에만 법이 건전한 것이 된다는 성경에 나타난 구절이 생각날 뿐입니다.

6. 재판을 위협할 목적으로란 말만 모두(冒頭)에 부치고 변론내

용을 공소사실로 하면 법정모욕이 될 수 있다고 생각하면 형사소송에 관여한 변호사를 박해하기 위해서는 이것보다 더 좋은 도구가 없을 것입니다.

일본에서도 형사변호사에 대한 박해문제로 학자들이 걱정하고 있는 것을 본 적이 있으나 그들이 예상하고 있는 박해방법은 피의자가 임의출두에 응할까란 의견을 들어서 대답해 준 것이 범인은닉이 되는가, 피의사건의 증거를 검토해서 묵비권을 권고한 것이 증거소멸이 되는가, 증인 · 감정인과의 신문준비가 위증교사가 되는가 등의 것을 활용할지 모른다고 걱정할 뿐이고 최종변론행위가 범죄가 될 것은 생각도 않고 있습니다.

법정모욕에 관해서는 영국의 다음 예는 좋은 참고가 될 것입니다.

영국의 어스킨 변호사와 불러워드 판사 사이에 일어난 일로서 법정에서 다음과 같은 언쟁이 있었는데, 어스킨은 말하기를 「본인은 여기 동료시민의 변호인으로 출석하고 있기 때문에 본인은 '오직'이란 낱말을 기록해 주기를 바랍니다」, 이에 대해 불러워드 판사는,

「앉으시오, 변호사님. 귀하의 의무를 상기하시오. 그렇지 않으면 본관은 다른 방법으로 소송을 진행기는 수밖에 없소」 하고 대꾸하고 이에 대해 어스킨 변호사는 「재판장님은 재판장님이 옳다고 생각하는 대로 진행해 주시오, 본인은 재판장이 법관의 의무를 이해하듯이 본인의 의무를 알고 있으므로 본인은 본인의 의지를 굽힐 수가 없습니다」고,

불러워드 판사는 이 대답에 대해 아무 언급이 없었으며 후일 캄벨 대법관은 어스킨의 위와 같은 법정태도는 「재야법조인의 독립성을 표시하는 고귀한 본보기」라고 칭찬한 바 있습니다(오스월드저

「법정모욕」에서).

다음은 미국의 스트라이카 변호사에 관한 예를 들어보겠습니다.

미국의 홀므스 대법관은 하급법원에서 검찰이 도청과 함정수사를 하여 수집한 증거에 의하여 공소한 사건에서 위 증거를 사실인정의 자료로 하여 유죄판결을 한 사건에 대해 반대의견을 집필하면서 검찰의 처사에 대해 더러운 짓(dirty buiness)이라고 나무란 바가 있는데,

위 스트라이카 변호사는 어떤 사건의 변론 중에 하급법원에서 증거로 믿은 것이 바로 도청과 함정수사에 의해서 취득된 것이었기 때문에 위에 말한 홀므스 대법관의 반대의견을 인용하면서 「더럽고 추접고 비열한 짓」이란 것을 강조하기 위해 이 용어를 되풀이 사용하고 점점 소리를 높여 가면서 계속함으로써 결국 법정이 시끄러울 정도가 되자 재판관은,

「좀 조용히 말하시오, 무슨말인지 들립니다」고 꾸중을 한 바 있습니다. 이 때 스트라이카 변호사는 「본인의 언성이 재판관님들을 불쾌하게 한 것을 대단히 죄송하게 여깁니다. 이와 같은 일이 생긴 것은 본인은 지금까지 본인에게 분노를 일으키게 하는 불의를 보고 짐짆게 견딘 적이 없었기 때문입니다. 본인은 위증으로 우리 국민 한 사람의 자유가 침해되는 것을 보고 태연한 어조로 말할 수 있는 정도의 수양이 못되었습니다. 그렇지만 나도 위로받는 경우가 있습니다. 그것은 1761년 2월 조그만 보스톤 법정에서의 일입니다. 그 때 제임스 오티스 변호사는 적대감이 쌓여 있는 법정에서 일반수색영장의 부당성에 대해서 우리와 같은 맹박을 한 일입니다. 본인은 그 때 오티스 변호사도 그의 어조를 높였다는 것을 알고 만족하고 있는 것입니다.」

7. 본인은 문제된 변론을 오직 피고인을 위해 하였을 뿐이고 이것이 본건과 같이 문제가 된다면 이 재판은 변호인의 자랑스러운 전통과 사법권의 독립이 심판을 받는 것이며 궁극적으로는 자유민주주의의 기본질서가 위협받을지도 모르는 중대한 결과가 될 판례가 될지도 모릅니다.

양심과 법률 및 헌법만에 의한 용기 있는 판결을 바랍니다.

피고인 강 신 옥

위 피고인의 무인임을 증명함.

교도관

15. 항소이유서

15. 강신옥 사건의 경과

황 인 철

Ⅰ. 피고인은 무죄

서울지방변호사회 소속의 강신옥변호사에 대한 대통령긴급조치위반과 법정모욕 등 피고사건, 세상에서 흔히 강신옥변호사사건이라고 일컫던 사건은 1988년 3월 4일 오전 10시 서울고등법원 제105호법정에서 같은 법원 형사제1부(재판장 최공웅 판사)가 선고한 판결이 그대로 확정됨으로써 일단 현실의 사건에서 역사의 기록으로 넘겨졌다.

이 날 선고법정에는 방청인도 몇 사람 되지 않는 가운데 강변호사는 평소보다 오히려 밝은 표정이었다. 진실은 반드시 밝혀지게 마련이고 정의는 반드시 승리한다는 확신과 이 확신이 이제는 저버림 받지 않아도 좋을 그런 때도 된 것 아닌가 하는 안도 때문이었으리라.

사실 우리는 그 동안 재판이라는 이름 아

* 대한변호사협회지, 1988년 5월호, 18~23.

래 너무나 자주 배신을 경험하며 한 세월을 살아왔다. 緊措시대, 集示시대, 國保시대를 거쳐 살아오면서 우리 변호사들은 재판이란 한낱 요식절차로 전락하여 버렸다는 비판 앞에 변명을 잃어버린 지 오래였었고, 심지어 대법원에서 파기환송된 사건이 환송판결 취지대로 귀결되는 이른바 시국사건을 단 한 건도 본 일이 없었다. 그러니 강변호사사건도 비록 대법원에서 환송되었다는 이유 하나만으로 확신과 안도를 아울러 가질 수 있었겠는가. 확실히 시대가 변한 것이다.

그런 의미에서 "피고인은 무죄"라고 단호하게 선언한 최공웅 재판장의 선고는 강변호사가 그 동안 피고인 신분으로 14년을 지내면서 겪어 온 고통으로부터의 해방선언임과 동시에 역사의 거역할 수 없는 흐름 속에서 새롭게 탄생할 사법부의 예고하는 신호이기를 기대해 보는 것이다.

무죄선고를 받고 법정을 나선 강변호사는 TV 카메라 앞에서 환하게 웃으면서 이렇게 외쳤다.

"이 당연한 판결을 얻는 데 14년이 걸렸습니다."

Ⅱ. 긴급조치 1·4호와 민청학련사건

강변호사사건은 강변호사가 1974. 6. 이른바 민청학련사건으로 비상군법회의에 구속기소된 김지하 등 10명에 대한 변론을 맡게 되면서 발단된다.

우리가 다 아는 바와 같이 1974년은 유신헌법 아래에서 대통령 긴급조치라는 것이 선포되면서 암울한 긴조시대(緊措時代)를 연 해였다.

대통령긴급조치 제 1 호는 유신헌법을 부정, 반대, 왜곡 또는 비방하는 행위와 헌법의 개정 또는 폐지를 주장, 발의, 제안 또는 청원하는 행위를 금하고 그에 위반하면 법관의 영장 없이 체포, 구속, 압수, 수색하여 15년 이하의 징역에 처하는 엄한 처벌을 규정한 것으로서 유신헌법 제53조에 규정한 대통령의 긴급조치권에 따라 1974. 1. 8에 선포되었다. 이 조치는 박정희 대통령의 영구집권을 위한 절대권력을 다져놓은, 이른바 유신헌법이 1972. 12. 27의 공포시행직후부터 국민들의 반대와 저항에 부딪혀 1973년 부활절 박형규 목사의 남산야외음악당사건을 시작으로 1973. 10. 2. 서울대문리대 시위로 이어져 12월 초순까지 2개월 남짓 동안 전국 각 대학에서 시위와 농성, 시험거부 등 대대적인 반유신운동이 벌어진 바 있었는데 이 사태에 대하여 박정권은 집시법을 적용한 대량구속과 대량제적으로 대처하다가, 연말에 접어들어 이 운동이 지식인과 사회원로들의 헌법개정청원운동으로 확산되자, 이듬해 1. 8. 선포된 것이 위 긴급조치 제1호인 것이다. 그러나 이 긴급조치에도 불구하고 반유신운동은 새학기를 겨냥하여 보다 조직적이고 광범위하게 준비되었던 것이니 서울대의 이철, 유인태 등을 중심으로 전국적인 연결을 갖추고 4. 3을 기하여 전국규모의 유신반대시위를 준비하다가 당국에 적발된 사건이 바로 전국민주청년학생총연맹, 즉 민청학련 사건이었다. 당국은 사전에 이 정보를 탐지하고 3월 말경부터 대대적인 검거선풍을 벌였지만, 4. 3. 드디어 서울의 거의 전 대학에서 일제히 데모가 터지자 정부는 그 날 오후 10시를 기하여 서슬 퍼런 긴급조치 제4호를 선포하게 된다.

긴급조치 제4호는 전국민주청년학생총연맹과 이에 관련되는 제단체를 조직하거나 또는 이에 가입하거나, 단체나 그 구성원의 활동을 찬양 · 고무 · 동조하거나, 그 구성원과 회합 · 통신 기타 방법으로 연락하거나 그 구성원의 잠복 · 회합 · 연락, 그 밖에 활동을 위하여 장소 · 물건 · 금품 기타 편의를 제공하거나, 기타 방법으로 단체나 구성원의 활동에 직접 또는 간접으로 관여하는 단체의 행위와 단체나 그 구성원의 활동에 관한 문서 · 도화 · 음반 기타 표현물을 출판 · 소지 · 배포하는 일체의 행위를 표하고, 이에 위반하거나 조치를 비방한 자는 사형 · 무기 또는 5년 이상의 유기징역에 처하여 유기징역을 처하는 경우에는 15년 이하의 자격정지를 병과하도록 규정하고 있다. 한 마디로 유신체제에 반대하는 학생운동세력에 대한 선전포고였던 것이다. 이 긴급조치가 선포된 전후에 걸쳐서 1,024명이 연행 조사를 받았고, 그 중 203명이 구속되었으며, 그 중에는 윤보선 전대통령, 지학순 주교, 김찬국, 김동길 교수 등도 포함되어 있었다. 1차로 54명이 비상군법회의에 기소되었는데, 그 중 인혁당 사건의 22명을 제한 나머지 32명이 강변호사가 변론을 담당하였던 민청학련사건이었다.

한편 박정권은 긴급조치 제 1 호와 동시에 긴급조치 제 2 호를 선포하고 대통령긴급조치에 위반한 자를 심판하기 위하여 국방부에 비상보통군법회의와 비상고등군법회의를 설치하고 22명의 심판관과 15명의 검찰관을 임명하는데, 그 중에는 군장성과 법무관 이외에도 많은 판사와 검사가 임명되어 긴급조치의 시행에 협력한다.

Ⅲ. 미리 계획된 초사법적 조치

강변호사 사건의 경과를 이해하기 위하여는 위에서 본 당시의 시대적 배경 이외에 변호인단과 군법회의 당국 사이에 재판진행 과정에서 쌓여간 대립과 갈등의 실상을 알고 넘어갈 필요가 있으므로 이를 강변호사 본인의 항소이유서를 중심으로 살펴보고자 한다.

민청학련사건은 공소장자체가 600여 페이지가 넘는 분량으로서, 요약하면 민청학련은 반국가단체로서 피고인들은 이 단체를 구성하여 폭력적인 방법에 의한 정부전복을 기도하여 공산주의국가를 건설하려고 함으로써 내란음모, 반공법 및 국가보안법위반의 죄를 범하였고, 또한 긴급조치 제 1 호와 제 4 호를 각 위반하였다고 하는 것이었다.

이 방대하고 복잡한 공소장을 변호인들에게도 첫 공판기일 며칠 전에야 비로소 교부하여 주고 접견 역시 허락하지 않다가 1974. 6. 15. 오전에 첫 공판이 열린다는 통지를 하여 놓고, 6. 14. 오후에야 변호인접견을 허락하였던 것인데, 워낙 많은 피고인을 맡고 보니 공소사실에 관한 협의는 전혀 불가능한 형편이었다. 그런 상황에서 공판이 시작되자 피고인들은 모두 긴급조치 제 1 호 위반사실은 인정하나, 국가보안법상의 반국가단체구성죄 등 모든 나머지 사실을 부인하고 긴급조치 위반부분에 대하여서도 유신헌법은 장기집권을 위한 것으로서 개인의 기본권이 무시되고 사법의 독립이 위협을 받고 있으며, 대통령의 권한이 지나치게 강화되고 헌법이 너무 독재주의를 지향하는 것이어서 우리나라의 장래를 위하여 지극히 위험한 일이므로, 진실로 우리나라를 위하여는 헌법상 개악된 부분은 개정되어 민주헌법에로 회복되어야 하는 것이란 것을 그들의 애국적 신념으로 하고 있었으므로, 비록 긴급조치 제 1 호가 이 헌법에 대한 반대를 금하였고 긴급조치 자체에 대한 비방을 형사벌로 규정하여 금하였다고 하더라도 그들은 나라를 걱정하는 마음에서 긴급조치 제 1 호를 위반하여 처벌을 받는 한이 있더라도 나라를 바로잡는 데는 옳다고 생각하는 것, 진리라고 보는 것을 위해 학생들이 압력단체로서 결속되어 학생운동을 통해 여론에 그들의 의사를 반영시켜 정부에 정치적 압력을 넣으려고 한 것뿐이며, 이와 같은 도덕적으로 옳은 행동을 하는 것이 범죄가 된다면 차라리 구속되어서라도 법정에서 바른 소리를 할 수밖에 없을 것으로 알고 긴급조치를 위반하였다고 당당하게 주장하고, 그 방법으로 피고인들은 추호도 폭력을 사용하거나 또 궁극적으로 공산주의국가를 건설하기 위해 정부를 타도하려 음모한 적도 없고, 다만 뜻있는 대학생과 기독교인들로서 기성세대들이 무기력하여 아무런 행동도 하지 못하므로 하는 수 없이 단결하여 평화적인 시위를 하려 하였고, 학생운동으로 정부에 의사를 호소해 보려던 것이 자기들 행동의 전부라고 주장하였다.

이에 대하여 검찰이 제시한 증거는 검찰관작성의 피고인들에 대한 피의자신문조서와 참고인들에 대한 진술조서가 거의 전부여서 이런 류의 사건들이 으레 그렇듯이 피고인들의 검찰자백에 전적으로 의존하는 사건이었던 것인데 피고인들은 모두 검찰피의자신문조서에 대하여는 자신들은 평화적인 데모를 위하여 서로 연락한 사실만 인정하고 반국가단체구성, 폭력에 의한 정부전복 또는 공산주의국가건설 등 부분은 검찰관들이 피고인들을 신문할 때 답변을 전혀 무시하고 자기네 마음대로 데모를 하려 하였던 객관적 사실 위에 덧적어 넣고 무인을 강요하였기 때문에 수사과정에서 중앙정보부에서 엄청난 고문을 당한 끝이라 공포감으로 거절하지 못하고 강요된 상태에서 무인해 주었을 뿐이라고 한결같이 진술하였고, 한편 참고인조서는 변호인들이 증거로 동의하지 않게 되자, 검찰관이 증인을 무려 6, 70명이나 신청하여 모두 채택되어 소환신문하게 되었으나, 이 증인신문기일에는 피고인들을 소환조차 않아 참여를 시키지 아니하였음은 물론 변호인들의 강력한 이의에도 불구하고 강행한 증인신문에서는 처음 증인 10여명에게는 변호인의 반대신문으로 모든 증인이 검사 앞에서 조사받을 때 데모하려던 사실 이외는 모두 부인하였는데 검사들이 참고인진술과는 반대로 반국가단체 구성이니 폭력전복이니 임의로 적어 넣고 무인 또는 날인을 강요한 것이라는 증언을 하게 되자, 나머지 증인에 대하여는 검찰관이 무인사실여부만 직접신문으로 묻고, 신문을 마치고는 변호인도 무인이나 날인한 사실에 관한 반대신문만 허용되어야 할 것이라고 이의하여 법무사가 이를 받아들이는 상식 밖의 일들이 벌어져 변호인들은 이의, 항의 또는 설득 등을 펴다가 역부족으로 모두 퇴정하고 말았었다. 나머지 증인 60여명은 결국 피고인은 물론 변호인 참여도 없는 사이 조서의 무인여부만 신문하는 방식으로 조사가 마쳐졌고, 그리하여 변호인측이 그 다음 공판에서 증거조사방법에 관한 강력한 이의와 함께 피고인을 위한 증인을 신청하였던바, 다음 날까지 채부(採否)를 결정고지하겠다고 하더니 다음 날인 7. 9. 오후에 속개된 공판에서는 변호인신청 증인을 모두 기각하고 그 자리에서 증거 조사를 마친다 선언하고 검찰관의 의견진술을 하게 하였던 것이다.

바로 이 날이 1974. 7. 9. 강변호사 사건이 발생한 날이거니와 이때까지 피고인들에게는 가족면회가 일체 금지되고 있었고, 방청도 서슬퍼런 군본 내에 엄격한 출입통제를 거쳐서 직계가족 한 사람씩만 허용되었을 뿐 아니라 변호인의 접견도 첫 공판 전날 오후에 쏙 한번, 기록열람도 꼭 하루만이 허용되고 피고인들에 대한 변호인 반대신문 때부터 제한과 제지가 빈발하다가 급기야 피고인과 변호인 참여 없는 증인신문과 변호인 신청증인의 전부기각을 당하였던바, 6. 15. 첫 공판이 열린 이래 거의 매일 아침 9시에 재판이 속개되어 다른 일 제쳐놓고 군법회의에 나가 공동변호인으로 관여하였던 변호인단은 그 때마다 강력하게 이의하고 항의하며 적법절차의 준수를 촉구하였던 것이나, 군법회의재판이란 당시 국방부법무담당관인 이모장군의 지휘 아래 군사작전처럼 일사불란하게 강행되고 있던 터이므로 변호인의 이의가 받아들여질리 없고, 오히려 국가안보적 차원에서 조속히 중형으로 종결시킬 계획을 방해하는 무리들로 취급되는 판이었다. 여기에 예나 지금이나 변함이 없지만, 현직에서 파견된 판사나 검사들이 수사과정에서나 재판과정에서 편의주의적인 잔꾀나 탈법을 서슴지 않으면서 군당국에 적극 협력하는 태도로 비쳐져 변호인들이 받은 배신감과 실망 또한 큰 것이었다.

이런 상황 아래 기습적으로 이루어진 관여 검찰관(송종의, 최명부, 강철선 검사)의 구형은 어린 학생들을 포함한 김지하 등 7명에게 사형, 7명에게 무기 등 최하가 15년인 중형이었던 것이니, 변호인들이 당황하고 흥분하면서 변론에 임할 수밖에 없었음은 오히려 당연한 것이었다.

강변호사가 이 날의 변론이 문제되어 구속기소된 뒤 변호사회 단위의 대책활동일환으로 변호사회임원들이 고위당국자들을 찾아갔을 때, 그들은 입을 모아 강변호사 구속은 초사법적 조치임을 강조하였다고 하거니와 대통령이 선포한 긴급조치와 그에 의하여 설치된 군법회의에 누가 감히 이의하고 대항해 싸운단 말인가 하는 발상 아래 법무담당관중심으로 어느 변호사든 걸려 들기만 하면 본때를 보여주겠다는 의지와 사전계획이 되어 있었을 것이라는 의혹이 지금껏 가시지 않는다.

Ⅳ. 변론이 죄가 되다

1974. 7. 9. 오후 늦게 변호인들이 사전에 예상하고 미처 준비도 못한 사이 기습적으로 결심이 되고 역시 예상 밖으로 사형구형이 7명이나 되자, 변호인들은 당황하고 흥분되기도 하였지만 영구집권을 위한 독재체제를 다지는 데 혈안이 된 박대통령이 학생운동세력

에게 사형의 위협으로 권총을 겨눠 결전을 선언하더니, 드디어 재판이라는 이름으로 이 순수하고 애국적인 어린 학생들을 정말 죽이려는 것은 아닌가 하는 섬짓한 공포감과 이런 비극이 모두 우리 기성세대의 탓이지, 저 어린학생들의 탓은 아닌데 그들의 희생을 그냥 보고 있을 수 있느냐는 비장감마저 갖고 변론에 임하게 된다.

담당한 피고인의 순서에 따라 필자가 먼저 개괄적인 법률론, 사실론에 관한 변론을 하였고, 이어 홍성우 변호사가 주로 반공법과 국가보안법 위반부분에 중점을 두고 다소 격앙된 목소리로 변론을 하자, 심판관의 제지가 한 번 있었으나 무사히 마쳤으며, 이어 세 번째로 강변호사가 등단하여 한 변론이 문제로 되어 문명사회에서는 그 유례가 없는 변론 중 변호사 구속이라는 "사건"이 벌어졌고, 이 사실은 74. 7. New York Times, 1면 기사로 보도된 몇 달 뒤에야 정기국회에서 법무장관의 답변을 통해 국민에게 비로소 알려지면서 14년, 정확하게는 13년 8개월 만에 종결되는 "강신옥변호사 사건"이 되는 것이다.

강변호사의 변론내용은 이번 서울고법의 판결 중 공소사실의 요약대목에 일부가 인용되고 있는 터로서, 본인의 항소이유서에 그 내용과 취지가 소상히게 밝혀져 있으므로(서울제일변호사회 간행의 법조시보 1975. 1, 2월호 중 필자의 강신옥 회원에 대한 비상군재(상)(하) 참조), 여기에서는 다시 옮기는 번거로움을 피하거니와 먼저 재판에 관여하여 변론하는 심정을 밝히면서 법이 권력의 시녀, 정치의 시녀로 전락함을 경고하고 소송법상의 적법절차를 전혀 거치지 아니한 재판과정을 구체적으로 지적하였고, 이어 검찰관이 애국 학생을 빨갱이로 몰아 사형을 구형하고 있으니, 이는 사법살인행위라고 경고하는 대목에서 법무사로부터 가벼운 주의가 있었으며, 다음으로 독일판례를 인용한 저항권 얘기를 마치고 반대하는 자의 차원

높은 애국심에 대하여 미국의 홀부라이트 상원의원이 미의회에서 한 월남전 반대연설에서 인용한 제정러시아시대의 역사학자 차다예프의 "미친 자의 변론"에 관하여 말을 시작하려 하자 재판장이 휴정을 명한다. 속개된 법정에서 김지하의 오적에 대한 간단한 변론만으로 강변호사는 변론을 내렸던 것인데, 재판장이 다시 휴정을 선언한 사이 법정에 재정하던 중앙정보부장에 의하여 홍성우 변호사와 함께 법정 옆사무실에 연행되어 조사를 받았고, 그러는 동안 법정은 속개되어 강, 홍 두 변호사가 법정에서 연행되는 현실을 눈앞에 보면서도 어떤 경우에나 피고인을 위한 변론은 포기할 수 없다는 변호인의 사명을 다하고자 이세중, 임광규, 박승서 변호사 순으로 변론을 모두 마치게 된다.

강변호사와 홍변호사는 법정 옆사무실에서 약 1시간여에 걸친 조사를 받고 일단 귀가하였다가 밤 11시경 자택에서 다시 중앙정보부에 연행되어 조사를 받고 2일 후인 7. 11. 오후에 일단 석방된다. 때에 따라 야만적인 구타가 동반된 조사였다.

그러다가 7. 15. 오후 4시경 강변호사 혼자 무교동 변호사 사무실에서 다시 중앙정보부에 연행, 정식으로 구속되어 동일로 서울구치소에 수감되었고 7. 17. 비상보통군법회의검찰부에 송치되어 조사를 받고 기다리던 중 대통령긴급조치 제1호와 제4호가 긴급조치 5호로 해제되기 하루 전인 8. 22. 대통령긴급조치 제1호와 제4호위반과 법정모욕죄로 구속기소되기에 이른다.

V. 재판경과

1. 비상보통군법회의

재판관: 재판장 육군중장 유병현
재판관 육군소장 강신탁
판 사 신정철
검 사 송병철
법무사 육군중령 황종태
검찰관: 육군소령 이근일
변호인: 변 호 사 이병린 등 우리나라 재판사상 최대인 99명

[공판의 진행] 1회공판기일은 1974. 8. 30. 오후 3시 육군본부 법정에서 개정되어 인정신문 직후 고재호 변호사가 모두진술과 함께 변호인의 활동은 헌법해석상 당연히 면책될 뿐만 아니라, 군법회의법 제28조 소정의 면책조항에 비추어 본안심리에 앞서 공소기각이 되어야 한다는 신청을 하였고, 이것이 기각되고 심리에 들어가 김칠권 직접신문과 박승서, 김동환 변호사의 반대신문이 있었는데, 여기에서 강변호사는 당시의 변론경위와 심정, 변호인의 책무, 저항권이론에 대한 신념 및 변론활동의 면책성에 관한 소신 등을 명쾌하게 밝혔다.

증거조사를 위하여 속행된 9. 2. 오후의 공판기일에서는 김제형 변호사가 증거인부와 함께 변론 당시 법무사인 김영범 육군 중령 등 증인 3명과 민청학련사건기록 검증 등 증거를 신청하였으나, 모두 채택되지 아니한 채 검찰측 신청 증인을 재정증인으로 신문하고는 이내 결심 징역 15년과 자격정지 15년이 구형되었다. 이어 이병

린, 박승서, 이재성, 조준희 변호사의 순서로 약 3시간여에 걸쳐서 개진된 변론에서는 강변호사 사건이 변호사가 법정에서의 변호활동이 문제된 사건으로서, 우리나라는 물론 자유민주주의국가에서는 사상유례가 없는 중대한 사건임을 강조하고 공소사실이 일부 변호사의 변론 내용을 사실과 다르게 왜곡시키고 있음을 지적하면서 변호인의 직무와 면책성, 자연법적인 저항권이론 등에 관한 진지한 변론이 있었고, 끝으로 강변호사의, 변호인의 변론 자체가 문제된 예는 자유세계에서는 없다, 인간의 역사에 비추어 인간의 오류를 최소한으로 줄이려는 인간지혜로 재판제도가 마련된 것이라 생각되는데, 당사자주의를 취하고 있는 재판제도 아래에서 한 쪽 당사자가 자유롭지 않다면 재판 그 자체가 무의미하게 되는 것 아니냐, 자신은 전인격과 양심에 비추어 마지막 변론의 기회에 그 책무를 다한 것에 지나지 않는다는 요지의 최후진술을 하였다.

9. 4. 징역 10년과 자격정지 10년이 선고되었다.

2. 비상고등군법회의

재판관: 재판장 육군대장 이세형
심판관 육군소장 윤성민
육군소장 차규헌
판 사 문영극
판 사 박정도
검 사 정태균
법무관 육군대령 이진우

검찰관: 검 사 문형철

변호인: 변 호 사 박승서 등 61명

1974. 10. 7. 오후 2시에 육본법정에서 열린 첫 공판에서 변호인들의 피고인신문, 원심에서와 같은 증거신청, 한승헌 재정증인신청, 원심증인 정남주에 대한 조서이의 등이 모조리 기각된 채 고재호 변호사의 대안변론만으로 결심되었고 10. 11. 항소기각.

3. 대 법 원

당초 형사 제1부에 배당되어 김윤행 대법원판사 주심사건이 되었던 것인데, 당시의 분위기로서는 결과를 기대하기 어려운 때라 정부당국의 재촉에도 불구하고 판결을 미루어 온 일만으로도 특별한 취급이었다 할 것이었는바, 변호인은 주운화 변호사 등 85명이 관여하여 박승서 변호사가 기초한 상고이유서를 74. 12. 21에 제출.

대법원은 그로부터 만 10년이 지난 85. 1. 29. 원심판결을 파기하여 서울고등법원에 이송하는 판결을 전원합의체에서 선고한다. 대법원 74도3501 사건의 이 판결은 사건의 중대성에 비추어 대법원 전원합의체판결로 하고 있을 뿐 아니라, 김덕주, 이회창 두 대법원판사의 의견과 이회창 대법원판사의 의견에 대한 전상석 주심대법원판사의 의견까지 곁들여져 이채롭다. 긴급조치 제1호와 제4호는 유신헌법이 제5공화국 헌법의 제정공포로 폐지됨에 따라 실효되었고, 따라서 긴급조치위반의 공소사실에 대하여는 범죄 후 법령의 개폐로 형이 폐지된 경우에 해당하여 면소의 판결을 하여야 할 것이라는 것이 그 파기이유의 요지이다. 긴급조치 위반부분을 파기하였으면 법정모욕 부분은 대법원에서 스스로 자판하여도 충분하거늘 서울고법에 이송한 점에 다소 아쉬움을 표하는 변호사들도 많았지만 어떻든 이 판결이 서울고등법원으로 하여금 이미 본 1988. 3. 4. 무죄판결을 할 수 있는 길을 열어 놓았다.

한편 강변호사는 사건이 대법원에 계속중이던 1975. 2. 15. 대통령의 특별조치로 일단 석방되어 만 7개월 만에 자유의 몸이 되었고, 1976. 6. 법무부가 난데없이 강변호사가 강변호사 사건과 같이 긴급조치 제 1 호와 제 4 호를 비방하여 변호사법 제14조 소정의 변호사의 품위를 손상케 하였다는 사실을 들어 변호사징계위원회에 징계개시신청을 하여 우리를 긴장시켰던 것이나, 다행히 대법원판결까지는 징계절차가 정지되어야 한다는 주장이 받아들여져 징계를 당하거나 악명높은 변호사업무정지처분도 당하지 아니한 채 미결 14년 동안 변호사업무는 계속할 수 있었다.

다만 강변호사가 스스로 변호인석에서 피고인석으로 내려 앉으면서까지 무고함을 변호하였던 피고인들가운데 대부분은 74. 2. 15. 조치로 석방되고, 그 후 사면, 복권이 되었으나, 국선변호인으로서 남다른 관심과 애정을 갖고 변호한 여정남 피고인이 대법원의 상고기각 판결이 선고된 다음 날(75. 4. 8) 새벽에 인혁당관계자 6명과 함께 전격적으로 사형을 집행당하여 강변호사에게는 아직까지 천추의 한으로 남아 있다.

16. 김재규 재판의 소수의견

대통령을 '시해'한 반역자 · 내란목적살인범인가, 주군을 죽인 패륜적 살인범인가, 박정희란 자연인을 살해한 단순살해범인가, 아니면 저항권 행사의 일환으로 폭군을 살해한 민주수호자인가. 1979년 10월 26일 궁정동 안가에서 중앙정보부장인 김재규가 대통령 박정희를 암살한 행위에 대한 본격적인 평가는 여전히 조심스럽다. 최근 김재규의 유족들이 민주화운동관련자로 명예회복을 신청한 행위에 대한 사회적 반응은 격렬한 소용돌이를 예고하고 있다.

10 · 26사건을 떠맡은 군법회의의 판결은 의심할 여지없이 내란죄 및 내란목적살인죄였다. 대통령을 시해한 그 자체로 내란죄, 내란목적살인죄에 해당함에 부족함이 없다는 것이다. 이는 김재규 수사를 통해 박정희 사후 집권가도를 달렸던 12 · 12쿠데타 세력의 주문이기도 했다. 문제는 대법원이었다. 대법원은 이 사건의 처리를 늦추었다. "대법원을 탱크로 깔아버립시다"는 장교들의 위협을 한켠으로 한 채, 항소심 선고 후 113일을 끌고 있었던 이 사건의 처리는 1980년 5 · 17 비상계엄의 전국확대와, 5 · 18광주학살이란 피비린내나는 공포 속에서 더 이상 유예될 수 없었다. 1980년 5월 20일 오전 10시 정각. 이영섭 대법원장은 '김재규 피고인 등 7명에 대한 내란목적살인, 내란수괴미수, 내란중요임무종사자미수, 증거은닉, 살인사건에 대해' 모두 유죄이며, '피고인의 상고를 모두 기각한다'

고 판결했다. 선고는 15분 만에 끝났다. 그로부터 나흘 뒤인 5월 24일, 김재규 등 5인은 서울구치소에서 교수형에 처해졌다.

그런데 판결문 전문이 공개되지 않았다. 예상과는 달리 판결은 전원일치가 아니었다. 14명의 대법원판사 중 6명의 반대의견이 포함되어 있었다. 민문기, 양병호, 임항준, 김윤행, 서윤홍, 김태원 판사는 소수의견을 각기 집필했다. 소수의견 중에는 “유신체제는 고 박대통령과 운명을 같이한 체제”이기에, 유신체제의 관점에서 피고인의 행위는 내란이라 할 수 있지만, 유신헌법을 개정하기로 한 국민적 합의라는 바뀐 정치상황으로 인해 내란의 점에 대하여는 “초법규적으로 처벌할 수 없는 사유가 된다”는 견해, “대통령직에 있는 자연인 박정희를 살해한 것”이며 더 이상의 내란목적이 있었음을 입증할 만한 증거가 제출되지 않았다는 견해, 대통령 비서실장의 경우 김재규와 “살해에 대한 상호공모”가 있었다고 볼 수 없다는 견해, 정보부장의 부하가 대통령 경호원을 죽인 행위는 단순살인은 몰라도 “국헌문란목적의 살인”과는 무관하다는 견해, 내란이라고 할만한 “폭동을 할만한 다수인의 결집”이 없었다는 견해 등이 개진되었다. 아울러 “민주적 헌법의 존재 자체가 객관적으로 보아 부정되어 가고 있다고 국민 대다수에 의하여 판단되는 경우에 그 당시의 실정법상의 수단으로는 이를 광정할 수 있는 방법이 없는 경우에는,” “일종의 자연법상의 권리로서 저항권의 행사”가 정당화된다는 견해도 피력되고 있다. 그 동안 유신체제하에서 억눌려 있던 저항권이론이 소수의견을 통해서나마 치열하게 드러난 것이다. 이들의 주장은 치밀한 법리에 의해 뒷받침되고 있다.

소수의견의 집필자들이 자신들에게 신변에 닥쳐올 위협을 예상 못했을리 없다. 정치군인의 입장에서 김재규는 내란목적살인범이 되어야만 자신들의 쿠데타적 거사가 정당화될 수 있다고 보았다. 더욱이 명령에 대한 절대복종의 질서 속에 살아온 군인의 입장에선 "국사범에 무슨 소수의견이냐"는 반발이 터져 나올만 했다. 소수의견의 대표적 집필자인 양병호 대법원판사는 결국 보안사로 끌려가 문초당했고, 그 해 8월 9일 5명의 소수의견자는 사표를 내야 했으며, 다음 해 정태원 판사는 재임용에서 탈락했다. 다수의견에 가담했지만 이영섭 대법원장은 5공정권의 법원정지(整地)작업의 일환으로 81년 퇴직해야 했다. 퇴임사에서 그는 "취임 초에는 포부와 이상도 컸으나 과거를 돌아보면 모든 것이 회한과 오욕으로 얼룩진 것 이외에는 아무 것도 아닌 것이 되었다"고 탄식하였다. 한편 다수의견의 집필자인 주심 유태흥 대법원판사는 81년 전두환 대통령으로부터 대법원장 임명을 받았다. 그는 재임중 사법부 독립을 위해 어떤 기여도 한 바 없이, 시국사건에서 영장기각이나 무죄판결을 내린 소신 있는 판사들을 지방으로 전보하는 등 인사상의 불이익조치를 감행하였다. 그는 야당에 의해 역사상 처음으로 탄핵소추가 발의된 최초의 대법원장이 되었다. 이같이 김재규 사건에 대한 소신의 차이는 대법원판사 개개인에게 영광과 오욕의 갈림길이었던 것이다.

여기에는 김재규 사건에 대한 대법원판결 중 소수의견을 싣는다. 소수의견과 다수의견이 동시에 기재된 판결문은 1990년 『대법원전원합의체판례집: 형사편 II(1978~1989)』에 비로소 공간되었다. 긴 분량이지만 다수의견과 함께 비교해서 읽어보면, 법리와 정치 사이의 예리한 갈등을 느낄 수 있을 것이며, 실정법을 둘러싼 해석상의 갈등도 볼 수 있을 것이다. 더욱이 1995년 전두환 · 노태우 등의 내란죄, 내란목적살인죄에 대한 대법원판결(대판 1997.4.17, 96도3376)과 대비해 보면, 한국의 민주화와 법의 역할에 대해 여러 가지 음미할 점이 있을 것이다. 후자에 대하여는 『대법원판례집 특별호

(제45권 제1집) 12·12, 5·18사건관련특별호』에 나와 있으며, 그에 대한 편자의 분석은『한국형사법과 법의 지배』(한울아카데미, 1998), 115~195 참조.

16. 김재규 재판의 소수의견

대 법 원

【판결요지】

가. 나. 다. 라. (생략)

05. 내란죄에 있어서의 국헌문란의 목적은 현행의 헌법 또는 법률이 정한 정치적 기본조직을 불법으로 파괴하는 것을 말하고 구체적인 국가기관인 자연인만을 살해하거나, 그 계승을 기대하는 것은 이에 해당되지 않으나 반드시 초법규적인 의미는 아니라고 할 것이며, 공산, 군주 또는 독재제도로 변경하여야 하는 것은 더욱 아니고, 그 목적은 엄격한 증명사항에 속하고 직접적임을 요하나 결과발생의 희망, 의욕임을 필요로 한다고 할 수는 없고, 또 확정적 인식임을 요하지 아니하며, 다만 미필적 인식이 있으면 족하다 할 것이다(다수의견).

(소수의견 1): 피고인들이 유신체제를 강압변혁하려는 목적하에서 대통령을 비롯한 사람들을 살해한 것이라면, 그 뒤 개헌에 대한 전국적인 합의가 있은 후에 재판함에 있어서는 범행시의 체제가 재판시의 그것과 달라졌다는 정치상황이 바로 초법규적으로 처벌할 수 없는 사유가 된다 할 것이므로 내란죄로는 처벌할 수 없다.

---

* 1980년 5월 20일. 대법원 1980. 5. 20. 선고 80도306 판결.

(소수의견 2): 국헌문란의 목적이라 함은 헌법 또는 법률의 기능을 불법으로 철폐, 소멸시키고 국가의 기본조직인 통치기구 기타 헌법기관을 폭력으로 파괴, 전복하는 것을 말하고, 국가에 변란을 초래하는 쿠데타를 일으키는 것을 알고 가담하였다고 하더라도 거사목적 기타에 관한 별다른 지시를 받은 것이 없는 이상 쿠데타를 일으키는 것이 바로 국헌문란의 목적을 말하는 것으로 인정할 근거도 없을 뿐 아니라, 대통령직에 있는 자연인을 살해하는 범행에 가담실행한 것이 대통령이라는 헌법기관 그 자체를 폭력으로 전복하고 그 권한행사를 불가능하게 하는 국헌문란의 목적의 살해범행에 가담실행한 것으로 인정되어야 한다는 견해는 우리의 경험칙 및 논리칙상 비약된 이론이라 할 것이다.

마. 형법 제87조의 구성요건으로서의 "폭동"이라 함은 다수인이 결합하여 폭행, 협박하는 것을 말하는 것으로서 다수인의 결합은 어느 정도 조직화될 필요는 있으나, 그 수효를 특정할 수는 없는 것이고, 내란죄는 폭동행위로서의 집단행동이 개시된 후 국토참절 또는 국헌문란의 목적을 달성하였는가의 여부에 관계없이 기수로 될 수 있음은 소론과 같으나, 그 폭동행위로 말미암아 한 지방의 평온을 해할 정도에 이르렀을 경우라야 기수로 된다고 할 것이고, 폭동의 내용으로서의 폭행 또는 협박은 최광의의 것으로서 이를 준비하거나 보조하는 행위를 총체적으로 파악한 개념이라고 할 것이다(다수의견).

(소수의견 1): 내란죄가 성립되려면 반드시 다수인의 결합이 필요하고 여기에서 말하는 다수인이란 군집의식, 군집심리가 형성되어 그 구성원 개개인의 사고와 행위의 단순한 산수적 집계가 아닌 전연 별다른 맹목적인 감정이나 비합리적이고 파괴적인 행동이 촉발되어 한 지방의 평온을 해치기에 충분하고 폭행, 협박을 하기에 족한 다수인이어야 할 것이므로 10명 내외의 사람의 집합만으로는 위와 같은 다수인이라고 볼 수 없다.

(소수의견 2): 대통령 등의 살해로써 폭동은 끝난 것이고, 그 후 보안유지를 강조하고 군 주요장성과 국무위원 등의 동향을 감시한 것과 비상계엄을 선포하도록 유도한 것은 사태를 수습하고 기도한 거사의 목적을 달

성하기 위한 과정을 조용히 밟으려는 것이었을 뿐 그 자체가 하나의 폭동이었다고 볼 수 없다.

06-1. 내란목적살인과 내란미수를 상상적 경합으로 의율한 원심의 조치는 정당하다(김재규 등이 박정희 대통령 및 경호원들을 살해하고 내란을 기도하였다가 미수에 그친 사안에 관한 것임)(다수의견).

(소수의견 1): 피고인들의 행위가 형법 제87조 소정의 폭동을 하기에 족한 다수인이라고 가정하더라도 피고인들이 살인을 한 이상 형법 제88조의 내란 목적살인의 1죄만 구성될 뿐 제87조의 내란미수죄에는 해당한다고 볼 수 없다.

(소수의견 2): 내란목적에서 사람을 살해한 경우라고 하더라도 이것이 폭동과정에서 이루어졌다면 내란죄에 흡수되어 형법 제87조의 내란죄만이 성립되는 것이고, 폭동에 의하지 않고 사람을 살해한 경우라면 내란목적살인죄의 단순일죄로서 제88조만이 적용된다고 보아야 한다.

바. 무릇 살인죄의 객체는 생명이 있는 이상, 생존기능의 유무는 불문한다 할 것이고, 독립행위가 사망의 결과에 원인이 된 것이 분명한 경우에는 각 행위를 모두 기수범으로 처벌한다고 하여 어떤 모순이 있을 수 없으므로 이미 총격을 받은 피해자에 대한 확인사살도 살인죄를 구성한다(다수의견).

(소수의견): 피해자가 처음 총격을 받은 시간으로부터 25분 내지 30분이 지난 후에도 죽지 않고 그대로 신음하고 있는 것이라고 단정하기 어렵다고 할 것인데, 전문가로 하여금 그 사망시간을 감정시키는 등의 조치를 취한 바도 없이 피고인이 피해자를 확인사살할 당시 피해자가 무슨 소리를 하는 것 같이 느꼈다는 피고인의 진술 한 마디로써 내란목적살인죄를 유죄로 인정한다는 것은 납득할 수 없다.

사. 공동정범에 있어서 범죄행위를 공모한 후 그 실행행위에 직접 가담하지 아니하더라도 다른 공모자가 분담, 실행한 행위에 대하여 공동정

범의 죄책을 면할 수 없고, 공모공동정범에 있어서 공모는 2인 이상의 자가 협력해서 공동의 범의를 실현시키는 의사에 대한 연락을 말하는 것으로서 실행행위를 담당하지 아니하는 공모자에게 그 실행자를 통하여 자기의 범죄를 실현시킨다는 주관적 의사가 있어야 함은 물론이나, 반드시 배후에서 범죄를 기획하고 그 실행행위를 부하 또는 자기가 지배할 수 있는 사람에게 실행하게 하는 실질상의 괴수의 위치에 있어야 할 필요는 없다고 할 것이다.

(소수의견 1): 피고인이 상피고인으로부터 "그 친구 오늘 해치워 버리겠다"는 말을 듣고 묵묵히 고개만 끄덕였다는 사실만으로 사람을 살해하는 모의가 이루어졌다고 본다는 것은 우리의 경험 및 논리칙에 어긋나는 일이라고 아니할 수 없고 실행자인 상피고인을 통하여 피고인 자신의 범죄를 실현시킨다는 의사 있는 경우의 것으로 볼 자료도 없다.

(소수의견 2): 실행공동범죄의 경우에는 "공동범행의 인식"이라든가 "의사의 연락"과 같은 넓은 의미의 합의만 있으면 공모관계가 있다고 할 수 있으나 공모공동정범이 인정되려면 간접정범에 가까울 정도의 고도의 합의가 있어야만 한다.

(소수의견 3): 공모공동정범이라는 것은 실행정범에 대한 개념으로서 사회의 실정으로 보아 다수인에 의한 범죄 가운데는 실질상 주범이 배후에서 범죄를 계획하고 그 실행행위는 부하 또는 주범의 지배를 받는 사람으로 하여금 실행케 하는 경우에 단순한 교사나 방조만으로써는 처리될 수 없는 경우가 있다는 재판상 필요에서 나온 이론일 뿐이고 그러한 경우에도 주범에게는 자기의 범죄를 행한다는 주관적인 의사가 있어야 하고 단지 타인의 범의를 유발하거나 타인의 범행을 용인 내지 이용하는 경우에는 이에 해당하지 않는다고 봄이 상당하다.

아. 현대 입헌 자유민주주의 국가의 헌법이론상 자연법에서 우러나온 자연권으로서의 소위 저항권이 헌법 기타 실정법에 규정되어 있든 없든 간에 엄존하는 권리로 인정되어야 한다는 논지가 시인된다 하더라도 그 저항권이 실정법에 근거를 두지 못하고 오직 자연법에만 근거하고 있는 한

법관은 이를 재판규범으로 원용할 수 없다고 할 것인바, 헌법 및 법률에 저항권에 관하여 아무런 규정 없는 우리나라의 현 단계에서는 저항권이론을 재판의 근거규범으로 채용, 적용할 수 없다(다수의견).

(소수의견): 형식적으로 보면 합법적으로 성립된 실정법이지만 실질적으로는 국민의 인권을 유린하고 민주적 기본질서를 문란케 하는 내용의, 실정법상의 의무이행이나 이에 대한 복종을 거부하는 등을 내용으로 하는 저항권은 헌법에 명문화되어 있지 않았더라도 일종의 자연법상의 권리로서 이를 인정하는 것이 타당하다 할 것이고 이러한 저항권이 인정된다면 재판규범으로서의 기능을 배제할 근거가 없다고 할 것이다.

자. 공무원은 직무를 수행함에 있어서 소속 상관의 명백히 위법한 명령에 대해서까지 복종할 의무는 없을 뿐만 아니라, 중앙정보부직원은 상관의 명령에 절대 복종하여야 한다는 것이 불문율로 되어 있다는 점만으로는 이 사건에서와 같이 중대하고 명백한 위법명령에 따른 범법행위까지 강요된 행위이거나 적법행위에 대한 기대가능성이 없는 경우에 해당한다고는 도저히 볼 수 없다.

차. 원래 군법회의는 일반법원과는 달리 특수한 목적과 취지에서 설치된 특별 법원으로서 피고인에 대한 처우가 일반법원의 그것과 사이에 불평등이 있더라도 이는 헌법과 법률이 당초부터 예상한 것이라고 해석되는 만큼 양형과중을 상고 사유로서 전혀 규정하고 있지 않은 군법회의법 제432조를 헌법 제8조, 제9조에 저촉되는 위헌조항이라고 단정할 수 없다(다수의견).

(소수의견): 군인, 군속이 아닌 민간인이 군법회의에서 사형, 무기 또는 10년 이상의 징역이나 금고의 선고를 받은 경우에는 일반법원에서 재판을 받은 사람과 아무런 구별이 없어서 차별적 취급을 할 합리적 근거가 없음에도 불구하고 군법회의에서 재판을 받았다는 사실만으로 양형과중을 이유로 하여 상고할 권리를 박탈한다는 것은 법 아래에서의 평등을 규정한 헌법 제9조에 비추어 합리적인 조치라고 할 수 없다.

【재판전문】

1980. 5. 20. 80도306 (가) 내란목적살인, (나) 내란수괴미수, (다) 내란중요임무종사미수, (라) 증거

【은닉,(마)살인(변경된죄명)】

【피고인, 상고인】

1.(가.나.) 김재규 전중앙정보부장

2.(가.다.마.) 김계원 전대통령비서실장

3.(가.다.) 박선호 전중앙정보부비서실의전과장

4.(가.다.) 이기주 전중앙정보부비서실경비원

5.(가.다.) 유성옥 전중앙정보부비서실운전사

6.(가.다.) 김태원 전중앙정보부비서실경비원

7.(라.) 유석술 전중앙정보부비서실경비원

【변 호 인】

변호사 김제형 외 41명 (피고인 김재규에 대하여)

변호사 배영호, 길홍재, 이병용, 김수룡 (피고인 김계원에 대하여)

변호사 강신옥 (피고인 박선호에 대하여)

변호사 안동일 (피고인 이기주, 유성옥에 대하여)

변호사 김홍수, 강신옥, 황인철, 민병훈 (피고인 김태원에 대하여)

변호사 김성엽 (피고인 유석술에 대하여)

【원 판 결】 육군계엄고등군법회의 1980. 1. 28. 선고 79고군형항제550 판결

【주　　문】 피고인들의 상고를 모두 기각한다.

피고인 유석술에 대한 이 판결선고 전 당심구금일수 전부를 그 피고인의 본형에 산입한다.

【이　　유】 피고인들의 각 변호인과 피고인 김태원 본인의 제출한 각 상고이유(그 일부의 보충이유포함)를 판단함에 있어 이 판결서의 편의를

위하여 위 각 상고이유를 통틀어 「상고이유」라고만 부르고, 아래와 같은 순서로 크게 나누어 항목별로 판단한다.

아래

제1 공소 기각의 결정을 간과한 위법

제2 절차상의 위법

1. 불고불리의 원칙에 위배
2. 「공개재판」 위반
3. 신문제한의 불법
4. 퇴정명령의 불법
5. 증인신문절차의 위법
6. 변호인없이 개정한 위법
7. 변호권의 박탈
8. 공판조서의 미비와 열람등 사권의 박탈
9. 재판의 독립성침해

제3 검찰관작성의 피의자신문조서에 대한 「임의성」문제

제4 범죄구성요건에 관한 위법

1. 「국헌문란」의 목적
2. 「폭동」
3. 「가담」
4. 「살해」
5. 내란의 실행미수 및 기수시기
6. 「증거은닉」

제5 살인죄의 공동정범에 관한 위법

제6 중지미수에 관한 위법

제7 위법성조각사유

1. 정당행위
   (1) 「저항권」 이론
   (2) 정당한 직무집행
   (3) 상관의 명령

2. 정당방위

3. 긴급피난

(1) 피고인 김재규의 경우

(2) 피고인 김계원의 경우

제8 책임조각사유

제9 양형부당

제10 결론

제11 소수의견

1. 대법원판사 민문기의 의견

2. 대법원판사 양병호의 의견

3. 대법원판사 임항준의 의견

4. 대법원판사 김윤행의 의견

5. 대법원판사 정태원의 의견

6. 대법원판사 서윤홍의 의견

(제1~제9의 부분은 지면 관계로 생략함: 편자 주)

제10. 결　론

이상에서 살핀 바와 같이 ① 피고인 김재규의 상고이유 일부에 관하여 대법원판사 민문기, 양병호, 임항준, 김윤행의, ② 피고인 김계원의 상고이유일부에 관하여 대법원판사 민문기, 양병호, 임항준, 김윤행, 서윤홍의, ③ 피고인 박선호의 상고이유일부에 관하여 대법원판사 민문기, 양병호, 임항준, 김윤행의 ④ 피고인 이기주, 유성옥, 김태원의 상고이유일부에 관하여 대법원판사 민문기, 양병호, 임항준, 김윤행, 정태원, 서윤홍의 각 소수의견(이미 각 해당항목에서 상세하게 적시하였음)이 있으나, 다수의견에 따라 그 상고이유들은 이유없음에 귀착되고, 그 밖의 상고이유들에 관하여는 이유없는 것으로 관여법관전원의 의견이 일치되다. 따라서 피고인들의 각 상고를 모두 기각하고, 역시 관여법관의 일치된 의견에 따

소수의견을 낸 6인의 대법원판사들(괄호안은 대법원판사 재직기간)

라 피고인 유석술에 대하여는 형법 제57조에 의하여 이 판결선고전 당심 구금일수전부를 그 본형에 산입하기로 하여 주문과 같이 판결한다.

제11. 소수의견

1. 대법원판사 민문기의 의견

내란의 조에 관한 법리오해라는 변호인들의 상고이유를 판단한다.

본건 사안인 내란의 조가 본질적으로 정치색채가 짙은 범죄이고 현실로 체제변동도 곁들여 있어 시국관을 발하지 않을 수 없다.

이 사건 범행(79. 10. 26)으로 희생되어 궐위된 대통령의 뒤를 이은 권한대행 최규하에 의하여 확인선언(79. 11. 10)된 바대로 새헌법을 만드는 것이 전국민적 합의라고 함은 획기적 역사의 사실, 부인할 수 없는 정당성을 지닌 중대한 국민의 정치결단, 국민의 법적 확신으로 뒷받침된 불문율, 시국을 지배하는 구속력이 있는 것이다. 그런데 이 합의는 유신체제와 상충됨에 그 본색을 이루니 그 체제를 넘어서지 않고서는 불가능한 일이 분명하므로 따라서 전국민적 합의가 있다는 그 자체가 실질적으로 유신체제의 폐지를 의미하는 것(오늘의 정치발전이 그 증거이다)이 되며 이 합의는 고 박정희 대통령의 운명과 동시에 이뤄졌다고 아니볼 수 없는 까닭에 유신체제는 고 박대통령과 운명을 같이한 체제라고 할 법적 논리에 이른다.

이해를 돕기 위하여 설례로 설명하거니와 만일 민주주의 질서를 군주체제로 변혁하려는 일로 해서 내란의 죄로 문의되다가 군주체제로 국헌을 바꾼다는 전국민적 합의가 이뤄졌을 때 그대로 내란의 죄로는 처벌할 수 없으리니 그 합의가 민주체제의 폐기를 의미하는 이상 합의 후에 있어서 내란죄는 민주주의하자는 것이지 군주체제하자는 것이 결코 될 수 없기 때문에 합의 후에 있어서 군주주의하자는 이유로 하는 내란죄는 그 성립을 부정하는 것은 아니지만 유죄로 단죄할 수는 없다 할 것이다. 그 이유는 이 경우 국헌과 같다고 볼 체제가 달라서 각기 존립의 기초가 다르기 때문에 보호법익이 달라진 까닭이다.

본건은 이 예의 경우와 꼭 같아 같은 법리가 적용된다 하겠다.

원판결 판단이 피고인 전원에 대하여 형법 제87조 제1호 · 제2호, 제89조, 제88조를 적용한 점과 그 이유로 설시한 취지로 미루어 그 전원을 국헌문란의 목적범으로 본 바가 분명하고 원심이 수괴로 인정한 피고인 김재규의 진술기재에 의하여 그 범행목적이 그 표현대로 유신체제의 핵인 박대통령을 제거하여 그 체제를 종식시키고 민주체제로 돌리는데 있다는 취지로 기록상 인정못할 바 아니므로 원 설시와 부합한다. 원판결의 인정판단에 그대로 따르면 원심은 피고인들이 유신체제를 강압변혁하려는 목적으로 설시처럼 대통령을 비롯한 사람들을 살해했다는 것이요, 소송절차의 경과로 보아 개헌하는 전국민적 합의가 있은 후에 있어서 재판한 사정이 분명하다. 그러므로 이 사안은 행위시와 재판시의 체제가 위 설시이유에 따라 서로 다름을 숨길 수 없으니 이와 같이 범행시의 기반이 재판시의 그것과 달라졌다는 정치상황이 바로 초법규적으로 처벌할 수 없는 사유가 된다고 할 법리에 이르므로 본건 범행을 다른 죄로 봄은 변론으로 하고 내란의 죄로는 처벌할 수 없다 하겠다.

따라서 원판결 판단은 결론에 영향을 준 법률위반(유신체제하에서라면 옳다 하겠다)을 남겼다고 하겠고 이를 지지한 다수의견 역시 같다고 하겠다.

이상 이유로 논지는 결론에 있어서 이유있어 다른 주장에 들어가지 아니한다.

끝으로 예비적으로 대법원판사 양병호, 임항준, 김윤행의 각 의견에 찬동하여 원용하는 뜻을 밝힌다.

2. 대법원판사 양병호의 의견

피고인 김재규의 변호인 김제형 외 6인 상고이유 제 1, 2, 3 점, 같은 김정두의 상고이유, 같은 채훈천 외 17인의 상고이유를 함께 판단한다.

원판결이유에 의하면 피고인 김재규는 중앙정보부장으로서 직무를 수행함에 있어 동 피고인이 입안하여 시행한 정국수습책이 거듭 실패하여 직무수행상의 무능함이 노출되어 박정희 대통령으로부터 질책을 당하고 인책해임설이 나돌아 그 지위에 불안을 느끼는 한편 위 대통령은 경호실장 차지철의 오만 방자한 태도와 월권적 업무 간섭에도 불구하고 그를 더 신임하는데 불만을 품고 1979. 4. 일자불상 경부터 대통령 등을 살해한 후 정권을 잡을 것을 기도하고 보안유지를 위하여 단독으로 그 구체적인 거사계획을 세워 적절한 때를 선택하여 위 대통령 등을 살해하기로 하되 대통령을 시해한 후 국가안전과 질서교란을 이유로 계엄을 선포하고 중앙정보부의 권한과 동부의 조직력을 이용, 계엄군을 장악하여 무력으로 사태를 제압하고, 입법 · 사법 · 행정권을 총괄하는 혁명위원회를 구성, 자신이 위원장에 취임하여 집권기반을 확보한 후 대통령에 출마할 것을 계획하여 1979. 10. 26. 19:40부터 20:05경 사이에 원판시와 같이 위 대통령 등을 총격사망케 함으로써 국헌을 문란할 목적으로 위 대통령 등을 살해한 내란목적의 살인사실을 인정하였다.

그러나 피고인이 국헌을 문란할 목적으로 위 대통령을 살해한 것인가에 관하여 원심이 그 판시 내란목적살인 사실을 인정함에 있어서 채택종합하고 있는 증거들을 기록에 대조하여 검토하여 보건대 이에 관계되는 증거로서는 피고인 및 상피고인 김계원에 대한 1심 및 원심군법회의 법정에서의 각 진술과 군검찰관작성의 피고인 및 동 김계원에 대한 각 피의자신문조서 중의 각 진술기재밖에 없다고 볼 것인바 그 중 1심 및 원심법정에서의 피고인의 진술(항소이유보충서 기재포함) 검찰관작성의 피고인에 대한 피의자 신문조서의 진술기재에 의하면 이번 10. 26. 거사는 박정희 대통령 종신 집권을 위한 비민주주의적인 유신체제를 철폐하고 건국이념이요 국시인 자유민주주의의 회복을 위하여 한 것이라 하고 유신체제의 핵심은 박 대통령이고 그 분이 있는한 유신체제는 바꿀 수 없다고 생각했다고 하며 민주회복은 온 국민이 원하고 있던 바이고 유신체제에 대한 도전과 항거는 국민의 생각 속에 팽배하였고 사건 직전의 부산 마산 사태가 그 좋은 예였었는데 그것이 서울 등 전국 5대도시로 파급되게 되었는데도 위 대통령은 그것에 대한 진압책으로 직접 발포명령을 하겠다고까지 하여 나라와 국민들의 엄청난 희생을 강요하게 됨에 그 분의 강한 집권욕과 절대로 물려설 줄 모르는 성격에 비추어 이 불행을 막을 방법이 없는 절박한 상태에서 자유민주주의의 회복과 위 대통령의 생명의 희생과는 숙명적인 관계에 있다고 보고 불가피적으로 그이를 살해제거하는 일을 아니할 수 없었다고 말하고 있다. 동시에 피고인의 위 거사를 혁명이라고도 하면서 이는 유신질서를 없애는데 있고 혁명과업은 우선 사태수습을 위하여 계엄을 선포토록 하고 혁명위원회를 구성하여 수행하되 기조조직과 헌법절차에 따라서 하고 헌법도 정당한 개헌절차를 밟아 고치려 했다고 한다.

요컨대 민주회복을 위하여 대통령직에 있는 자연인 박정희를 살해한 것이라 하고 그 밖의 일은 적법한 정식절차를 밟아서 하려했다는 취지이다. 그리고 피고인은 군인이고 혁명가인데 군인이 집권하면 독재가 된다 하고 자신이 대통령의 묘를 밟고 올라설 정도로 도덕관이 타락되어 있지는 않다 하여 결코 대통령이 되기 위하여 혁명을 한 것은 아니라고 힘주고 있음을 본다.

이에 위에서 본 피고인의 진술을 자백이라 보고 이에 대한 보강증거가 있는가를 살펴보건대 1심 및 원심군법회의 법정에서의 상피고인 김계원의 진술 및 군검찰관작성의 동 김계원에 대한 피의자신문조서의 진술기재에 의하면 사건발생 후인 이 사건 당일 22:25경 육본방카 화장실에서 피고인으로부터 우선 계엄을 선포하고 혁명위원회 간판을 달아야 한다는 말을 들었다는 진술부분이 있을뿐 달리 자료가 될 만한 것을 기록상 찾아볼 수 없다 할 것이므로 피고인의 자백 중 단지 계엄선포, 혁명 또는 혁명위원회 운운부분에 대하여서만 보강증거가 있는 것으로 되어 문제가 된다 할 따름이니 그러면 여기에서 피고인은 이 "혁명운운"을 무슨 뜻으로 말한 것인지를 알아볼 필요가 있다. 피고인은 이 "혁명"을 유신질서의 철폐를 말하는 것이라고 하였음은 위에서 본 바와 같고 그 밖에 계엄선포와 혁명위원회는 사태수습과 정국을 올바른 방향으로 이끌어가기 위한 과정상 필요한 절차 또는 기구라는 뜻으로 말하고 있다. 피고인의 혁명운운을 헌법 또는 법률의 절차에 의하지 아니한 것으로서 바로 국헌을 문란할 목적의 것으로 단정할 자료는 발견되지 아니하거니와 도대체 우리나라에서는 1960. 4. 19. 사태도 이를 4.19 혁명이라고 부르는 사람들이 많은만큼 혁명이라는 칭호를 쉽게 남용하는 현실임에 비추어 피고인이 말하는 "혁명"이 과연 국가의 통치기구를 변혁한다는 뜻의 것인지의 여부는 좀더 따져 가려 보아야 할 것이요 "혁명 또는 혁명위원회"라는 말을 사용하였다는 것만으로서 곧 국가의 기본조직을 전복하려는 계획의 것으로 간단히 속단해 버릴 수는 없는 사안으로 엿보인다 함이 상당하다.

원심이 인정한 바 피고인이 중앙정보부의 권한과 동부의 조직력을 이용 계엄군을 장악하여 무력으로 사태를 제압하려 하였고 자신이 정권을 잡을 것을 기도하였다는 사실을 인정할 만한 자료는 찾아볼 수 없다. 그리고 피고인이 단순한 혁명위원회 아닌 입법·사법·행정권을 총괄하는 혁명위원회를 구성 자신이 위원장에 취임하여 집권 기반을 확보한 후 대통령에 출마할 것을 계획하였다는 사실은 검찰관작성의 피고인에 대한 피의자신문조서의 진술기재 중에 비슷한 말로 나오는 자백 사실이기는 하나 이에 대한 보강증거는 전혀 없다. 오히려 위 피의자신문조서의 기재에 의하면 헌법 기초위원회를 설치하여 국민이 원하는 헌법안을 연구작성케 하여 국민투표에 회부하여 확정시킨 후에 새 헌법에 의한 선거를 실시하려고 하였다는 진술부분이 있는바 이는 현행 헌법절차에 의하여 개헌을 하겠다는 것과 다를 바 없어 헌법에 정한 절차에 의하지 아니하고 헌법의 기능을 소멸시키는 것에 해당되지 아니한다 할 것이다. 다시 위 조서의 기재에 의하면 위 선거실시에 있어서 대통령출마후보자는 일응 최규하 국무총리와 태완선 유정회 의장 등을 꼽을 수 있고, 피고인 본인도 상황에 따라 출마여부를 결정하려고 하였다는 진술부분이 있어 이를 그 진술대로 본다 가정하더라도 피고인이 대통령후보자로 위 인사들을 천거하려고 하였다거나 상황에 따라서는 피고인 자신이 대통령으로서의 출마여부를 결정하려 하였다 하여 이 사실만으로써 곧바로 대통령이라는 헌법에 의하여 설치된 국가기관 그 자체를 강압에 의하여 전복 또는 그 기능행사를 불가능하게 하는 것에 해당된다고 단정할 수 있겠는가 의문이 아닐 수 없다. 그 밖에 피고인이 위 김계원으로 하여금 국무총리를 모시고 육본방카로 오게 하여 국무총리가 대통령권한대행으로 각 장관들과 더불어 국무회의 의결을 거쳐 비상계엄을 선포하도록 유도하였다 할지라도 이는 피고인의 진술대로라면 정식절차를 밟은 것이 된다 할 것뿐이다.

뿐만 아니라 대저 국헌문란의 목적이라 함은 헌법 또는 법률의 기능을 불법으로 철폐 소멸시키고 국가의 기본조직인 통치기구 기타 헌법기관을 폭력으로 파괴 전복하는 것을 말하는 것이라 할 것인바 원심이 그 판시 취지와 같이 피고인의 자유민주주의 회복을 위한 거사였다는 그의 주장을 가리켜 대통령서거 후 국민적인 합의로 정부나 국회에서 유신헌법을 개정할 것을 전제로 하는 개헌작업이 활발히 추진되고 국민의 각계 각층에 민주화운동이 팽배하게 된 시기를 틈타서 갑자기 민주회복을 위하여 장애가 되는 대통령인 자연인 박정희를 살해제거할 수밖에 다른 도리가 없었다는 것으로 위장하는 것으로서 “자유민주주의의 회복이라는 미명 아래” 대통령을 시해하여 폭력에 의하여 정부를 전복시켜 오직 정권을 탈취하려고 불법적으로 국가의 기본통치기구를 파괴할 것을 목적으로 범행한 것이라고 사실인정을 하려면 모름지기 이에 관한 적확한 증거의 적시가 있어야 할 것은 물론이거니와 이 밖에 피고인이 그 판시대로 중앙정보부의 권한과 동부의 조직력을 이용하여 계엄군을 장악하여 하였다면 군사단체가 아닌 중앙정보부로서 어떠한 권한조직과 방법으로 계엄군을 장악하려 한 것인지를 밝혀야 하고 또 무력으로 사태를 제압하고 입법 · 사법 · 행정권을 총괄하는 혁명위원회를 구성한다 함은 무력으로 국가의 각 기관이나 국민의 의사를 제지억압하면서 기도한바 정권을 잡을 방향으로 사태를 끌고 가려 했다거나 국회와 법원 정부를 뒤엎어 없애고 혁명위원회 자체가 3권을 모두 행사하려고 한 것인지 그 내용을 명백히 하여야 할 것이고 피고인이 집권기반을 확보한 후에 대통령에 출마하려 하였다는 것이 정당을 조직하여 지지기반을 구축하는 등의 방법에 의하는 것이 아니고 계엄령이나 긴급조치로 반대의견을 일체 금지하는 등 무력 기타 강압적 수단으로 국민의 지지를 얻으려 한 것일뿐 헌법에 규정된 정당한 선거제도로써 국민의 자유로운 선택권행사에 의한 것이 아니라는 것이었음을 명시하였어야 할 것으로 본다.

만약 다른 고위적 인사도 아닌 적어도 일국의 대통령을 살해하였으니 정부를 전복하려는 국헌문란의 목적으로 살해한 것으로 아니볼 수 없다는 소견이 있다면 권력의 정상이 대통령의 지위신분에 비추어 의당 그렇게 보아야 할 것이라는 견해로 보겠는데 이는 지극히 소박하고 단순한 사고에서 비롯된 것이라 아니할 수 없다. 대통령은 국가정부의 기관이요 대통령이 곧 정부는 아니다. 그리고 대통령의 고귀한 지위신분을 운위하기 전에 그의 지닌 바 책무를 더 중요시 하여야 할 것이고 대통령도 국민전체에 대한 봉사자이며 국민에 대하여 책임을 지는 공무원의 한 사람임에는 틀림없기 때문이다.

원심판시 사실은 피고인이 대통령에 대한 개인적인 불만을 품고 그를 살해할 것을 기도하였다고 전제하고서는 국헌문란목적의 살해행위로 결론지우고 있는바 개인적인 불만이였다면 대통령인 자연인 개인을 살해하려 하였다는 피고인의 주장이 나올 수 있음직한 사유일뿐 아니라 판시의 앞뒤가 맞지 않는 이유모순의 허물도 갖추고 있다고 보여진다.

이러함에도 불구하고 원심이 이상과 같은 여러 점에 대하여 아무 살핌이 없이 피고인에 대하여 내란목적살인죄를 범한 것으로 단정하였으니 증거없이 또는 채증법칙에 위배하여 사실을 오인한 위법있는 경우로도 되려니와 대통령직에 있는 자연인 살해행위에 지나지 못한 것인지 국헌문란목적의 살인행위에 해당하는 것인지가 중대관건으로 되어 있는 이 사건에 있어서 적어도 이를 가려보기 위하여 좀더 사실과 증거에 대한 심리를 더하여야 할것인데 이를 다하지 아니하고 만연히 사실을 인정해 버리고만 심리미진 이유불비의 위법을 면할 수 없다 할 것이고 이는 판결에 영향을 미친다 할 것이므로 논지들은 이유없다.

피고인 김계원의 변호인 김수룡의 상고이유 제 1, 2, 3, 4, 6 점 같은 배영호 김홍재의 상고이유 제 2 점, 같은 이병용의 상고이유

제 1 점을 함께 판단한다.

원판결이유에 의하면 피고인 김계원은 대통령비서실장으로 임명된 이래 위 차지철이 오만 방자한 태도와 월권적 업무간섭 등에 대하여 동 김재규와 더불어 평소 불만을 토로하면서 위 차지철을

제거할 의사를 표시해 오던중 이 사건 당일 17:50경 대통령 영접차 중앙정보부 궁정동 식당에 도착하여 위 김재규와 함께 위 식당현관 앞 정원의 경계석에 앉아 대화도중 피고인이 "차실장 그 친구 강경해서 야단이야"라고 하는 등 불평을 퍼뜨리자 동 김재규로부터 "그 친구 오늘 해치워 버리겠다"는 제의를 받고 그것이 평소 누적된 감정폭발로서 위 차지철을 살해하겠다는 것인 정을 인식하고도 이를 승낙하여 위 김재규와 차지철을 살해할 것을 상호 공모하고 그런 후 위 김재규가 위 식당 만찬석상을 여러 번 이석할뿐 아니라 특별히 15분간이나 외부에 나가 있다가 들어온 것으로 보아 범행 결행시간이 임박한 것을 알면서도 이를 용인하고 있던 중 동일 19:40경 위 김재규가 피고인에게 "각하 잘 모시십시요"라는 말과 함께 우측 손으로 툭 치는 것을 신호로 위 차지철에게 권총을 발사하자 그의 범행을 순조롭게 하기 위하여 동 장소를 빠져나오는 등 함으로써 위 김재규와 공동하여 위 차지철을 살해한 사실을 인정하였다.

그러나 원심이 채택하고 있는 증거들을 아무리 정사 검토할지라도 피고인이 위 김재규와 더불어 의사연락하여 대통령경호실장 차지철을 살해할 것을 상호 공모하였다 함을 인정할 자료는 그 흔적조차 찾아볼 수 없다. 1심 및 원심법정에서의 피고인 및 위 김재규의 진술, 검찰관작성의 위 피고인에 대한 각 피의자신문조사 중의 각 진술기재에 의하면 사건당일 17:50경 대통령 영접차 이건 중앙정보부 궁정동 식당에 미리 도착한 피고인이 위 김재규와 함께 위 식당현관 앞 정원의 경계석에 앉아 대화도중 피고인이 "차실장 그 친구 강경해서 야단이야"라고 말하자 위 김재규는 "그 친구 오늘 해치워 버릴까"라고 말했다는 사실을 인정이 되는바 원심은 이를 피고인이 동 김재규로부터 "그 친구 오늘 해치워 버리겠다"는 제의를 받고 위 차지철을 살해하겠다는 것인 정을 인식하면서도 이를 승낙하였으니 위 차지철을 살해할 것을 상호 공모한 것으로 보아야 한다는 뜻인 듯하나 "해치워 버린다"는 말이 깡패사회도 아닌 피고인들과 같은 국가고위직 인사 사이에서 죽여 없앤다는 뜻의 말로는 도저히 새겨들어지지 아니한다 할 것이고 피고인이 위 차지철을 살해하겠다는 것인 정을 인식하였다고 인정할 만한 자료는 보여지지 아니한다. 검찰관 작성의 피고인에 대한 피의자 신문조서 중의 진술기재 중에 피고인이 그 당시 묵묵히 고개만 끄덕이었다는 진술부분이 있기는 하나 이는 단순히 "아—그러냐"는 표정 이상으로 그렇게 할 것을 의욕하거나 "그렇게 하라"는 승낙의 의사표시로는 볼 수 없다고 함이 상당하다. 더욱이 대통령 영접차 위 식당에 미리 도착하여 대통령 도착(사건당일 18:05경)을 기다리고 있는 임박한 시간에 위 식당현관 앞이요 식당을 관리하는 관계직원이 왕래하는 정원 경계석이라는 장소에서 또 다른 대화(원시채택증거들에 의하면 정국에 관한 대화로 인정된다)도중 불쑥 한 마디 오고간 말로 사람을 살해하는 모의가 이루어졌다고 본다는 것은 우리의 경험 및 논리칙에 어긋나는 일이라 아니할 수 없다. 피고인이 위 차지철의 오만 방자한 태도와 사무처리상의 월권 등에 심한 불만을 품어 왔고 이 점에 대하여 위 김재규와 상호입장이 같았다는 정도의 것으로서는 위 차지철의 살해를 공모할 동기는 되지 아니한다.

위 식당 만찬석상에서의 표정 기색 따위나 피고인이 위 김재규가 동석상을 여러번 사실을 알고 있었고 김재규가 위 차지철에게 권총을 발사하자 피고인은 동소를 빠져 나왔고 당시 현장에서 차지철이 신음하여 아직 살아있다고 인식하였음에도 그대로 방치해 버렸으며 육본방카 화장실에서 김재규에게 "왜 각하까지 그랬어"라고 말하였다는 사실에 대하여는 그런대로의 이유 또는 상치점이 있기도 하거니와 이를 치지도외하고 그 사실이 그대로 인정된다 하더라도 부작위범 또는 방조의 책임을 질 수 있겠는가는 별론으로 하고 위 김재규와 더불어 위 살해에 대한 상호 공모가 이루어진 후 공동하여 살해하였음을 인정할 자료는 될 수 없다 할 것이다. 피고인이 살해에 대한 실행행위를 분담한 바 없음은 원심판시 취지와 같고 그 밖에 실행자인 위 김재규를 통하여 피고인 자기의 범죄를 실현시킨다는 의사있는 경우의 것으로 볼 자료도 없다. 위 김재규가 차지철을 살해한 것은 대통령 박정희를 살해하는 목적달성에 결정적 장애가 되는 사람인 까닭에 그를 먼저 총격한 것임은 일건기록상 분명하다.

이러함에도 불구하고 원심이 피고인을 위 차지철 살해에 대한 공모공동정범임을 인정하였음은 증거없이 또는 채증법칙에 위배하여 한 중대한 사실오인의 위법이 있고 겸하여 공모공동정범에 대한 법리오해의 위법 있어 판결에 영향을 미쳤다 할 것이고 논지들은 이유있다.

피고인 김계원의 변호인 김수룡의 상고이유 제 9, 11점 및 같은 이병용의 상고이유 제 2 점을 함께 판단한다.

원판결이유에 의하면 피고인 김계원은 이 사건 당일 19:43경 위 식당 현관에서 동 김재규로부터 "이젠 다 끝났습니다. 보안유지를 철저히 하십시요"라는 말을 듣고 위 김재규가 대통령을 살해하는 현장을 목격한 유일한 국가고위직에 있던 자로서 위 보안유지는 자신의 지위에 수반되는 영향력 등으로 비춰볼 때 국헌질서의 향방을 가늠할 정도의 중요한 임무임을 알면서도 "알았소"라고 대답하여 수괴인 위 김재규의 보안유지하라는 지시에 따라 이를 수행할 것을 승낙하고 그 후 위 범행에 대한 보안유지와 사태가 불리해지면 피고인 자신이 대통령을 살리려고 했다는 구실로 삼기 위하여 동일 19:55경 대통령의 유해를 국군서울지구병원에 후송하여 당직 군위

관에게 진단케 한바 "이미 5분 전에 사망하였다"는 것을 확인하고서도 환자가 대통령이라는 사실을 숨기고 청와대 대통령비서실장 사무실로 가서 비상소집된 최광수 등 대통령 수석비서관들과 대통령경호실 차장 육군중장 이재전에게 "대통령 각하께서 무슨 일이 나서 병원에 계시고 차실장은 지금 부대를 지휘할 수 없으니 경계를 강화하고 경거망동한 행동을 하지 않도록 단속을 잘하시오. 경호실의 병력출동은 필요 없다"고 말함으로써 이건 범행 목적달성에 시간적 여유을 얻도록 하고, 동일 20:50경에 동소에 도착한 당시 국무총리 최규하에게도 "만찬회장에서 김재규와 차지철이 싸움 끝에 각하가 김재규의 잘못 쏜총에 맞아 서거하셨다"라고 말하여 위 김재규가 대통령을 고의로 살해한 사실을 허위 보고하고 당시 내무부장관인 구자춘 법무부장관인 김치열의 물음에 대하여는 "각하께서 다치셨다"고만 대답하여 위 김재규의 대통령 살해사실을 계속 은폐하고 동일 21:10경 다시 동 김재규로부터 "국무총리를 모시고 오라"는 전화연락을 받고 국무총리, 내무, 법무장관과 같이 동일 21:30경 육본방카 내 육군참모총장실로가서 그 곳에 동 김재규와 당시 국방부장관인 노재현 및 군중요직 장성들이 모여 있는 것을 보고 동 김재규가 먼저 와서 군을 장악하고 있는 것으로 생각 위 국방부장관 등에게 "각하께서 유고가 생겼다. 차실장이 너무 강경해서 일어난 사고다"라고 거짓말을 하면서 국무총리를 모시고 사태를 수습해야 된다고 제의하여 계엄선포를 유도하고 동일 22:40경 국방부장관실에서 동 김재규가 국무총리를 비롯한 정부각부장관들과 동석한 자리에서 보안유지를 강조하며 비상계엄령을 선포함에 있어 그 사유를 대통령서거로 하지 말고 국내치안문제로 하자고 제안하자 이에 호응 절충안으로 대통령유고를 사유로 계엄령을 선포하자고 건의하고 동일 23:30경 국무총리와 내무, 법무부장관 등이 동 김재규의 주장에 반대하여 호응할 기미가 보이지 않고 청와대 수석비서관 유혁인이 대통령 유고경위를 국무회의에서 이야기하라고 독촉하자 피고인은 동 김재규의 주장이 관철되지 않을 것으로 판단하고 태도를 돌변하여 다음 날 00:30경 국방부장관과 육군참모총장에게 "김재규가 대통령을 살해한 범인이다"라고 말하여 동 김재규가 체포됨으로써 국헌문란을 위한 폭동의 완성에 이르지 못하고 그 미수에 그친 내란 중요임무종사미수사실을 인정하였다.

그러나 원심판시사실은 위 김재규가 대통령을 위 식당에서 살해하고 현관을 나오면서 피고인에게 "이젠 다 끝났으니 보안유지를 철저히 해주시요"라고 부탁한 이후의 피고인의 관여행위에 대하여 이를 내란중요임무종사미수를 범한 것으로 사실을 인정한다는 것이고 피고인이 담당조사한 중요임무로는 보안유지를 하는 것이 그 임무의 하나였다는 취지로 보여지는바 살피건대 피고인은 동 김재규가 불의에 대통령 등을 총격 살해한 돌발적인 공포분위기의 현장에서 보안유지를 해달라는 요구를 그저 "알았오"라고 할밖에 다른 도리를 기대할 수 없는 상황이었다고 짐작되거니와 피고인이 대통령의 유해를 국군서울지구병원으로 후송하고 대통령수석비서관들과 경호실차장을 비상소집하고 국무총리와 각 장관들에게 알려 청와대로 오게 한 것 등은 사실을 숨기거나 허위보고를 한 잘못은 있다 할지라도 동 김재규의 보안유지의 당부를 어기고 사건을 고위직 관계인사들에게 알리는 자리 나름대로의 조처는 하였다고 볼 수 있는 점에서 문제의 임무는 제대로 수행하지 않은 것으로 봄이 상당하다.

내란죄는 국토를 참절하거나 국헌을 문란할 목적으로 폭동한 자이어야 되는바 원심판시 사실에서 본 바와 같이 살해 등 폭력관계는 "이제 다 끝났으니 이에 대한 보안유지만 해달라"는 요청을 받은 이후의 행위에 국한되는 사건에 있어서 원심이 채택하고 있는 증거들에 의하여 들어난 바와 같이 동 김재규가 위 식당본관에 대기케 한 당시 육군참모총장인 정승화 및 중앙정보부 제 2 차장보인 김정섭 등을 대동하고 육군본부방카에 가서 보안유지를 강조하고 육군참모총장 등 군 주요장성과 국무위원 등의 동향을 감시하였다는 사실은 피고인으로서는 전혀 몰랐던 사실이고, 동 김재규가 청와대에 재삼 전화를 걸어 "일 다 끝났는데 무엇 때문에 거기 있는냐 국방부장관도 여기 있으니 국무총리를 모시고 육본방카로 오라"고 하여 국무총리, 내무, 법무부장관 등과 함께 그 곳으로 가게 된 것이고, 동 김재규가 위 행위와 아울러 국무총리를 비롯한 정부 각부 장관들에게 보안유지를 강조하고 비상계엄을 선포하도록 유도한 것은 대통령 등 살해 후의 사태를 수습하고 기도한 거사의 목적을 달성하기 위한 과정을 조용하게 밟으려는 것이었을뿐 그 자체가 하나의 폭동이었거나 폭동이 끝나지 않고 그가 체포될 때까지 계속된 상태에 있었다고 보아야 할 증거자료는 없을뿐 아니라 피고인이 동 김재규가 육군참모총장을 설득하여 군을 장악하고 있는 것으로 알고 육본방카로 간 것이라는 것도 동 김재규가 아무 폭동 없이 군을 장악하고 있는 줄로 알았다는 것으로 볼 수밖에 없다 할 것이다. 피고인은 그 곳에서 비상계엄선포의 사유를 대통령 유고로 하는 것이 좋겠다고 하며 처리의 추이를 보고 있다가 기회를 포착하여 동 김재규를 체포하게 한 것으로 대통령 등의 살해로써 폭동은 끝나고 그 이후에는 아무 폭동의 행적이 없어 폭동이 존재하였다고 할 수 없다. 폭동이 계속되어 있었다고 가정하더라도 피고인이 그에 가담하였거나 모의에 참여하는 등의 행위를 한 사실을 인정할 만한 증거는 도시 찾아볼 수 없다.

이렇다면 피고인이 폭동에 관계된 것을 전제로 하는 그의 내란

중요임무종사미수죄는 인정될 여지가 없다 할 것인데도 불구하고 원심이 반대로 같은 죄를 인정의율하였음은 채증법칙에 위배하여 사실을 오인한 것이 아니면 법리오해 내지 이유불비의 위법있어 판결에 영향을 미쳤다 할 것이고 논지들은 이유있다.

피고인 박선호의 변호인 강신옥의 상고이유 제1점, 피고인 이기주 동 유성옥의 변호인 안동일의 상고이유 제3점, 피고인 김태원의 변호인 김홍수의 3인의 상고이유 제3점을 함께 판단한다.

원판결이유에 의하면 피고인 김재규는 이 사건 당일 19:00경 위 식당에서의 대통령, 차지철 등과의 만찬석에서 나와 본관 집무실 2층 침실에 미리 준비하여 두었던 권총 1정을 하의 시계주머니에 넣고 위 만찬석으로 들어가다가 동일 19:10경 위 식당에 인접한 구관정원에서 피고인 박선호 1심피고인 박흥주에게 "오늘 해치우겠으니 각오하라. 각하 등은 내가 직접 해치울테니 총성과 동시에 너희들은 똑똑한 놈 3명을 골라서 경호원들을 처치하라"는 지시를 하면서 육군참모총장과 제2차장보가 집무실에 와 있다고 고지, 범행가담의사를 확고히 하도록 촉구하여 위 박선호로부터 30분 내 준비완료하겠다는 승낙을 받고, 위 김선호는 동일 19:15경 위 식당서편 정원에서 피고인 유성옥 동 이기주에게 "부장님 지시인데 오늘일이 잘되면 한몫 볼 것이다. 부장님이 안에서 총을 쏘는데 맞추어 너희들은 주방 내의 경호원들을 사살하라"고 지시하여 동인 등의 승낙을 받고, 피고인 김계원은 위 식당 건너편 경비원 대기실에서 위 박선호로부터 청화대에서 경호원들이 오면 사살하라는 지시와 아울러 동일 20:05경 위 이기주로부터 위 식당 안에 아직 완전히 절명되지 않은 사람을 확인사살하라는 지시를 받고 위 식당안 경호원 대기실에 들어가 경호원들이 피격된 것을 보고 국가변란 사태인 점을 알면서 위 지시에 따라 가담하기로 응낙함으로써 각 국헌문란 목적의 살상에 가담할 것을 순차로 상호 공모하고 피고인 김재규 동 박선호 동 이기주 동 유성옥 동 김태원은 전기 공모내용에 따라 동일 19:40경 피고인 김재규가 발사한 권총의 총성을 신호로 피고인 박선호는 위 식당현관 앞 대기실에 있던 경호원들을 동 이기주 동 유성옥은 위 박흥주와 더불어 위 식당 주방에 있던 대통령운전사 및 경호원들을 향하여 각기 권총으로 발사하고 동 김태원은 동일 20:05경 엠16소총을 소지하고 위 식당대기실 및 주방에 쓰러져 있는 경호원들과 위 만찬석 내에서 신음하고 있는 위 차지철에게 각 발사하여 피고인 박선호 동 이기주 동 유성옥 동 김태원들마저 동 김재규와 더불어 공동하여 각 국헌을 문란할 목적으로 위 대통령 등을 살해한 사실을 인정하였다.

그러나 원심이 채택하고 있는 증거들은 기록에 대조하여 정사 검토할지라도 동 김재규의 이건 거사계획은 원심판시 내용에도 언급되어 있는 바와 같이 보안유지관계로 단독으로 세웠다는 것이고 피고인 박선호 및 1심피고인 박흥주에게 "오늘 해치우겠다"고 한 말도 이 사건 당일 19:10경에 처음으로 위 두 사람에게 이야기했다는 것임을 알 수 있는바 그 때 동 김재규로부터 "각하 등은 내가 직접 해치울테니 총성과 동시에 너희들은 경호원들을 처치하라"는 지시가 있었으면 대통령 등을 살해할 터이니 협력하라는 것으로만 알아들을 것이 당연한 순리요 비록 대통령을 살해하면 국가에 변란을 가져오는 것으로서 이와 같은 국가변란을 꾀한다는 것을 피고인 박선호가 알았다 할지라도 그 밖에 동 김재규가 기도한바 거사목적 기타에 관한 별다른 지시를 받은 것이 없음은 일건기록상 명료한 이 사건에 있어서 대통령직에 있는 자연인 박정희를 살해하는 범행에 가담 실행한 것이 아니고 대통령이라는 헌법기관 그 자체를 폭력으로 전복하고 또는 그 권능행사를 불가능케 하는 국헌문란 목적의 살해범행에 가담실행한 것으로 인정되어야 한다 함은 우리의 경험 및 논리칙상 비약된 이론이라 할 것이고 당시 피고인 박선호가 육군참모총장과 중정제2차장보가 본관 집무실에 와 있는 사실을 알았다고 하더라도 그것만으로써 결론을 달리할 수는 없다 할 것이다.

피고인 이기주 동 유성옥은 피고인 박선호로부터 "총성이 나거든 주방 내 경호원을 사살하라"는 지시(기록에 의하면 경호원들을 주방안으로 몰아붙이라 경호원들이 총을 쏘면 응사하라는 지시를 받은 것으로 인정된다)를 받은 자들로서 피고인 박선호가 "오늘 일이 잘되면 한몫 볼 것이다"라고 말하였다는 것이나, 이 말은 동 김재규가 한 말은 아니고 위 박선호가 자의적으로 지꺼린 말로 보여지는 바 위 식당 경비원 또는 운전수에 지나지 못한 피고인들이 한몫 본다 하여 출세한다는 등의 대단할 것도 아닐 것이고 당시 육군참모총장과 중정제2차장보가 와 있다는 사실을 알고 있었다거나 나아가 국가에 변란을 초래하는 쿠데타를 이르키는 것으로 생각하였다 하더라도 그것은 중정조직체에서 상사의 지시명령을 무조건 복종한데 불과한 피고인들의 인식 또는 생각이었다는 것이고 쿠데타를 이르키는 것이 바로 위 국헌문란의 목적을 말하는 것으로 인정할 근거도 없을뿐 아니라 그런한 생각만으로써 상호 공모하였음을 인정할 자료가 되는 것은 아니라고 본다.

피고인 김태원은 또 한 다리 넘어 동 이기주로부터 위 식당 안에 아직 절명되지 않은 사람을 확인사살하라는 지시를 받은 자로서 당시 국가에 변란이 일어난 것으로 생각하지는 않았다 하고 "주사위는 이미 던져졌다"고 혼자 말을 한 일이 없다고 부인하고 있음을 알 수 있을뿐 반대로 인정할 만한 증거자료 있다고 할 수 없다.

이렇다면 피고인 김태원은 말할 것도 없고 피고인 이기주 동 유성옥과 피고인 박선호도 국헌문란 목적의 살인행위에는 무관하다고 보는 것이 미땅하다 할 것임에도 불구하고 원심이 위 피고인들 전부에 대하여 국헌문란목적의 살인 공동정범 사실을 인정하였음은 증거없이 또는 채증법칙에 위배하여 사실을 오인한 위법있다 아니할 수 없고 이는 판결에 영향을 미쳤다 할 것이니 논지들은 이유있다.

3. 대법원판사 임항준의 의견

원심판결에 의하면 원심은 피고인 김계원 유석술을 제외한 피고인 등의 행위가 형법 제88조의 내란목적살인과 형법 제87조의 내란미수의 양죄에 해당하고 위 양죄는 상상적 경합관계에 있다고 판시하고 피고인 김계원의 행위는 살인과 내란미수의 양죄에 해당한다고 판시하였다. 그러나 원심의 위 판시 중에는 다음과 같은 위법사유가 있다고 할 것이다.

(1) 이 사건에 있어서 피고인 등은 형법 제87조의 폭동을 하기에 족한 다수인 결합이라고 볼 수 없어 형법 제87조의 내란죄의 주체가 될 수 없다 할 것이고 가사 원심판시와 같이 피고인 등의 행위가 폭동을 하기에 족한 다수인의 결합으로 본다고 하더라도 형법 제88조의 내란목적 살인죄의 1죄에 해당할뿐 그 외에 형법 제87조에도 해당한다 하여 상상적 경합범으로 처단할 수는 없다 할 것이다.

(2) 피고인 이기주 동 유성옥 동 김계원의 범죄행위는 내란목적살인이라고 볼 수 있는 증거가 부족하여 단순살인죄로 보아야 할 것이다.

(3) 피고인 김계원은 차지철을 살해한 공모공동정범이라고 인정할 증거가 없으므로 원심판결에는 공모공동정범에 관한 법리를 오해한 위법이 있거나 증거없이 공모사실을 인정한 잘못이 있다고

보여지므로

다음과 같이 그 이유를 설시하기로 하고,

(4) 끝으로 군법회의법 제432조와 저항권에 관한 의견을 첨가하기로 한다.

1. 형법 제87조에는 국토를 참절하거나 국헌을 문란할 목적으로 폭동한 자는…이라고 규정하여 폭동을 그 구성요건으로 하고 있는바 여기에 폭동이란 다수인이 결합하여 폭행이나 협박으로 한 지방의 평온을 해치는 정도가 되는 것을 말하는 것이어서 내란죄가 성립되려면 반드시 다수인의 결합을 필요로 한다고 할 것이다.

그러므로 내란죄는 소요죄와 더불어 군집범죄 또는 다중범죄 내지 집단범죄라고 칭하여지고 있다.

그러면 내란죄나 소요죄에 있어서 범죄의 주체가 반드시 다수인의 결합임을 요하는 이유는 무엇인가 그것은 다수인이 집합하게 되면 그 다수인이 군집되어 있다는 사실만으로 소위 군집심리가 발생되어 그 집단을 구성하고 있는 개개인이 가지고 있는 이성적인 사고작용은 후퇴 내지 저하되고 그 군집된 다중은 오직 암시 모방 감정 이입 등으로 인하여 그들 각자가 단독으로 있을 경우와는 전연 다르고 평상시에는 예기할 수 없는 비합리적인 감정이 폭발되거나 파괴적 행동으로 나오는 경향이 있으므로 형법은 다중의 힘이 집결폭발되어 예측할 수 없는 결과를 가져오게 되는 것을 경계하여 집단범, 군집범의 처벌규정을 따로 규정한 것이라고 할 것이다.

따라서 우선 내란죄가 성립되려면 반드시 다수인의 결합이 필요하다고 할 것이고 여기에서 말하는 다수인이란 위와 같이 군집의식, 군집심리가 형성되어 그 구성원 개개인의 사고와 행위의 단순한 산수적 집계가 아닌 전연 별다른 맹목적인 감정이나 비합리적이고 파괴적인 행동이 촉발되어 한 지방의 평온을 해치기에 충분하고 폭행, 협박을 하기에 족한 다수인이어야 할 것이므로 10명 내외의 사람의 집합만으로는 위와 같은 군집의식이나 군집심리가 발생될 수 있는 다수인이라고 볼 수는 없다 할 것인바 이 사건에 있어서는 김재규 박흥주 박선호 3인만이 대통령을 위시한 몇 사람을 저격한다는 것을 모의하였다는 것이고 구체적으로 누가 누구를 무슨 이유로 살해하는지 그 이유를 모르고 범행한 자를 전부 다 합치더라도 6, 7명에 불과하니 동 인원으로는 형법 제87조 소정의 폭동을 할 만한 다수인이라고 볼 수 없어 피고인 등의 행위가 형법 제87조에 해당할 수 없을 것임에도 불구하고 이에 해당한다고 본 원심의 조치는 폭동에 관한 법리를 오해한 위법이 있다고 아니할 수 없다.

또 가령 다수의견대로 피고인 등의 행위가 형법 제87조 소정의 폭동을 하기에 족한 다수인이라고 가정하더라도 피고인들이 살인을 한 이상 형법 제88조의 내란목적살인의 1죄만 구성될뿐 제87조의 내란미수죄에는 해당한다고 볼 수 없을 것인데 원심은 그 외에 제87조의 내란미수죄에도 해당한다 하여 그 양죄간에 상상적 경합관계가 있다고 판단한 조처는 위법하다고 아니할 수 없다. 원심의 이론대로라면 상해치사한 자에게도 상해죄와 상해치사죄의 상상적 경합관계가 있어야 할 것이고, 강도살인한 자도 강도죄와 강도살인죄의 상상적 경합법으로 처벌하여야 한다는 이론에 도달하게 될 것이다.

2. 피고인 이기주 유성옥 김태원의 행위는 내란목적살인죄에 해당한다고 볼 증거가 없다.

내란죄는 국가의 존립을 그 보호법익으로 하는 범죄로서 내란목적이 있다고 하려면 우리나라 민주적 기본질서를 불법으로 파괴 또는 번혁히려는 목적이 있어야 할 것인바 과연 위 피고인 3인이 주관적 요건으로써 피고인 김재규 등에게 위와 같은 목적이 있다는 사실을 알고 범죄행위에 가담하였는지 그 여부에 관하여 살피건대, 피고인 이기주 유성옥은 다만 피고인 박선호로부터 중앙정보부장의 지시이니 안에서 총성이 나면 청화대 경호원 등을 한 쪽에 몰아부치고 만일 그 쪽에서 총을 쏘려고 하기 전 사살하라는 지시를 받고 그대로 행한 것일뿐 대통령을 저격한다는 사실을 들은 일도 없고 중앙정보부장이 안에서 어떤 행위를 하는가를 알지 못한 피고인 이기주 유성옥이 피고인 김재규 등에게 내란목적이 있다는 사실을 알면서 이에 가담하였다고 볼 수는 없다 할 것이다. 범죄사실을 인정하려면 엄격한 증명이 있어야 할 것이고 단순한 추측에 의하여 동 피고인 등에게도 내란목적이 있다고 단정할 수는 없다 할 것이고 더구나 피고인 김태원은 사태가 일어난 건물과 떨어진 건물에서 경비에 임하고 있었으므로 이 쪽 건물에서 무슨 일이 일어났는지 전연 알지 못하고 있던중 피고인 박선호 이기주 등의 지시로 다른 피고인들이 저격하여 쓰러진 피해자 중 3, 4명을 동 피해자 등이 누구인지, 무슨 이유로 저격되었는지도 모르고 확인사살하였다는 것이고 피고인 김태원은 피고인 이기주로부터 대통령과 김계원 비서실장 중앙정보부장은 그 자리에서 피신했다는 말을 듣고서 확인사살하였다는 것인데 어떠한 증거로 피고인 김태원에게 내란목적이 있었다고 인정할 수 있다는 것인지 기록상 그 증거를 찾아볼 수가 없다.

또 피고인 김태원이 소위 확인사살한 것은 사태발생 후 상당시간이 경과된 후이고 기록에 나타난 증거자료에 의하더라도 피고인 김태원이 이미 사망한 시체에 대하여 총격하였는지 사망하기 전의 피해자에게 총격하였는지에 대하여도 명백한 심리가 되어 있다고도 볼 수 없다.

3. 피고인 김계원은 차지철을 살해한 피고인 김재규와 공모공

동정범이라고 인정할 증거가 없다.

대저, 범죄행위를 공모 또는 모의에 가담한 자가 그 공모한 범죄행위에 직접 가담하지 아니하더라도 다른 공모자가 실행한 범죄행위에 대하여 공동정범의 죄책을 면할 수 없다 함은 다수의견이 적시한 판례에 의하지 않더라도 이론의 여지가 없으나, 원심과 다수의견은 공모공동정범에 관한 법리를 오해하여 실행공동정범과 공모공동정범의 구성요건을 혼동 또는 동일시하거나 논리칙과 경험칙에 반하는 증거판단을 한 위법사유가 있다고 아니할 수 없다. 즉 실행공동정범의 경우에는 "공동범행의 의식"이라든가 "의사의 연락"과 같은 넓은 의미의 합의만 있으면 공모관계가 있다고 할 수 있으나 공모공동정범이 인정되려면 위와 같은 정도의 넓은 의미의 합의만으로는 공동정범관계에 있다고 볼수 없고 간접정범에 가까울 정도의 고도의 합의가 있어야만 공모공동정범이 인정되는 것이다.

그러므로 공모공동정범에 있어서의 공모 또는 모의란 「2인 이상의 특정한 범죄를 행하기 위하여 공동의사로 1체가 되어 서로 타인의 행위를 이용하여 각자의 의사를 실행으로 옮기는 것을 내용으로 하는 고도의 모의」가 있는 경우에 한하여 공모공동정범의 관계가 있다고 엄격하게 해석하여야 할 것이고 또 공모공동정범이 인정되려면 그 외에 다음의 요건이 구비되어야 할 것이다.

(1) 수인간에 위와 같은 고도의 범죄의 공모 또는 모의가 있을 것

(2) 그 중의 어떤자가 그 공모한 범행을 하였을 것

(3) 그 범죄의 실행은 위 (1)항의 공모 또는 모의에 기인하여 행하여진 것일 것

등의 3요건이 필요한 것이므로

① 피고인 김계원과 김재규간에 차지철을 살해하기로 위에 계

기한 바와 같은 고도의 합의를 하였는가

② 또 김재규가 김계원과의 공모한 사실에 기인하여 즉 김계원과 살해하기로 합의한 것이 원인이 되어 차지철을 사살하였는가를 기록에 나타난 증거자료에 의하여 판단하기로 한다.

원심이나, 다수의견은 김재규의 군검찰에서의 진술에서 식당 앞 정원석에 걸터 앉아서 동일 17:50경 김재규가 김계원에게 차지철을 가리켜 "그 친구 해치워 버릴까" 하며 김계원의 표정을 살펴보니 고개를 끄덕끄덕하였고 다시 뒷일을 부탁합니다 하니 고개를 끄덕끄덕했다는 진술과 피고인 김계원의 위와 유사한 진술 등을 증거로 들고 있으나 김재규는 1심법정에서 자기가 그런 말을 할시에 김계원이 고개를 끄덕끄덕했다는 말을 검찰에서 말한 일은 없고, 고개를 끄덕하는 것 같더라는 말만은 했다는 것이고 김재규는 다시 김계원과 정원석에 앉아서 가볍게 차지철을 해치워 버릴까라고 했으니 차지철을 망신이나 주겠다는 것으로 생각했을 것이고 대통령 앞에서 차지철을 총으로 저격하리라는 것은 생각 못했을 것이며 또 김계원은 자기(김재규)가 하는 일에 동조하여 가담할 사람이 되지 못한다는 취지로 진술하였고 김계원은 1심법정에서 식당마당에서 대통령의 도착을 기다리는 동안 차지철을 해치운다느니 뒷일을 부탁한다느니 하는 말을 들은 일이 없고 김재규는 평소에는 여러 번 차지철을 해치워 버린다는 말을 해왔다는 취지로 진술하고 있어 위 감찰심문시에 김재규가 차지철을 해치워 버릴까라는 말을 했을시 김계원이 고개를 끄덕였다는 사실을 그대로 인정하기에 부족하고 가사 검찰조서에 기재된 사실이 그대로 인정된다고 하더라도 위 식당 정원에서 양인이 차지철을 살해하기로 공모한 것으로는 볼 수 없다 할 것이다. 즉 김재규는 김계원과 만나기 훨씬 전부터 차지철과 대통령을 저격하기로 굳게 결의하고 궁정동 식당에 도착하여 권총을 점검하는 등 범행준비를 완료한 뒤인 오후 5:40경에야 김계원은 동 식당에 도착하여 약 10분간은 국회에 관한 이야기를 하다가 대통령 도착시간이 가까워지므로 정원으로 나가 대통령도착을 기다리는 짧은 시간에 정원석에 앉아 다른 사람도 아닌 대통령 경호실장을 살해하는 공모를 검찰진술대로 "해치워 버릴까"에 "고개를 끄덕끄덕" 하는 식으로 차지철을 살해하는 공모가 되었다고 인정할 수 있을 것인가. 즉 위 검찰진술만으로 김재규 김계원 두 사람이 차지철을 살해하기로 일체가 되어 김계원이 김재규의 행위를 이용하여 김계원이 가지고 있는 차지철을 살해하려는 결의를 수행한 것을 내용으로 하는 공모의 합의가 이루어졌다고 인정될 수는 없다 할 것이다.

또 공모공동정범이 인정되려면 위에 설시한 공모공동정범의 (3)번째 요건이 김재규의 차지철살해행위가 김계원과의 공모에 기인하여 행하여진 사실이 인정되어야 할 것인데 과연 김재규의 범행이 김계원과의 공모에 기인하여 그 공모한 범죄내용을 실행한 것으로 볼 수 있을 것인가. 김재규는 김계원과 공모한 범죄내용을 실행한 것은 아니고 김재규단독으로 김계원을 만나기 전에 완전히 범의를 굳혀놓고 있다가 그 범의에 의하여 차지철을 살해한 것임은 기록상 명백한 사실이므로 김계원은 이 점으로 보더라도 차지철살해의 공모공동정범이 될 수가 없는 것이다.

그뿐 아니라 기록에 나타난 모든 증거자료에 의하면 김계원은 김재규와 공모공동정범이 구성될 만한 고도의 합의는 고사하고 김재규가 대통령 면전에서 차지철을 살해하리라는 것을 미리 알았다고 단정할 자료조차도 부족하다.

결과적으로 김재규가 차지철과 대통령을 저격하였으므로 이 범행사실이 선입견으로 작용하여 "차지철을 해치워 버릴까"라는 말에 고개를 끄덕였다는 사실만으로 김재규가 차지철을 살해하겠다는 뜻으로 그런 말을 한 것으로 김계원이 받아들인 것처럼 원심이나 다수의견은 인정하고 있으나 "차지철을 해치워 버릴까"라는 말이 필연적으로 차지철을 살해한다는 뜻이 될 수도 없고 그 날의 장소의 사정이 대통령 면전인데 김재규의 위와 같은 애매하고 단편적인 말 한 마디가 곧 김재규가 차지철을 대통령 면전에서 살해하겠다는 뜻으로 받아들인다는 것은 우리의 경험칙에 심히 어긋나는 증거판단이라고 아니할 수 없으니 피고인 김계원은 차지철살해의 공모공동정범이라고 볼 수 없음은 물론이고 넓은 의미의 의사의 연락조차도 있다고 볼 수 없어 김계원은 김재규가 차지철을 살해하리라는 것을 알고 있었다고는 볼 수 없거니와 가령 김재규가 차지철을 살해하리라는 것을 김계원이 알고 있었다고 하더라도 타인의 범행을 인식하고서도 방관하였다는 사실만으로는 이를 처벌할 규정이 없으므로 어느 모로 보나 김계원은 차지철을 살해하는데 가공한 공동정범이라고 볼 수는 없다 할 것이다.

피고인 김계원에 대한 내란미수죄에 관하여는 위 1항에서 설시한 바와 같이 다수인이 결합하여 폭행, 협박을 한 폭동이라고 볼 수 없어 김계원에게 내란미수죄를 적용할 여지도 없다.

가사 다수의견대로 이 사건의 피고인 등의 행위가 형법 제87조의 폭동에 해당한다고 가정하더라도 김재규가 범행 후 나오면서 김계원에게 "보안유지해달라"는 말을 듣고 이에 응하는 태도를 취하였다고 하여 이것이 형법 제87조 제2호 소정의 중요임무종사자로 인정된다는 취지의 원심의 판단은 형법 제87조 제2호의 법리를 오해하였다고 할 것이다. 김재규로부터 보안유지하라는 일방적인 부탁을 받은 사람은 이에 반항하지 않은 한 모두 내란죄의 중요임무종사자라고 인정한다면 김재규의 범행장소에 피고인 이외의 사람들도 있었는데 김재규가 그 사람 등에게 발설하지 말아달라는 부탁을 하여 동인 등이 이에 항의하지 않고 응하는 태도를 취하였다면 그들도 다 내란죄의 중요임무종사자가 된다는 결과가 될 것이다.

4. 형사소송법 제383조에는 사형 무기 또는 10년 이상의 징역이나 금고가 선고된 경우에 형의 양정이 심히 부당하다고 인정할 현저한 사유가 있는 때에는 이를 상고이유로 할 수 있다고 규정되어 있는데 군법회의법 제432조에는 위 양형과중의 사유로 상고할 수 있다는 조항이 없는바 군인 군속이 아닌 민간인이 군법회의에서 재판받은 경우 위의 양형과중을 이유로 상고할 수 있는지의 여부와 저항권이 우리나라에서 인정될 수 있으며 이를 재판규범으로 적용할 수 있는지의 여부에 관하여 살펴보기로 한다.

(1) 군법회의법 제432조의 문제

이 사건에 있어서의 피고인 등에 대한 양형과중 여부와는 관계없이 일반적인 문제로 군법회의에서 재판받은 자는 양형과중을 이유로하여 상고할 수 없다는 주장에 대하여 의문이 있으므로 이를 적시해 두고자 한다.

형사소송법 제383조에는 위에 게기한 중형이 선고된 경우 이를 상고이유로 할 수 있다고 규정되어 있음에 반하여 군법회의법 제432조에는 상고를 할 수 있는 사유 중에 위와 같은 규정이 없어서 군법회의에서 재판을 받은 자는 위의 양형과중을 이유로 상고할 수 없게 되어 있는바 군법회의에서 재판을 받은 사람이 군인 군속인 경우에는 군인 군속의 신분과 복무의 특수성에 비추어 이유가 있다고 볼 수도 있을 것이나 군인 군속이 아닌 민간인이 군법회의에서 위와 같은 형의 선고를 받은 경우에는 일반법원에서 재판을 받은 사람과 아무런 구별이 없어서 차별적 취급을 할 합리적 근거가 없음에도 불구하고 군법회의에서 재판을 받았다는 사유만으로 양형과중을 이유로 하여 상고할 권리를 박탈한다는 것은 법 아래서의 평등을 규정한 헌법 제 9 조에 비추어 합리적인 조치라고 볼 수 없으므로 군인 군속 아닌 민간인은 군법회의에서 재판을 받은 경우라도 일반 법원에서 재판받은 경우와 구별할 이유가 없으므로 형사소송법 제383조에 의하여 위 양형과중을 이유로 하여 상고할 수 있는 것으로 해석할 여지가 있다고 보든지 만일 민간인이라도 군법회의법 제432조의 명문규정으로 보아 양형과중을 이유로 상고할 수 없다고 해석할 수밖에 없다면 적어도 민간인에 관한 한 군법회의법 제432조는 헌법 제 9 조에 위배된다는 문제도 야기될 여지가 있다고 할 것이다.

군법회의법 제525조에 의하면 비상계엄지역 내의 군법회의에서 재판을 받은 군인 군속 등은 상소할 수 없다고 규정하면서 군인 군속 아닌 민간인은 군법회의에서 재판을 받은 경우라도 상소권을 제한하지 아니한 점을 보더라도 민간인에 대하여는 군법회의에서 재판을 받았더라도 일반 법원에서 재판받은 경우와 균형을 맞추어 상고권을 제한하지 아니하고 있는데 군법회의법 제432조는 민간인을 군인 군속과 동일하게 취급한 것으로 본다면 이는 누구에게든지 균등하게 보장 되어 있는 시민적 권리의 행사에 차별을 둔 규정이라고 하여야 할 것이다.

(2) 저항권문제

다수의견은 이 문제에 관하여 실정법에 위배된 행위에 대하여 초법규적인 권리 개념인 저항권을 내세워 이를 정당화하려는 주장은 받아들일 수 없다는 당원의 1975. 4. 8. 선고 74도3323의 판례를 그대로 유지한다고 설시하고 있는바, 위 당원의 판례가 우리나라에 있어서 저항권 자체의 존재를 부정하는 것인지 저항권을 재판규범으로는 적용할 수 없다는 취지인지 분명하지 아니하나 이 사건에 있어서 피고인 김재규 등의 행위는 그 범행내용으로 보아 이를 저항권의 행사라고는 볼 수 없다 할 것이므로 이 사건과 관련하여 저항권 문제를 논할 필요는 없다 하겠으나 일반적인 문제로 우리나라에서 저항권의 존재를 부정하거나 이를 재판규범으로 적용할 수 없다는 판단에서 이를 그대로 수긍하기 어려운 다음과 같은 의문점이 있음을 지적해 두고자 한다.

우리나라에 있어서의 정치의 기본질서인 인간존엄을 중심가치로 하는 민주주의 질서에 대하여 중대한 침해가 국가기관에 의하여 행하여져서 민주적 헌법의 존재 자체가 객관적으로 보아 부정되어 가고 있다고 국민 대다수에 의하여 판단되는 경우에 그 당시의 실정법상의 수단으로는 이를 광정할 수 있는 방법이 없는 경우에는 국민으로서 이를 수수방관하거나 이를 조장할 수는 없다 할 것이므로 이러한 경우에는 인권과 민주적 헌법의 기본질서의 옹호를 위하여 최후의 수단으로서 형식적으로 보면 합법적으로 성립된 실정법이지만 실질적으로는 국민의 인권을 유린하고 민주적 기본질서를 문란케 하는 내용의 실정법상의 의무이행이나 이에 대한 복종을 거부하는 등을 내용으로 하는 저항권은 헌법에 명문화되어 있지 않았더라도 일종의 자연법상의 권리로서 이를 인정하는 것이 타당하다 할 것이고 이러한 저항권이 인정된다면 재판규범으로서의 기능을 배제할 근거가 없다고 할 것이다.

위와 같은 저항권의 존재를 부정할 수 없는 근거로는 4.19 의거의 이념을 계승하여…. 새로운 민주공화국을 건설한다고 선언하여 4.19 사태가 당시의 실정법에 비추어 보면 완전한 범법행위로 위법행위임에도 불구하고 이를 우리나라의 기본법인 헌법의 전문에서 의거라고 규정짓고 그 의거의 정신을 계승한다고 선언하고 있어 위 헌법 전문을 법률적으로 평가하면 우리나라 헌법은 4.19의 거사를 파괴되어 가는 민주질서를 유지 또는 옹호하려는 국민의 저항권 행사로 보았다고 해석할 수밖에 없는데 우리나라 헌법이 인정한 것으로 보여지는 저항권을 사법적 판단에서는 이를 부정할 수가 있을는지 의문이고 또 저항권이 인정되는 이상 재판규범으로는 적용될 수 없다고 판단하여 그 실효성을 상실시킬 합리적 이유가 있다고 볼 수도 없다. 다수의견은 저항권이 실정법에 근거를 두지 못하고 있어서 이를 재판규범으로 적용할 수 없다는 취지로 실시하고 있으나 자연법상의 권리는 일률적으로 재판규범으로 기능될 수 없다는 법리도 있을 수 없거니와 위에 적시한 우리나라 헌법의 전문은 저항권의 실정법상의 근거로 볼 수도 있다고 할 것이다.

4. 대법원판사 김윤행의 의견

형법 제87조의 내란죄는 이른바 집합범으로서 여기에서 폭동이라 함은 한 지방의 평온을 해할 정도의 다중의 결합에 의한 폭행 또는 협박을 의미한다는 할 것인데, 이 사건에 있어서의 피고인들의 소위는 그 구성에 있어서 다중의 결합이라고 볼 수 없다는 견지에서, 이 사건 피고인들 중 피고인 유석술을 제외한 피고인 김재규 김계원 박선호 이기주 유성옥 김태원 등 6명의 피고인들에게 내란죄가 적용될 수 없고, 또 피고인 김계원에 대하여 원심판시 차지철의 살해에 대한 피고인 김재규와의 공모공동정범이 성립될 수 없다는 점에 관하여, 이미 대법원판사 임항준이 개진한 의견에 그 이론을 같이한다.

그리고 설사 위 피고인들에게 원심이 인정한 내란(미수)죄가 적용될 수 있다고 가정하더라도 원심이 피고인 김계원을 제외한 나머지 피고인들에게 대하여 이들의 소위가 동시에 제88조의 내란목적 살인죄에도 해당한다는 상상적 경합관계를 인정하였음에 관하여는 아래와 같은 견해에서 그 법률적용이 잘못된 것이라고 지적한다.

그 이유로서 내란죄에 있어서는 내란목적으로 폭동을 하는 것을 구성요건으로 삼고 있고, 여기에서 폭동이라고 하는 것은 내란죄에 관한 형법 제87조 제 2 호에서 "살상의 행위를 실행한 자"도 모의에 참여하거나, 지휘하거나, 기타 중요한 임무에 종사한 자와 똑같이 처벌한다고 규정하고 있어 "살상" 행위까지를 당연히 예상하고 있음에 비추어, 단순한 폭행, 협박에서부터 살인, 상해, 방화 등의 행위까지도 넓게 포함하는 개념이라고 할 것이므로, 내란목적으로 폭동을 함에 있어서 그 폭동과정에서 사람이 살해되었다고 해도 이는 내란죄의 단순일죄로서 그 집합체를 구성한 지위와 역할에 따라서 수괴, 모의참여자, 지휘자, 기타 중요임무종사자, 또는 부화수행자, 단순관여자 등으로 구별되어 제87조 제 1 호 내지 제 3 호에 의하여 처벌되는 것이라고 할 것이며, 반면 내란목적살인죄를 규정한 형법 제88조에는 내란목적으로 사람을 살해한 자라고만 규정하고 있어 이는 폭동에 의하지 않고 사람을 살해한 경우를 의미하는 것임이 분명하므로, 같은 내란목적에서 사람을 살해한 경우라 하더라도 이것이 폭동과정에서 이루어졌다면 내란죄에 흡수되어 형법 제87조의 내란죄만이 되는 것이고, 폭동에 의하지 않고 사람을 살해한 경우라면 내란목적살인죄의 단순일죄로서 제88조만이 적용되는 것이라고 봐야 할 것이다.

만일 원심의 견해대로 이와 같은 경우 항상 상상적 경합관계가 되는 것이라고 한다면, 내란죄의 수괴에 있어서는 그 형이 사형, 무기징역 또는 무기금고이고, 내란목적살인죄도 사형, 무기징역 또는 무기금고로 되어 있어 그 법정형이 같기 때문에 혹은 수괴의 경우에는 사실상 크게 영향이 없다고 하는 견해가 나올 수도 있다고 하겠지만, 내란죄의 폭동과정에서 "살상의 행위를 실행한 자"의 경우를 놓고 보면, 그는 위에서 본 바와 같이 수괴의 다음 차원에서 모의참여자, 지휘자나 기타 중요한 임무에 종사한 자들과 같은 형으로서 처벌받게 되고, 그 형은 사형, 무기 또는 5년 이상의 징역이나 금고로 되어 있어, 경우에 따라서는 5년 이상의 유기징역이나 금고로서 처벌받을 수도 있게 되는데 반하여, 상상적 경합범에 있어서는 형법 제40조에 의하여 가장 중한 죄에 정한 형으로 처벌하도록 되어 있는 관계로, 언제나 내란목적살인죄에서 정하고 있는 사형 또는 무기징역이나 무기금고의 형으로 처벌받게 되어, 5년 이상의 유기징역이나 금고형을 규정한 형법 제87조 제2호와 균형이 맞지 않는 결과가 되고만다(형법 제88조의 내란목적살인죄의 형이 내란죄에 있어서의 폭동과정에서 "살상의 행위를 실행한 자"에 대한 제87조 제2호의 형보다 위와 같이 무겁게 규정하고 있는 것은 상호간에 균형이 맞지 않아 납득하기 어려운 점이 없지 않으나, 내란죄에 있어서는 군집범으로서의 폭동이라는 군중심리가 작용되어 깊이 사료함이 없이 경솔하게 행동하는 경우가 많다는 점에서 그 기대가능성이 적다고 보아, 그렇지 아니한 내란목적살인죄와의 사이에 이러한 법정형상의 차이를 둔 것으로 이해하고자 한다). 위와 같이 볼 때, 이 사건에 있어서 원심이 피고인 박선호 이기주 유성옥 김태원에 대하여는 그 소위를 내란죄의 폭동에 있어서 중요한 임무에 종사한 자라고 보면서도 이들에게까지 내란목적살인죄와 상상적 경합범으로 의율하여 무거운 내란목적살인죄의 형으로서 처단하였음은 결국 법률적용을 잘못하여 판결에 영향을 미친 경우에 해당한다고 할 것이므로 이와 같은 원심판결을 유지하는 다수의견에 찬동할 수가 없고, 원심판결은 이 점에서도 마땅히 파기되어야 한다고 할 것이다.

5. 대법원판사 정태원의 의견

다음에 나오는 대법원판사 서윤홍의 의견 중 (2)항의 피고인 이기주 유성옥에 관한 부분 및 (3)항의 피고인 김태원에 관한 부분과 같다.

6. 대법원판사 서윤홍의 의견

이 사건에 나타난 사실과 증거로 보아서 피고인 김계원 이기주 유성옥 김태원에 대하여 공소사실을 모두 유죄로 인정한 원심판결을 그대로 유지하려는 다수의견에는 다음과 같은 이유에서 찬성할 수 없다.

(1) 피고인 김계원에 대하여,

첫째로, 같은 피고인에 대한 공모공동정범에 의한 살인죄에 관하여 보건대 원심인 육군고등군법회의가 이 점을 유죄로 인정한 취지는 결국 피고인이 상피고인 김재규와 모의하여 대통령 경호실장 망 차지철을 살해할 것을 기도하고 직접행위를 한 바는 없으나 같은 김재규로 하여금 살해의 실행을 하게 하여 목적을 달한 것으로 유죄인정한 데 있고 이를 뒷받침하는 사실과 증거로써 같은 김재규가 살인의 실행으로서 총격을 가하기 두 시간 전에(총격은 1979. 10. 26. 19:40이고 피고인과 김재규가 만난 것이 같은날 17:50으로 되어 있어 두 시간이 채 못된다) 피고인이 중앙정보부 청와대 지부인 궁정동 사무실 현관 경계석에서 김재규를 만났을 때 그가 "차실장을 해치우겠다"고 말한데 대하여 고개를 끄떡끄떡한 일이 있다는 것과 총격현장에서 김재규의 행위를 제지한 바 없다는 것 및 당일 사태가 진행되어 육군본부방카 화장실에서 피고인이 김재규를 만나서 "왜 대통령각하까지 살해했는가"고 힐책한 것 중까지라는 말의 뜻에서 미루어 볼 때 차지철에 대한 총격 살해를 의도한 것으로 인정된다는 것으로 요약된다.

그러나 이른바 공모공동정범이라는 것은 실행정범에 대한 개념으로서 사회의 실정으로 보아 다수인에 의한 범죄 가운데는 실질상 주범이 배후에서 범죄를 계획하고 그 실행행위는 부하나 또는 주범의 지배턱을 받는 사람으로 하여금 실행케 하는 경우에 단순한 교사나 방조만으로써 처리될 수 없는 경우가 있다는 재판상 필요에서 나온 이론일뿐이고 그러한 경우에도 주범에게서는 자기의 범죄를 행한다는 주체적 의사가 있어야 하고 단지 타인의 범의를 유발하거나 타인의 범행을 용인 내지는 이용하는 경우는 이에 해당하지 않는다고 봄이 상당하다 할 것인바(대법원은 이미 1959. 6. 12. 선고 57도380 사건의 판결에서 의사의 주체 또는 동심일체라는 용어로써 이를 표현한 것으로 보이고 일본 최고재판소 소화 33. 5. 28. 선고 소화 29년 제1056호 사건의 판결에서는 주체의사가 있어야 한다고 이 점을 분명히 하고 있다) 이 사건에 있어 피고인 김계원에 대하여 원심이 설시한 취지와 그것을 뒷받침하는 사실 등은 도저히 이에 해당하는 것으로 여겨지지 아니한다. 대통령 시해라는 충격적인 이 사건의 주체가 피고인 김계원이 아니고 김재규라는 것은 어느 누구도 부인할 수 없는데 유독 차지철 실장을 살해한 부분에 한하여 피고인이 범죄의 주체이고 김재규는 피고인의 지시에 의하여 범죄의 실행행위를 담당한 것이란 도저히 납득이 가지 않는다. 앞서 나온 김재규를 해치우겠다고 한 말에 피고인이 고개를 끄떡한 것이 사실이라 하더라도 그것은 살인을 용인한 것이 되었으면 어째서 살해의 공동모의가 될 수 있다는 것인지 이해가 가지 않으며 살해의 현장에서 피고인이 김재규의 총격을 제지 않았다 하더라도 그것은 살인을 방임한 것일뿐인데 어째서 살인의 주체가 된다는 것인지 분명치 않다. 더욱이나 그 현장에서 대통령이 총격살해되는 것을 비서실장인 피고인이 제지하지 않은 것에 대하여도 이 사건에서 문책되지 않는데 경호실장이 살해되는 것을 제지하지 않은 것을 살인죄의 공모공동정범으로 보아야 한다는 것은 있을 수 없고 육군 방카 화장실에서 김재규와 대화한 것을 살해의 모의를 사후적으로 뒷받침한다는 것도 그 모의가 엄격한 증명을 요하는 주요사실이라고 볼 때 납득할 수 없는 것이다.

둘째로 같은 피고인에 대한 내란미수죄를 유죄로 인정한 것에 관하여 보건대 내란죄는 형법 제87조에 규정된 바와 같이 국헌의 문란을 목적으로 하는 범죄이고 이 사건에 있어서 국헌의 구체적 내용은 대통령을 시해함으로써 헌정질서를 바꾼다는 것이므로 위신 대통령 시해에 대한 의사가 있은 여부가 피고인에 대한 내란죄의 목적인정에 불가결한 것이라 할 것이다.

그런데 피고인에 대하여는 처음 공소제기당시에 피고인도 김재규와 대통령을 시해할 것을 모의한 것이라 사실적시가 되었으나 원심에 이르러서는 그 부분에 관한 공소장이 변경되었고 원심의 사실인정 또한 대통령시해에 대하여는 피고인은 관련이 없는 것으로 확정하였다. 따라서 피고인에 대하여 내란죄의 중요임무종사죄의 미수 또한 성립될 수 없는 것이다. 비록 사건당일 피고인이 상피고인 김재규가 체포될 때까지에 행한 일련의 거동 속에 김재규의 내란음모에 동조 내지 그를 방조한 것이 아닌가 하는 의문이 기록상 보이기는 하나 그 의문이라고 하는 것도 또한 추리와 정황에서 연유된 것일뿐이다. 내란죄가 목적범이라 볼 때 그 목적을 인정하기 위한 증거나 사실 또한 엄격한 증명을 요하는 주요사실이라 할 것이므로 피고인이 문제의 총격직후 곧 김재규를 고발하지 않은 것에 석연치 않은 점이 있다 해서 그것이 반사적으로 내란죄의 중요임무에 종사한 것으로 결론지워진다 함은 합리적이라 할 수 없다. 더욱이나 당시의 상황으로 보아 피고인 스스로 김재규로부터 총격을 받지 않을 아무런 보장도 없는데 시해 후 네 시간 만에 국방장관과 육군참모총장에게 고발할 때까지 김재규의 범행을 밝히지 않은 것만으로써 내란의 목적으로 그렇게 하였다고 함은 논리의 비약이라 할 것이다. 더욱이나 김재규의 내란기도가 피고인의 고발로 미수에 그친 것 또한 어느 누구도 부인할 수 없는 이 사건에서 그 고발사실을 피고인에게 불리한 증거로써 추리하여 유죄인정을 한다는 것은 형평의 원칙에 합당한 것이라 할 수도 없다.

이리하여 피고인 김계원에 대하여 이상에서 말한 여러 가지의 결정적인 사정이 밝혀져 있지도 않은 원심판결을 그대로 유지하려는 다수의견에는 견해를 같이 할 수 없고 이 점들에 관한 상고논지는 이유있다 할 것이다.

(2) 피고인 이기주 유성옥에 관하여,

같은 피고인들에 대하여 내란미수죄와 내란목적살인을 유죄로 인정한 원심판결 또한 그대로 보아 넘길 수 없다. 같은 피고인들이 이 사건의 상피고인이고 상사인 박선호의 지시에 따라서 범행당일 궁정동 정보부 식당에 머물고 있던 대통령 경호실 소속의 김용섭 김용태를 총격살해한 사실 자체는 움직일 수 없는 것이지만 그 행위가 내란목적살인이 되기 위하여는 내란목적 즉 국헌문란에 대한 인식이 있어야 하는 것인데 이 점에 관하여 원심이나 다수의견에서 증거가 된다고 본 자료로는 같은 피고인들이 군수사기관에서 진술한 것 이외는 아무것도 없다. 위의 진술취지 또한 "일이 잘되면 한 급 올라갈 줄 알았다," "한 몫 본다"는 것으로 되었는바 그 진술기재가 국헌문란 즉 대통령시해를 알고 범행에 가담한 것의 증거로서 충분하다고 함은 자유심증의 한계를 넘는 것이라 하지 않을 수 없다. 위의 진술을 하게 된 경위에 대하여 기록을 보면 그것도 군수사기관에서 추리해서 추궁심문한 결과 나온 진술이므로 그것이 의견인지 사실에 관한 진술인지 분간할 수가 없는데 어째서 그것이 대통령시해, 국헌문란의 목적인식과 결부될 수 있는지 이해가 가지 않는다. 피고인들이 총격을 하게 된 경위에 대하여 상피고인 박선호는 다만 "식당 한 구석에 경호실 경비원을 몰아세우고 반항하면 응사하라"고 지시하였다고 되어 있으며 피고인 유성옥은 상피고인 박선호의 운전수이고 이기주 또한 궁정동 경비원으로서 학력이 별반없는데 그들에 대하여 내란죄의 목적인 국헌문란의 뜻을 묻는다는 자체에 난점이 있다 하더라도 최소한 대통령시해에 관한 인식이라도 있어야 할 것인데 피고인들이 이 사건에서 문제된 총격에 가담함에 있어서는 그 인식조차 있는 것으로 볼 뚜렷한 자료가 없는데도 원심이 그것이 모두 있은 것으로 인정하여 사형까지 선고한 것을 그대로 유지한다는 것은 찬성할 수 없는 것이다.

(3) 피고인 김태원에 대하여,

같은 피고인은 이 사건에서 문제의 총격이 있은 지 30분 후에 이른바 확인사살을 함으로써 당시까지 생존하고 있던 차지철 경호실장과 경비원 김용섭의 생명을 완전히 끊음으로써 내란미수죄와 내란목적살인죄를 범한 것이라는 것이 원심의 인정인바 이 부분 또한 도저히 그대로 보아 넘길 수 없는 점이 있다.

같은 피고인이 위에 말한 확인사살행위를 한 시간은 당일 20:05임은 원심이 확정한 바이고 당일 김재규에 의하여 차지철 실장에 대한 총격이 있은 것은 19:40분으로 되어 있다. 그렇다면 차지철이 처음 총격을 받은 시간으로부터 25분 내지는 30분이 지난 후에도 죽지 않고 그대로 신음하고 있은 것이라 단정하기는 여러 자료에서 보아 어렵다 할 것이다. 당일 김재규가 차지철에 대하여 총격을 하고 이어 대통령에 대하여 총격을 가한 후 다시 곧 이어 화장실에 피신하였다 일이시는 차지철에 대한 복부관통의 마지막 총격과 대통령에 대한 재차총격을 가한 것임은 기록이나 원심이 그대로 인정하고 있다. 그렇다면 차지철 실장의 사망시간은 적어도 대통령의 사망시간 이전이거나 아니면 같은 시간이라 보여진다 할 것인데 대통령의 사망시간은 기록상 육군병원에 시체가 운송된 시간인 당일 19:57분 이전 5분이라고 병원당국에서 밝히고 있다. 결국 대통령의 사망시간은 김재규에 의한 총격이 처음 있은 지 10분 내지 12분으로 추산된다고 볼 때 차지철의 사망시간도 같은 시간이라면 19:50분이나 19:52분이라는 계산이 나오는 것이다. 그렇다면 피고인 김태원이 확인사살을 한 20:05분 당시에 피해자인 차지철은 이미 사망한 후라고 봄이 상당하다 할 것이고 불연이면 같은 피해자에 대한 사체검안서와 사체를 촬영한 사진까지도 기록에 편철되어 있고 총상을 입은 부위까지도 똑똑히 나타나 있으므로 전문가로 하여금 그 사망시간을 감정시키는 등 심리를 하였어야 할 것이다.

그럼에도 불구하고 그러한 조치를 취한 바도 없이 확인사살당시 피해자인 차지철이 무슨 소리를 하는 것 같이 느꼈다는 피고인의 진술 한 마디로서 내란목적살인죄를 유죄로 인정하여 사형까지 선고한다는 것은 도저히 납득할 수 없는 것이다. 따라서 피고인 김태원에 대하여 이 점을 심리하여 살인죄가 되는가 아니면 단순한 시체에 대한 총격으로 볼 것인가를 밝히지 않은 것은 심리미진이나 이유불비에 해당하는 것이라 하지 않을 수 없다. 더욱이나 같은 피고인이 위의 확인사살을 하기 전에는 어디서 무엇을 하였는지 기록상 알 수 없는데 그 사살행위가 내란목적으로 이루어진 것이라 하여 내란죄로 유죄인정을 한다는 것은 증거없이 사실인정을 한 것이라는 비난을 면할 수도 없을 것이다.

이리하여 결국 피고인 김계원 이기주 유성옥 김태원에 대한 원심인 육군고등군법회의의 판결에는 잘못된 점이 있고 이에 대한 각 상고논지는 이유있다 할 것인데 다수의견은 그것을 그대로 유지하려 하므로 찬동할 수 없음을 밝힌 것이다.

1980. 5. 20.

대법관 이영섭(재판장) 주재황 민문기 양병호 한환진
임항준 안병수 김윤행 이일규 라길조 김용철
유태흥 정태원 서윤홍

17. 부천경찰서 성고문사건 피해자를 위한 변론요지

1986년 6월 4일 부천의 한 공장에 취업한 대학생 출신 여성이 위장취업을 했다는 이유로 부천경찰서에 연행된다. 그녀는 자신의 원래혐의—위장취업과 공문서변조 등—와는 무관하게 문귀동 경장에게 5.3인천시위사태 관련자의 소재를 추궁당하면서, 2차례의 성고문을 당하였다. 인천구치소에서 그녀는 "지옥과 같은 고통과 번민, 좌절과 망설임, 악몽의 시간"을 보내면서, 마침내 자신의 피해사실을 폭로하였다. 그녀는 단지 「권양」이라고 알려졌다. 그러나 사건이 폭로되자 당시 공안 대책을 주도했던 국가안전기획부는 오히려 "성을 혁명의 도구로 삼는 운동권의 상투적 수법"이라고 매도하고, '보도지침'을 따르고 있던 언론에 이러한 논조를 그대로 보도되도록 했다.

이 소식을 듣고 조영래 변호사 등은 변호인단을 조직하여, 권양을 면회하고 사실조사를 한 뒤 직접 변호인들의 이름으로 문귀동 등을 인천지검에 고발하였다. 그러나 인천지검은 어이없게도 '성적 모욕이 없었다'는 수사결과를 발표하고 문귀동에 대해 기소유예처분을 내렸다. 그에 대해 변호인단은 서울고등법원에 재정신청을 제기했던바, 서울고등법원은 성폭력사실 중 일부를 인정하면서도 재정신청을 기각하였다. 변호인단은 대법원에 재항고하였다.

한편 인천지방법원은 권양의 주민등록변조 등의 혐의에 대하여 징역 1년 6월의 실형을 선고하였다. 그 재판에서 조영래 변호사는 아래에 제시되는 변론요지서를 통해 이 사건이 가진 역사적, 법적 의미를 준엄하게 묻고 있다. "권양—우리가 그 이름을 부르기를 삼가지 않으면 안되게 된 이 사람은 누구인가? 온 국민이 그 이름은 모르는 채 그 성만으로 알고 있는 이름 없는 유명인사, 얼굴 없는 우상이 되어버린 이 처녀는 누구인가…"로 시작되는 첫 부분은 인구에 널리 회자되었다. 이 변론요지서는 노동운동에 뛰어드는 젊은이들이 "선동꾼"이나 "패륜아"이기는커녕 "우리 민족의 도덕적 원기와 사회적 양심을 대변하는" 용기를 가진 청년들임을 강조하면서, 부도덕한 권력이 파렴치한 범죄를 저지르고도 오히려 피해자를 처벌하려고 하는 "거꾸로 된 재판"임을 항거하고 있다. 아울러 부천성고문의 진실을 은폐하려는 기도에 맞선 권양의 용기가 불러일으킨 양심적 충격과 감동을 말하고 있다. 범행당사자인 경찰, 범죄수사의 주체인 검찰, 국민의 기본권의 최후의 보루여야 할 법원, 국민의 알 권리를 지키는 보루인 언론은 "무엇을 하였는가" 질타하면서, 자신들의 책임을 다른 누구의 탓으로 변명하지 말기를 호소하고 있다.

이 변론요지서, 그리고 부천성고문 사건의 변론 전체를 통해 보여준 조영래 변호사의 노력은 참다운 법률가의 역할이 무엇인지를 감동적으로 보여주는 실례이다. 그는 관계기관의 은폐노력, 검찰과 사법부의 은폐와 무기력에 맞서 권양을 격려하고 철저한 사실조사를 통하여 사건의 진상을 만천하에 드러내었던 것이다. 권양의 입장에 대한 깊은 공감과 그 고통에 대한 연대의식은 조영래 변호사 자신이 운동권학생이었고, 노동운동의 대의에 헌신한 노동운동가로서의 생생한 체험에 의해 밑받침된 것이며, 그러기에 무미건조한 법률문건이 아니라 사회적 공분과 감동을 불러일으키는 글이 될 수 있었던 것이다.

권양에 대한 성고문도 문제이지만, 이를 은폐하려는 조직적인 기도는 도저히 존립할 가치가 없는 정권이라는 세평을 확고하게 하였다. 여성계와 재야 민주화운동세력들은 광범위하게 공동대책위원회를 만들어 투쟁하였으며, 이는 87년 6월민주항쟁의 밑거름이 되었다. 6월항쟁으로 군사정권의 강권이 꺾인 직후, 마침내 대법원은 1988년 1월 29일 변호인단의 재정신청을 받아들였고, 원심에 대한 파기환송결정을 내렸다. 적시에 재판하지 못한 대법원의 눈치보기는 비판받을 대목이지만, 결론 그 자체의 타당성은 의심할 나위가 없다. 인천지방법원은 재정신청에 따른 준기소절차에 따라 검사가 아닌 변호사가 공소유지를 맡게 되었고, 결국 문귀동은 징역 5년을 선고받게 되었다. 한편 위자료청구소송에 대하여 1990년 1월 '국가는 성고문으로 인한 위자료로서 금 4천만원을 지급하라'는 판결을 내렸다.

권양은 87년 6월항쟁의 성과로 석방되었고, 그 해 7월 대우조선 노동자들의 추모회에서 최초로 자신의 실명인 '권인숙'의 이름으로 등장했다. 성폭력, 성고문의 피해자가 오히려 자신의 피해사실을 숨겨야 하는 잘못된 가부장적 풍토에 정면으로 도전했던 이 여성은 이로써 자신의 이름을 되찾고 자신의 고통을 전사회적으로 극복할 수 있게 되었다. 승소로 받은 위자료는 '노동인권회관'의 건립 및 운영기금으로 전액 출연되었다. 절망적인 고통을 뚫고 문제를 제기한 피해자와 치밀한 법적 역량을 갖추고 있었던 뜨거운 법률가의 만남으로 피해자 자신의 문제해결과 사회적 문제해결을 동시에 이루어낼 수 있었던 것이며, 이는 우리 사법사상 가장 명장면이라고 할 만하다. 이 사건에 대한 자료로서는 한국기독교교회협의

회 인권위원회, 『우리들의 딸 권양』(1987), 권인숙 자신의 회고는 『하나의 벽을 넘어서』(거름, 1989) 참조할 수 있다.

조영래(趙英來, 1947~1980)는 1960년대 중반부터 학생운동에, 1970년대에는 재야 민주화운동에 중요한 역할을 하였으며, 1980년대에는 인권변호사로서 망원동수재사건, 부천성고문사건 등을 도맡아 우리나라의 공익변론 및 인권변론의 새 장을 열었다. 민주화운동과 인권변론에서 그는 철저하게 사건의 내부에 파고들어 주도면밀하게 처리하는 전법을 보여주었다. 그는 뜨거운 인간애와 함께 자신의 모든 공적은 철저히 숨기는 겸손함이 몸에 밴 법률가였다. 조영래의 글은 『전태일평전』(돌베개, 1977년 완성, 1983년 초판, 1991년 개정), 유고집으로 『진실을 영원히 감옥에 가두어둘 수는 없습니다』(창작과비평사, 1991), 『조영래변호사변론선집』(까치, 1992) 등에 실려 있다. 두 권 모두 조영래변호사추모모임에서 정리하여 간행하였다.

17. 부천경찰서 성고문사건 피해자를 위한 변론요지

조 영 래

1.

변호인들은 먼저 이 법정의 피고인석에 서 있는 사람이 누구인가에 대하여 이야기하고자 합니다. 권양—우리가 그 이름을 부르기를 삼가지 않으면 안되게 된 이 사람은 누구인가? 온 국민이 그 이름은 모르는 채 그 성만으로 알고 있는 이름없는 유명인사, 얼굴없는 우상이 되어버린 이 처녀는 누구인가? 그녀는 무엇을 하였는가? 그 때문에 어떤 일을 당하였으며 지금까지 당하고 있는가? …에 대하여 이야기하고자 합니다. 국가가, 사회가, 우리들이 그녀에게 무엇을 하였으며 지금까지도 하고 있는가에 대하여 이야기하고자 합니다.

그리고 눈물 없이는 상기할 수 없는 [권양의 투쟁]—저 처참하고 쓰라린, 그러면서도 더없이 숭고하고 위대한 인간성에의 투쟁에 대하여, 그리하여 마침내 다가올 [권양의 승리], 우리 모두의 승리

* 1986년 11월 21일. 조영래 변호사 변론선집—그 인권변론의 발자취. 까치. 1992. 141~166.

에 대하여 이야기하고자 합니다. 진흙탕 속에서 피어난 해맑은 연꽃처럼 오늘 이 법정을 가득히 비추고 있는 눈부신 아름다움, 그 백설 같은 순결, 어떤 오욕과 탄압으로도 끝내 꺾을 수 없었던 그 불굴의 용기와 진실을 위한 눈물겨운 헌신에 대하여 이야기하고자 합니다. 그리하여 지금 이 법정에서 이룩되어야 할 일이 무언인지에 대하여 이야기하고자 합니다.

2.

언제부터인가 우리 사회에는 [운동권학생]이니 [위장취업자]니 하는 낯선 이름으로 불리는 젊은이들의 무리가 등장하였습니다. 공안당국의 눈에는 이 젊은이들은 단순한 하나의 치안교란요인, 질서파괴를 위한 선동꾼, 아무 일 없이 잘 돌아가고 있는 태평성대에 일부러 혼란을 소성하기 위하여 태어난 하나의 이방인십단, 피도 눈물도 인간적 감정도 없는 정신적 기형아, 불가사리처럼 사회를 좀먹는 괴물, 심지어는 악마로까지 보일는지 모릅니다. 실제로 권양에 대한 성고문사건에 관한 검찰 수사결과 발표가 있을 때 도하 각 신문에 함께 보도된 [공안당국의 분석]에 의하면 이 젊은이들은 상투적으로 거짓말과 조작을 일삼는 사기꾼처럼, 목적을 위해서는 어떤 비열한 짓도 서슴지 않고 저지르는 패륜아, 심지어는 인륜도덕과 성까지도 도구화하는 이념적 냉혈동물인 것처럼 묘사되고 있습니다.

그러나 이 같은 공안당국적 시각은 지극히 명백한 한 가지 사실—즉 이 젊은이들은 바로 우리 사회에서 태어나서 우리 사회에서 자라난 우리의 아들딸이요 형제자매라는 사실, 그들은 태어날 때부터 [운동권]으로 태어난 것은 아니라는 사실, 그들이 [운동권]에 뛰어들고 [위장취업자]가 되게 된 것은 양심으로 하여금 도저히

소리치지 않을 수 없도록 만드는 온갖 불의와 비리, 억눌린 사람들의 아픔, 그리고 그 아픔을 결코 외면할 수 없다는 도덕적 결단 때문에 비롯된 것이라는 사실을 고의로 외면하고 있습니다.

1960년대 이래의 경제성장과정에서 가장 큰 공헌을 하고서도 그 성과로부터는 철저히 소외되어온 대다수 노동계층의 현실, '선진조국'을 운위하게 된 오늘에 이르기까지도 기본급 10만원 미만짜리가 허다한 살인적 저임금과 세계적으로 가장 혹심한 장기간 중노동, 열악한 작업환경에 시달리면서 멸시와 천대 속에서 인간 이하의 생활을 강요당하고 있는 노동자들의 아픔, 남들이라면 한창 부모 품에서 재롱을 부릴 나이인 열세 살의 어린 소녀시절부터 소음과 먼지로 뒤덮인 숨막히는 작업장 원단더미 속에 파묻혀 십년여일하게 눈이 오나 비가 오나 변소 갈 틈도 없이 잔업에 철야에 뼈빠

지게 노동을 하였으나 남은 것은 병든 육신과 지칠대로 지친 영혼밖에는 아무것도 없는 스물세 살 미싱사의 눈물, 노동조합을 결성하려 하였다는 이유만으로 사형선고나 다름없는 해고를 당하고 블랙리스트에 올라 아무도 받아주지 않는 구로공단의 뒷골목을 힘없이 배회하는 해고노동자들의 탄식, 기본급 10만원을 요구하였다는 이유로 회사폭력배들에게 머리채를 끄잡힌 채 각목과 발길질로 집단폭행을 당하고 그것도 모자라 집회 및 시위에 관한 법률 위반혐의로 구속된 구속노동자의 분노, 그리고 이 절망적인 상황 속에서도 끝내 포기할 수 없었던 인간다운 삶의 꿈 때문에, 그것을 관철하기 위한 마지막 수단으로서 꽃다운 젊은 목숨을 스스로 불길 속에 던져 넣는 분신노동자들의 잇따른 참혹한 죽음—바로 이런 것들이 보다 유복한 환경 속에서 자라난 이 젊은이들, 어쨌거나 대학까지 다닐 수 있었던 행운을 타고난 이 젊은이들로 하여금, 더 이상 그 행운에 안주하고 있을 수 없도록, 더 이상 그 부모들이 기대하는 대학졸업의 경력에 걸맞은 안일하고 안전한 삶의 길을 갈 수 없도록 만들고 그 대신에 [운동권]과 [위장취업]의 험난한 가시밭길을 스스로 선택하지 않을 수 없게 만드는 가장 기본적인 원동력이라는 사실, 이 무엇보다도 중요한 사실, 누구도 부인할 수 없는 사실을, 우리는 결코 외면해서는 안됩니다. 우리가 인정하지 않을 수 없는 것은, 이 젊은이들은 우리 사회에서 오랜 동안 기성세대가 보여주지 못했던 놀라운 도덕적 용기를 보여주고 있다는 사실입니다. 일제 36년의 이민족지배와 외세에 의한 분단의 쓰라린 역사를 거치면서 우리 민족의 도덕적 건강성은 심대하게 훼손되었고 사회적 양심은 거의 마비되다시피 하였습니다.

우리의 최근세사는 불행하게도 권선징악의 교훈에 친하지 못합니다. 반민족적 · 반민주적 · 반사회적 행위에 대하여 응당한 응징이

가해진 일이 없었고 한편 수많은 항일투사와 그 자손들의 불우한 생애가 웅변적으로 보여주듯이 민족과 사회에 대한 애정과 헌신에 대하여 그 어떤 정신적 보상조차도 주어진 일이 없었습니다. 이 같은 왜곡된 역사 속에서 우리들 대다수의 기성세대는 일찍부터 부모들과 선배들과 사회로부터 힘 앞에 순종하고 체제에 순응하며 그 안에서 자기만의 안일을 추구하는 지극히 이기적인 인간, 비겁하며 왜소한 인간이 되도록 교육받으며 자라났습니다. 우리들 기성세대의 뇌리에 깊이 주입된 [명철보신](明哲保身)의 처세철학에 의하면, 불의한 권력에 대한 저항이란 한낱 계란으로 바위 치기에 지나지 않는 어리석은 짓이었고 가난하고 억눌린 이웃에 대한 관심이란 곧바로 개인적인 몰락과 패가망신의 길을 가리키는 위험표지판 이외의 아무것도 아니었습니다.

이 같은 기성세대의 눈으로 볼 때, 오늘의 젊은이들이 대학출신자에게 보장되어 있는 기득권을 포기하고 노동자들의 고통에 동참하기 위하여 일생을 걸고 노동현장에 취업하고 있는 것은 참으로 이해하기 어려운 사태로 비칠는지도 모릅니다. 그러나 우리들 기성세대는 우리들의 척도로 이 젊은이들을 판단하려 들어서는 안됩니다. 우리가 분명히 인식하지 않으면 아니될 것은, 이제 우리 사회에 하나의 새로운 세대, 기성세대와는 다른 세대, 그들의 양심을 스스로 속이지 않고 정직하게 표현할 줄 아는 젊은 세대가 자라났다는 사실입니다. 이 새로운 세대는 민주화의 국민적 갈망을 불러일으킨 4·19의 감격으로부터 시작된 60년대와 노동자들의 인간다운 삶에 대한 사회적 관심을 일깨운 전태일의 죽음으로부터 시작된 70년대, 그리고 광주사태라는 엄청난 민족적 참화로부터 시작된 80년대의 시련을 거치면서 서서히 회복되어온 우리 민족의 도덕적 원기와 사회적 양심을 대변하고 있습니다. 물론 이 젊은이들 중 일부가 일시적으로나마 현실의 벽 앞에 부딪쳐 절망한 나머지 파괴적 충동에 휩싸일 위험이 있을 수 있다는 것을 부인하지 않습니다. 그러나 이같은 부작용은 우리 사회가 이 젊은이들의 항의와 비판을 경청하고 거기에 대하여 성실하게 대응할 자세를 갖추게 될 때, 그리하여 민주적 기본질서가 확립되고 사회정의를 위한 진지한 노력이 기울여지며 사회의 도덕적 건강성이 회복되게 될 때에, 자연히 치유되고 해소될 수 있는 문제이고, 또 반드시 그같은 과정을 통하여서만 치유되고 해소될 수 있는 문제라고 우리는 확신하는 바이며, 그 같은 부작용이 일어날 우려가 있다는 이유만으로 이 젊은이들이 노동현실에 대하여 관심을 갖는 것 자체를 탓하거나 억압하려 들어서는 안된다는 것을 우리는 분명히 말해두고자 합니다.

거듭 강조하거니와, 본 변호인단은 이 젊은이들이 노동현실에 관심을 가지고 노동현장에 뛰어들고 있는 것 자체에는 아무런 문제삼을 것이 없으며, 오히려 이 젊은이들이 보여주고 있는 놀라운 도덕적 용기야말로 우리 사회의 밝은 내일을 예감케 하는 무엇보다도 소중한 징후이며, 본의건 아니건 알게 모르게 기성사회의 부패와 사악에 동참하고 있는 우리 기성세대들 중 누구도 이 때묻지 않은 순결한 젊은이들을 일방적으로 매도하거나 단죄할 수가 없다는 것을 선언합니다. 만약 정부 당국이 진실로 사회의 안녕질서와 평화를 이룩하는 데 관심을 가지고 있다고 한다면, 이 새로운 세대를 선불리 백안시하거나 이단시하기 이전에 무엇보다도 먼저 뜨거운 애정으로 이들을 포용하여야 할 것이며, 물리적인 탄압과 처벌로 이들을 꺾으려는 헛된 시도를 할 것이 아니라 마땅히 우리 사회의 누적된 비리와 병폐를 척결함으로써 근원적인 해결을 모색하여야 한다는 것을 우리는 충심으로 권고하고자 합니다.

3.

이 자리에 피고인으로 서 있는 권양은 이 같은 새로운 세대의 젊은이 중 한 사람입니다. 그녀는 성실한 공직자 가정의 막내딸로서 이렇다 할 생활의 어려움을 알지 못한 채 순탄한 성장과정을 밟았으며 타고난 명민한 자질로 원주여고를 수석으로 졸업하고 서울대학에 진학하였습니다. 변호인들은 당시 원주법원에 재직하였던 어떤 분으로부터, 권양이 서울대학에 합격하였다는 소식이 전해지자 법원 직원들이 권양의 부친에게 경사라고 축하의 인사를 하고 권양의 부친이 흐뭇해하던 일이 눈에 선한데 그 권양이 이런 일을 당하게 되다니 실로 감회가 무량하다고 하는 말을 들은 일이 있습니다. 어느 모로 보나 권양은 우리 사회에서 가장 양명하고 축복받은 환경과 여건 속에서 자라난 젊은이 가운데 한 사람이라고 말할 수 있습니다. 1979년 10월 26일 박대통령 피살소식이 전해졌을 때 당시 여고 2년생이었던 권양은 동급생들과 함께 목을 놓아 통곡을 했습니다. 그 때까지만 해도 학교와 사회에서 가르친 대로 [유신만이 살 길]이며 박대통령만이 우리나라를 영원히 영도할 수 있으며 [한국적 민주주의]만이 우리나라의 현실에 맞는 유일한 정치체제라고 조금도 의심 없이 철석같이 믿고 있었던 이 순진한 소녀에게, 박대통령의 피살소식은 너무나도 큰 충격이었습니다. 그러나 정작 더욱 엄청난 충격이었던 것은, 박대통령이 피살된 바로 그 순간부터 아무도 더 이상 유신체제의 정당성에 대하여 말하지 않게 되었으며, 오히려 날이 갈수록 유신체제를 공공연히 비판하고 부정하는 목소리들이 높아졌으며, 엊그제까지만 해도 그토록 유신만이 살 길이라고 외치고 박대통령을 위대한 영도자로 추켜세우던 세상 사람들이 일변하여 박대통령의 장기집권욕과 독재 그리고 그 아래서의 부패와 비리를 거론하게 된 사실이었습니다.

국민학교 시절 이래 여고 2년생이 되기까지 기성세대로부터 귀에 못이 박히도록 배웠고 그래서 의심 없이 믿어왔던 것이 실은 거짓이었으며 속은 것이었다는 이 어처구니없는 진실 앞에서, 기성세대와 사회에 대한 그녀의 신뢰는 산산조각으로 부서지고 말았습니다. 권양은 이때부터 상당히 오랜 기간 동안 신문을 보지 않게 되었으며 이것이 계기가 되어 정의와 진실에 대한 관심, 정치와 사회의 현실에 대한 관심이 싹트기 시작했다고 술회하고 있습니다.

대학에 진학한 후 권양은 노동자들의 아픈 현실에 대하여 알게 되었습니다. 그리하여 번민을 거듭하던 끝에 같은 세대의 다른 많은 젊은이들처럼 대학생으로서의 특권을 포기하고 스스로 노동자가 되어 노동자들의 권리를 증진시키는 데에 헌신하기로 결단을 내렸습니다. 그래서 가명으로 어떤 공장에 취업하였고 그로부터 불과 며칠 만에 가명 입사 사실이 발각될까 우려한 나머지 자진 퇴사하였습니다. 이것이 권양이 한 일의 전부입니다. 변호인들은 여기에 무슨 잘못이 있는지를 묻고자 합니다. 누가, 무슨 권리로, 이러한 권양의 행위를, 그 양심의 표현을 단죄할 수 있는가를 묻고자 합니다.

검찰은 아마도 이렇게 말할 것입니다. “권양은 노동현장에 취업하였기 때문에 구속된 것이다.” 그러나 이것은 사실일는지는 몰라도 진실은 아닙니다. 1984년 4월 24일 노동부는 “앞으로 각 기업체에서 근로자를 신규채용할 때에는 학력과 경력은 물론 본인의 면담 등을 통해 신상심사 등 취업희망자의 신원조회를 철저히 하도록” 지시하였습니다. 정부와 기업측에서는 대학출신 노동자들이 불법적 쟁의를 선동하고 있다고 대대적으로 선전하면서 이들을 해고조치하기 시작하였고 1985년 이후부터는 대학출신 노동자들이 학력은폐의 수단으로 작성 · 제출한 타인 명의의 이력서나 주민등록증 때문에 형사입건되는 사례가 빈번하였던 것입니다. 이것으로 보면 당국의 의도는 대학출신자의 노동현장취업 자체를 저지하려는 데 있는 것이고 주민등록증 변조 등을 사유로 한 형사처벌은 이 취업저지의 목적을 달성하기 위한 하나의 수단일 뿐인 것이 명백합니다.

당국은 대학생출신 노동자들이 순수한 노동자들과는 달리 생계를 위해서가 아니라 노동운동을 할 목적으로 노동현장에 취업하는 것이 마치 무슨 불순하고 불법적인 일인 것처럼 주장하고 있습니다. 그러나 우리 헌법의 민주적 기본질서는 노동운동의 자유를 그 불가결의 일부로 포함하고 있는 것이며, 대학생이든 누구든 그 양심에 따라 노동자로서 직업을 선택하고 노동운동에 헌신할 수 있는 권리는 우리 헌법이념상 당연히 시인되는 것입니다. 이 점에서, 노동운동 자체를 불온시하는 당국의 견해는 위헌적인 발상이라는 사실을 지적하고자 합니다.

기업체들이 대학출신 노동자들을 채용하지 않으려 하는 것은 결국 노동자들의 권리의식과 노동운동의 발전을 저지하기 위한 부당한 의도에서 나온 것이며, 이 같은 부당한 의도는 우리 헌법의 인간적 존엄성의 이념에 반하는 것이므로 법의 비호를 받을 수 없는 것이라고 하지 않을 수 없습니다. [위장취업]은 이 같은 기업주측의 부당한 의도로부터 직업선택의 자유와 노동운동의 발전이라는 정당하며 합헌적인 목적을 방어하고 관철시키기 위하여 불가피하며 유일한 수단입니다. 따라서 대학출신자가 남의 이름을 빌려 노동현장에 취업하고 그 때문에 위조 또는 변조하는 행위는 도덕적으로도 도저히 비난받을 수 없는 행위일 뿐만 아니라 전체적인 법질서의 관점에서도 시인되어야 할 적법한 행위라고 우리는 주장합니다. 즉

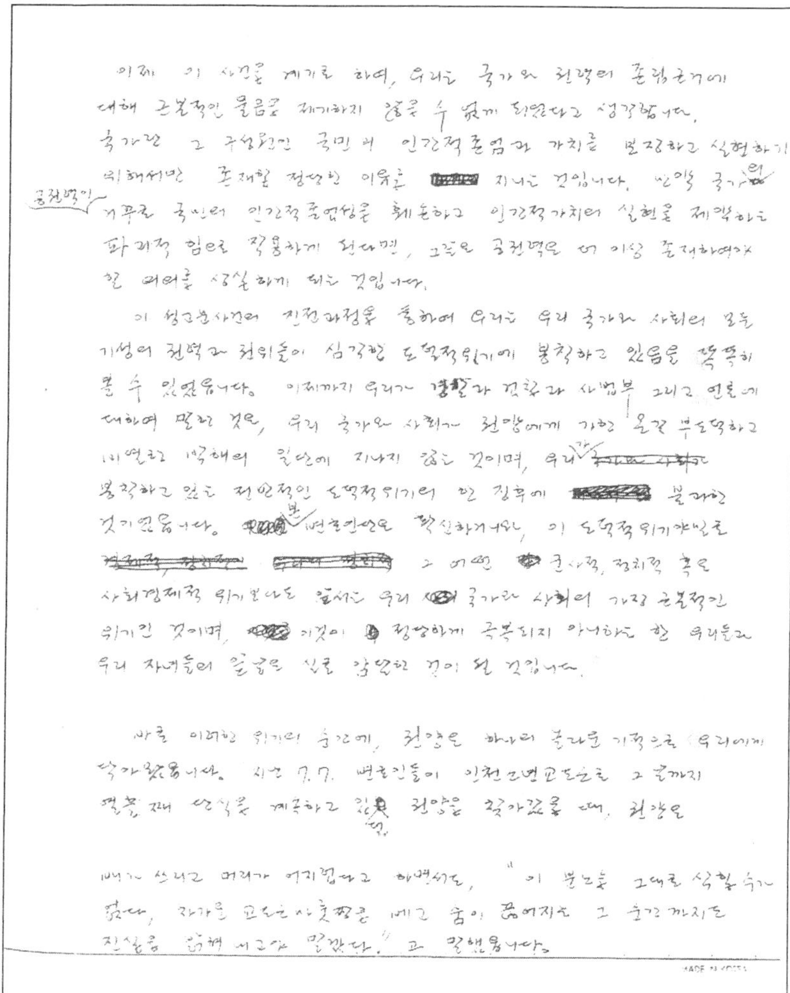

조영래 변호사의 권양 변론요지 초고

이것은 사회상규에 위배되지 않는 정당행위로서 위법성이 없습니다. 따라서 우리는 권양의 행위가 도덕적으로 결백할 뿐만 아니라 법률상으로도 무죄라고 주장합니다.

17. 부천경찰서 성고문사건 피해자를 위한 변론요지

그러나 실정법상의 유·무죄의 문제를 떠나서, 우리가 권양의 행위에 관하여 진정으로 묻고자 하는 것은, 그것이 그토록 엄청난 범죄였는가, 6월 7일 토요일 깊은 밤에 부천경찰서의 불 꺼진 한 조사실에 두 시간 가량이나 갇혀 금수와 같은 형사 하나와 단 둘이 대면한 가운데 노예처럼 뒷수갑을 채우고 처녀의 부끄런 알몸을 발가숭이로 벗기우고 필설로 이루 형언할 수 없는 야만적인 능욕과 고문을 당해야 마땅할 만큼 엄청난 범죄였는가, 그것도 부족하여 '공안당국'으로부터 만천하 공개리에 저 견딜 수 없는 모욕, "혁명을 위해서는 성도 도구화" 하는 이념적 냉혈녀요, 있지도 않은 성고문 사실을 허위조작하여 수사기관의 위신을 실추시키고 국가의 공권력을 무력화시키려 한 추악한 마녀인 것처럼 터무니없는 모략중상을 당하여도 좋을 만큼, 한 인간으로서 또 한 처녀로서의 마지막 자존심마저도 그토록 여지없이 짓밟혀도 좋을 만큼, 그토록 엄청난 범죄였는가, 또 그처럼 철저하고도 잔혹한 인간적 파괴와 오욕을 당하고 나서도 아직껏 여기에 이렇게 묶여 있어야 할 만큼, 그 분노와 절망에 지칠 때로 지친 영혼과 육신을 억지로 지탱하면서 수개월 동안이나 차디찬 철장 속에 갇혀 있어야 할 만큼, 그토록 엄청난 범죄였는가, 하는 물음입니다.

변호인들은 깊은 분노로 말합니다. 이 재판은 거꾸로 된 재판입니다. 여기에 묶여 서서 재판받아야 할 것은 이 연약하고 순결무구한 처녀가 아니라 바로 이 처녀에게 인간의 탈을 쓰고서도 차마 상상할 수 없는 추악한 만행을 저지른 문귀동, 우리 사회의 법질서와 인권과 인륜도덕을 그 근본에 이르기까지 남김없이 유린하고 우리로 하여금 인간성에 대한 마지막 신뢰마저도 지닐 수 없게 만든 극악극흉한 범죄를 저지른 문귀동 바로 그 사람인 것입니다. 아울러 문귀동의 범행을 교사·방조하였던 모든 사람들, 문귀동을 비호하고 그 범행을 은폐하려고 들었던 모든 사람들이 그 책임의 경중에 따라서 여기에 서서 재판을 받아야 할 것입니다. 문귀동이 의법처단되지 않는 한, 권양에 대한 이 재판은 원천적으로 불의한 사태인 것이며, 어떠한 이유로도 정당화될 수 없습니다.

국민들 어느 누구도 문귀동이 기소유예처분을 받고 바깥세상을 활보하고 있는 터에 권양이 묶여서 재판을 받고 있는 사태를 도저히 납득하지 않을 것이라는 것이 변호인들의 확신입니다.

따라서 권양은 더 이상 묶여 있어서는 안되며, 바로 이 자리에서 즉각 석방되어야 한다고 우리는 주장합니다.

4.

권양이 부천경찰서에서 당했던 일, 저 입에 올리기조차 끔찍스럽고 더러운 만행의 자세한 경위에 대하여 우리는 더 이상 말하고 싶지 않습니다. 권양이 어떤 일을 당했는가는 이제 온 세상에 알려져 있고, 정보당국이 그토록 그 진상을 은폐하려고 온갖 노력을 기울였음에도 불구하고 이제 권양의 주장의 진실성을 의심하는 사람은 아무도 없게 되었습니다.

그 동안 신문에서 이 전대미문의 성고문사건에 대한 보도를 막으려는 당국의 집중적인 보도통제노력 때문에 권양의 주장내용조차 제대로 보도되지 못하고 있을 때, 성고문의 진상을 국민에게 직접 알리려는 정당 · 사회단체의 폭로대회가 매번 경찰의 필사적인 제지로 방해되었을 때, 성고문에 항의하던 사람들이 숱하게 잡혀들어가고 유인물들이 수없이 압수되었을 때, 검찰이 그 실제 수사결론과는 상반되는 터무니없는 "수사결과 발표"라는 것을 하고 "공안당국"이 권양에 대하여 온갖 욕을 퍼부었을 때, 고등법원에 제기한 재정신청이 누구도 납득할 수 없는 전후 모순되는 이유설시 아래

어처구니없이 기각되었을 때, 그 때마다 권양의 진실은 그것을 끝내 은폐하려는 강대한 권력의 힘 앞에 부딪혀 차단되고 좌절되어버린 것처럼 보였지만, 실제로는 바로 그 진실을 필사적으로 은폐하기 위하여 허둥대는 권력의 모습에 의하여 한 단계 한 단계 승리의 길로 전진을 거듭하였던 것입니다. 임금님의 귀가 당나귀 귀라는 진실은 끝내 알려질 수밖에 없는 것이었습니다. 진실은 감방 속에 가두어둘 수가 없습니다.

만약 아직도 그 진실을 믿으려 하지 않는 사람들이 있다면, 진실을 대면하기를 두려워하는 사람들이 있다면, 우리는 서울고등법원의 재정신청기각 결정문을 읽어보라고 권하고 싶습니다. 이 법원 결정문은 그 이유설시에서 이렇게 말하고 있습니다.

"피의자 문귀동의 이 사건 피의사실 중 피의자 문귀동이

가. 1986. 6. 6. 04:20경부터 06:30 사이에 부천서 수사과 조사계 제5호 조사실에서 위장취업과 관련하여 연행된 피해자 권양을 상대로 5·3인천소요사태 수배자와의 관련 및 소재에 관하여… 추궁하였으나 그녀가 모른다면서 이에 응하지 않자 젖가슴을 들추어보고 그녀의 바지지퍼를 끌러 내린 다음 같은 경찰서 수사과 형사계 근무 순경인 피의자 이흥기를 불러 입회시킨 가운데 그녀에게 화난 소리로 "이년," "저년," "옷 벗어" 등 폭언을 하고 "5·3 사태관련 여자아이들도 나한테 걸리면 금방 다 자백했어"라고 은근히 진술을 강요하면서 위협을 하여도 불응하자 그녀의 티셔츠 위로 젖가슴을 3, 4회 만지고 위 이흥기 순경을 향하여 "이년 안되겠군," "고춧가루 물 가져와"라고 말하며 마치 고춧가루 물로 고문할 것처럼 위협하는 등 인신구속에 관한 직무를 보조하는 사법경찰로서 그 직무를 행함에 당하여 형사피의자에 대하여 가혹한 행위를 하고,

나. 같은 해 6. 7. 20:30경 그녀의 재킷과 남방셔츠를 벗게 한

후 건너편 제 3 호 조사실에서 일하던 순경 김혜성에게 수갑을 가져오게 하여 위 권인숙의 양손을 뒤로 돌려 수갑을 채우고 "거짓말하지 마라"며 고함을 지르고 그녀를 세면바닥에 무릎 꿇게 하다가 약 30분 후인 그 날 21:00경 위 제 1 호 조사실과 바로 붙은 위 조사계 북서쪽 구석에 있는 피고인의 방인 제 2 호 조사실로 그녀를 끌고 가 그 때부터 23:00경까지 사이에 불도 켜지 않아 실내가 어둡고 약 12미터 떨어져 있는 무기고 앞 외등의 불빛에 의하여 겨우 사람을 식별할 수 있는 방안에서 단 둘이서 피고인은 북쪽으로 난 피고인의 책상 앞 창가에 앉아 위 권인숙을 가까이 오라고 하여 그녀의 바지단추를 풀고 지퍼를 내린 후 자기 바로 앞에 놓여 있는 철제의자에 그녀를 앉게 하고 그녀 가까이 다가 앉으면서 그녀의 상의를 모두 올리고 양손으로 젖가슴을 만지면서 "간첩도 결국은 분다, 너 같은 독한 년은 처음 본다"고 하면서 그녀가 정말 모른다면서 신음소리를 내자 "신음을 내면 아무도 없는데 무슨 소용이 있느냐"고 겁을 주고 욕설을 하면서 그녀의 허리부분과 상체를 어루만지는 등 추행을 함으로써 인신구속에 관한 직무를 보조하는 사법경찰로서 그 직무를 행함에 당하여 형사피의자에 대하여 가혹한 행위를 한 사실은 인정된다," "추행을 한 사실은 인정된다"고 말하고 있습니다. 문귀동이 불 꺼진 방에서 권양에게 뒷수갑을 채우고 무릎을 꿇게 한 채 권양의 상의를 모두 올리고 권양의 바지단추를 풀고 지퍼를 내리고 양손으로 젖가슴을 만지고 허리부분과 상체를 어루만지는 등 추행을 한 사실이 인정된다고 말하고 있는 것입니다.

이것이 다른 문서도 아닌 법원의 결정문입니다. 더구나 그것도, 국민의 편에 감연히 서서 재정신청을 받아들인 재판부가 아니라, 우리가 의심하기로는 필경 권력의 유형·무형의 압력 앞에 견디지 못하여 사법권의 존엄과 법관의 긍지를 스스로 저버리는 재정신청기각이라는 부당한 결론, 권력의 의도에 맞는 결론을 내린 재판부가 작성한 결정문인 것입니다.

이 결정문이 나옴으로써, 이제 그 누구도, 경찰 · 검찰 '공안당국' 또는 그 밖의 그 어떤 측도 더 이상 권양의 진실 앞에 도저히 저항할 수 없게 되었다는 것을 우리는 분명히 지적하고자 합니다. 권양의 성고문 주장이 허위조작이냐 진실이냐 하는, 저 한 동안 세상을 소란하게 하고 우리를 통분으로 질식케 하였던 어리석은 논쟁은 이제 이것으로 끝장난 것입니다. 권양의 완벽한 도덕적 승리로 결판이 난 것입니다. 권양을 모함하였던 모든 사람들에게, 권양의 피해주장을 운동권세력의 상투적인 허위조작이라고 매도하였던 모든 사람들에게, 우리는 이제 입이 있으면 말해보라고 요구하고 싶습니다. 누가 더 이상 권양에게 돌을 던질 수 있는지 나서보라고 요구하고 싶습니다. 누가 과연 목적을 위해서는 수단을 가리지 않고 상투적인 허위조작과 모략을 일삼는 거짓말쟁이인지, 어느 쪽이 과연 목적을 위해서는 성과 인륜도덕마저도 도구화하기를 서슴지 않는 세력인지는 이것으로써 명백히 판명이 났습니다.

물론, 이 고등법원 결정문이 권양의 주장내용을 액면 그대로 전부 인정하고 있는 것은 아닙니다. 문귀동의 범행사실 중에서도 가장 극악하고 추잡한 대목—특히 "손으로 음부를 만지고 자신의 성기를 꺼내어 음부에 비비는" 추행을 한 대목에 한해서는 이를 "인정하기가 어렵다"고 이 결정문은 설시하고 있습니다. 다른 것은 지극히 세부적인 하나하나의 정황사실에 이르기까지 다 권양의 주장대로 사실로 인정하면서도 어째서 이 마지막 대목만은 '인정하기가 어렵다'고 하는 것인가—요컨대, 이 대목만은 문귀동이 끝까지 부인을 하고 있고 당시의 주변상황으로 보아 문귀동이 "그토록 저열하고 비정상적인 방법으로 추행을 한다는 것은 일반경험칙상 수

긍하기 어렵다"는 것입니다.

그러나 이것은 삼척동자도 믿지 않을 자가당착적인 궤변입니다. 우리는 묻노니, 그렇다면 명색이 형사라는 자가 조사받는 처녀를 불 꺼진 방에 가두어놓고 뒷수갑을 채우고 무릎을 꿇려놓고 웃옷을 다 벗겨 알몸으로 만들고 바지지퍼까지 내리고 젖가슴을 주무르고 "허리부분과 상체"를 어루만지는 것은 그다지 "저열한" 일이 아니고 그다지 "비정상적인 방법의 추행"이 아니라는 것입니까? 그런 정도의 추행은 '정상적인' 추행으로서 "일반경험칙상 수긍"할 수 있다는 것입니까? 그처럼 정상적인 윤리감정을 갖춘 인간이라면 상상도 할 수 없는 불법무도한 비정상적 추행이 실제로 일어난 것을 인정하는 터에 어떻게 거기서 불과 반 발짝 더 나아간 것밖에 안되는 추행만은 주변상황으로 보아 도저히 일어날 수 없다고 판단할 수 있다는 것인지 우리는 도무지 이해할 수 없습니다.

법원이 이처럼 그 누구도, 아니 그 자신조차도 설득시킬 수 없는 허약한 자가당착적 논거를 가지고 문귀동의 범행사실 중 그 일부분만을 억지로 부인하지 않으면 안되었던 사태에 대하여, 우리는 우리가 열망하여 마지않는 사법권의 독립을 위하여 진실로 애석하고 슬프게 생각하는 바이며, 이에 대하여 엄중히 항의하는 바입니다.

5.

회고하건대, 저 잔약한 체구의 처녀가 지난 6월 6일과 7일 부천서에서 저 무도한 야수적 능욕을 당하고, 산산이 파괴된 인생의 절망과, 겪어보지 않은 사람이라면 누구도 그 깊이를 알 수 없는 비통한 자기모멸감과 수치심 그리고 출구를 알 수 없는 치떨리는 분노에 시달리면서 경찰서 보호실에서 유치장으로, 다시 교도소의 감방으로 짐짝처럼 넘겨질 때에, 그 순간순간마다 그녀의 뇌리를 무겁게 짓눌렀던 것은 오직 자기파괴와 죽음에의 충동, 그리고 한시도 떠나지 않은 악몽 속의 가위눌림뿐이었습니다. 그녀는 이미 죽은 목숨이나 다름없었습니다.

그러나 우리의 권양은 이 죽음과 같은 절망을 뚫고 부활했습니다. 견딜 수 없는 것을 견디고 참을 수 없는 것을 참아내며 실로 위대한 결단과 용기로 진실을 위하여 일어섰습니다. 여기에 이르기까지 권양이 겪은 저 전인미답의 지옥과 같은 고통과 번민, 좌절과 망설임, 그 악몽의 시간에 대하여 우리는 실로 눈물 없이는 말할 수가 없습니다.

오직 진실을 위하여, 오직 인간의 존엄성을 위하여, 권양은 처녀로서의 수치심과 명예를 모두 내던져버렸으며, 처녀로서는 차마 밝힐 수 없는 것을 만천하에 밝히기 위하여 입을 열었습니다. 이 모든 것을 건 눈물겨운 결단은 우리들의 잠들어 있던 양심에 엄청난 충격을 주었고 엄청난 감동을 불러일으켰습니다. 권양의 외로운 절규는 저 두꺼운 감방의 벽, 저 엄청난 억압의 벽을 헐고 나와 마침내 세상 사람들의 가슴 가슴에 닿았습니다. 많은 선의의 사람들이 그녀와 함께 일하기 시작했습니다. 추기경에서 이름 없는 시골 촌부에 이르기까지, 노동자와 학생에서 공무원에 이르기까지, 실로 그 수효를 알 수 없는 많은 사람들이 방방곡곡에서 소리 없는 외침으로 권양을 성원하고 축복하였으며 권양의 영혼이 피로써 내건 인간성과 진실의 깃발 아래로 모여들었습니다. 혹은 교도소로 혹은 변호인들의 사무실로 수없는 사람들이 위로와 격려의 서신을 보내왔습니다. 어떤 가정주부는 변호인들에게 보낸 서신에서 "나는 왜 이 나라에 태어났는지, 나는 왜 딸을 낳았는지, …권양을 위하여 기도를 하려면 목이 메입니다"라고 호소하였습니다. 부천경찰서로 몰려가 항의하다가 체포된 사람들도 있었고 인천지방검찰청에 신나통을 들고 들어가 시위를 하다가 현주건물방화죄로 구속기소되는 여대생들도 생겨났습니다.

어느 고위공무원은 이 같은 상황에서 더 이상 공무원으로 양심을 속이고 남아 있을 수가 없다고 양심선언을 발표하면서 전국의 공무원에게 "권양의 고통과 용기에 동참하여 진실을 말하고 거짓을 폭로하는 국민의 공무원이 될 것"을 호소하기도 하였습니다. 명동성당과 해인사를 비롯해 전국 곳곳에서 성고문을 규탄하는 기도회와 집회가 잇따라 개최되었습니다. 이 권양의 대열에는 남녀노소의 구별도, 도시와 농촌, 사회계층의 구별도, 수녀와 승려, 신부와 목사, 종교의 구별도 없었습니다. 우리 변호인들도 이 대열에 동참하여 미미한 노력이나마 보탤 수 있었던 것에 대하여 이것을 더없는 일생의 영광으로 생각하는 바입니다.

우리가 권양과 더불어 요구한 것은 진실이었습니다. 이 사건의 진상을 있는 그대로 파헤치고 문귀동을 비롯한 모든 관계자들을 의법처단함으로써 다시는 이 같은 추악한 공권력 범죄가 재발하지 않도록 보장하라는 것이었습니다. 너무나도 당연한 요구였으며, 아무 지나칠 것이 없는 요구였습니다. 우리 사회의 인륜도덕과 법질서를 위하여, 인권상황의 개선을 위하여 반드시 받아들여지지 않으면 아니되는 필수적인 요구였으며 정치적 견해와 이념의 차이를 초월하여 양식 있는 사람, 눈물이 있는 사람, 우리 자녀들의 내일을 걱정할 줄 아는 사람이라면 누구나 받아들이지 않으면 안되는 최소한도의 요구였습니다.

그런데 이같은 권양의 눈물겨운 요구에 대하여, 모든 국민들의 간절한 열망에 대하여, 국가의 공권력은 과연 무엇을 하였으며, 지금껏 무엇을 하고 있는가를 우리는 묻지 않을 수 없습니다.

먼저 범행 당사자인 경찰은 무엇을 하였는가?—만약 경찰이 그 스스로의 사명, 국민의 혈세로 유지되고 국민의 재산과 생명의 안전을 책임지고 범죄로부터 국민의 인권과 법질서를 최전선에서 보호해야 할 경찰로서의 사명을 조금이라도 염두에 두었더라면, 적어도 이 사건에서만큼은, 다른 사람도 아닌 경찰관이 다른 장소도 아닌 경찰서 안에서 피의자를 이처럼 있을 수 없는 추악한 패륜의 범죄를 저지른 이 사건에 있어서만큼은, 마땅히 스스로 범행전모를 철저히 파헤치고 국민 앞에 솔직히 진상을 공개하고 사과하였어야 옳을 것입니다. 그럼에도 불구하고 경찰은 처음부터 전 조직을 총동원하다시피 하여 새빨간 거짓말을 조작하면서 범행 일체를 은폐하려고 나섰고 한 걸음 더 나아가서 적반하장 격으로 권양을 거짓말쟁이로 몰아붙였습니다.

우리는 문귀동이 당초에 그토록 당당하게 범행사실을 부인하고 나서고, 만천하를 상대로 감히 터무니없는 조작된 알리바이까지 들고 나오면서 권양을 조사한 횟수와 시간 등 가장 기초적인 사실에서부터 거짓말을 일삼고, 심지어는 후안무치하게도 권양을 상대로 명예훼손죄와 무고죄로 고소까지 제기하는 것을 보고, 이것이 과연 막강한 경찰조직의 뒷받침을 배경으로 삼지 않고서도 있을 수 있는 일인가, 문귀동 한 개인의 결단만으로 가능한 일인가 하는 의혹을 품지 않을 수 없었습니다. 아니나 다를까, 우리의 이러한 의혹은 검찰 수사과정에서 명백한 현실로써 입증되었습니다. 문귀동은 실제로는 6월 6일 새벽과 6월 7일 아침, 그리고 6월 7일 밤 9시경부터 11시경까지의 세 차례에 걸쳐 권양을 조사하였고 6월 7일 밤의 마지막 조사 때에는 입회 형사가 전혀 없는 가운데서 단 한 차례 조사하였을 뿐이며 6월 6일에는 아예 부천경찰서에 출근한 사실조차 없었고 당일 송추로 놀러 갔었다고 거짓말을 하였습니다. 그런데 이 점에 관해 조사받기 위해 검찰에 불려나온 부천경찰서 서장, 수사과장 이하 모든 형사들은 하나같이 입을 맞추어 이 문귀동의 거짓말을 완강하게 뒷받침하다가 제반 객관적인 관계증거에 의하여 허위임이 탄로되자 비로소 진술들을 번복하였습니다. 이런 일이 어떻게 있을 수 있습니까? 경찰이 어찌 이럴 수 있습니까? 피의자들이 범행사실을 자백하지 않고 거짓말을 한다고 해서 질책을 하고 마치 당연한 일인양 고문까지 일삼는 그 경찰이, 어떻게 이처럼 경찰서 하나의 조직을 총동원하여 엄청난 거짓말을 꾸며대며 집요하게 검찰을 기만하고 수사업무를 방해할 수 있습니까? 이처럼 스스로 하나의 범죄조직, 범행은폐조직으로 전락해 버린 경찰에게 우리가 어떻게 더 이상 범죄수사와 법질서유지의 책임을 맡길 수 있겠습니까?

경찰은 그 명예와 위신의 실추를 막기 위하여 성고문의 범행을 은폐하려고 하였던 것인지 모르겠으나, 이제 경찰의 명예와 위신은 정작 성고문 범행 자체보다도 오히려 그 범행을 은폐하려 들었던 경찰의 부도덕성 때문에 여지없이 실추되었습니다. 경찰이 그 실추된 명예와 위신을 조금이마나 회복하려면, 지금이라도 이 같은 범행은폐의 과오에 대하여 국민과 권양 앞에 사과하고, 경찰 조직 내부의 성고문 범행 관련자는 물론이요 그 범행은폐책동에 공모가담하였던 일체의 관계자들도 남김없이 적발하여 지위 고하를 막론하고 의법처단하여야 할 것이며, 우리는 바로 이것을 경찰에 요구합니다. 만약 경찰이 이것을 끝내 거부할 때에는, 우리는 경찰에 대하여 도덕적 파산을 선고하지 않을 수 없게 될 것입니다.

범죄수사의 주체이며 인권옹호직무의 담당자인 검찰은 무엇을 하였는가—이것을 생각할 때에는 우리들 변호인들은 분노보다도 먼저 슬픔이 앞선다는 것을 고백하지 않을 수 없습니다. 우리는 검찰이 이 성고문사건의 수사에 있어서 전례없이 진지하고 성실한 자세로 진실을 추구한 사실을 알고 있으며 그 노고가 많았던 것을 인정합니다. 이 사건에서 검찰은 인천지검의 수사인력을 총동원하다시피 하여 사건당사자인 권양과 문귀동, 그리고 43명의 참고인들을 상대로 연일 불철주야로 집중적인 조사를 전개하였습니다. 그 결과 검찰은 문귀동과 부천서 간부진 및 형사들이 조작해낸 모든 거짓진술들을 낱낱이 타파하였고 권양의 모든 주장이 진실임을 더 이상 의심할 여지가 없을 정도로 명백하게 드러내었습니다.

그런데 "폭언 · 폭행은 있었으나 성 모욕행위는 없었다"는 검찰 수사결과 발표는 대체 어떻게 된 일입니까? 서울고등법원 재정신청사건 재판부는 다른 독자적인 증거조사는 일체 시행하지 않은 채 오로지 검찰 수사기록에만 의거하여 앞서 말씀드린 바와 같이 문귀동의 성추행 사실을 인정하였습니다.

이것은 무엇을 말하는가?—적어도 문귀동이 권양의 웃옷을 완전히 벗기고 바지지퍼를 내리고 젖가슴을 주무르고 허리와 상체를 주무르는 등의 성고문을 한 사실만은 검찰 수사기록상 명백하게 드러나 있다는 것을 말하는 것입니다.

그럼에도 불구하고 검찰이 이처럼 "수사기록상 명백한" 성추행 사실마저도 끝내 부인하려고 든 것, "젖가슴을 주무른 것은 아니고 티셔츠를 입은 가슴 부위를 주먹으로 서너 차례 쥐어박은 것"이라고까지 강변하여야만 했던 것을 우리는 대체 어떻게 이해하여야 할 것입니까?

이 수사결과 발표에서 검찰은 단순히 문귀동의 성고문 범행을 부인하는 데 그치지 않고 한 걸음 더 나아가 권양이 "폭행사실을 성 모욕행위로 날조 · 왜곡함으로써 자신의 구명과 아울러 일선 수사기관의 위신을 실추시키고 반체제 혁명투쟁을 사회 일반으로 확산시켜 정부의 공권력을 무력화시키려" 하였다고 악의적인 중상모략을 하기에까지 이르렀습니다.

검찰이 이처럼 그 자신의 실제 수사결론과는 너무나도 동떨어진, 너무나도 상반되는 어처구니없는 [수사결과 발표]를 하게 된 데 대하여, 변호인들은 일찍이 검찰 발표과정에 검찰권의 독립적 행사를 저해하는 외부세력의 작용이 개입된 것이 아닌가 하는 의혹을 피력한 바 있습니다. 그러나 그것이 사실이든 아니든 검찰은 그 소신에 어긋나 수사결과 발표, 진실을 왜곡·은폐하고 전 국민을 기만·우롱하고, 권양의 명예와 자존심을 여지없이 유린한 그 수사결과 발표에 대하여 전적인 책임을 져야 할 것이며, 그 책임을 다른 누구에게도 전가할 수 없다는 것을 우리는 분명히 말해두고자 합니다. 우리는 이제 서울고등법원의 결정문 내용이 밝혀짐으로써 검찰의 수사결과 발표가 고의적인 허위발표였음이 명백히 드러났음에도 불구하고, 아직껏 검찰에서 국민 앞에 이렇다 할 사과나 해명의 말 한 마디가 없고 아무도 책임을 지는 사람이 나타나지 않고 있는 데 대하여 엄중히 항의합니다. 검찰의 직분을 진정으로 아끼는 마음에서, 우리는 검찰이 이 사태를 시정할 것을 요구합니다. 지금이라도 늦지 않았으니 종전의 발표내용을 철회하고 그 경위를 해명하고 사건의 진상을 백일하에 공개할 것을 요구합니다. 서울고등법원 결정으로 적어도 문귀동이 권양을 상대로 제기한 명예훼손 등의 고소가 무고임이 명백히 드러난 이상, 문귀동을 무고죄로 추가 입건하여 즉각 구속할 것을 요구합니다. 그리고 다른 모든 것을 떠나서, 검찰이 권양에게 가한 저 부당하고 부도덕한 정신적 학대에 대하여 사과하는 의미에서라도, 권양에 대한 이 사건 공소를 즉각 취소할 것을 요구합니다. 만약 검찰이 이 중 어느 것도 하지 않을 때에는 우리는 그 본래의 사명에 부응하는 [진정한 검찰]을 갖지 못한 비애에서 벗어날 수가 없게 될 것입니다.

국민의 기본권의 마지막 보루라고 불리어지는 사법부는 무엇을 하였는가—오늘날의 사법부의 유감스런 현실에 대하여 우리는 굳이 장황하게 말씀드리려 하지 않습니다. 그러나 그 현실에도 불구하고, 우리는 적어도 이 성고문 재정신청사건에 관해서만큼은 사법부에 대하여 한 가닥 기대를 저버리지 않고 있었습니다.

전 국민의 이목이 집중된 이 사건에서 사법부의 올바른 결정을 탄원하기 위하여 166명이라는 우리 법조사상 초유의 대규모 변호인단이 권양을 대리하여 재정신청에 나섰습니다. 이것은 사법부가 우리 사회의 법질서와 인권과 인륜도덕의 존폐가 걸린 최후의 방어선이 되다시피 한 이 사건에 있어서만큼은, 어떤 일이 있더라도 행정권력의 압력으로부터 벗어나서 그 최소한도의 양식에 입각한 올바른 결정을 내리게 되기를, 그리하여 법의 존엄과 사법권의 독립이 아직 건재함을 보여주게 되기를 간절히 바라는 재야 법조계의 한결 같은 열망의 표현이었습니다. 국민 누구나가 납득하지 아니하는 문귀동에 대한 기소유예 결정, 검찰 스스로도 납득하지 아니할 그 상식에 어긋한 기소유예 결정을 그래도 명색이 사법부에서 설마 그대로 시인할리가 있겠는가, 결정을 하지 않은 채 시일을 끄는 일은 있을지언정 차마 재정신청을 기각하기야 하겠는가 하는 것이 우리의 솔직한 심정이었습니다. 그러나 우리의 이 같은 기대는 물거품으로 돌아갔습니다.

앞서 말씀드린 바와 같이 이 재정신청사건을 심리한 서울고등법원은 문귀동이 저지른 야수적인 성고문 사실을 대부분 이전하였습니다. 뿐만 아니라 이에 대하여 평가하기를 "살피건대 우리 헌법 제 9 조가 선언하고 있는 바와 같이 인간의 존엄과 가치를 근본 규범으로 하는 자유민주주의 국가에 있어서 인신구속에 관한 직무를 집행하는 경찰관이 형사피의자를 위협하고 특히 여성으로서의 성적 수치심을 자극하여 신체적 · 정신적 고통을 가하는 위와 같은 인권 침해는 용납될 수 없는 중대한 범죄행위로서 다시는 이러한 일이 발생하지 않도록 엄히 응징하여야 함은 마땅하다 할 것이다"라고 설시하기까지 하였습니다.

그럼에도 불구하고 위 법원은 그 결론에 있어서는 천만 뜻밖에도 문귀동에 대한 검사의 기소유예 처분을 상당하다고 시인하면서 재정신청을 기각하였습니다.

"용납될 수 없는 중대한 범죄행위," "다시는 재발하지 않도록 엄히 응징되어야 마땅할" 행위에 대하여 기소유예 처분을 한 것이 적절하다니, 도대체 이 같은 자가당착이 어디에 있으며, 도대체 이것이 법관의 양식으로써 있을 수 있는 일이겠습니까?

더욱이 위 법원 결정문이 기소유예 처분이 상당하다는 논거 중의 하나로서 "문귀동이 … 그 동안 이 사건으로 인한 비등한 여론과 피의사실로 인하여 형벌에 못지않은 정신적 고통을" 받았다는 점을 들고 있는 데 이르러서는 우리는 실로 망연자실, 할 말을 잃지 않을 수 없습니다. 그렇다면 사회여론의 지탄을 받는 극악범죄일수록 형사처벌은 가벼워져야 옳다는 말인지, 국가는 범죄자의 응징과 범죄의 예방을 사회여론에 내맡기고 뒷전에 물러나 있어야 한다는 말인지, 검찰과 법원은 대체 무엇 때문에 존재한다는 말인지 도무지 알 수가 없습니다. 어째서 우리 사법부가 이처럼 어불성설의 궤변까지 동원해가면서 한사코 문귀동에 대한 기소유예 처분을 옹호하여야 하는 것인지 도무지 알 수가 없습니다. 마치 이 나라에는 문귀동 한 사람의 인권만이 존재하고 있는 듯한 환각마저도 일어납니다. 우리 변호인들은 이른바 가정파괴범들의 소행에 비하여 문귀동의 범행이 과연 어느 만큼이나 덜 흉악하고 덜 파괴적인 경미한 범행으로 평가될 수 있는 것인지를 묻고자 합니다. 가정파괴범들에 대하여는 "스스로 인간이 되기를 포기했다"고 하는 이유로 일말의 동정도 없이 사형을 선고하기를 주저하지 않는 바로 그 사법부가, 어떤 의미에서는 단순한 가정파괴범보다도 더욱 가증스럽고 더욱 용서받지 못할 야수적 만행을 저지른 문귀동에 대해서만은 유독 자상하기 짝이 없는 태도로 온갖 있는 정상, 없는 정상을 다 들추어내가며 용서를 하여야 한다고 말하고 있는 이 사태를 우리는 대체 어떻게 받아들여야 할 것입니까? 우리는 이것이 사법부의 본의일 수는 없다고 생각합니다. 우리는 모든 확신을 가지고 말하거니와, 이것은 결코 독립된 사법부가 스스로의 법률적 양심과 양심에 입각하여 내린 판단일 수가 없습니다.

여기에 이르러 우리는 오늘 우리 사법부의 몰락을 봅니다. 아무리 뼈아프더라도 이 말을 들어주십시오. 사법부는 그 사명을 스스로 포기한 것입니다. 한 그릇의 죽을 얻는 대가로 장자상속권을 팔아넘긴 例에서처럼, 사법부는 한갓 구구한 안일을 구하기 위하여 국민으로부터 위탁받은 막중한 사법권의 존엄을 스스로 저버린 것입니다. 우리는 이 사태에 대하여 사법부에 몸담고 있는 법관 개개인들만을 비난할 생각은 추호도 없습니다. 이 사태가 우리 모두의 책임이라는 것을 인정합니다. 그러나 적어도 사법부로서는 이 사태의 책임을 다른 누구에게도 전가하려 들어서는 안된다는 것을 강조해두고자 합니다. 용기가 없는 사법부, 스스로의 사명을 스스로 저버린 사법부는 국민의 신뢰와 지지를 기대할 자격이 없습니다. 우리는 비통한 심정으로 말하거니와 이 재정신청 기각결정으로 인하여, 이제 더 이상 사법부의 독립성을 믿는 사람은 거의 없게 되었다고 하여도 과언이 아닐 것입니다. 사법부의 존립근거 자체에 대하여 의문을 제기하지 않을 수 없게 하는 이 사태의 위험성에 대하여, 사법부에 몸담고 있는 모든 법관들이 깊이 통찰하고 사법권의 존엄을 스스로 지키기 위한 건곤일척의 몸부림을 시작하지 않으면 아니될, 더 이상 늦출 수 없는 역사적 순간이 도래하였다고 우리는 믿습니다.

국민의 알 권리와 표현의 자유를 지키는 민주주의의 보루라는 언론은 무엇을 하였는가—우리는 일선 취재기자들을 비롯하여 제도언론에 몸담고 있는 많은 사람들이 이 사건에 개인적으로 깊은 관심을 가지고 제한된 여건 아래서 최소한으로나마 권양의 진실을 세상에 알리려고 숨은 노력을 기울였던 것을 알고 있습니다. 이 사람들의 선의는 오래 기억될 것입니다. 그러나 우리는 지금 제도로서의 언론 전체가 이 사건에서 보여준 무책임하기 짝이 없는 편파보도, 권력에 대한 굴종과 국민에 대한 배신의 타락상에 대하여 이야기하고자 합니다. 언론은 이 사건에서 성고문의 진상을 은폐·왜곡한 검찰의 수사결과 발표내용이나 아무런 근거 없이 등 뒤에서 칼을 찌르듯 일방적으로 권양에 대하여 악의적인 비방·중상을 퍼부은 이른바 [공안당국의 분석] 내용이란 것은 액면 그대로 대문짝만하게 보도하였으나, 권양측의 주장내용에 대하여는 거의 보도하지 않았습니다. 심지어는 권양이 주장하는 성고문 피해사실의 내용이 구체적으로 무엇인지조차 제대로 보도하지 않았습니다. 권양이 당한 성고문의 내용이 국민들에게 알려진 것은, 이 엄청난 만행에 공분을 느낀 숱한 시민들과 사회단체들이 성고문 내용을 알리는 유인물 등을 자발적으로 인쇄 또는 복사해서 주위사람들에게 손에서 손으로, 입에서 입으로 전달한 그 같은 매스컴 이전시대를 방불케 하는 수공업적 통신과정을 통해서였습니다. 과연 이럴진대, 비대할 대로 비대해진 제도언론은 대체 무엇 때문에, 무엇을 위하여 존재하는 것입니까? 언론은 국민의 알 권리를 충족시켜야 할 그 가장 기본적인 사명을 스스로 저버림으로써, 언론의 존재이유와 존립근거 자체에 근본적인 물음을 제기하지 않을 수 없게 하는 위험한 사태를 스스로 자초한 것이라고 해야 할 것입니다.

우리는 문공당국이 수시로 각 신문사에 이른바 "보도지침"이라는 것을 시달해온 사실을 알고 있습니다. 그 내용 중 일부를 폭로한 자료가 시중에 유포된 것을 본 바에 의하면, 이 성고문사건에 관한 검찰 수사결과 발표 당시를 전후하여 문공부는 연일 집중적으로 성고문사건에 관한 "보도지침"을 시달하였고, 거기에서 보도해야 할 기사와 보도되어서는 안될 기사, 보도할 기사의 크기와 보도내용에 이르기까지 상세한 "지침"을 제시하였습니다. 우리는 당시 각 일간지에서 실제로 보도되었던 내용이 위 문공부 "보도지침"을 거의 그대로 준수한 것이었음을 발견하고 경악과 분노를 금할 수 없었습니다. 묻노니, 모든 언론이 이처럼 정부권력의 홍보자료로 전락해 버린 이 암담한 사태는 대체 언제까지 계속되어야 하는 것입니까?

우리는 모든 언론들이 이 사태의 책임을 스스로 통감하고 다른 누구에게도 전가하지 말기를 호소합니다.

"힘 앞에서는 어쩔 도리가 없었다"고 말하지 마십시오. 만약 그 같은 변명이 통할 수 있는 것이라면, 히틀러 치하에서 수백만의 유대인을 학살하는 데 가담한 사람들 중 어느 누구도 용서받지 못할 사람이 없을 것입니다. 언론의 자유는 쟁취되어야 하는 것이며, 이 싸움에 앞장서야 할 것은 누구보다도 언론인들 자신이라는 것을 우리는 강조하고자 합니다. 언론인들 스스로가 자신의 직분을 지키기 위하여 몸부림치지 않는 한, 언론의 자유는 어느 누구에 의해서도 주어질 수 없습니다. 그리고 이 몸부림은 지금 당장 시작되어야 합니다.

우리는 권양의 변호인들로서, 언론에 대하여 우선 무엇보다도 권양의 명예회복을 위한 조치를 취할 것을 요구합니다. 검찰 발표 내용이나 [공안당국의 분석] 내용이 전혀 터무니없는 것으로 드러났음을 분명히 밝혀주기를 요구합니다. 그 동안의 모든 편파보도를 시정하고 권양을 근거 없이 비방 · 중상하는 숱한 기사들이 보도된 경위를 일일이 해명할 것을 요구합니다. 어떤 어려움이 있더라도 이것을 해낼 때에만, 언론은 자신이 그 동안 권양에게 가한 부당한 박해, 한 연약한 처녀로서는 감당할 수 없을 정도로 엄청난 박해에 대하여 책임을 면제받을 수 있게 될 것이며, 무엇보다도 언론 스스로의 존재이유를 되찾을 수 있게 될 것입니다.

6.

이제 이 사건을 계기로 하여, 우리는 국가와 권력의 존립근거에 대해 근본적인 물음을 제기하지 않을 수 없게 되었다고 생각합니다. 국가란 그 구성원인 국민의 인간의 존엄과 가치를 보장하고 실현하기 위해서만 존재할 정당한 이유를 지니는 것입니다. 만약 국가의 공권력이 거꾸로 국민의 인간적 존엄성을 훼손하고 인간적 가치의 실현을 제약하는 파괴적 힘으로 작용하게 된다면, 그 같은 공권력은 더 이상 존재하여야 할 의의를 상실하게 되는 것입니다.

이 성고문사건의 진전과정을 통하여 우리는 우리 국가와 사회의 모든 기성의 권력과 권위들이 심각한 도덕적 위기에 봉착하고 있음을 똑똑히 볼 수 있었습니다. 이제까지 우리가 경찰과 검찰과 사법부 그리고 언론에 대하여 말한 것은, 우리 국가와 사회가 권양에게 가한 온갖 부도덕하고 비열한 박해의 일단에 지나지 않는 것이며, 우리가 봉착하고 있는 전반적인 도덕적 위기의 한 징후에 불과한 것이었습니다. 본 변호인단은 확신하거니와, 이 도덕적 위기야말로 그 어떤 군사적·정치적 혹은 사회경제적 위기보다도 앞서는 우리 국가와 사회의 가장 근본적인 위기인 것이며, 이것이 정당하게 극복되지 아니하는 한 우리들과 우리 자녀들의 앞날은 실로 암담한 것이 될 것입니다.

바로 이러한 위기의 순간에, 권양은 하나의 놀라운 기적으로 우리에게 다가왔습니다. 지난 7월 7일 변호인들이 인천소년교도소로 그 날까지 열흘째 단식을 계속하고 있던 권양을 찾아갔을 때, 권양은 배가 쓰리고 머리가 어지럽다고 하면서도, "이 분노를 그대로 삭일 수가 없다. 차가운 교도소 마룻장을 베고 숨이 끊어지는 그 순간까지도 진실을 밝혀내고야 말겠다"고 말했습니다. 이 목숨을 건 진실에의 열정 하나만으로, 권양은 끝내 이 불의한 세상의 온갖 권세를 이겨내었습니다. 권양이 그토록 열망하였던 진실, 다시는 이 땅의 딸들이 자신과 같은 불행을 겪는 일이 없어지도록 하기 위하여, 국가공권력에 의하여 인간의 존엄성이 이처럼 여지없이 짓밟히는 사태가 더 이상 지속되지 않도록 하기 위하여 권양이 그토록 밝히려고 열망하였던 진실은, 마침내 그 모습을 드러내었습니다. 이 진실을 밝히기 위하여 권양이 바친 그 모든 눈물겨운 희생과 헌신은 우리나라 인권의 역사에서 두고두고 뜨거운 감사의 정과 더불어 기억될 것입니다.

권양은 우리에게 "진실에의 비밀은 용기뿐"이라는 교훈을 온몸으로 가르쳐주었습니다. 우리는 이제 이미 혼탁하고 타락한 세대의 신화가 되어버린 권양의 투쟁에서, 일찍이 김수영 시인이 노래하였듯이 "어째서 자유에는 피의 냄새가 섞여 흐르는가를" 배웠습니다.

권양이 처음으로 우리에게 다가왔을 때는 슬픔과 절망으로 왔으나, 이제 우리는 가슴 가득한 기쁨과 희망으로 권양의 승리에 대하여 증언하고자 합니다. 우리는 권양이 이미 도덕적인 승리를 거두었다고 말한 바 있으나, 이제 머지않은 장래에 현실적으로도 완벽한 승리를 거두게 될 것을 믿어 의심치 않습니다. 이 엄청난 사건의 진실은 만천하에 낱낱이 공개될 것이며, 그 진실을 왜곡하고 은폐하려 들었던 모든 어리석고 비겁한 책동은 하나도 남김없이 타파될 것입니다.

이 진실의 최종적인 승리를 위하여, 지금 이 자리에 선 우리 모두는 권양이 우리에게 바친 헌신에 만의 일이라도 보답할 수 있도록 각자의 최선을 다할 것을 약속하여야 한다고 믿습니다.

이제 저 잔혹하였던 여름과 가을을 지나, 권양은 이 법정에 섰습니다. 우리가 마지막으로 눈물로써 호소하고자 하는 것은, 이 빛나는 영혼의 아름다움을 간직한 순결무구한 처녀는 이 시대의 모든 죄악과 타락과 불의를 속죄하는 제물로서 역사의 제단 앞에 스스로를 바쳤으며, 우리들 중 누구도 이 시대에서 가장 죄가 없는 이 처녀를 더 이상 한시라도 차디찬 감옥 속에 갇혀 있게 하는 죄악의 공범자가 되어서는 안된다는 사실입니다.

우리의 권양, 국민의 가슴 속 깊은 곳에 은밀하고 고귀한 희망으로 자리잡은 우리의 권양은, 즉각 석방되어야 합니다.

1986. 11. 21.

위 피고인의 변호인

변호사 고영구 조준희 김상철 홍성우 박원순 황인철
이돈명 손태봉 이상수 황산성 조영래 이태영

인친지방법원 귀중

18. 이 땅의 민주화를 위하여

1987년 1월 14일 치안본부 대공분실에 연행된 한 대학생이 취조받던 중 숨졌다. 그 이름은 박종철! 경찰은 박군의 사인을 '탁 치니 억 하고 죽었다'고 발표했다. 그러나 현장에 처음 부름을 받고 간 의사는 취조실 내의 욕조바닥에 물이 흥건했고, 사체의 복부가 팽만해 있었음을 전했으며, 사체 검시를 한 의사도 물고문이라는 소견을 굽히지 않음으로써 경찰과 검찰은 진상을 완전히 은폐할 수는 없게 됨을 알았다. 두 명의 일선 경찰이 고문치사 혐의로 구속되었다. 반고문투쟁은 2·7, 3·3국민대회를 통해 표출되었다. 그러다 그 해 5월 18일 천주교정의구현전국사제단은 검찰의 사인 발표가 축소·조작되었음을 폭로하였다. 고문치사범인이 2명이 아니라 5명 이상이라는 점, 진상을 은폐하려고 2명에게 거액의 금품으로 회유하려 들었다는 점, 이러한 축소·조작작업에 권력수뇌부가 깊숙이 개입했음을 폭로한 것이다. 관여자의 이름과 구체적인 활동상까지 포함된 이 발표를 그냥 덮어버리기는 불가능했기에, 검찰은 추가로 3명을 더 구속하기에 이르렀다. 그러나 그렇지 않아도 도덕성과 정당성을 상실하고 있었던 전두환 정권인데, 박종철사건의 축소·조작은 군사독재정권을 퇴진시켜야 한다는 국민적 확신을 심어주었다. 4·19 전야의 김주열 사건과 마찬가지로, 박종철 사건은 6월항쟁의 도화선이 되었으며 마침내 군부정권의 기세를 꺾을 수 있었다.

그 동안 반고문투쟁 및 민주헌법쟁취를 부르짖던 재야 민주화 세력과 야당은 범국민적 연합전선을 민주헌법쟁취국민운동본부의 이름 아래 구축하였다. 이제까지 군부출신의 대통령을 '영도자'로 받들자던 한국적 민주주의론은 국민주권을 정면으로 내세운 국민운동과 정면으로 충돌했다. 자신들이 총칼과 쿠데타로 만든 헌법을 고수하고, 체육관식 대통령선출로 정권연장을 위해 발표했던 소위 '4·13호헌조치'는 6월항쟁을 통해 정면으로 거부당했다. "호헌철폐, 민주헌법쟁취"는 "대통령부터 통장까지 우리 손으로!"라는 구호로 압축되었으며, 권인숙·박종철과 같은 적나라한 인권유린의 실상은 "고문과 최루탄 없는 나라에서 살고 싶다"는 절규로 터져나왔다. 인간의 존엄과 가치가 보장되는 국민주권국가의 헌법가치는 6월항쟁을 통해 국민적 합의로 수렴됨에 따라 새로운 민주헌법의 제정으로 결실되었다.

여기서는 6월항쟁의 도화선이었던 천주교정의구현전국사제단의 5·18성명서를 싣는다. 천주교정의구현사제단은 1974년 지학순 주교의 양심선언 사건 이후 결성되어 어두운 시대의 횃불과도 같은 역할을 수행했다. 그들의 활동과 민주화운동의 발자취는 『암흑속의 횃불』(기쁨과희망사목연구소 편) 시리즈를 통해 잘 알 수 있다. 아울러 민주헌법의 이름으로 무엇을 쟁취하려 했던가를 음미하기 위해 민주헌법쟁취국민운동본부의 발기선언문을 싣는다. 거기에 실린 결의문의 각 항목은 우리 사회의 민주화를 평가하기 위한 한 잣대로서의 의미를 가질 수 있을 것이다.

18. 이 땅의 민주화를 위해

박종철군 고문치사 사건의 진상이 조작되었다

천주교정의구현전국사제단

1. 박종철군을 직접 고문하여 죽게 한 하수인은 따로 있다

박종철군을 죽음에 이르게 한 범인으로 구속 기소되어 재판 계류중에 있는 전 치안본부 대공수사 2단 5과 2계 학원문화 1반장 조한경 경위와 5반 반원 강진규 경사는 진짜 하수인이 아니다. 박종철군을 직접 고문하여 죽음에 이르게 한 진짜 범인은 위 학원문화 1반 소속 경위 황정웅, 경사 방금곤, 경장 이정호로서 이들 진범들은 현재도 경찰관 신분을 그대로 유지하고 있다.

① 고문범인은 결코 두 명일 수 없다. 최초로 고문실에 들어간 외부 의사 오연상씨의 증언에 의하여도 고문실에는 7~8명이 있었다고 알려져 있을 뿐 아니라 종래 있었던 고문사례가 그렇고, 이와 관련된 당시의 신민당 진상조사 보고서, 동아일보 1월 26일자 사설

* 1987년 5월 18일. 7~80년대 민주화운동의 증언 제 8 권, 암흑속의 횃불, 기쁨과 희망 사목연구원, 2001, 202~206.

도 이와 같은 견해를 취하고 있다.

② 조한경 경위는 반장으로서 박종철군에 대한 신문을 담당한 3명(위 황정웅, 방금곤, 이정호)에게 "말 안하면 혼내 주라"는 말만 하고서 고문실을 나와 박종철군의 옆방 하숙생으로 서울대 대학원생인 하종문군에 대한 연행과 신문 등의 일을 지휘하다가 한 시간쯤 뒤에 박종철군을 신문하는 방에 들어갔고, 들어갔을 때는 이미 박종철군은 늘어져 있었다. 인공호흡 등을 했으나 허사였다. 조한경 경위에게는 이처럼 반장으로서의 지휘책임이 있을 뿐인데, 직접적인 고문살인의 주범으로 조작된 것이다.

③ 강진규 경사는 1반 반원이 아니며, 강진규 경사가 소속된 반에서 찾고 있는 학생에 대해 박종철군에게 물어보기 위해 그 방에 갔을 뿐이다.

2. 범인 조작의 각본은 경찰에 의해 짜여졌고 또 현재도 진행중에 있다

경찰은 당초 박종철군이 쇼크에 의해 심장마비로 죽은 것으로 사건을 조작, 고문사실을 은폐하고 조한경 경위에게만 지휘책임을 묻는 것으로 그치려 했다. 그러나 여론의 빗발치는 진상조사 요구에 의해 고문치사 사실을 인정하면서도 범인만은 계속 조작, 조한경 경위와 강진규 경사에게 덮어씌우고 있는 것이다. 범인 조작은 1월 17일 이후 두 경찰관이 외부와 철저히 차단된 가운데서 최초로 이루어지고 같은 상황하에서 진행되고 있는 것이다. "조 경위 등은 17일 오후 10시부터 시작된 치안본부 특수수사대에서의 신문 과정에서도 쇼크사라는 계속 같은 입장이었으나 18일 새벽 경찰 고위간부가 직접 찾아가 전체 경찰의 사활이 걸린 문제로 부인해도 국민이 믿지 않는다고 가까스로 설득해 고문에 대한 진술을 들을 수 있었다"(조선일보 1월 22일자)는 당시의 보도는 사실상 이 때 경찰 고위간부에 의해 조작이 이루어졌다는 것을 말해주는 것이다.

3. 사건의 조작을 담당하고 연출한 사람들

그들은 고문치사 사건 직후 직위 해제되었다가 4월 8일 버젓이 복직된 전 치안본부 대공수사 2단 단장 전석린 경무관, 5과장 유정방 경정, 5과 2계장 박원택 경정과 역시 간부 홍성상 경감 등이다. 특히 5과장 유정방 경정은 박종철군 사건 진상은폐와 사후처리를 지휘한 장본인이며 현재까지도 이 각본의 집행을 지휘 담당하고 있다.

4. 검찰은 사건조작의 내용을 알고 있으면서도 밝히지 않고 있다

① 서울지방검찰청 특수수사 2부 안상수 검사가 1월 15일 박종철군 사체부검에 입회했을 때 고문수사 경찰관에 대한 신병확보를 했다면, 범인조작은 막을 수 있었다.

② 검찰은 박종철군 고문치사 사건에 대한 송치 전후의 검찰수사과정에서 실체적 진실을 밝히려 하지 않았으며, 사건의 조작에 협력, 동조하여 경찰 발표대로의 범인을 인정, 구속기소함으로써 범인조작을 은폐, 방조했다. 검찰이 경찰에 의한 범인조작의 실상을 알고 있다는 믿을 만한 증거와 정보가 있다.

5. 이 사건 및 범인의 조작 책임은 현 정권 전체에 있다

① 당초의 검찰 수사방침을 경찰의 자체 수사방침으로 바꾸게 한 1월 17일의 결정은 진상은폐와 사건조작을 위한 것이었거나, 적어도 경찰로 하여금 범인조작을 결과적으로 가능하게 하였다.

② 얼굴 없는 사건수사, 증인 없는 현장검증, 이유 없는 재판

관련上司 모임에서 犯人축소造作 모의

朴鍾哲군 拷問致死 警官3명 더 있었다

물拷問범인 추가拘束

檢察 은폐배후 철저수사키로

1월18일 비밀회의서 "家族 돌본다" 각본 짜

趙경위 폭로기미 보이자 上司가 무마기도

지연 등은 모두가 범인이 조작되었기 때문에 그럴 수밖에 없었거나, 사건조작을 완벽하게 이루어 내기 위해서 취해진 조치다.

③ 정부는 "뼈를 깎는 반성과 분발"이라는 박종철군 사건을 놓고 한 국민과의 약속을 사건조작과 진상은폐로 시작해서 범인조작으로 끝내려 하고 있다.

6. 박종철군 고문치사 사건은 그 진상이 다시 규명되어야 한다

진상조사 활동에 방해나 탄압이 없어야 한다. 특히 구속되어 있는 두 경찰관과 그 가족에 대한 탄압이 없어야 함은 물론 자유스런 접근이 보장되어야 한다. 진상조사 활동을 방해하고 탄압하는 경우, 그것은 사건의 진상과 범인의 조작이 명백히 이루어졌음을 실증하는 것으로 간주될 수밖에 없다.

① 사건조작을 끝까지 완전범죄로 관철하기 위하여 거액의 금품을 조 경위와 강 경사의 가족들에게 전달하는가 하면, 감옥에 있는 본인들에게는 월급이 그대로 나가고 있다느니, 나오면 복직이

보장된다느니 하며 무마, 회유하는 한편 가족에 대해서는 감시와 미행을 강화하고 있다.

② 구속된 조 경위와 강 경사에 대한 격리와 차단, 변호인과 가족접견의 제한과 감시는 지금 이 순간에도 사건과 범인의 조작이 계속되고 있음을 입증하는 것이다.

③ 박종철군을 고문치사케 한 범인이 조작된 이상 이제까지 당국에 의해 발표된 의문투성이의 진상은 모두 허구요, 거짓임이 분명해졌다. 따라서 박종철군 고문치사 사건의 진상은 국회에서의 국정조사권 발동은 물론 공개적으로 재조사되어야 한다.

7. 조한경 경위와 강진규 경사에 대한 재판은 공개되어야 한다

추호라도 각본에 의한 재판이라는 인상을 주는 일이 없이 모든 의문점이 철저히 밝혀지고, 그 두 사람에 대한 신변의 위협과 보복이 없어야 한다.

① "첫 공판에서 공소사실을 모두 시인, 다음 공판에서 선고하는 식으로 싱겁게 끝나버릴 가능성이 크고 또 법정 주변에는 만일의 불상사에 대비, 경찰 병력이 대량 동원돼 철저한 경비를 펴고, 조 경위 등이 사진기자들에게 노출되지 않도록 위장작전을 하리라는 예상이 크다"(동아일보 1월 16일자)라는 보도대로 일이 진행된다면 그에 대한 책임은 전적으로 당국자가 져야 마땅하다.

② 두 경찰관에 대한 변론은 치안본부 또는 그 관계자에 의해 주선된 변호인에 맡겨질 것이 아니라, 본인들과 가족의 희망과 자유의사에 따라 선임되거나, 변호사회 또는 종교계에 의해 선임되어 활동할 수 있어야 한다.

8. 이 사건 조작에 개입한 모든 사람은 처벌되어야 한다

강민창 전 치안본부장은 사건은폐 및 범인조작에 개입한 흔적이 확실하며, 전·현직 내무부 장관, 현 치안본부장의 개입 또는 묵인 여부가 밝혀져야 하며, 검찰관계자의 개입 또는 묵인도 규명되어야 한다. 또한 당해기관 담당자와 책임자의 직무유기에 대해서도 응분의 책임이 추궁되어야 한다.

9. 억울한 죽음은 천추의 한이 된다

박종철군에 대한 고문살인 행위의 범죄와 범인이 조작되어 어떠한 사람이 억울하게 천추의 한(恨)을 안게 되는 일이 있어서는 안된다. 도덕적 책임 또는 지휘책임은 직접적 고문살인 범죄의 책임과는 엄격히 구별되어야 한다. 고문살인 누명은 부모에게는 불효가 되고(조 경위의 부친이 충격으로 몸져누워 있다), 역사적으로는 만고의 죄인이 되며, 자식과 그 가족에게는 천추의 원한을 남기게 되는 것이다.

10. 박종철군의 죽음은 결코 헛되지 않아야 한다

박종철군의 죽음, 그 진실은 낱낱이 밝혀져야 한다. 지난 4월 23일 죽은 지 1백일이 된 날 박종철군의 어머니는 "철저히 조사해서 진상을 밝히겠다더니 뭐가 어떻게 되어 가는지…"라고 말했다고 한다. 진상은 살아남아 있는 우리 모두가 규명해야 할 공동의 책임이 있다. 차가운 날 한 뼘의 무덤조차 없이 언 강 눈바람 속으로 날려진 박종철군의 영혼이 죽지 않고 살아남아 우리의 곁에 맴돌고 있는 가운데 고문경찰의 핵심들은 복직되었고, 고문살인자들은 이 땅에 버젓이 폭력경찰로 군림하고 있다. 거짓으로 점철된 이 땅, 박종철군의 죽음마저 거짓으로 묻히게 할 수는 없기 때문에 고문범인들은 처벌되어야 하며 고문진상은 밝혀져야 한다. 지금도 박종철군 어머니의 호소가 계속되고 있다. "아들의 죽음은 결코 우연한 사고로 돌릴 수는 없습니다. 아직껏 마음 한 구석에 응어리져 풀리지 않는 것은 종철이가 무슨 이유로 연행됐고, 또 어떤 고문을 받았는지, 어떻게 죽게 됐는지 좀더 확실한 진상이 밝혀졌으면 하는 것입니다."

11. 우리 사회 양심의 척도가 될 것이다

이 사건 범인 조작의 진실이 박종철군의 고문살인 진상과 함께 명쾌하게 밝혀질 수 있느냐 없느냐에 따라 과연 우리나라에서 공권력의 도덕성이 회복되느냐 되지 않느냐 하는 결판이 날 것이다.

또한 우리 사회가 진실과 양심 그리고 인간화와 민주화의 길을 걸을 수 있느냐 없느냐 하는 중대한 관건이 이 사건에 걸려 있다.

군사독재를 물리치고 민주헌법 쟁취를

민주헌법쟁취국민운동본부

1. 발기 취지문

전두환씨는 지난 4월 13일 반민주적인 현행 헌법의 '호헌'과 그 헌법에 따라 선출된 차기 대통령에게 권력을 이양한다는 이른바

* 1987년 5월 27일. 7~80년대 민주화운동의 증언 제 8 권, 암흑속의 횃불, 기쁨과 희망 사목연구원, 2001, 449~452.

'중대 결정'을 발표했다. 그 후 4.13 결정에 대한 전 국민의 항의는 전국을 휩쓸었다. 독재정치에 반대 입장을 표해 왔던 야당 정치인은 물론 국민 각계각층에서 이를 반대하는 분신, 단식농성, 가두시위, 연기명 성명 발표 등으로 날로 규탄의 목소리를 드높이고 있다.

4월 21일 가톨릭 광주대교구 신부들의 4.13 조치에 반대하는 단식기도를 시작으로 신부들의 단식기도는 전국 14개 교구에 일제히 확산됐다. 개신교 목사들의 반대의사 표시는 교단별 혹은 연합으로 성명 · 농성 · 집회 등 다양한 형태를 취해 이미 수천 명의 목사가 호헌철폐운동에 투신했다. 또한 전국목회자정의평화실천협의회 대표들은 삭발을 감행, 단호 결연한 의지를 불태운 바 있다. 불교계도 7백 명 이상의 승려들이 4.13 조치 반대성명에 서명했고, 광주 원각사에서는 경찰이 법회 중 신성한 법당에 최루탄을 난사하는 폭거를 저지른 데 항의, 곳곳에서 단식농성을 벌인 바 있다.

전국의 교수, 문인, 미술가, 연극인, 영화인 등 각종 예술가, 언론 출판인, 변호사들의 양심의 목소리도 전국을 휩쓸었다. 거의 전 국민이 한결같이 4.13 조치 철회와 이 땅의 진정한 민주화를 요구하고 있는 것이다.

현 정권이 거짓 선전하는 '침묵하는 다수'란 누구인가? 그들은 미처 반대의사를 명시적으로 표시하지 못했거나, 군부독재의 총칼 · 탄압 · 보복이 두려워 발설하지 않고 있는 선량한 국민들이다. 저들은 용기 있는 민주주의자들을 '폭력분자, 독선주의자, 좌경분자, 용공분자' 등 갖은 용어를 통한 매도로, 심지어는 집회방해, 활동방해, 연금, 연행, 투옥, 고문, 테러 등 동원할 수 있는 모든 폭력적 수단을 통해 국민과 차단시키고, 공포분위기로 국민들을 짓누르고 굴종을 강요하는 것이다. 저들이 남용하는 공포와 회유의 그물망은 위로는 거대한 관료조직과 관제언론에서 군경과 통·반장의 말단에 이르기까지 야비하고 추악한 그림자를 드리우고 있다. 그러나 1945년 8.15 해방과 분단 이후 이승만 백색독재 이래 40년 이상의 독재정치를 온몸으로 체험한 바 있는 우리 국민들은 독재의 부정부패·불의가 온 국민에게 끼치는 정신적·물질적 악영향, 노예근성과 빈곤이 얼마나 엄청나고 또 끔찍하며 정치·경제·사회구조의 후진성을 그 자체로 초래시키는가를 몸으로 깨닫게 되었다.

1987년 6월 항쟁, 명동성당 앞에서

민주화는 이 땅에서 그 어느 누구도 거역할 수 없는 도도한 역사의 대세가 된 것이다. 이제 우리는 지금까지 고립분산적으로 표시되어 오던 호헌반대 민주화운동을 하나의 큰 물결로 결집시키고 국민을 향해, 국민 속으로 확산시켜 나가야 한다는데 뜻을 모았다. 우리들 사제, 목사, 승려, 여성, 민주정치인, 노동자, 농민, 도시빈민, 문인, 교육자, 문화 예술인, 언론 출판인, 청년 등 민주시민들은 하나되어 이 땅의 민주화를 위해 몸바쳐야 한다는 뜻에서 '민주헌법쟁취국민운동본부' 설립을 발기하는 바이다. 이를 통하여 우리는 대통령중심 직선제를 비롯하여, 진정 국민이 이 땅의 주인이 되는 민주사회를 건설하고, 민족통일을 성취하는 길로 나아가고자 한다. 삼엄한 정보통치체제로 말미암아 우리와 전적으로 뜻을 같이하면서도 미처 연락이 닿지 못해 많은 분들이 발기인으로 참여하지 못했으나 앞으로 우리의 운동대열에 혼연히 참여할 것으로 믿는다.

2. 결성 선언문

① 우리 국민은 온갖 외세의 침략과 독재적 억압의 현대사 가운데서도 갑오농민전쟁, 3·1 독립운동, 4월혁명, 부마항쟁, 광주민중항쟁의 빛나는 전통을 이어받아 민족의 자존을 수호하고 민주주의의 대동세상을 건설하기 위한 투쟁을 전개해왔다. 이 나라 역사는 국민의 인간애 넘친 희생을 밑거름으로 발전되어 왔으며 승리의 그 날이 멀지 않았음을 우리는 굳게 믿는다.

② 우리는 용기 있는 민족만이 민주주의의 산 열매를 얻을 수 있는 교훈을 가슴깊이 되새기며, 지금 이 나라의 앞길에 놓인 미증유의 난국을 타개하고 민주주의의 광명대도를 열기 위해 호헌반대 '민주헌법쟁취국민운동본부'를 발족한다.

③ 오늘 우리는 온 국민이 가슴 조이고 전 세계 이목이 주시하는 바와 같이 중대한 역사적 분기점에 서 있다. 분단 40년의 오랜 기간 동안 국민의 생명력을 짓밟아온 군부독재를 처단하고 민족의 자존을 떨칠 환희를 맛볼 것인가, 아니면 저 끔찍스러운 폭압 아래

노예로 머물 것인가라는 중대한 분기점에 서 있는 것이다. 따라서 온 국민의 기대와 소망으로 전개되어 오던 개헌논의를 하루아침에 봉쇄하려는 현 정권의 호헌망언은 우리에게 온 몸을 던진 단호한 결단을 촉구하고 있는 것이다.

④ 민주개헌은 어느 개인이나 정파적 이익의 한계를 뛰어넘는 온 국민의 일치된 소망으로 이미 확인되었다. 우리 국민은 85년 2.12 총선을 계기로 엄청난 탄압에도 불구하고 진정한 국민적 합의에 기초한 민주화의 길을 얻기 위한 시급한 과제로서 민주개헌의 요구를 도도하게 분출시켰던 것이다. 개헌은 단순히 헌법상의 조문 개정을 뛰어넘어 유신 이래 빼앗겨온 정치 · 경제 · 사회 · 문화 등 모든 생활영역에서 기본권리를 확보하기 위함이며, 이를 위해 무엇보다도 정부 선택권을 되찾음으로써 실로 안으로 국민 다수의 의사를 실행하고 밖으로 민족의 이익을 수호할 수 있는 정통성 있는 민주정부의 수립을 가능케 함을 의미한다. 또한 개헌은 응어리진 국민적 한과 울분을 새로운 단결과 화해, 역사발전의 원동력으로 승화시킬 수 있는 그 무엇과도 바꿀 수 없는 민주화를 위한 출발점이며 절대명제임을 밝히는 바이다.

⑤ '88 올림픽'이나 '평화적 정부이양', '단임제'가 민주개헌을 늦춰야 할 이유가 될 수 없음은 자명하다. 세계평화의 축제이며 인류 이상의 체현이어야 할 올림픽이 이 땅의 민주화를 지체시키고 외국인들에게 잘 보이기 위해 도시 영세민의 생존권을 박탈하게 할 수는 없으며 강요된 침묵이 평화일 수도, 얼굴 화장만 달리한 독재자의 교체가 단임제일 수도 없다. 우리는 현 정권이 회개와 반성을 통해 민주정부를 세움으로써 올림픽 행사를 갈라진 민족의 화해와 통일에 기여케 할 것을 마지막으로 당부한다. 아울러 우리는 현 군부독재의 탄생과 유지에 직접적인 후원자이며, 이를 통해 자국의

이익을 관철시켜 온 미국을 비롯한 모든 외세에 대해서도 엄중한 경고를 보내는 바이다. 상황에 따라 내용을 달리하는 미국의 이중적 대한정책은 한국의 민주화에도, 자국의 이익에도 도움이 되지 못할 것이다.

⑥ 우리 조국의 민주화는 우리의 손에 의해, 우리의 투쟁과 사랑과 희생에 의해서만 이룩될 수 있다. 이제 우리는 이 민족을 밝고 희망찬 미래로 도약시키기 위하여 모든 국민의 민주화 의지를 총집결하여 민주헌법쟁취를 위한 운동을 힘 있게 조직하고 실천해 나갈 것임을 역사와 민족 앞에 엄숙히 다짐하는 바이다.

3. 결 의 문

① 4.13 독재헌법 옹호선언은 민주한국의 진정한 건국정신과 국민의 시대적 절대요청인 민주화를 부정하는 것이기 때문에 도덕적으로 법률적으로 당연히 무효임을 선언하며, 각계의 호헌반대 민주헌법쟁취 주장을 전폭 지지하고 이를 실현하기 위한 국민적 행동을 조직 전개한다.

② 국민의 기본권을 철저히 억압하고 있는 현행 헌법과, 유신독재 국회와 국민대표기구가 아닌 독재기관이 입법한 집시법, 안기법, 형법과 국가보안법의 독소조항, 노동법 등 모든 악법의 민주적 개정과 무효화 범국민운동을 실천한다.

③ 현 정권이 저지른 광주사태, 박종철군·권양 등 고문과 고문범 조작, 장영자·범양사건 등 권력부패사건 및 그 진상조작과 같이 국민의 생명과 재산을 유린한 수많은 범죄의 진상규명을 이 정권에 기대하는 것은 전적으로 불가능하기 때문에 역사적 범죄 진상규명 국민운동을 벌인다.

④ 현 정권이 독재정권 유지를 위해서만 필요하고 도덕적 법률

적으로 전혀 정당성이 없는 민주인사에 대한 연금 · 구속 · 공민권 박탈 등을 단호히 거부하고 석방 · 복권을 위한 범국민운동을 전개한다.

⑤ 노동자, 농민, 도시빈민, 양심적 상인, 기업인의 생존권과 경제활동 및 생활권을 박탈 · 위축하는 모든 탄압정치와 공권력의 독가스탄 발사와 폭력행정을 즉각 중단할 것을 엄중히 요구하며, 더 이상의 행정폭력은 국민의 자구적 저항권 행사를 불러일으킬 것임을 엄숙히 경고한다.

⑥ 국영 · 관영방송의 철저한 거짓말 선전은 대국민 언론고문행위이며 진실과 자유의 적으로 규정하고, 양심적 언론인의 궐기를 적극 지지 성원하며, 독재정권의 위협과 회유에 길들여진 언론인의 맹성을 촉구하고, 시청료거부운동 · 특정신문과 신문인 규탄운동 등 자유언론쟁취 국민운동을 계속 확대한다.

⑦ 공무원과 군의 국가와 국민에 대한 충성과 봉사는 최대의 국민적 존경과 애정을 받아야 하며, 민주국가를 파괴하는 정치개입과 정권의 주구화는 국민적 경멸과 저항을 일으킬 것이다. 공무원과 군의 자율적 명예회복운동을 촉구한다.

⑧ 민주화 통일을 요구하는 나라의 주인인 국민과 시대의 역사적 요청은 군사독재정권이 물러나고 민주 · 민간정부가 수립됨으로 실현될 수 있으므로 이를 역사적 국민운동으로 기필코 성공시킬 것을 다짐한다.

19. 사법의 적극주의

특히 기본권 보장기능과 관련하여

판사로서 신망이 높던 이회창은 대법원의 판사를 두 번 역임한다. 첫번째는 1981년부터 1986년까지의 5년 동안인데, 이 어려운 기간 동안 그는 '위대한 반대자'로 지칭될 만한 일련의 소수의견을 냈다. 그 시기 동안 대법원 전원합의체에 넘겨졌던 사건은 모두 46건으로, 그 가운데 10건에서 그는 소수의견 혹은 별개의견을 냈다. 소수의견의 숫자보다 더 의미있는 것은 그 소수의견이 국민의 인권과 사회적 약자를 옹호하는 입각점을 분명히 하고 있다는 것이다.

이회창의 입장은 흔히 사법적극주의로 표현된다. 그는 대통령의 통치행위나 국회의 입법권을 존중하는 사법의 자기억제의 원칙을 사법소극주의로 축소시켜 버리는 경향에 대해 비판적이었다. "유능하고 자기책무을 다하는 사법부는 자기억제와 적극주의의 양면성을 갖추어야 하는 것이다." "국민의 기본권 침해에 눈감고 이런 문제에 대한 개입을 주저하는 사법의 지나친 자기억제나 일관된 소극주의의 강조는 현실유지를 위한 합리화의 기능으로 타락시킬 우려가 있다"는 비판을 대법원판결문 속에 삽입하고 있다.

제시되는 글은 1986년 대법원판사 재임명에 탈락된 지 1년 뒤인 1987년 3월에 행한 강연이다. 6월항쟁 직전에 이루어진 이 강연에서 그는 사법적극주의 철학을 소개하고, 그 예시로서 자신의 소수의견들이 어떤 배경에서 나왔고 어떤 논지를 갖고 있는지를 일목요연하게 정리하고 있다. 특히 법관의 자세를 역설하면서 '법관의 자리를 회한과 오욕의 자리로 만드느냐, 아니면 명예와 존경의 자리로 만드느냐는 바로 법관 자신에게 달려 있다'는 주장으로 마무리하고 있다. 사실 그만큼 법관직을 명예와 존경의 자리로 끌어올린 이도 흔치 않다.

그 뒤 그는 1988년 사법민주화를 염원하는 제2차 사법파동을 겪으면서 대법원 쇄신의 시대적 흐름을 타고 다시 대법관에 복귀한다. 두 번째 대법관 시기에도 그는 일련의 주목할 만한 다수의견과 소수의견을 편다. 특히 국가보안법 제7조(고무 · 찬양죄)의 해석기준으로 통용되어온 견해가 추상적이고 애매하여 표현의 자유의 우월적 지위를 부인한다는 소수의견을 전개하였고, 그의 견해는 이후의 하급법원의 진보적 판결을 이끄는 지침을 제공하기도 했다.

법조인으로서의 그의 의미있는 역할은, 이후 국회의원과 대통령 후보로서 온갖 개인적 영욕과 정치적 부침을 겪는 가운데, 「대쪽판사」의 신화는 빛이 바래지게 된다. 그가 정치의 오욕에 흡수되지 않고 대법관과 법조계의 원로로 남았더라면 하고 아쉬워하는 이들이 적지 않다.

그에 대한 쉬운 읽을거리로는 허영섭, 『법이 서야 나라가 선다: 대쪽판사 이회창 이야기』(석필, 1995)를 소개할 수 있다. 정치인으로 본격 변모하기 직전까지의 그에 대한 묘사이기에, 대쪽의 신화가 살아있을 때 정리된 글이다. 1996년 이후 그의 정치인으로서의 생애는 전혀 다른 차원에서, 아마도 정치인 일반이 받고 있는 부정적 시선의 격랑 속에서 따로 냉정하게 평가되어야 할 것이다.

19. 사법의 적극주의
특히 기본권 보장기능과 관련하여

이 회 창

1. 머 리 말

개헌이 논의되고 각 정당의 개정헌법안이 공표되면서 대통령중심제와 내각책임제 등 통치권구조에 관하여는 열띤 주장과 반박이 전개된 바 있으나 그 동안 기본권에 관하여는 그다지 큰 관심과 비중을 둔 것처럼 보이지 않았다. 그러다가 불행한 고문치사 사건을 계기로 기본권침해 및 기본권보장의 문제가 새삼 제기되면서 기본권보장에 관한 기구설치 등 처방이 제시되기도 했으나 아직까지 뚜렷한 어떤 변혁이나 진전은 눈에 띄지 않는다.

기본권의 침해방지나 그 권리보장은 어떠한 정치적 약속이나 기구의 설치 등만으로는 효과적으로 그 목적을 이룰 수 없는 것이다. 기본권보장의 목적을 이룰 수 있는 효과적인 세 가지 길은, 첫째로 통치자를 포함한 국민 일반의 기본권에 관한 관념이 확실하게

* 1987년 3월 28일 강연. 서울대학교 법학연구소, 서울대 "법학" 제28권 제 2 호(통권 제70호), 1987. 7, 147~161.

정립되어야 하며, 둘째로 헌법상 기본권조항을 해석하고 구체적 사건에 적용할 책무를 진 법원이 적극적인 자세로 사법심사의 범위를 확장하여 기본권보장 기능을 발휘해야 하고, 셋째로 기본권의 침해와 그 권리보장에 관한 내용을 빠짐없이 일반에게 보도전달함으로써 비판과 계도의 기능을 다할 수 있는 언론의 자유와 독립이 확보되어야 한다는 것이 나의 생각이다.

우선 첫째의 기본권의 관념에 관하여 국민의 기본권이란 것이 국가의 존립 자체와 맞먹는 국가요소라는 점을 인식하지 않고, 통치권이 허용하는 범위 내에서 인정되는 자유의 영역 정도로 인식하고 있는 데에 문제가 있다.

흔히 국가가 없으면 기본권도 없다는 명제를 내세워 그러므로 국가를 유지 · 통솔하기 위한 통치권 내지 통치조직은 국민의 기본권에 우선한다는 결론을 이끌어 내고 이것을 당연한 것으로 받아들이는 사고방식이 일반화되어 있으며, 이러한 사고방식이 우리나라에서 기본권에 관한 사정이 호전되지 못하고 있는 근본적인 원인의 하나라고 나는 생각한다.

이러한 사고방식은 아주 잘못된 도그마이다. 국가가 없으면 물론 기본권도 있을 수 없다. 그러나 또한 기본권이 없는 국가는 국가라고 부를 수 없는 것이다. 국가가 없으면 기본권도 없다는 말과 기본권이 없으면 국가가 아니다라는 말 사이에 비중의 차이가 없으므로, 전자(前者)의 명제로부터 통치권이 국민의 기본권에 우선한다는 결론을 이끌어 낸다는 것은 독단에 지나지 않음을 알 수 있다. 통치자를 비롯한 일반 국민이 이 점을 확실하게 인식하여 기본권에 관한 관념이 올바르게 정립되어야 한다.

그러나 오늘은 이러한 기본권의 관념이나 언론의 자유에 관하여는 더 이상 언급하지 않고 둘째의 사법의 적극주의에 관하여 평소 내가 생각하고 있는 것을 말하고자 한다.

2. 사법적극주의의 개념

이 사법적극주의란 말은 한 마디로 개념을 규정짓기가 어렵다. 대체적으로 보면, 첫째로 재판이 소극적으로 법문의 해석적용에 그치지 않고 적극적으로 법창조적 기능까지 발휘해야 한다는 점에서 이를 사법의 적극주의라고 부르는 견해가 있고, 둘째로 법관이 위헌법률심사권을 갖는 이른바 사법국가형의 사법운영기능 자체를 가리켜서 사법의 적극주의라고 말하는 사람이 있으며, 셋째로 법률의 위헌심사에서 되도록 위헌판단을 내지 않기 위해서 합헌해석의 방향으로 나간다든가 또는 정치행위에 관하여 자기억제의 이론을 내세워 될수록 사법심사를 회피하는 견해를 사법소극주의라고 정의하고 이에 대응하여 그 반대의 견해를 사법적극주의라고 일컫는 경우가 있다.

나는 첫째로, 법원이 법의 해석적용에 있어서 소극적인 자세를 취하게 되면 궁극적으로 법의 정의실현 기능이 유명무실하게 되어 버리므로 적극적으로 정의실현의 자세로 법을 해서저용하여야 한다는 것과, 둘째로, 법원은 단순한 법문의 해석적용에 그칠 것이 아니라 나아가 법해석을 통하여 법창조적 기능까지 발휘해야 한다는 것과, 셋째로, 법원의 사법심사 범위는 입법권이 제정한 법률과 행정권의 통치행위에까지 미쳐야 한다고 생각해왔고, 이러한 뜻으로 사법적극주의라는 용어를 써 왔으므로 오늘은 사법적극주의를 이러한 의미로 해석하여 말하고자 한다.

3. 법해석적용에 있어서의 적극적 자세

법을 해석적용함에 있어서 법의 정의실현을 위하여 적극적 자세로 임한다는 것은 어떻게 보면 당연한 것으로서 적극적인 자세 또는 소극적인 자세로 나누어 거론할 여지가 없는 것처럼 생각된다. 그러나 현실적으로 사법의 기본권보장기능에 대한 국민의 신뢰는 다분히 이러한 자세의 차이에 의하여 좌우되는 것이 사실이다.

법관이 법을 해석적용하는 자세는 법이 목적하는 정의가 무엇인가를 가려내어 그것을 적극적으로 실현시키고자 하는 정의실현의 자세와, 소극적으로 법의 정의를 외면하고 정의실현을 소홀히 하는 자세로 나누어 볼 수 있다.

전자(前者)의 적극적인 정의실현의 자세는 때때로 정의관념과 관련한 법철학적인 고민을 법관에게 안겨줄 때가 있다. 즉 그 법이 담보하고자 하는 실체적 정의는 무엇이며 그것이 법관 자신이나 사회 대다수의 도덕 내지 정의관념과 일치하지 않는 경우에 법관은 어느 쪽의 정의관념을 적용하여야 할 것인가 하는 문제에 부딪히는 경우가 있는 것이다.

미국에서 노예제도가 존재하던 당시 도주노예를 처벌하는 도주노예법의 적용을 놓고 노예폐지론에 동조하는 법관들이 겪어야 했던 갈등이 법과 도덕 내지 정의와의 관계에 관하여 자주 인용된다. 우리나라에서도 과거 이른바 유신헌법 당시에 긴급조치 제9호의 적용을 놓고 재판실무에 당한 법관들이 겪어야 했던 고뇌도 이와 유사한 것이었다고 생각한다.

주어진 법이 법관이 생각하는 사회대다수나 자신의 정의관념과 일치하지 않은 경우에 소극적으로 그 적용을 제한하고 그 적용범위를 축소하려고 하는 것은 소극적 자세라 하여 배격할 것이 아니며,

그것이 편협되고 주관적인 것이 아닌 한 오히려 정의실현을 위한 적극적 자세로서 높이 평가해야 할 것이다.

다음에 후자(後者)의 정의실현을 외면하는 자세는 법관이 법의 정의관념을 무시하고 안이한 생각이나 압력 또는 사사로운 청탁 등에 의하여 법의 정의실현을 외면하여 법을 해석적용하는 경우이며, 이러한 태도야말로 사법의 적극자세에 어긋나는 태도로서 배격되어야 할 것이다.

대법원 1985. 7. 29, 85모16 결정은 신체의 자유는 헌법이 보장한 가장 기본적인 권리의 하나이며 헌법과 법률이 정한 적법절차에 의하지 아니하고는 이를 제한하거나 박탈할 수 없는 것이라고 전제하고, 수사기관이 피의자를 수사하는 과정에서 적법절차를 외면하고 구속영장 없이 피의자를 구금하여 피의자의 신체자유를 박탈하였다면 직권을 남용한 불법감금이며 수사필요상 피의자를 임의동행하여 조사가 끝난 후에도 귀가시키지 않고 그의 의사에 반하여 조사실 또는 보호실 등에 계속 유치시켜 놓았다면 이는 감금에 해당한다고 판시한 바있다.

사안은 정보계경찰관 3인이 국가보안법위반 피의자를 임의동행 형식으로 경찰서에 연행하여 구속영장 없이 6일간 정보계조사실 또는 보호실에 두었다가 6일 후에 구속영장을 발부받았는데 피의자가 위 경찰관들을 걸어 직권남용에 의한 불법감금으로 고소하자 검찰에서 불법감금이 아니라 하여 불기소결정을 하였고, 이에 대하여 고등법원에 재정신청을 내었으나 역시 기각되자 재항고를 한 결과 대법원은 위와 같이 불법감금에 해당한다고 판시하면서 원심판결을 파기환송하였던 것이다.

그런데 그 후 환송받은 법원에서는 위 경찰관 3인의 근무경력 등을 참작하여 기소유예함이 마땅하다는 이유로 역시 재정신청기각의 결정을 하였다.

물론 처음의 대법원환송취지는 불법감금이 아니라는 원심결정이 잘못이라고 판단한 것이므로 원심이 불법감금이라고 보고 다만 정상을 참작하여 기소유예라고 판단한 것은 형식상 환송취지에 반하지 않을지 모르지만, 수사기관의 직권남용에 의한 가혹행위 또는 불법감금 등을 처벌하고자 하는 형법규정의 입법목적이나 그 정의가 무엇인가를 제대로 고려하지 아니한 소극적인 태도라고 보지 않을 수 없다.

참고로 대법원 1985. 1. 29, 84누516 판결은 뒤에 언급하는 김시훈 사건에서 피의자를 고문한 경찰관들이 파면처분취소청구를 하면서 재량권남용을 주장한 데에 대하여 적법절차를 무시한 강제수사는 헌법이 보장한 형사피의자의 기본적 인권을 침해하고 나아가 형사사건의 실체진실발견을 어렵게 하여 사법권의 공정한 행사를 저해한 중대한 비행이므로 그들의 근무연수나 상훈(賞勳)관계 등을 참작하더라도 재량권남용이라고 볼 여지가 없다고 판시한 바 있다.

4. 법해석을 통한 법창조적 기능의 강조

종래에 대륙법형 국가에 있어서 재판의 기능은 기존의 법을 특정한 구체적 사건에 해석적용하는 데에 있고 새로운 법의 입법 또는 창조는 사법의 영역이 아니라고 일컬어져 왔다. 그러나 실제로 법관이 구체적 사건에서 법을 해석하고 적용하는 과정을 들여다 볼 것 같으면 재판은 단순히 기존의 법 중에서 당해 사건의 사안에 꼭 맞는 법을 찾아 끼워 맞추는 일에 그치지 않고 때로는 기존의 법 또는 법문이 명시적으로 선언하지 않았거나 또는 예정하지 않았거나 또는 법의 명문규정 자체가 불합리한 경우에 법을 선언하고 합리적인 법을 새로이 창조하는 그러한 기능을 다하고 있는 것을 알 수 있다.

인간이 창출해 낸 언어라는 것은 유일무이한 한 가지 의미만을 갖는 것이 아니라 여러 가지 의미를 갖는 것이 보통이다. 그러므로 외부에 표현된 언어를 해석하는 해석자는 이러한 여러 가지 의미 중에서 어느 것이 가장 적절한 의미인가를 선택해야 되고 때로는 본래 없는 새로운 의미를 부여할 필요도 생긴다. 더구나 법은 입법자의 주관적 의도와 시대적 배경 내지 시대사조를 반영하여 입법되는 것이므로, 이러한 법을 어느 시대에서 해석적용하려고 하면 입법자의 의도와 입법 당시의 시대사조를 충실하게 고려해야 할 경우도 있겠지만, 때로는 입법자가 미처 예상하지 못한 의미를 부여해야 할 경우도 있고 또는 본래의 입법자의 의도나 시대사조를 무시하고 전혀 다른 별개의 의미로 해석해야 할 필요도 생기는 것이다.

이런 때에 사법이 당초에 입법이 예정하지 않은 의미로 확대하여 해석하거나 또는 다른 의미로 변경 또는 축소하여 해석하는 것은 실질적으로 새로운 법을 창조하는 입법과 다를 바가 없다. 법의 입법과 법의 해석 사이에는 법형성의 방법과 과정에 차이가 있을 뿐이지 그 기능에는 본질적 차이가 없고 오직 정도의 차이뿐이다라고 말하는 이유가 여기에 있다.

법관은 법을 해석적용함에 있어서 형식적이고 개념적인 자구해석(字句解釋)에 얽매이지 말고 그 법이 담보하는 정의가 무엇인가를 헤아려서 그 정의실현의 방향으로 법의 의미를 부여하여야 하며, 정의실현을 위하여 필요한 한도 내에서 성문규정의 의미를 과감하게 확대해석하거나 또는 축소, 제한해석을 함으로써 실질적인 법창조적 기능을 발휘해야 한다. 법창조적 기능과 관련된 두 가지 판례를 예로 들어 보겠다.

(1) 첫째는 벌금의 법률상 감경에 관한 대법원 1978. 4. 25. 선고 78도246호 전원부 판결이다.

형법 제55조 제1항 제6호에 의하면 법률상 감경에 있어서 벌금을 감경할 때에는 그 다액의 2분의 1로 한다고 규정하고 있다. 이것을 법률규정의 문언 그대로 해석하면 벌금을 감경할 때는 벌금액의 상한인 다액만 2분의 1로 내려가고 그 하한액은 변동이 없다고 봐야 한다. 그런데 위 대법원판결은 벌금을 감경할 때에는 그 상한과 함께 하한도 2분의 1로 내려가는 것으로 해석하여야 한다고 판시한 것이다.

위 대법원판결은 여러 가지 이유를 들고 있지만 대체로 첫째, 재판실무상 벌금형을 작량감경(酌量減輕)하는 경우는 법정 벌금액의 상한이 너무 높기 때문에 감경하는 것보다도 하한이 너무 높아서 그 하한 이상의 벌금을 과하는 것이 타당치 않다고 보아 감경할 필요가 있는 경우가 많은데 위 규정대로 상한만 감경할 수 있다고 한다면 작량감경의 별의미가 없다는 점과, 둘째로 유기징역, 유기금고, 자격정지 등을 감경할 때에는 모두 그 형기의 2분의 1을 감경하도록 하여 그 하한까지도 감경하고 있는데 유독 벌금형만 하한을 내릴 수 없도록 한다는 것은 합리적인 이유를 결하여 형벌체재의 균형을 상실하고 있다는 점으로 요약된다.

이 판결에서는 다수의견과 반대의견이 사법의 법창조기능에 관하여 각각 다른 입장을 표현하고 있어서 흥미롭다.

즉 다수의견은 이렇게 말하고 있다.

"형법조문을 엄격하게 해석해야 한다는 요청은 이를 자의로 해석함으로써 국민들에게 불이익하게 법률을 적용하는 것을 막자는 데에 있는 것이지 입법정신을 해하지 않는 범위 내에서 국민들에게 불이익이 되지 않는 방향으로 그리고 합리적으로 해석하는 것까지도 절대적으로 금하려는 것은 아니다. 또 사회현상이 급속도로 변천되고 법률이 그 사회변천에 따라 가지 못하여 그 법률과 사회실상과의 괴리가 심하게 되어서 해석여하에 따라서 그 결과가 심히 부당하게 혹은 국민에게 가혹한 결과를 가져온다고 보일 때에 이를 완화하는 방향으로 해석함은 형법해석에서도 불가능한 것이 아니라 필요한 것이다. 도대체 모든 법은 법규정의 본질을 바꾸는 정도의 것이 아닌 한도 내에서 이를 합리적으로 해석함으로써 뒤쳐진 법률을 앞서가는 사회현상에 적용시키는 일방, 입법기관에 대하여 법률의 개정 등을 촉구하는 것은 오히려 법원의 임무에 속하는 일이고 법률개정이라는 입법기관의 조치가 있을 때까지는 그 뒤쳐진 법규정의 재래적 해석작용이 부당한 결과를 초래한다는 것을 빤히 알면서 이를 그대로 따를 수밖에 없다고 체념해 버리는 것은 온당치 않은 태도라고 생각한다."

라고 말하고 있다.

이에 대하여 반대의견은 이렇게 말한다.

"무릇 재판할 사안에 대하여 적용할 법규가 없을 경우 법관이 법률이념에 맞도록 다른 법규를 유추적용한다든가 또는 법규가 있긴 있으되 그 의미 내용이 모호애매할 경우 법관이 그 입법취지에 따라 적절한 해석을 함으로써 그 법규의 의미내용을 확장한다든가 하는 작업은 법관의 지권인 동시에 직무라 할 것이고 그와 같은 작업의 결과가 법률의 형식적 연원의 하나가 될 때 이를 판례입법이라 일컫는다. 그러나 위와 같은 경우가 아니고 법률의 명문규정이 있어 그 의미내용이 명확할 경우에는 비록 그 법규가 그보다 앞질러 진전하는 경제, 기타 사회적 실정에 아니 맞는다 하더라도 법관은 모름지기 국회의 입법작용에 의한 개정을 기다려야 할 것이지 사회적 실정에 맞게 하기 위한다 하여 또는 피고인에게 유리하게 해준다 하여 명문규정을 억지로 고쳐서 적용하여서는 아니되는 것이다. 따라서 다수설과 같이 다액이란 명문을 금액으로 고쳐서 해석한다는 것은 법관의 법률해석권의 범위를 일탈하여 국회의 입법권을 침해하는 것이다."

라고 말하고 있다. 이러한 반대의견은 형식적인 권력분립론에 얽매인 타당성이 없는 소극적 태도라고 하지 않을 수 없다.

한 가지 위에서 다수의견이 "입법정신을 해하지 않는 범위 내에서 합리적으로 해석한다"는 표현을 쓰고 있는데 여기서 말하는 입법정신이란 것은 입법자의 입법의도와는 다른 얘기이다. 그것은 형법제정시에 입법자는 벌금형의 하한을 감량하는 문제는 전혀 고려하지 않고 오직 상한인 다액의 감량만을 염두에 두고 있었음이 분명하기 때문이다. 그러므로 다수의견이 말하는 입법정신이라는 것은 엄밀히 따지면 입법자의 입법의도나 입법취지가 아니라 법을 현재의 상황에서 적용함에 있어서 가장 합리적으로 해석해야 할 법정신과 같은 것을 의미한다고 보아야 할 것이다.

위 판례에 의하면 벌금형의 감량에 있어서 입법이 전혀 예상하지 않았던 벌금하한액을 감경할 수 있음을 법원이 선언함으로써 실질적으로는 새로운 법을 창조한 것과 같다고 말할 수 있다.

(2) 두 번째로는 1984. 9. 11. 선고 84도1451 판결이다.

이 판결은 과외금지에 관한 판결인데, 당시 사설강습소에 관한 법률 제 9 조의2 제 1 항을 보면 기능, 예능, 체육 또는 대통령이 정하는 과목을 제외하고서는 누구든지 과외교습을 할 수 없다고 규정하고 있다.

여러분도 다 알다시피 과거에 과외가 성행한 결과 여러 가지 폐습과 폐단이 발생하여 이대로 방치할 수 없지 않느냐 하는 우려가 일반국민 사이에 퍼져 있었던 것은 사실이다. 그리하여 이러한 과열과외의 폐습을 방지한다는 취지에서 위 과외금지규정이 입법된 것인데, 이 조항을 위에서 말한 것처럼 "누구든지 과외교습을 할 수 없다"는 식으로 규정하여 이 규정을 사설강습소에 관한 법률에다 삽입해 놓았다.

위 법률의 명문규정대로 하면 기능, 예능, 체육 또는 대통령령이 정하는 과목을 제외하고 누구든지 과외교습을 할 수 없다고 규정하고 있기 때문에, 위 기능 등을 제외한 과외교습, 즉 학교의 정규수업 외의 지식의 교습은 위 법이 규정한 극히 제한된 경우를 제외하고는 모두다 여기에 저촉되어, 예컨대 동일호적 내에 없는 외삼촌이 조카를 일시적으로 우연한 기회에 가르친 경우에도 처벌대상이라고 해석하지 않을 수 없게 된다.

그러나 소위 학습을 하는 행위 또는 교습행위는 헌법상 보장된 학문의 자유에 속하는 것이다. 그러므로 위 과외금지규정을 명문 그대로 해석하여 일체의 교습행위를 금한 취지라고 본다면 이는 국민의 학문자유를 침해하는 위헌규정이라는 말이 나올 수도 있다.

위 판결은

> "원래 지식 등을 교습하는 행위는 그 교습내용이 반사회적이거나 반국가적인 불법한 내용이 아닌 한 함부로 제한할 성질의 것이 아니므로, 법률이 교습행위에 대한 행정상의 감독규제를 위해서 이를 제한하는 규정을 둔 경우에 그 법률에서 제한의 한계를 명시하지 않고 있다고 하더라도 그 법률의 입법목적에 비추어 감독규제를 위하여 필요하다고 인정되는 한도 내에서만 제한하는 취지라고 해석하여야 한다."

고 전제하고 과외교습의 금지규정을 두고 있는 사설강습소에 관한 법률의 입법목적은 사설강습소의 정상적 운영과 질적 향상을 도모하기 위하여 사설강습소의 설립 및 감독에 관한 사항을 규제하는데 있음에 비추어, 위 법률에서 금지하는 과외교습은 위와 같은 사설강습소의 정상적 운영과 질적 향상을 저해할 우려가 있는 교습행위로서 사설강습소에서의 교습행위와 유사하게 일정기간 계속 또는 반복하여 하는 교습행위만을 가리키고 계속성이나 반복성이 없이 우연하게 일시적으로 행하는 교습행위까지 금지하는 취지는 아니라고 보아야 한다고 판시한 것이다.

위 규정을 입법한 사람의 의도는 계속 또는 반복하여 하는 과외뿐만 아니라 일시적이거나 우연한 기회에 행하는 과외까지도 포함하여 모든 과외를 금지대상으로 삼아서 일괄하여 단속하려는 의도였던 것으로 추측되지만, 위 판결은 과외금지규정이 담겨진 법률 자체의 입법목적을 인용하여 위 규정을 제한해석한 것이다.

위 대법원 판례도 성문규정에 명시되지 아니한 의미를 부여함으로써 실질적인 입법적 기능을 발휘한 것이라고 말할 수 있겠다.

5. 사법적극주의의 경향과 기본권보장기능

1980년 5월에 호주의 시드니에서 제 2 차 세계상소심 법관회의가 열린 일이 있는데 여기서 발표된 논문을 보면 20세기에 들어와 사법의 적극주의, 즉 사법해석의 창조성과 재판입법의 적극성을 강조하게 된 이유로 대체로 세 가지를 들고 있다.

첫째로 사상적 배경으로서 형식주의에 대한 반동적 경향을 들고 있고, 둘째로 사회복지입법의 증대에 따른 사법활동분야의 증대를 들고 있으며, 셋째로 헌법상 규정된 기본권조항의 해석적용을 통한 재판입법의 확장추세를 들고 있다.

(1) 첫째로, 사상적 배경으로서 철학자 Morton J. White가 표현한 형식주의에 대한 반동으로 사법에 있어서의 창조성이 요구된다고 보는 것이다. 즉 법관은 재판과정에서 형식적이고 개념법학적인 법의 해석자에 머무를 것이 아니라, 적극적으로 정치, 경제, 윤리, 사회, 심리적인 모든 요소를 참작고려하여 실질적인 법의 창조자가 되어야 한다는 것이다.

(2) 둘째로, 사회복지입법의 증대가 사법의 적극주의적 경향을

유도했다고 본다. 국가의 역할은 야경국가로부터 복지국가로 이행됨에 따라서 크게 변화했다. 생활이 부유하게 되고 도시화하여 기술개발이 되고 화학적 물질과 핵물질 등이 개발됨에 따라서 국가는 단순한 야경적 기능에서 벗어나 복리증진적 기능을 떠맡지 않을 수 없게 되어 국민생활에 대한 간섭과 통제가 필요 불가결하게 된 것이다.

이러한 간섭과 통제는 사회복지 관계입법과 행정규칙의 형태로 이루어지고 이에 따라서 입법권과 행정권의 강화와 비대를 초래한다. 그러나 이러한 사회복지법의 증대는 입법 자체의 모순이나 결함을 드러내게 되고 또 국민의 자유와 안정 및 주거환경 등을 침해하는 사례가 빈번하게 발생하기 때문에 사법에 의한 견제의 필요성이 증대되는 것이다.

이와 같이 사회복지입법 및 행정의 강화에 따라서 사법의 적극성이 강조된다는 것은 어떻게 보면 역설적 경향이라고 볼 수가 있다.

(3) 셋째로, 헌법상 기본권조항의 규정이 사법적극주의의 필요성을 뒷받침하고 있다는 것이다.

금세기에 들어와서 특히 세계 제2차대전으로 전체주의의 회오리가 지나간 뒤의 독일, 이태리, 오스트리아 등 서구 및 일본 등지에서 헌법상 기본권조항은 헌법의 가장 중요한 요소로 인식되기에 이르렀고 이에 따라 기본권조항의 해석적용에 있어서 사법의 적극주의적인 자세가 요망되기에 이르렀다. 헌법에 규정된 기본권조항은 그 조항 자체로는 추상적이고 개념적인 인쇄문구에 지나지 않지만 이것이 법관의 해석을 거쳐 실제 사건에 적용될 때에는 생생하게 피가 통하는 법으로 화현(化現)하는 것이다.

사법절차가 아닌 정치적 절차나 방법 또는 정치기구 등에 의하여 기본권을 보장하려는 시도는 여러 번이 있었지만 별로 성공을 거둔 일이 없다. 기본권 조항이 법전에 인쇄된 죽은 문구로 남아 있게 할 것인가, 그렇지 않으면 생생하게 살아 숨쉬는 권리장전으로 활용되게 할 것인가는 법관의 의지와 양심 그리고 용기에 달려 있다고 말할 수 있다.

그런데 기본권조항에 규정된 자유라든가 권리라든가 또는 보장이라든가 하는 용어는 매우 추상적이고 개괄적인 것이어서 이를 해석하는 법관의 창조적 역할에 기대할 수밖에 없는 것이다. 사실 사법적극주의의 의의와 현실적인 필요성이 가장 크게 부각되는 것은 이러한 기본권보장기능과 관련해서이다.

기본권 보장과 관련하여 여러 가지 판례가 나와 있으나 특히 판례입법적인 의미가 있거나 재판의 법창조적 기능에 관하여 의견이 엇갈린 판례를 두 개만 소개하고자 한다.

가) 먼저 1982. 9. 14. 선고 82도1479호 전원부 판결이다. 이 판결은 통칭 김시훈 사건 판결이라 하여 고문의 전형적인 케이스에 관한 판결로 인용되지만 이 판결의 요지 자체는 고문과는 직접 관련이 없고 경찰에서 피의자가 작성한 진술서에 있어서도 진술거부권을 고지해야 하고 그 진술서의 증거능력은 피의자 신문조사와 같이 제한되어야 한다는 것을 선언한 점에 큰 의미가 있다.

형사소송법 제200조, 제244조에 의하면 수사기관이 피의자의 진술을 들을 때에는 진술을 거부할 수 있음을 알려야 하고 피의자의 진술을 조서에 기재하여야 하며, 또 형사소송법 제321조 제 2 항에 의하면 검사 이외의 수사기관 즉 경찰에서 작성한 피의자신문조서는 피의자였던 피고인이 공판준비기일이나 공판기일에 그 내용을 부인하면 증거능력이 없는 것으로 규정되어 있다.

그런데 형사소송법 제313조 제 1 항에 보면 피의자가 스스로 작성한 진술서는 공판준비 또는 공판기일에 작성자의 진술에 의하여 그 진정성립이 인정되면 증거로 할 수 있도록 되어 있어서, 신문조서와는 달리 작성자가 그 내용을 부인하더라도 증거능력이 있는 것처럼 규정되어 있다.

실제 수사에 있어서 피의자로 하여금 우선 스스로 자술서를 쓰게 하고 이것을 기초로 하여 피의자 신문조서를 작성하는 것이 통례이며 말썽이 되는 고문 등 가혹행위는 이러한 진술서, 또는 자술서를 작성케 하는 과정에서 가해지는 것으로 알려져 있다. 그런데 위 법규정대로 하면 피의자신문조서는 피고인이 내용을 부인해 버리면 증거로 아무 쓸 데가 없는 것이 되어 버리는데, 자술서는 그 내용을 부인해도 증거능력이 인정된다는 불합리한 결과가 되는 것이다.

요컨대 수사기관이 피의자를 조사하면서 진술을 들었을 때에는 피의자신문조서에 기재하게 되어 있는데 이것을 진술서라는 형식으로 작성케 하는 것은 위에 말한 진술거부권의 고지의무와 증거능력 제한규정을 회피하는 결과가 되므로, 위 판례는 수사기관의 조사단계에서 피의자가 작성한 진술서의 증거능력은 피의자신문조서와 같이 보아야 한다고 판시한 것이다.

이것은 형사소송법의 명문규정과는 명백히 다른 해석으로서, 경찰에서 작성된 진술서에 대하여 형사소송법 제313조에 규정된 진술서의 증거능력에 관한 규정을 적용하지 아니하고 오히려 제312조의 피의자신문조서의 증거능력에 관한 규정을 적용하여야 한다고 하는 것이므로, 사법소극주의자들이 볼 때에는 국회의 입법권을 침해한 것이라고 할지 모르나 나는 이러한 적극적 법해석의 태도야말로 바람직한 사법의 자세라고 생각한다.

나) 다음에 1985. 5. 28. 선고 81도1045 전원부 판결이다. 이 판

결은 계엄법위반 사건으로서 통칭 박세경 사건이라고 불려진 사건이기도 하다.

법의 창조기능이라고 말할 때 그것은 적극적인 법형성기능으로서의 입법기능과 함께 소극적인 법형성기능으로서의 폐법기능(廢法機能)도 포함한다. 폐법 즉 법의 실효 또는 무효선언은 뒤에 말하는 위헌법률심사권과도 관련되지만 이 판결은 국민의 기본권침해 여부가 문제된 법률의 위헌여부에 관하여 대법원 판사들의 상반된 견해를 보여주는 판례이다.

이 판결의 사안내용은 이렇다. 1979. 10. 27. 비상계엄이 선포되고 1981. 1. 24. 해제가 되었는데 그 해제와 동시에 구계엄법 제23조 제2항에 의하여 대통령령으로 1981. 2. 24까지 1개월간 군법회의재판권이 연기되었다. 피고인은 계엄포고령의 집회금지 위반으로 보통군법회의에서 형을 선고받고 항소중에 위와 같이 계엄령이 해제되었으나 군법회의재판권이 연기된 결과 1981. 2. 3. 고등군법회의에서 항소기각의 판결을 선고받았던 것이다.

이 사건에서의 헌법상 쟁점은 비상계엄해제 후에도 군법회의재판권을 연기할 수 있도록 한 구계엄법 규정이 헌법에 반하는 규정이 아닌가 하는 점이다.

참고로 구계엄법 제23조의 규정내용을 보면, 제1항에서 비상계엄 시행중에 제16조와 제18조의 규정에 의하여 군법회의에 계속(係屬)중인 재판사건의 관할은 비상계엄 해제와 동시에 일반법원에 속한다고 규정하고 제2항에서 대통령은 필요하다고 인정할 때에는 대통령령의 정하는 바에 의하여 군법회의 재판권을 1개월 이내에 한하여 연기할 수 있다고 규정하고 있으며, 현행 계엄법 제12조 제2항도 이와 같은 취지의 규정을 두고 있다.

위 군법회의재판권 연기규정의 위헌성 여부가 문제된 것은, 첫째로 헌법 제26조 제2항에서 군인 또는 군무원이 아닌 국민은 대한민국의 영역 안에서는 중대한 군사상 기밀, 초병, 초소, 유해음식물공급, 포로, 군용물, 군사시설에 관한 죄 중 법률에 정한 경우와 비상계엄이 선포되거나 대통령이 법원의 권한에 관하여 비상조치를 한 경우를 제외하고는 군법회의의 재판을 받지 아니한다고 규정하고 있기 때문이다. 이 규정은 민간인은 법률에 정한 군사에 관한 죄를 범한 경우와 비상계엄선포 또는 비상조치기간중을 제외하고는 어떠한 경우에도 이러한 군법회의재판을 받지 아니할 권리가 있음을 명시한 것이며 이러한 군법회의재판을 받지 아니할 권리는 헌법상 보장된 청구권적 기본권의 하나이다.

둘째로 헌법 제52조 제3항은 비상계엄이 선포된 때에는 법률이 정하는 바에 의하여 영장제도, 언론, 출판, 집회, 결사의 자유, 정부나 법원의 권한에 관하여 특별한 조치를 할 수 있다고 규정하고 있는데, 이 규정에 의하더라도 법원의 권한에 대한 특별한 조치는 비상계엄이 선포된 때 즉 비상계엄 선포기간중에 한하는 취지임이 분명하므로, 비상계엄이 해제된 후에도 계속하여 군법회의 재판권을 연기함으로써 일반법원의 권한을 제한하는 것은 위 헌법규정에 반하는 것이 아닌가 하는 의문이 제기된 것이다.

결론적으로 위 판결의 다수의견은 위 계엄법규정은 위헌이 아니라고 보았고 이에 반하여 4사람의 소수의견은 명백한 위헌규정이라고 보았다.

양설(兩說)이 주장하는 군법회의재판권 연기가부에 관한 헌법이론의 테크니컬한 면을 떠나서 양설 사이에 가로놓인 깊은 갭은 헌법이 보장하는 국민의 기본권에 관한 근본적인 인식 내지 관념의 차이라고 생각된다.

즉 비상계엄이 해제된 후에 1개월 정도 군법회의재판권을 연기한다고 하여 그 정도로는 크게 국민의 기본권을 박탈하거나 그 본질적 내용을 침해하는 것은 아니며 일시적 제한에 불과하다는 것이 다수의견의 생각이고, 이와 반대로 1개월 아니라 단 10일이라도 비상계엄이 해제된 후에 군법회의재판을 받는다는 것은 그 재판을 받는 개인으로 볼 때 군법회의재판을 받지 아니할 기본권을 박탈당한 것이라는 것이 소수의견의 생각이다.

재판을 받은 당해 개인은 비상계엄해제 후에 군법회의재판을 받아 형을 선고받음으로서 군법회의재판을 받지 아니할 권리를 박탈당한 것이 분명하다. 그런데도 다수의견이 1개월 정도의 군법회의재판권 연기는 박탈이 아니라 일시적 제한에 불과하다고 보는 것은 재판을 받은 그 개인의 구체적 기본권을 염두에 둔 것이 아니라 추상적인 국민일반의 기본권개념을 염두에 둔 것이라고 보여지고, 재판권행사의 편의라든가 연기기간이 단기인 점 등을 들어 1개월 정도의 군법회의재판권 연기는 용인되어도 무방하다는 생각이 밑바닥에 깔려 있는 것이다.

실제로 비상계엄이 해제되고 나면 군법회의재판권을 연기하지 않으면 안될 필연적인 이유란 없다. 다수의견은 비상계엄이 해제되었으나 일반법원이 미처 기능회복을 못한 경우를 유일한 이유로 들고 있으나 이 점은 소수의견이 지적하고 있듯이 현실적인 이유가 되지 못한다. 왜냐하면 가령 비상계엄지역이 전국일원일 때에는 전국일원에서 일반법원의 기능회복을 못하고 있다는 것은 평상시의 질서회복이 아직 안된 상태이므로 이런 경우에 계엄해제를 전제한다는 것 자체가 비현실적이기 때문이다. 뿐만 아니라 비상계엄해제 후 군법회의재판권 연기기간인 1개월이 지나고도 아직 일반법원의 기능이 회복되지 않은 때에는 다수의견대로라면 또 군법회의재판권을 연기할 수 있다고 보아야 되는데 이것은 명백히 부당한 것이다.

또 비상계엄지역이 일부지역인 때에는 타지역의 법관지원이나 대체 시설의 이용으로서 좀 불편하더라도 법원의 재판기능 발휘가 불가능한 것은 아니므로 역시 군법회의 재판권 연기의 필연적 이유가 될 수 없다.

내가 보기에 무엇보다도 위와 같은 다수의견의 이론적인 약점은 소수의견이 지적하고 있는 아래와 같은 점이다. 즉 만일 계엄법의 군법회의재판권 연기규정이 위와 같이 비상계엄 해제 후 일반법원이 미처 기능회복을 하지 못한 경우에 대처하기 위한 것이라면 이러한 필요성의 한도 내에서만 위 계엄법규정은 합헌이라고 보아야 할 것이고, 그렇다면 합헌해석의 원칙에 따라 위 계엄법 규정은 일반법원이 기능회복을 하지 못한 경우에 한하여 군법회의재판권을 1개월 연기할 수 있다는 규정으로 축소해석을 하여야 할 것이다. 따라서 이 사건에서는 비상계엄 해제 후 군법회의재판권을 1개월간 연장한 대통령령이 과연 위와 같은 필요성의 요건 즉 일반법원의 기능 미회복의 요건을 충족한 것인지를 가려 보아야 할 것인바, 당시 일반법원은 정상적으로 가동중이어서 기능회복 운운은 거론될 여지가 전혀 없는 상황이었으므로 군법회의재판권을 연기한 위 대통령령은 필요성의 요건을 충족하지 못한 조치이어서 무효라고 볼 수밖에 없게 되는데, 다수의견은 이 점에 관하여 전혀 언급을 하지 않고 있는 것이다.

다수의견에 대한 보충의견은 계엄의 선포와 그 해제 및 이에 부수되는 조치 등은 국가통치작용으로서 고도의 정치성이 있는 사항이므로 헌법 판단의 한계를 넘어서는 것으로서 사법심사의 대상으로 삼을 수 없으며, 구계엄법 제23조 제 2 항의 규정에 대한 위헌 판단은 마땅히 피하는 것이 견제와 균형이라는 권력분립의 이상적 운영을 기하는 한편 나아가 사법권의 독립성과 그 중립성을 지키는 길이 될 것이라고 말하고 있다.

그러나 나는 군법회의재판권 연기에 관한 대통령령을 통치행위라 하여 사법심사의 대상이 되지 않는다는 위와 같은 생각은 옳지 않다고 생각한다.

위 판결에서 소수의견이 지적하고 있듯이 통치행위론이나 사법의 자기억제론을 내세워 헌법문제의 판단에서 가급적 도피하려고 하는 것은 사법의 자세가 아니며, 피고인이 헌법상 보장된 군법회의재판을 받지 아니할 권리를 현실적으로 침해당했는데도 통치행위라 하여 사법의 개입을 주저한다는 것은 헌법이 보장한 사법심사의 기능을 스스로 포기하는 것이라고 말하지 않을 수 없다.

6. 위헌법률심사권과 통치행위에 대한 사법심사

(1) 사법적극주의의 실현을 위하여 법원이 위헌법률심사권을 가져야 한다는 것은 대단히 필요한 일이라고 생각한다.

입헌민주주의 국가의 통치조직의 근간을 이루는 권력분립은 권력의 집중을 방지하기 위한 권력의 분산 자체에 그 의미가 있는 것이 아니라 분립된 권력 상호간의 견제와 균형에 보다 더 큰 의미가 있다. 통치기구의 조직이 대통령중심제가 되느냐 또는 의원내각제가 되느냐에 따라 입법권과 행정권의 상호관계에는 차이가 있겠지만, 어느 제도가 되든 민주주의적 의회제도와 정당정치가 성숙하지 못한 국가에 있어서는 통치권자가 입법부의 다수당을 지배하는 한 입법권은 강력한 통치자의 영향하에 들게 되어 통치편의를 위한 입법행위가 자행될 위험성은 얼마든지 있다.

이러한 때에 그 견제기능은 사법권이 맡을 수밖에 없는 것이다. 사법의 위헌법률심사권은 입법권의 남용을 방지하는 가장 효율적인 방법임에는 의문의 여지가 없다. 특히 그러한 입법권의 남용이 국민의 기본권 침해와 관련될 때에는 오직 사법의 적극적인 개입만이 국민의 기본권을 보장하는 가장 확실한 길이라고 할 수 있다.

이러한 위헌심사권을 일반법원에 부여하는 것이 좋으냐 또는 헌법재판소와 같은 특별법원에 부여하는 것이 좋으냐 하는 점에 관하여는 견해가 대립되어 있고 각기 장단점이 있겠지만 이에 대한 자세한 논평을 생략하고 나는 결론적으로 위헌심사권은 일반법원에 부여되어야 한다고 생각한다.

법원이 위헌심사권을 가져야 할 필요는 권력의 상호견제와 균형이란 면에서 볼 때 입법권은 재판준거법률의 제정과 대법원장의 임명동의 및 법원예산심사의결 등 사법을 견제하는 기회가 많지만 법원은 위헌법률심사 외에는 별다른 입법의 견제기능이 없다는 점을 들 수 있다. 그러나 무엇보다 중요한 이유는 법원의 위헌심사권은 기본권 보장기능을 맡은 사법권의 우위를 확보하는 가장 확실한 길이라는 데에 있다. 이것은 미국에서의 사법권우위와 사법적극주의의 형성과정을 살펴보면 실감할 수 있다.

이런 점에서 나는 위헌법률심사권은 사법우위 내지 사법적극주의의 이념적 표상이라고 생각한다.

(2) 다음에 통치행위란 "고도로 정치적 의미를 가진 국가행위 또는 국가적 이익에 직접 관계되는 사항을 대상으로 한 국가행위로서, 법률적 판단이 가능함에도 불구하고 법원의 합법성 심사에서 제외되는 행위"라고 일컬어지고 있다.

통치행위설 인정의 근거라든가 통치행위설에 대한 비판 등에 관하여는 이미 알려져 있는 것이므로 언급을 피하고 통치행위에 대한 사법심사의 한계에 관하여 나의 의견만 발하고자 한다.

일반적으로 통치행위 중 국가의 대외적 행위인 조약에 관한 행위 등과 의회의 자율권적 행위와 같은 것은 사법심사의 대상으로 삼을 수 없겠지만, 국내치안에 관한 조치와 같이 직접적으로 국민의 자유와 권리에 대한 간섭 내지 침해를 내용으로 한 행위는 그것이 정치적 행위일지라도 사법심사의 대상이 되어야 한다고 생각한다.

통치행위에 대한 사법의 개입을 배제하는 이유 중의 하나로 사법부가 정치문제에 개입하면 사법의 중립성이 허물어지고 사법의 독립성이 위태롭게 된다는 점을 들고 있다. 이는 앞에서 언급한 계엄법위반사건의 다수의견이 표방한 견해이기도 하다. 그러나 이것은 사법부가 시비를 가리려 들지 말고 점잖게 물러서 있으면 욕은 안 본다는 말과 같다고 생각한다. 이러한 고독한 은둔자의 중립성과 독립성은 진정한 중립성과 독립성이라고 할 수 없다.

물론 정치적 행위의 내용에 따라서는 사법의 개입이 합법의 심사라는 본래 목적을 이루지 못하고 오히려 사태를 혼란으로 이끄는 경우도 있을 수 있으므로 이러한 경우에는 사법의 자기억제가 요망되지만, 정치적 행위라 하여 항상 자기억제를 해야 한다는 논리에는 도저히 찬성할 수 없다.

사법심사와 관련한 통치행위로서 가장 문제되는 것이 비상계엄과 대통령의 비상조치와 같은 이른바 국가긴급권행사이다. 이러한 국가긴급권행사가 직접적으로 국민의 기본권침해와 관련되는 이상 법원은 그 위헌여부 및 합법성여부를 심사할 수 있고 또 하여야 할 것이다.

7. 사법적극주의에 대한 비판

사법적극주의를 논의하는 마당에는 사법적극주의에 대한 비판에 대해서도 언급하지 않을 수 없다. 전통적인 비판론은 Lord

Devlin의 주장 중에 잘 나타나 있다. 즉 재판입법은 민주적 요소(Democratic Legitimacy)를 결여하였다고 보는 것이며, 그 근거로 첫째로 법관은 독립된 지위에 서서 다수의 국민과 그 대표들에게 책임을 지지 않으며, 둘째로 공동체(Community)의 합일된 의사에 복종하지 않는다는 점을 든다. 이 밖에도 판례법은 공시성(公示性)이나 공지성(公知性)이 약하다는 점과, 법관이 입법적 기능을 떠맡기에는 사실 및 자료조사 등 능력에 한계가 있고 일반적으로 법관이 보수적 속성에 젖어 있다는 점 등도 지적되고 있다.

특히 미국에 있어서 평등주의와 법지배의 우위를 지향하던 Warren Court의 개인의 권리에 관한 매우 적극적이고 진보적인 판례의 영향에 대하여 Alexander Bickel은 개인의 평등과 자유에 관한 법적 권리의 지나친 강조는 결과적으로 대법원을 비롯한 연방법원에 헌법상 근거없는 권력의 집중을 가져오고 이러한 경향은 오히려 사회질서와 정의에 재앙을 가져올 뿐이라고 비판한 바 있다.

또 Erwin N. Griswold도 모든 문제들이 헌법의 적법절차(Due Process)라든가 평등취급(Equal Protection)과 같은 추상적이고 일반적인 조항과 관련하여 제기되기 때문에 이를 해석하는 법원 또는 법관에게 매우 넓은 재량과 선택의 여지를 남겨준 결과, 오늘날 법원은 지나치게 심사범위를 확장하여 예컨대 학교의 흑백분리금지를 준수시키려다가 모든 학교제도의 운영을 연방법원이 떠맡는 결과가 되어 버렸으며, 또 법관들은 헌법상의 적법절차 기준에 저촉된다고 생각하면 정신병원이나 교도소까지도 규제하려는 등 사법기능을 넘어선 지나친 간섭을 하고 있다고 비난한다.

우선 사법입법이 민주적 요소를 결여하였다는 비판론은 그야말로 관념적이고 피상적인 비판이라고 생각된다. 왜냐하면 국민의 대표기관이라고 하는 의회의 입법을 보더라도 민주적 요소란 하나의 환상일 뿐이고 통치권과 그 반대세력, 또는 여러 이익단체 사이의 세력분쟁과 타협을 거쳐 형성되는 것으로서, 다수의견이라는 것도 따지고 보면 진정한 국민의 다수의견이라기보다도 위와 같은 세력의 일방적 의사이거나 또는 이익단체간의 조정타협의 산물에 불과한 경우가 많음을 알 수 있기 때문이다.

또 미국에 있어서의 사법적극주의에 대한 비판은 그 나라의 사법의 역사와 현실에 바탕을 둔 것이다. 앞에서 소개한 계엄법 위반사건의 소수의견이 지적했듯이 지금 우리는 미국에 있어서와 같이 지나친 사법의 확장과 개입을 우려하고 후퇴해야 할 그런 위치에 있는 것이 아니다.

무엇보다도 우리에게 가장 현실적이고 직접적인 비판은 과연 현재의 법원이 위와 같은 법창조적 기능을 적극적으로 발휘할 만큼 법관 개개인이 보수적 속성에 얽매이지 않고 사법의 적극주의를 밀고 나갈 자세와 용기를 가졌느냐 하는 점일 것이다.

법관이 사법의 적극주의를 밀고나갈 자세와 용기를 가졌느냐 하는 점은 사법부를 구성하는 법관 각자의 정의관과 사법관의 문제이다. 사법의 적극주의에 대하여는 사법부 내에서도 이에 동조하지 않는 견해가 있음은 앞에서 소개한 대법원 판례의 내용을 보더라도 분명하다.

그러나 나는 대다수의 뜻이 있는 법관이라면 기본권보장의 문제가 가장 시급한 우리의 현실에 있어서 사법의 적극적 자세가 국민의 기본권을 확고하게 보장하고 사법에 대한 신뢰를 확보하는 데에 얼마나 필요하고 긴요한 것인가를 모두 알고 있다고 확신한다.

몇 년 전에 어떤 분이 대법원장으로 있다가 그 자리를 물러나면서 "회한과 오욕의 나날"이었다고 자탄(自嘆)한 일이 있다. 나는 개인적으로는 이 분을 학교선배 및 법조선배로서 매우 존경하지만 위와 같은 말에는 강한 반발을 느끼지 않을 수 없다. 회한과 오욕의 나날이었다면 그와 같이 만든 것은 바로 그 자리에 있던 당자(當者) 본인이지 다른 사람을 탓할 일이 아니라고 생각되기 때문이다. 법관이 자기의 자리를 회한과 오욕의 자리로 만드느냐, 아니면 명예와 존경의 자리로 만드느냐는 바로 법관 자신에 달려 있는 것이다.

20. 나는 '처분대상'이 아닌 '인간'이다

사회안전법을 폐지하라

1971년 당시 서울대에 유학중이던 재일동포 서준식은 동 대학원에 재학중이던 그의 형 서승과 함께 체포되어 보안사령부에 끌려갔다. 혹심한 고문으로 전신화상을 입는 등의 엄청난 고통 속에서 그들에게는 유학생간첩단사건의 혐의가 씌워져 기소되었다. 제 1 심에서 서준식은 징역 15년, 서승은 사형 선고를 받고, 이어 항소심에서는 서준식은 징역 7년, 서승은 무기징역을 선고받았다. 두 형제를 통해 간첩단 사건을 조작하여, 민주화운동을 짓밟은 박정희 정권은 곧 1972년 유신체제를 선포하고, 1973~4년에 이르러 옥중에 수감되어 있던 미전향 사상범에 대하여 살인적인 전향강요공작을 자행하였고, 이어 1975년에는 야당의원의 반대 가운데 소위 '전시 4대악법'을 통과시켰다. 그 가운데 사상범 · 공안사범에 대하여 범죄의 '위험성'이 있다고 하는 경우 '행정처분'으로, '2년'의 기간 동안 '보안감호'처분으로 자유를 박탈하고, '재범의 위험성'이 있다고 하는 경우 그 기간을 거듭 갱신할 수 있도록 규정한 사회안전법이 포함되어 있었다.

서준식은 1978년 7년 형기를 마쳤다. 당연히 그는 석방되어야 했으나, 사회안전법에 의한 보안감호처분이 소급적으로 내려져 대전교도소로 이송되었다. 곧이어 청주에 보안감호소가 개소되어, 석방될 때까지 다섯 차례나 보안감호처분이 갱신되어 총 10년간 자유가 유린된 채 옥중에서 지내야 했다. 서준식은 보안감호처분에 대하여 거듭된 단식투쟁으로 맞서면서, 보안감호처분갱신결정 무효확인청구소송을 제기하였다. 그러나 법무부는 이를 일축하였다. 1987년에는 법률투쟁의 일환으로 그는 '나의 주장'을 밝히는 장문의 법률논변을 펼치면서, 51일간의 단식투쟁을 감행하였다. 서준식의 처절한 투쟁은 6월항쟁을 만나 비로소 응답을 얻었으며, 1988년 5월 25일 법무부장관은 서준식에 대하여 '보안감호'처분을 '주거지제한'으로 변경하여 석방하였다. 보안감호가 집행된 때로부터 만 10년간을 기약 없이, 오직 신념 하나로 버텨온 그에게 주어진 자유였던 것이다.

한국헌정사에서 서준식의 '나의 주장' 만큼 양심의 자유, 사상의 자유를 근원적으로 파고들어간 문건은 달리 없다. 그는 "인간의 내심은 법적 규제의 대상이 될 수 없다"는 법리에서 출발하여, "전향 요구는 인간의 가장 깊은 성역에 대한 국가권력의 폭력적 침입이며, 극에 달한 정치적 폭력의 한 표현"이라고 주장한다. 이러한 주장은 그러나 몇 가지 법률적 말장난, 그것도 억지에 찬 말장난으로 거듭 보안감호를 갱신해버리는 폭압적 권위주의적 법집행자에 의해 간단히 무시되었다. 하나의 "처분대상"이 아닌 "인간"임을 절규하면서, 그는 거듭된 보안감호갱신결정을 맞아 "법이란 궁극에 있어서 폭력에 지나지 않음을, 기본적 인권조항이란 결국은 정치권력에 의하여 제멋대로 해석되고 농락당하는 길보임을 나에게 똑똑히 가르쳐 준 것은 바로 당신들"이라고 반박한다. 이러한 육성의 울림 앞에 사회안전법이란 "정체불명의 거대한 괴물"을 만들고 운영해온 한국의 법률가들은 커다란 자성과 부끄러움을 느껴야 마땅할 것이다.

서준식의 처절한 투쟁은 그 개인의 석방은 물론, 사회안전법 자체의 폐지에 절대적인 영향을 미쳤다. 제도적 민주화의 첫 단계에서 이미 사회안전법은 용납될 수 없는 반민주악법의 대명사였고, 따라서 그 폐지는 필연적인 것으로 예감되기도 했다. 그러나 그 법은 완전폐지되지 않은 채, 보안관찰법이란 사생아를 남겨놓았다. 보안관찰법은 보안감호를 폐지한 대신, "특정범죄를 범한 자에 대하여 재범의 위험성을 예방하고 건전한 사회복귀를 촉진하기 위하여 보안관찰처분을 함으로써 국가의 안전과 사회의 안녕을 유지"함을 표방하고 있다. 요컨대 시설 내 구금처분은 폐지되었지만, 사회 내의 감독 및 감시를 할 수 있도록 만들어 놓은 것이다. 양심의 자유라는 절대적 자유를 확보하는 데도 아직 갈 길이 멀다.

서준식의 사회안전법에 대한 주장들은 서준식, 『나의 주장—反사회안전법 투쟁기록—』(형성사, 1989)으로 정리되었으며, 그의 옥중 기록은 『옥중서간집 1/2/3』(형성사, 1989)으로 정리되었다. 그는 인권운동사랑방이란 인권전문 NGO를 창설하여 인권운동의 밑바닥을 다지고 있다. 무기징역을 받았던 서승은 1990년 석방되었고, 그의 옥중기록은 일본과 한국에서 간행되었다. 한국어판은 『옥중 19년』(역사비평사, 1999) 참조. 서승은 현재 리츠메이칸 대학에서 비교인권법 교수로서 아시아 인권연대를 위한 지적 작업을 조직화하고 있다.

20. 나는 '처분대상'이 아닌 '인간'이다
사회안전법을 폐지하라

서 준 식

인간의 내심은 법적 규제의 대상이 될 수 없다. 따라서 내가 여기에 개진하려 하는 나의 내심을 직접적으로도 간접적으로도 근거로 삼아 나의 신체를 구금해 놓을 판정을 내릴 권한은 당신들에게 없다. 나의 내심을 심판할 권한이 없는 당신들에게 내가 나의 내심을 고백해야 함은 분명히 모순이다. 그러나 나는 지금 감히 이런 모순된 행동을 하려고 한다. 그것은 내가 한낱 '처분대상'이 아닌 한 사람의 '인간'임을 주장하기 위함이다.

사회안전법 앞에 알몸으로 서본 인간이라면 누구나 흡사 보이지 않는 정체불명의 거대한 괴물 앞에 알몸으로 선 인간의 절망감을 느끼지 않을 수 없을 것이다. 비정한 관료체계는 내가 알 수 없는 때에 내가 알 수 없는 방법으로 나의 '동태'를 조사하고 보고서를 작성한다. 나는 그것을 열람할 수가 없는 고로 그 보고서가 나를 어떻게 표현하고 있는지도 모르고 따라서 그것을 시인할 수도

* 1987년 3월 6일. 서준식, 나의 주장—반사회안전법 투쟁기록, 형성사, 1989, 225~262(2002년 10월 수정).

부인할 수도 반대신문할 수도 없다. 나도 모르는 사이에 그 보고서는 관료체계를 거슬러 올라가 보안처분 심의위원회로 도달한다.

나에게는 그 심의위원들이 어떻게 생긴 사람들이며 그들의 이름이 무엇인지를 알 것이 허락되지 않는다. 그들 앞에 나의 모습을 드러내 보일 것도 허락되지 않으며 그들도 서준식이 어떻게 생긴 인간인지 알기를 원하지 않는다. 심의위원들은 거의 뻔한 내용인 '동태 보고서'를 건성건성 훑어보고는(이것도 의심스럽다) 테이블 위에 쌓아놓고 아마도 그 날 점심식사를 어느 식당에 가서 어떤 메뉴로 해결할 것인가를 결정하기보다 훨씬 쉽게 보안감호처분 2년 갱신을 의결할 것이다.

이리하여 어느 날, '사회주의의 우월성을 믿고 전향을 거부할 뿐 아니라 사회안전법의 부당성을 주장하는 등…'이라고 두세 줄로 타자된 '이유'가 첨부된 보안처분갱신결정서가 나의 감방으로 날아든다. 나는 또다시 2년을 이 싸늘한 두 평짜리 감방에 감금되어 있어야 한다. 이 전 과정에서 나는 하나의 인격이 아니라 '처분대상'에 지나지 않는다.

틀림없이 당신들은 내가 여기에 개진할 나의 내심 때문에 나에게 불이익을 주는 헌법 위반을 감행할 것이다. 그러나 내가 여기에 내심을 개진하지 않는다 하더라도 결국 당신들은 여러 보고서에서 제멋대로 억측되고 단정된 나의 '사상'을 가지고 나에게 불이익을 주는 헌법 위반을 역시 감행할 것이다. 이러나 저러나 결과가 마찬가지라면 나는 내가 이 아닌 '인간'임을 주장하면서 불이익을 받는 쪽을 선택하겠다. 그러니까 이 〈나의 주장〉은 다름이 아니라 바로 내가 당신들과 똑같은 '인간'이라는 주장을 하기 위한 진술인 것이다.

나는 '처분대상'이 아닌 한 사람의 '인간'이다. 웃음이 있고 눈물이 있고 사랑도 미움도 욕심도 호기심도 있는 연약한 한 사람의 인간이다. 죠르쥬 루오의 그림과 윌리엄 블레이크의 시를 사랑하고 J. S. 바하나 베토벤의 음악을 듣고 싶어 이 삭막한 감방살이를 증오하고 서러워하는 한 사람의 인간이다. 목청껏 한국 가곡을 불러 제끼고 싶고 판소리 · 창극을 간절하게 감상해 보고 싶은, 이문구 씨의 소설에 울고 웃는 인간이다. 돌아가신 부모님 생각이 날 때면 가슴을 죄어오는 상념에 때로 잠 못 이루는 인간이다. 16년 동안 이 쇠창살 속에서 옛 친구들과 형제들을 그리워하며 살아왔고, 때로 어둡고 뜨거운 짐승적인 욕망에 몸을 지지며 번뇌하면서 그래도 한 여인을 소년과도 같은 두근거림으로 순수하게 사랑할 수 있는 한 사람의 인간이다. 타고난 어린이들에 대한 사랑 때문에 늘 국민학교 교원을 부러워하며 살아왔고 또 죽을 때까지도 부러워하면서 살아갈 한 사람의 인간이다.

이런 나는 그와 동시에 민족에 대한 사무치는 애정을 간직하는 한편, 모든 인간들이 비인간의 굴레에서 벗어나 이웃과 더불어 인간답게 살아갈 수 있기를 간절히 소망하는 한 사람의 인간이다. 나의 이 흔들림 없는 사상적 기조이자 실체인 '인간에 대한 사랑', '민족에 대한 사랑'에 입각하면서 이것을 현실화시킬 방도를 늘 구상하며 회의하는, 이것을 현실화시키기 위하여 내가 나의 조국과 세계에 기여할 수 있는 일이 무엇인가를 늘 물으며 찾으며 고심하는, 이것을 현실화시키는 과정에 당연히 제물이 되어야만 옳은 나의 인생을 혹은 넘치는 기쁨을 가지고 혹은 아쉬움과 미련을 가지고 실감해 보는, 나는 한 사람의 인간이다.

1983년 3월에 서울고등법원에 제출한 〈진술서〉에서 나는, 흑백논리에 따라 '○○주의사'로서 개념규정빈을 짓을 거부하면서 내 생각의 알맹이 즉 실체는 오로지 '인간에 대한 사랑'과 '민족에 대한 사랑'만으로 이루어져 있음을 주장한 바 있었다(〈진술서〉 2항). 이와 같은 생각에는 지금도 전혀 변함이 없다. 그러나 흑백논리에 따라 안이하게 '○○주의자'라고 개념규정당할 것을 거부하겠다는 말은 내가 스스로를 그 어떤 주의자로서 의식해본 일이 없었다거나 혹은 내가 모든 주의를 초월하는 허무주의자라는 것을 뜻하는 것은 결코 아니다. 나는 나의 이국에서의 소년시절에 민족의식에 눈뜨고 그리고 가장 감수성이 예민했던 20세 전후 무렵 조국 동포들의 몸서리쳐지는 비참함 앞에서 인간해방을 간절히 소망하기 시작한 이후, '민족에 대한 사랑', '인간에 대한 사랑'의 길을 진지하게 모색하면서 달려오는 과정에서 마르크스주의로부터 깊은 감명을 받은 바 있었다.

나이 어려서 이렇게 영어(囹圄)의 몸이 된 까닭에 마르크스 학설을 깊이 연구해 볼 기회를 비록 갖지 못했다 할지라도 나는 자신을 적어도 가장 넓은 의미로 마르크스주의자의 한 사람으로서 의식하면서 살아왔다. 또한 장래에도 나의 사상이 어떠한 변용을 겪을지라도(내가 종교에 귀의하는 일이 있을 경우에도!) 마르크스주의의 흔적은 끝끝내 나의 정신에 남아 있을 것임을 예상할 수 있고 또한 마르크스주의의 근본정신(내가 이해하는 한 과학사상과 휴머니즘의 실천적 결합이다)으로부터 멀리 떨어지는 일이 없이 살아가기를 희망하고 있다.

이와 같은 언명으로써 나는 결코 나 자신을 안이하게 개념규정하고 있는 것이라고는 생각하지 않는다. 이런 문서를 아예 작성하지 않는다면 모르되 일단 작성하고 나 자신을 드러내기로 한 이상은 마르크스주의에 대한 나의 소견을 고의로 모호케 해 두는 것은 당신들에 대한 불성실이요 무엇보다도 나 자신에 대한 불성실이 아닐 수가 없기에 이 점을 분명히 해두려 할뿐이다. 나 자신을 안이

하게 개념규정하려고 드는 것은 내가 아니라 당신들이다.

냉전시대의 유물이요 분단시대의 조작물인 경직된 흑백논리에 골수까지 잘도 길들여진 당신들의 상투적 사고방식은 틀림없이 폭력적인 논리로써 나를 '○○주의자' 내지 '북'이라고 쉽사리 개념규정할 것이다. 나는 그것을 잘 알고 있다. 당신들은 마르크스주의 이해를 위한 정당한 노력을 회피, 생략한 채 내가 마르크스주의로부터 감명과 영향을 받지 않을 수 없었던 나의 절실한 정신사적 맥락에서 나의 마르크스주의를 억지로 떼어내어, 그것에다 각박한 분단상황이 악의와 어리석음으로 멋대로 빚어낸 잘못된 마르크스주의 개념을 틀어넣은 다음 그것을 도로 나에게 안기려고 할 것이다. 나는 그런 식의 안이한 개념규정을 단호히 거부하겠다.

나는 자신을 가장 넓은 의미의 마르크스주의자의 한 사람이라고 언명했다. 그럼에도 불구하고 나의 그 마르크스주의의 출발점과 알맹이(실체)와 목적은 오로지 '인간에 대한 사랑'과 '민족에 대한 사랑' 외의 아무 것도 아니다. 나는 '인간에 대한 사랑', '민족에 대한 사랑'을 굳건히 딛고 섬이 없는 기성품 이념체계로서의 '○○주의자'에의 경도(傾倒)가 나 자신과 나의 이웃들에게 크나큰 불행일 수가 있음을 잘 생각하고 있다(이것은 또한 백범 김구 선생이 우리에게 주는 귀중한 가르침이기도 하다). 나의 마르크스주의는 나의 '인간에 대한 사랑'과 '민족에 대한 사랑' 위에 군림하는 도그마는 결코 아니다.

당신들에게는 나의 마르크스주의를 심판할 권한도 자격도 능력도 없다.

나는 1983년 3월에 서울고등법원에 제출한 〈진술서〉에서 나의 '인간에 대한 사랑'과 '민족에 대한 사랑'의 내용을 다음과 같이 개진한 바 있었다.

1. 인간에 대한 사랑

우리 사회의 빈부차이의 근본적 이유는 인간들 사이의 능력차이가 아니라 제도적 결함에 있으며, 우리 사회의 근본적 원동력이자 추진력인 이윤추구경쟁을 핵으로 하여 사납게 소용돌이치는 얄팍한 상업문명과 약육강식의 경쟁풍토는 강자와 약자, 착취자와 피착취자의 인간다운 삶을 똑같이 상실케 하면서 인간을 자본의 자율적 증식운동에 종속시키고 있다. 진정 인간이 이웃과 더불어 인간답게 살기 위해서는 인간으로 하여금 그렇게 살 수 있게 해줄 사회적 · 객관적 조건이 마련되어 있어야 하며, 그와 같은 객관적 조건을 나는 모든 사회주의 사상에 공통된 가장 핵심적인 원리이자 이상인 '생산수단의 공동소유'라고 생각한다. 그러나 이 생산수단의 공동소유는 반드시 폭력적으로 지금 당장 강행되어야 할 과제라고 생각하지 않으며 역사의 미래에 관한 나의 전망이요 이상이라는 의미를 갖는다.

2. 민족에 대한 사랑

'제국주의'란 결국 독점자본주의 단계의 자본주의 국가가 특유의 내적 모순을 후진국 수탈에 의한 초과이윤의 획득으로서 타개하려는 몸부림의 결과에 지나지 않는다. 현대의 모든 생명력 있는 사회과학 학설들은 이 같은 마르크스주의적 견지에서의 설명을 결코 완전히 외면할 수 없을 것이다. 그런 (후발) 선진 자본주의국가인 일본제국주의로부터 자본의 운동법칙에 따라 자본주의적 방식으로 지배를 받아왔던 피해자인 우리 민족은 그와 같은 착취라는 관계 그 자체를 과감히 거부해야 하며, 피압박에서 벗어남과 동시에 타자를 압박함이 없는 제3의 길, 즉 '인간해방의 이상을 가슴에 간직하는 민족해방'의 길을 가야 한다. 그것은 비자본주의적 발전, 아니면 적어도 독점화되지 않으면서도 타자에 예속되지도 않는 조건에서의 자본주의적 발전이어야 한다.

강대국에 대한 사실상의 예속에서 벗어나 강대국이 우리에게 강요하는 이데올로기를 거부하고 민족적 주체성을 회복할 때, 우리 민족 내부에서의 민주화가 현실적으로 가능하다. 그리고 경제구조의 예속화 · 외연화(外延化)는 조국통일을 곤란케 하는 물질적 토대로서 기능하고 있으며, 외국자본의 이해가 우리나라 문제 전반에 깊이 얽힘으로써 우리 민족 스스로의 결단에 의한 우리 민족의 운명 결정 가능성이 더욱 희박해진다. 이의 극복을 위해서는 외국 거대자본과의 예속적 유착의 과감한 청산, 따라서 자본으로서의 재생산 기반을 민족경제 내부에 가지지 못하고 외국자본의 민족경제 압박의 사실상의 대행자로서 기능하는 가운데 스스로의 이익을 발견하는 이른바 매판자본에 대한 단호한 억제를 통한 진정한 민족 자립에의 의지와 결단이 필요하다.

내가 1983년에 서울고등법원에 제출했던 이상의 주장은 비록 썩 잘 정리되지도 않았고 미흡한 점도 많았다고는 하나 기본적으로 잘못된 주장이었다고는 생각하지 않으며 4년이 경과된 현재도 나는 이것을 수정할 필요를 느끼지 않는다. 이 4년 동안에 나의 위 주장을 시대착오라 할 만큼 민족경제에 구조적 변화가 있었는지 여부는, 이런 장소에 감금되어 공정한 최신정보나 사회과학 서적 열독을 대폭 제한당하고 있는(이것 역시 분명한 헌법 위반이다) 나에게는 판단할 능력이 없다.

그럼에도 불구하고 1983년 3월의 〈진술서〉는 한 인간의 사상을, 그것도 심판을 받기 위해 문서형식으로 표현하는데 따라다니기 마련인 뚜렷한 한계를 드러낸 것이었음을 지금 고백하지 않을 수 없다. 한 인간의 사상이라고 하기에는 너무도 사회과학적 설명에 치우친 감이 없지 않으며, '인간에 대한 사랑'부분에서는 인간답게 살 수 있는 '객관적 조건'에 대해서만 언급했지 '주관적 조건' 즉 우리 인간들의 개인윤리 내지 도덕적 노력이라는 측면에 대하여 언급을 소홀히 했던 점을 인정하지 않을 수 없다.

그러나 무엇보다도 그것이 (심판을 받는 '처분대상'이 아닌) 한 사람의 '인간'의 진술이 되기 위해서는 그와 같은 '인간에 대한 사랑'과 '민족에 대한 사랑'의 사상을 나의 것으로 하게 된 과정, 나아가서 마르크스 사상으로부터 감명을 받고 자신을 마르크스주의자로서 의식하기에 이른 과정이 나의 유년, 소년, 청년시절의 현실체험의 맥락 속에서 부각되어야 했을 것이다. 이번 이 〈나의 주장〉을 쓰는 목적이 바로 나도 당신들과 똑같은 '인간'임을 주장하는 데 있다면, 83년에는 불가능하고도 부질 없는 짓이라고 생각되어 일체 언급을 하지 않았던 이런 맥락을 나는 이제 여기서 조금이나마 언급할 필요가 있다고 생각한다. 문서의 성격상 결코 만족스러운 정도의 진술을 할 수 없고 간략한 언급임을 면할 수 없다. 그리고 나의 표현 능력도 한 인간의 정신적 역정을 설득력 있게 드러내기에는 턱도 없이 부족하다. 나도 한 사람의 '인간'임을 당신들에게 어느 정도 납득시키는 것으로 만족할 수밖에 없다.

식민지 사회의 강제적 사회변동으로 인하여 수많은 식민지 백성들이 정든 땅을 버리고 살길을 찾아 헤매어야 했듯이, 나의 부모님도 유년시절에 각각 조부와 외조부를 따라 일본으로 건너가셨다. 모친은 관부연락선의 어둡침침한 3등 잡거 선실에서 아껴가며 잡수신 '능금' 맛을 두고두고 못 잊어 하셨다.

그 곳에서 정착, 결혼하신 두 분은 우리 자식들의 장래를 위해 분발하셔서 삶의 터전을 우리 동포들이 모여 사는 빈궁하고 불결하고 황량한 동네가 아닌, 서민들의 동네이기는 하되 참으로 평화로운 일본인 동네로 정하셨다. 아버지께서 너덧 살 먹은 나에게 마치 앵무새 가르치듯 되풀이 되풀이 가르쳐 주신 우리 주소 '경도시 우경구 화원 근북정'은 이병주 씨의 대하소설 〈지리산〉 제 2 권에 상세히 나오는 바로 그 일본의 평화로운 동네와 이웃하는 동네였다. 평생소원이던 조그만 방직공장 경영을 꿈꾸시면서 섬유 원료 중매업에 종사하시던 부친은 온유하고 자상한 충청남도 사람의 전형이셨다. 모친은 그 천성적인 활달함과 사람 사귀기를 좋아하는 성격으로 인해 그 동네에서 사랑과 신임을 받으셨고, 형들은 동네에서 가장 똑똑한 아이이자 대장이었으며 갖가지 전설적 일화를 남겼다.

한국 사람이라곤 우리 집 식구밖에 없던 그 동네에서 나는 태어났고 재치 있게 말을 잘하는 아이로서 모든 사람들로부터 귀여움을 받고 일본 아이처럼 자랐다. 나는 벌레 먹은 이빨이 아파서 자주자주 울었던 것 외에는 아무런 불편도 불안도 없이 참으로 행복했넌 것 같다. 자신이 '조선인'인 줄도 모르고 있었다.

나는 국민학교부터 고등학교까지 줄곧 일본 공립학교에서 교육을 받았다. 내가 자신을 다른 아이들과는 다른 '조선놈'임을 의식하기 시작한 것은 국민학교 2학년 무렵이었다. 그 무렵부터 모친의 가르침이 없었더라면 참으로 시시한 '반(半)쪽발이'가 되었을 것이다. 모친의 가르침대로 어린 나는 그 누가 물어도 서슴없이 조선 사람임을 밝힐 수가 있었다. 나는 때로 일본 아이들과 주먹으로 싸우곤 했는데 그 싸움은 따지고 보면 거의 모두가 직접 · 간접적으로 민족적인 문제와 연관되어 있었던 것이다. 놀이터 한 귀퉁이에서

서너 명의 일본 아이들로부터 몰매 맞은 일이며, 줄넘기 놀이하는 계집아이들과 함께 놀고 싶어 갔더니 그 아이들이(마늘 냄새가 난다고) 코를 쥐는 시늉을 하면서 달아나 버린 일이며, 학력 테스트의 국어(일본어)에 98점을 받아 1등을 했을 때 담임 여선생이 그 답안지를 재검사하고 사소한 트집을 잡아 94점으로 감점시켜 3등으로 밀려난 일 등등…. 이런 사건들이 어린 나의 가슴에 깊은 슬픔이 되어 맺혔고, 그럴 때마다 나는 조금씩 막연하게나마 알지 못하는 나의 조국에 대한 동경을 키워 나갔다. 물론 이러한 서러움만으로 일관되어 있던 것은 아니었다. 그러나 나의 국민학교 시절은 나에게 일본인들 속에 섞여서 살아가는 일의 괴로움을 뼈 속 깊이 가르쳐 준 시절이었음에 틀림없다.

아마도 내가 당하는 슬픔과 서러움 속에서 나는 어린 마음에도 동네환경이나 가정환경이 좋지 못하여 불행한 아이들, 더러운 아이들, 공부 못하는 아이들을 자연스럽게 동정할 수 있었고 이 무렵부터 나는 모친에게 늘 '인정이 많은 아이'라는 평을 들으며 자랐다(모친은 나의 작은형 서승을 늘 '활달한 아이', '소탈한 아이'라고 평하셨다). 조국을 동경하던 '인정 많은 아이'가 후일 조국에 와서 동포들의 몸서리쳐지게 비참한 모습을 보며 충격을 받아 인간해방과 민족해방을 소망하게 되고 나아가서는 마르크스 사상에 공감을 느끼게 되었던 것은 어쩌면 필연이었는지도 모른다.

나의 유년시절, 어린 마음에도 멀리 있는 조국을 그 얼마나 동경했던가! 애써 '조선놈'임을 숨기려던 학우들을 보면서, 더러운 빈민가에서 제멋대로 성장하여 불량소년화되어 가던 동포 학우들을 보면서 나는 그 얼마나 안타까워했던가! 그리고 까닭 없는 불공정한 처사나 부당한 차별대우를 받는 모든 못난 아이들을 나는 그 얼마나 깊이 동정하고 불쌍해했던가!

당신들이 나의 사상을 심판할 권한을 가질 수도 없고 가져서도 안되는 이유 중 하나는 바로 이러한 나의 유년 시대를 당신들이 공유하지 않기 때문이다. 나의 유년 시대를 공유하지 못하는 당신들의 입에서는(어떻게 해서든 나의 사상을 악의로 해석하고 나를 감금해 놓기 위해) "소년시절부터 민족적 차별감정에 의한 반항적 기질을 길러 오다가…"(1983년 고등법원 판결) 따위의 모욕적이고 반민족적인 폭언밖에 나올 것이 없을 것이다.

한국인이나 일본인이나 외양은 비슷하게 생겼다. 일본사회에서 적극적으로 광고하고 다니지 않는 이상 누가 나를 '조선놈'으로 단정하겠는가. 중학교에 들어가 나는 어느 새 일본인들 속에 묻혀버리고 있었다. 그런 생활이란 참으로 고통스러운 생활일 수밖에 없다. 일본인 친구들이 집으로 놀러 와도 식탁 위에 놓인 한글판 신문이나 김치가 마음에 걸리고, 친구들과 이야기 하다가 조선에 관한 이야기가 나와도 참으로 마음이 편치 않았다. 재일동포 청소년들은 거의가 그런 일상의 고통 속에서 성장했다. 그 정신적 중압의 고통이 얼마나 심각한 것인지를 당신들은 상상도 못할 것이다.

나는 그래서 '광고'를 낼 궁리를 하고 있었다. 중학교 3학년 때 나는 아무지게 결단을 내려, 교내 웅변대회에서 전교 학생들 앞에 나가 내가 한국인임을 고백했고, 민족적 차별이나 멸시풍조가 없어져야 할 것을 주장했고 1등을 따냈다. 내가 학교를 대표하는 잘 알려진 운동 선수였던 만큼 그 '광고'효과는 절대적이었다.

나는 이 때부터 스스로를 뚜렷이 민족주의자로 의식하면서 살아왔다. 사람은 어떤 삶을 살고 싶으면 그 삶 속에서 몸을 과감하게 던지는 결단을 해야 한다. 나의 중학교 3학년 때의 웅변은 바로 그런 결단이었고, 그 이후로 나의 조국에 대한 동경은 걷잡을 수 없이 커져 갔고 민족을 위해 무엇인가를 기여하고 싶은 소망이 자꾸

만 간절해져 갔다. 나는 고등학교로 진학하면서 '후꾸다(福田)'라는 혐오스러운 일본식 성을 영원히 내던져 버리게 된다. 당신들과는 달리 나에게는 민족주의적 소망이 매우 간절할 수밖에 없는 이유가 있다. 소년시절에 나는 이렇듯 민족의식의 커다란 각성을 체험을 했기 때문이다.

'후꾸다(福田)'가 아닌 '서(徐)'를 고교 시절의 일본인 학우들은 아껴주고 존중해 주었지만 고교시절에 나는 민족주의자로서 가속적으로 성장하고 있었다. 재일동포 소년이 민족의식에 각성될 때 처음 갖는 의문은 '나의 부모님은 왜 고국을 버리고 일본으로 건너왔을까?'가 아닐 수 없다. 그것은 일본과의 관계에서 우리 민족을 생각하기 때문이다. 즉 일본제국주의의 식민지 지배를 받은 민족으로서 자기 민족을 의식하며 사랑한다. 이런 점이 아마도 국내에서 성장한 평균적 동포들이 우리 민족을 생각할 때 '국수주의'적 뉘앙스를 부여하는 경향을 가지는 것과의 차이점이라 할 수 있을지도 모른다. 나 역시 민족의식에 각성된 재일동포 소년이었으며, 그와 같은 사정은 나중에 사회과학에 눈을 뜨는 과정을 거쳐 생각이 성숙된 후에 나의 '민족에 대한 사랑'을 83년도 서울고등법원에 제출한 그 〈진술서〉에 나타난 것과 같은 시야와 논리로써 표현하게 된 배경을 이루는 것이라 해도 무방할 것 같다. 어쨌든 나는 하루 빨리 나의 조국으로 갈 소망을 열심히 가슴 속에서 키우면서 나의 고교시절을 보낸 것이다.

이렇듯 이제는 그 누가 말려도 민족주의자의 길에서 벗어나는 일이 불가능해져버린 나는 한 사람의 민족주의자로서 혼자 힘으로 '자립'하는 단계에 와 있었다. 이에 이르기까지를 돌이켜 보면 나는 걸음마단계에서의 부모님의 가르침도 그렇거니와 나의 장형인 서선웅 씨의 무언, 무형의 영향을 잊을 수가 없다. 장형은 성인이 된 다음에 우리말을 말하고 듣고 쓰고 읽는 전반에 걸쳐서 아무런 불편 없이 구사할 수 있게 되었을 만큼 거의 독학으로 피나는 수련을 쌓은 분이다. 시종 일본에서만 생활하는 재일동포 2세로서(그것도 유년시절부터 민족적 교양이 풍부한 부모 밑에서 체계적인 민족교육을 받을 기회도 갖지 않은 채) 장형만큼 우리말에 능통한 사람을 나는 아직 한 사람도 보지 못하였다. 출세하기 위해 눈에 핏발을 세우며 사법 시험 준비에 쏟아부어야 할 만큼의(어쩌면 그 이상의) 노력을 우리말 학습에 쏟아부어야 하는 사람들의 처절한 민족의식을 당신들은 결코 이해하지는 못할 것이다. 나는 소년시절에(직접적인 배움을 받을 기회는 갖지 못했어도) 장형 서선웅 씨의 성실하고도 진지하고도 강인한 민족의식에 크나큰 감명을 받았다.

고교시절에 나는 사회과학에 관심을 가지기 시작하였으나 사회주의 사상 같은 것을 나에게 절실한 것이라고 느끼지는 않았다. 그러나 그렇다고 해서 사회주의적 사상을 무시무시하다거나 사악하고도 포악한 것이라고 인식할 수도 없었다. 내가 살던 경도라는 지방은 선거로 당선되는 지사나 시장이 언제나 일본사회당과 공산당 계열의 인사였고 국회의원선거 때 최고득표를 기록한 인사는 공산당 후보였다.

경도시 의회에서 여당도 사회당 · 공산당 연립으로 장악했었던 것으로 기억한다. 그 사람들은 선거 때마다 자신들의 소신을 공공연히 피력하고 다녔으며, 나는 길을 가다가 그런 장면을 예사로이 목격하면서 그 인사들의 어조나 표정에 보수계열 인사들과는 다른 열성 같은 것이 있음을 막연히 느끼고 있었다. 그러나 그 인사들이 대한민국에 있다면 아마도 보안감호처분을 받고 죄 없이 10년이나 감금되어 있어야 마땅할 무시무시한 악당이라고는 그 당시 조금도 생각하지 않았다. 또한 학교를 졸업하고 조총련 계열인 조선대학교에 진학했던 몇 명의 동포 학우들을 나는 결코 포악하다고도 사악하다고도 느끼지 않았다. 그들은 얌전하고 평범한 학생들이었다. 이러저러한 인간적 부족 때문에 사악했던 것은 오히려 나였다….

냉전상황과 분단상황에서 빚어진, 좌익사상에 대한 히스테릭한 적개심과 증오밖에 모르고 성장한 당신들과 나는 이렇듯 상이한 성장경험을 가진다. 이렇게 상이한 성장경험을 당신들이 옳게 실감하지 못할진대 당신들은 나의 사상을 옳게 이해할 수 없으며 따라서 당신들은 나의 내심을 심판할 자격을 갖지 못한다.

1967년, 고등학교를 졸업한 나는 재일교포 모국유학생으로서 난생 처음으로 꿈에도 그리던 조국 땅을 밟았다. 나는 나의 조국에서 법관이나 변호사가 되고 싶었다. 나의 조국의 모습은 나에게 보이는 것마다 신기했고 감격이었으며 그러면서도 모든 것이 커다란 슬픔이었다.

아름다운 문화유산도, 산뜻한 대기, 푸른 하늘도, 순박한 인정도 있었다. 그러나 나의 조국을 한 마디로 표현하자면 그것은 '비참'이었다. 거리마다 넘치는 알량한 미국말 흉내(영어의 영향하에 국어를 상실함이 없으면서도 사람의 이름을 부를 때 통상적으로 '미스'나 '미스터'를 붙이는 나라는 아마도 대한민국밖에 없었을 것이다)와 어설픈 미국식 몸짓 흉내는 조국을 찾은 나에게 큰 슬픔이었다. 신문이나 잡지마다 빠짐없이 실리는 성병치료약이나 강장제 광고도 슬픔이었고, 거리는 채워지지 않는 야비하고 끈끈한 성(性)에의 욕망과 기대로 충혈된 눈망울들로 가득차 있는 것처럼 보였다. 그것은 나에게는 참으로 기이하고 슬픈 현상이었다. 그러나 일본이라는 나라에서 무엇 하나 부족함이 없이 안락하게 성장해온 나에게 참으로 견디기 어려운 슬픔이요 경악이었던 것은 사람들의 너무도 비참한 삶이었다.

그 당시 한때 나는 종로 3가 저 악명 높던 골목들 중 한 골목에 위치한 당숙 댁에 몸을 의탁하면서 서울대학교 어학연구소에 다니고 있었다. 그 '종 3'의 한 골목에서 날마다 목격하고 배운 매춘부들의 슬픔에 나는 커다란 충격을 받지 않을 수가 없었다. 그것은 인간이 떨어질 수 있는 가장 어둡고 깊은 구렁텅이 바로 그것이었다. 저녁 어스름이 깔릴쯤부터 '종 3'의 거리와 골목은 수많은 여자들로 꽉 찼다.

어린 창녀들은 저녁 내내 '손님'을 붙잡기 위해 우리 골목 어귀에까지 나가 이리 뛰고 저리 뛰었다. 통행금지 시간까지 '손님'을 잡지 못해 공치는 날에는 그들은 서로 팔짱을 끼고 내 눈앞을 지나 처량하게 노래 부르며 골목 안 자기네들의 '굴'로 돌아가곤 했다. "나의 살던 고향은 꽃피는 산골…" 꿈에도 그리던 조국을 난생 처음으로 찾아왔던 19살 서준식이었기에 그녀들을 위해 더운 눈물 몇 방울이나마 떨구지 않을 수가 없었던 것이다. 종로 3가뿐이겠는가. 서울 자체가 매춘을 해서 목숨을 이어나가야 할 소녀들로 바글거리지 않았던가.

거지들은 또 왜 그리도 많았는지. 아침 햇살 얼굴에 받으며 등교하던 종로 5가 보도 한 구석에서 신문지 몇 장을 뒤집어쓰고 정신없이 잠자고 있던 나이 어린 거지 형제의 얼굴이며, 시커먼 맨발로 버스에 기어 올라와 흡사 노파와도 같은 쉰 목소리로 이미자 노래를 한 자락 부르고는 취객들에게 고사리 같은 손을 내밀던 계집아이의 처참한 얼굴은 지금도, 아니 죽을 때까지라도 나의 망막에서 떠나지 않는다.

언제나 어린이들을 사랑했던 나에게 학교에 다니지도 않고 신문이나 껌을 팔고 다니고 혹은 구두를 닦고 다니는 그 많은 어린이들 또한 경악이자 큰 슬픔이었다. 겨우 자신 한 몸의 침식만을 해결하기 위해 새벽부터 한밤중까지 결코 하나의 인격으로서 존중받음이 없이 혹사당하던 어린 식모들, 서울로 도망쳐 온 저 투박하고 정이 많던 소녀들도 또한 나의 마음을 늘 암담케 하였다. 지게지고 혹은 리어카 끌고 다니던 핏기 없는 앙상한 사람들, 사람들…. 사람들이 살아가는 모습이 너무도 안되었다. 불쌍했다. 짜증스러웠다.

나는 매일매일 충격을 받으며 분노하며 슬픔에 젖으며 19살, 20살 무렵을 정신 없이 살았다. 조르쥬 루오가 그린 그리스도 예수 얼굴의 슬픔과 연민에 가득찬 커다란 눈을 아는지 묻고 싶다. 그런 연민의 눈으로 저 불행한 사람들을 응시해본 기억이 없는 사람들과 더불어 나는 이 체험을 이야기하고 싶지 않다. 그것은 나만을 웃음거리로 만들기가 십상인 부질없는 짓이다. 그리고 나는 어쩌면 그런 사람들로부터 나의 '인간에 대한 사랑'의 내용을 심판하지 않으면 안된다는 사실이 서글플 따름이다.

사회주의적인 사상이라는 것은, 악의에 찬 프로퍼갠더가 당신들의 머릿속에 아침마다 저녁마다 우겨 넣는 것처럼, '북'이 있기 때문에 '남'으로 침투해 들어오는 것은 아니다. 한 줌의 '공작원'에 의하여 의식적으로 심어져서 생겨나는 것도 아니다. 우리나라 반도의 북쪽 부분을 공산주의자들이 차지하고 있지 않다면 우리나라가 좌익세력의 위협으로부터 벗어나 태평성대를 구가하리라는 생각은 터무니없는 착각이다. 만약에 북한이 없었다면 남한은 자체 내부의 사회적 모순에 자극되고 인간해방을 소망하게 된 자생적 혁신사상 및 운동을 이토록 완벽하고도 철두철미하게 제압할 수 있는 근거도 구실도 잃어버리게 될 것이 분명하다. 남한의 자생적인 혁신운동이나 급진적 민주주의 운동으로부터의 '위협'으로부터 벗어나 있을 수 있는 것은 차라리 북한이 존재하기 때문인 것이다. 자생적 혁신운동과 급진적 민주주의 운동으로부터의 '위협'을 모면하고 있으려면 집권자들은 죽기 아니면 살기로 이 분단체계를 붙들고 팽팽하게 유지해 나갈 필요가 있는 것이다.

사회주의적 사상이란 궁극적으로는 인간들이 자본의 자율적 증식운동에 종속되어 인간성을 상실할 수밖에 없는 그 비참하고도 생생한 인간소외의 현장에서 자생적으로 싹트고 성장한다. 그 인간소외의 현장에 매춘부, 거지, 신문팔이, 껌팔이, 구두닦이, 식모가 있든 '공순이', '공돌이'가 있든, 또 다른 무엇이 있든 간에 자본의 자율적 증식운동은 늘 인간소외의 현장을 만들어 내며 따라서 인간해방의 사상, 나아가서는 사회주의 경향이 온갖 사상과 소망을 만들어 낼 수밖에 없다.

어쨌거나 나의 '인간해방'에의 열망과 대단히 소박한 형태로나마 사회주의적 원리에의 소망은 1960년대 후반기 우리나라의 그 몸서리쳐지는 인간소외의 현장에서 동포들의 비참한 처지를 밑거름으로 싹이 텄다. 즉 자생했다. 이 자생에 이르는 한 인간의 정신적 역정을 가볍게 여기는 것은 모욕이다.

자유란 본래 '모든 것'으로부터의 자유일 수 없다고 했다. '모든 것'으로부터 자유스러우려면 인간은 존재 그 자체를 그만두어야 한다. 즉 인간의 자유란 그 본질에 있어 선택적 · 상대적일 수밖에 없다. 따라서 구성원리를 달리하는 각각의 사회마다 특정한 자유가 허용되고 불허되고(형식적으로든 실질적으로든) 하는 것은 당연하다. '쇼트타임'에 곰탕 두어 그릇과 맞먹는 돈을 받고 몸을 파는 자유를 소녀들에게 허용하는 세상이 있는가 하면 매춘부로 전락하는 공포로부터의 자유를 소녀들에게 보장하는 세상도 있다. 미성년자가 취업할 수 있는 자유가 있는가 하면 생계를 위한 고역으로부터의 자유를 미성년자에게 보장하는 세상도 있다.

인간을 광범위하게 상품화할 것이 허락된 나라가 있는가 하면 그런 것을 인간 존엄의 침해로서 규정하면서 엄금하는 나라도 있다. 야비한 싸구려 에로 소설이나 포르노 비디오, 프로야구나 프로복싱, 도박, 마약, 호스테스, 기생, 무위도식, 일부다처, OK종교(이것은 강원룡 목사의 표현), 모든 종류의 투기적 중개업… 이런 것들을 인간의 자유로 치는 관점이 있는가 하면 인간의 부자유로 치는 관점이 있는 것이다.

이리하여 20세 무렵의 나는, 내가 향유하고 있었던 달콤한 부르주아적 자유가 허용되지 않는 대신에 나의 누이들과 아우들이 매춘부로, 거지로, 신문팔이, 껌팔이, 구두닦이, 식모, '공돌이', '공순이', 기생, 깡패로 전락할 공포로부터 자유로울 수 있는 그런 세상, 그런 시대를 소망하고 있었다. 나는 당신들이 말하는 소위 '적화야욕'을 품고 나의 비참한 동포들을 정복 · 지배하려 했던 것이 아니다. 나는 나의 감미로운 부르주아적 자유를 내놓고 동포들의 비참에 동참하고자 했을 뿐이다.

이제 나는 사회문제에 깊은 관심을 가지기 시작했다. 그리고 아울러 나는 3선 개헌 반대투쟁(1969년, 법과대학 2학년 때)을 전개하는 학우들 틈에서 난생 처음으로 학생운동에 입문했으며, 국내정치문제에 대해서 깊은 관심을 갖기 시작했다. 이와 같은 모든 관심은 나에게 우리 민족 현대사의 사회 · 경제적 구조에 대한 보다 깊은 인식을 요구하기 시작했다. 나의 '인간에 대한 사랑'과 '민족에 대한 사랑'이 분노에 떨고 슬픔에 젖은 한낱 나의 감정의 차원에만 머물러서는 안되는 것이라면, 그리고 나의 '인간에 대한 사랑'과 '민족에 대한 사랑'의 소망이 우리 동포와 민족을 위해 무엇인가 현실적인 기여를 옳게 해야 하는 것이라면 나는 나의 그러한 소망을 세계에 대한 과학적 인식으로 뒷받침된 소망의 차원으로 끌어올려야 했다. 그리하여 방학 때마다 일본으로 가서(그 당시 우리 나라에는 사회과학 서적 같은 것이 없었지 않은가!) 한 권 두 권 손에 쥐어보는 사회과학 서적들 중에서 마르크스주의 계통의 저작들로부터 감명을 받기 시작했다.

나의 마르크스주의는 어린 매춘부들의 저 처량한 동요소리, 거지아이가 내미는 더러운 고사리 손, 껌팔이 계집아이의 불안에 떨던 노동자, 변소에 숨어서 소리 죽여 흐느끼던 식모아이의 울음소리, 나이 어린 노동자의 여위고 핏기 없던 얼굴… 이런 모든 것들과 뗄래야 뗄 수 없이 견고하게 결합되고 있었다.

1970년(서울대학교 법과대학 3학년) 여름방학 때 나는 북한에 다녀왔다. 맏형 서선웅 씨는 이 일에 관계가 있는 것처럼 나에게는 생각되지 않는다. 나는 작은 형 서승 씨의 권유를 받았으나 맏형의 권유를 받은 사실은 없다. 거기에 가서 그 쪽 사람들(어떤 지위에 있는 사람인지 모르나 우리를 안내했던 사람들)과 오고간 이야기들을 깔끔하게 정리해서 조목조목 번호를 달고 "이것이 바로 네가 북에서 받은 지령이다. 너는 간첩이다"라고 나에게 가르쳐준 사람은 내가 체포된 후 나를 취조한 수사관이었다. 나는 인생이 끝장났다는 설망삼과 사포자기 속에서, "순순히 협조하면 공소보류도 가(可), 그렇지 않으면 사형 혹은 최소한 무기징역"이라는 유혹과 '몽둥이'의 공포 아래 일사천리로 취조를 받았다. 영장 없이 납치되어 도대체 언제까지 계속될지 모를 밀실 취조는 나에게 절망 바로 그것이었다. 그런 가운데 했던 여러 가지 허위자백들을 나는 후일 정식으로 구속영장이 발부되었을 때 정식으로 받은 취조과정에서 차마 번복할 수가 없었다. 그러나 이런 부끄러운 이야기는 아무래도 좋다. 당시 절망의 밑바닥에서, 아직 우리말을 하기도 알아듣기도 불편했던 22살짜리 백면서생을 다룬 노련한 수사관의 조서 내용을, 그리고 그 조서를 그대로 옮긴 판결문 내용을 그대로 당신들은 받아들일 수밖에 없을 것이고 받아들여도 좋다. 당신들이 어떻게 믿거나 말거나 나는 당신들이 나에게 준 징역 7년이라는 '죄의 대가'를(끊임없이 사상전향을 강요하는 온갖 형태의 폭력 속에서!) 떳떳하게 치러낸 지가 옛날이고 이제 내가 당신들에게 진 빚은 없다.

1970년 당시 8박 9일 머문 북한에서 나는 남한에 비해 건전한 면이 있다는 인상을 받았다. 하교 길에 국민학교 어린이들이 길가에서 지폐를 주고 아이스크림을 사먹는 천진한 모습, 평양 대극장에서 가극에 열중하는 여고생들 모습, 혹은 모란봉 공원 을밀대 근처에서 둘러앉아 휴식을 취하던 중·노년 부인들의 표정에 나는 '결국 여기도 사람 사는 세상…'이라는 새삼스러운 감회를 갖게 되었다. 소비품의 질과 양이 남한사회에 비하여 훨씬 낮았고 사람들의 표정에 늘 피곤이 실려 있었지만, 미국 놈의 어설픈 흉내도 없었고 요란스러운 성병치료약 광고도, 창녀, 거지, 구두닦이…도 나는 발견하지 못했다. 나에게 1970년 당시의 북한을 그 편린이나마 접할 수 있었다는 것은(너무도 엄청난 대가를 치러야 했지만) 하나의 행운이었다고 할 수 있을지 모른다.

그럼에도 불구하고 나는 나의 북한행을 지금도 뼈를 깎는 아픔으로 후회하고 있다. 그 후회는 결코 '과거의 범죄'에 대한 뉘우침 따위가 아니다. 나는 나의 그 행동이 세상과 동포들에 대한 부끄러운 행동이요 '죄'라고는 조금도 생각하지 않는다. 내가 후회하는 이유는 우선 내가 8일간의 방문 때문에 너무도 오랜 옥고를 치러야 했고(현재로서는 구경 1일에 감옥살이 2년!) 나의 인생의 황금기를 고스란히 쇠창살 속에서 보내야 했다는 점이다. 그러나 이런 것은 별로 큰 문제가 아니다. 이까짓 옥고쯤이야 만약에 내가 사랑하는 모든 사람들과 정신적으로 튼튼하게 맺어져 있고 그들이 나의 아픔을 함께 아파해 주고 나의 옥고가 그들을 위한 것이라면 늙어 숨이 끊어질 때까지라도 살아 주겠다.

진정 뼈아픈 나의 후회는 이런 점에 있는 것이 아니다. 실로 괴로운 것은 나에게 '북과의 관계'가 인정됨으로써 나는 저 그리운 법과대학 시절의 모든 친구들, 우리 사회의 보다 나은 미래를 위해 정력적으로 분투하는 존경하는 인사들, 인정 많던 아주머니들, 사랑스런 어린이들, 나를 필요로 할 모든 불행하고 불쌍한 동포들, 글자 그대로 모든 동포들! 나를 심판하고 감금하는 당신들까지 포함해서 모든 동포들, 내가 이국에서 어깨에 책가방 메고 학교에 다니던 어린 시절부터 바로 그 한가운데 뛰어들기를, 함께 아파하고 함께 전진하기를 꿈에도 소원하던 바로 그 모든 조국의 동포들로부터 나는 생살이 뜯기는 아픔으로 떼어냄을 당해야 했다. 나는 비단 지금 내가 감옥에 격리되어 있다는 뻔한 사실만을 이야기하고 있는 것은 아니다. 나에게는 낙인이 찍혀 버린 것이다. '북'이라는 낙인이…. 똑같은 감옥에서 옛 학우를 만났을 때도 그의 처지와 나의 처지는 달랐다. 70년대에 대통령 긴급조치령 관계로 가령 10년형을 받고 옛 학우가 들어왔다고 하자. "자네 10년이나 받았으니 앞으로 오랫동안 함께 있게 됐구나. 빈갑네!" 그러나 그는 3년 만에 가석방인지 특사인지로 석방되어 버린다. 나가면서 나에게 말한다. "먼저 나가게 되어 미안하이, 자네 만기 때 밖에서 만나세" 그러나 7년 형기를 받은 나는 만기 때가 지나도 9년 동안이나 이렇게 갇혀 있어야 한다. 그를 만나지 못 한다….

나는 이런 사상을 가지고 있으나 당신들 속의 한 사람이고 싶다. 당신들과 슬픔, 기쁨, 아픔, 아니 당신들의 무지나 편견까지도 나누어 지니면서 당신들 속의 한 사람이고 싶다. 그것은 나의 어린 시절부터의 소중한 꿈이었다. 그러나 당신들은 나에게 나의 가장 본질적인 것을 요구하면서 나의 소원을 거절하고 있지 않은가? 내가 당신들 속의 한 사람이 될 것을 거부하고, 나의 알맹이, 나의 양심, 최소한의 존엄을 내놓을 것을 당신들은 요구하고 있지 않은가?

경솔함은 죄악이다. 그 어떤 심각한 필요성도 절실한 욕구도 없었던 나의 북한행은 결국 죄악을 낳았다. 보통 대공 수사기관에서는 간첩 내지 국가보안법 등의 용의자는 구속영장 없이 일단 체포, 취조하는 것이 상식이며 이런 사안에 관해서는 재판할 때에 법관들도 영장 없는 채로, 취조를 문제삼지 않고 덮어둔다. 그리하여 '기관'에서는 용의자를 무한정(때로는 몇 년을!) 자기들 손바닥에 올려놓고 취조하기도 하고 역공작(逆工作)에 이용하기도 한다. 그런데 '기관'에서 반드시 쥐고 있을 필요가 없게 된 사건은 때로는 적절한 시기에 발표되면서 정치적으로 이용되기도 한다. 민주화 투쟁의 고조기, 정치놀음에서 집권당이 곤경으로 몰릴 때, 그리고 선거 때 매스컴을 통해 집중적으로 요란스럽게 발표되는 '간첩단 사건'들은 '북의 위협'을 홍보함으로써 국민들의 정신을 번쩍 들게 해주기에 충분하다. 그리고 대한민국 국민은 '간첩'이나 모든 '역적모의'에는 영장제도를 보장해 줄 필요가 없다는 데 암묵으로 동의를 하고 있다.

'간첩'에게 인권은 무슨 놈의 인권이란 말인가? 멀쩡한 사람 인권도 보장 못 받는 판에! 그러나 인권보장에 그런 식의 예외를 인정하는 데 익숙해진다는 것은 결국은 여러 방면으로부터 스스로의 숨통을 죄는 결과가 되지 않을 수 없을 것이다. 역사를 들여다보면 나치 독일 시대나 일제 시대에서 이런 사례를 흔히 볼 수 있을 것이다. 그리고 현재 "골수 공산주의자만을 구금하기 때문에 인권침해 우려는 없다"고 설명되고 있는(그러나 내가 보는 바로는 이것은 거짓말이다. 나는 이 곳에서 김경순이라는 사람을 만난 일이 있는데 그는 단순한 반공법 제4조 제1항과 대통령 긴급조치 위반의 경합으로 2년 9개월의 형기를 복역했을 뿐이었다) 이 사회안전법이 '골수 공산분자'의 개념을 확대하지 않으리라는 보장은 아무 데도 없다. 내가 '간첩'이라고 해서 이런 말을 하는 것은 아니다. 나는 내가 대한민국 국민이기 때문에 이런 말을 꼭 해두고 싶은 것이다.

그리하여 나의 구속영장은 내가 육군보안사령부에 체포되고 조사를 받기 시작한 지 약 50일 후인 1971년 4월 18일에 정식으로 발부되었다고 한다. 1971년 4월 18일, 그것은 박정희 · 김대중의 대통령 선거 1주일 전이었고 장충단에서의 김대중 후보 유세에 서울 시민들이 구름 떼처럼 몰려들었던 바로 그 날이었다. 그리고 또한 그때는 고려대 학생들 4천 명이 안암동 거리에서 기동경찰 4천 명과 육탄전을 전개하는 등 최고조에 달한 교련 반대투쟁의 과정이기도 했다. 이 50일 중 일정기간 동안 나는 '역공작' 명목으로 풀려 나와 감시를 받으면서 최루탄 연기에 휩싸인 법과대학에 다니고 있었다. 구속영장이 정식으로 발부되면서 대대적으로 매스컴에 발표되기를 내가 '북의 지령을 받고 교련 반대투쟁을 배후 조종 · 선동하는 간첩'이란 거였다. 시실은 내가 교련 반대투쟁과 관련해서 했던 일이란 감시를 받으며 학교에 다닌 기간에 보안사령부 공작요원에게 서울법대 교련 반대투쟁에 관한 몇 가지 정보를 마지못해 제공한 것밖에 아무 것도 없었다.

후일 서울구치소 내에서 나는 어느 대학생을 만났다. 그는 나를 보자마자 대뜸 이렇게 쏘아 붙였다. "당신들 때문에 교련반대가 깨져버렸소. 우리가 쫓겨 다니느라 얼마나 고생했는지 아오?"

참으로 경솔함은 죄악이다. 경솔한 인간은 죽어야 마땅하다.

이제 나의 청소년 시절의 정신적 역정에 대한 진술은 끝났다. 교도소에 수감된 후 일들에 대해 나의 사상과 관련해서 한두 가지 덧붙이고 싶다.

미결수였던 기간중 반년 가량을 나는 6~7명의 절도범들과 비좁은 감방에서 함께 기거했다. 이 때 나는 이 세상이란 넘나들기가 절망적으로 어려운 울타리, 보이지 않는 울타리를 사이에 둔 두 가지 '인종'으로 이루어져 있음을 실감했다. 나는 그들과 확실히 다른 '인종'이었다. 평화롭고 교육적인 환경에서 성장하지 못했던, 혹은 부모, 선생, 친구…를 옳게 만나지 못했던 그들은 뒷골목에서 제멋대로 자랐고, 눈칫밥 먹으며 자랐고, 얻어맞으며 혹은 배를 곯으며 자랐다.

그들에게는 이 어리석고 사악한 세상이 그들을 위해 부단히 만들어 내는 빤질빤질하고 얼룩덜룩한 어리석은 것들이 무엇이든 떠맡겨진다. 퇴폐적이거나 선정적인 대중가요, 허위 투성이인 얄팍한 오락영화나 TV프로, 백치 같은 육체파 여배우, 야비한 온갖 에로·포르노 문화, 싸구려 매춘부, 프로 복싱, 고고 춤, 대마초와 환각제, 잠시 유행하다가 사라져 가는 온갖 옷차림…. 그들이 차지할 수 있는 문화는 이 같은 싸구려 나일론 문화, 껍데기 문화뿐이다. 찌꺼기뿐이다. 사람의 영혼을 살찌워 주고 고귀하고 아름답게 살아가는 일의 기쁨을 가르쳐 주는 감동적인 예술들, 지식과 지성을 쌓아 세계를 한 걸음 한 걸음 터득해 가는 환희, 기지와 유머가 번뜩이는 진지한 대화를 더불어 나눌 수 있는 벗, 교양 있고 발랄한 여대생과 조용한 찻집에서 마주 앉는 즐거움…. 이런 것들에 대한 접근 가능성을 그들은 거의 원천적으로 봉쇄당한 채 살아간다. 늙어간다.

그들은 꿈 없이 야박한 세상을 각박하게 살아간다. 그들에게는 미래가 없다. 출세, 안정된 직장, 사회적 존경, 평화로운 가정, 아름답고 교양 있는 아내…. 이런 것들이 그들의 미래에는 존재하지 않는다. 그들 미래의 꿈은 단 한 가지, 즉 돈벌이다. 돈은 그들의 모든 서러움을 일거에 해결해 줄 전능의 신이다. 이 사악한 시대는 그들을 더욱더 깊은 구렁텅이에 빠뜨리기 위해 그들에게 돈의 신화를 떠안긴다. 억울하면 돈벌어라! 그러나 그들이 돈을 벌면 도대체 얼마나 벌겠는가? 도둑질을 하면 얼마나 하겠는가? 그 돈으로 실컷 재미를 보아봤자 얼마나 재미를 볼 것이며, 행복해 봤자 얼마나 행복할 것인가? 그들이 늙도록 번번이 징역을 살면서 실컷 도둑질을 해봐야 그까짓 나의 부모님이 오늘날까지 이 못난 인간에게 쏟아부으셨던 돈만큼이나 하겠는가!

그들은 세상이 그들에게 쥐어주는 가장 열악한 가치관을 가지고 마음에 드는 여자를 골라 아이를 낳고 키울 것이다. 그러나 그들이 키우는 아이는 그들이 아무리 애쓰고 사랑하며 키운다 해도 결국은 재생산된 그들에 지나지 않는다. 그 아이들은 다시 세상이 그들을 위해 부지런히 만들어주는 온갖 어리석은 쓰레기들을 도맡아 먹어 삼킬 것이다. 돈 있고 교양 있는 부모의 자식이 다시 돈 있고 교양 있는 부모로 재생산되어 소위 고급문화를 차지하듯이….

눈칫밥 먹고 뒷골목 누비며 주먹 휘두르고 속이고 도둑질하면서 살아온 그들 가운데 마음씨 착하고 소박한 사람이 결코 적지 않음은 놀라운 일이다. 그러나 그들은 대체로 정말 어쩔 수 없이 비뚤어지고 뒤틀리고 비열해진 인간들이었다. 나는 가끔 감방 안에서 살벌하게 그들과 싸우지 않을 수가 없었다. 그러나 밤이 되면 서로 살을 맞대고 비비며 드러누워야 하는 비좁은 감방에서, 잠을 자는 척하고 또는 나란히 누워 맞장구라도 쳐주면서 나는 무한한 연민을 가지고 그들의 신세타령을 들었다. 한 사람의 인간을 연민하고 사랑하려거든 그가 살아온 이야기를 들어라! "촌구석에서 살기가 싫어서…," "아버지가 '노가다' 노릇했었어…," "내 엄마가 계몬데 말이야…," "내가 어려서 동두천에서 자랐거든…" 나는 그럴 때 가금 치밀어 오는 눈물을 참으며 철없이 낮에 그들과 싸운 것을 후회했다. 그렇다. 이 세상에서 '촌구석과 서울'이 없어져야 하고, '노가다'가 없어져야 하고, '창녀'가 없어져야 하고, '계모'가 없어져야 하고, '동두천'이 기어이 없어져야 한다. 그리고 끝내는 나와 너희들 사이에 가로놓인 이 완강한 '울타리'는 없어져야 한다!

내가 83년 〈진술서〉 중 '인간에 대한 사랑' 부분에서 개진했던 논리는 바로 이와 같은 의미였다. 그 '울타리' 덕분에 교양 있고 아름다운 아내와 고급문화를 차지하고 사회적 존경을 받고 사는 당신들이, 그리고 그 '울타리'가 허물어지지 않도록 지키는 일을 해야 하는 초라한 당신들이 나의 보안감호처분 무효확인소송을 온갖 궤변과 강변과 '못 들은 척'을 구사하며 번번이 기각시키는 것은 당연한 노릇이라 해야 할지 모른다.

기결수가 된 후 만기까지 16년간에 이르는 나의 감옥 생활은 사상전향을 강요하는 압력, 폭력, 고문에 대해 나의 양심, 나의 인간적 존엄을 지켜내는 일을 그 내용으로 한다. 필사적으로 폭력에 항거하는 인간에게 자신의 사상을 차분히 재검토해 볼 정신적 여유란 없는 법이다. 1973년에 좌익수 사상전향을 전담하는 '교회사(敎誨師)'가 대폭 증원되면서 전국 교도소에서 비전향 좌익 사상범들은 참으로 무시무시한 시련을 겪어야 했다. '국가정책'(당시 광주교도소 교무과장의 말)으로서 조직적으로 감행된 압력, 폭력, 고문이었다. 말단정보기관원이 하루아침에 '교회사'로 버젓이 둔갑하고 정보기관에서 배우고 익혔던 온갖 못된 솜씨를 유감 없이 발휘하면서 좌익 사상범 '정리사업'에 빛나는 업적을 쌓았다. 그들 중 일부는 그 특권적 지위를 이용해 대낮부터 술 냄새 풍기는 발그레해진 얼굴로 잡범들에게 대량의 담배를 갖다 주고 그 대가로 그 잡범들로부터 용돈을 뜯어내는 일에도 부지런을 떨었다.

나는 이런 '교회사'들을 대하는 것만으로도 이 인간들이 폭력적으로 탄압하려는 내 사상의 정당성을 의심해 볼 여지가 없었다. 사상을 '선도'하기 위해 왜 온갖 형태의 폭력이 필요하며 왜 고문이 필요하단 말인가? 그것은 무엇보다도 당신들이 당신들 사상의 정당성에 자신을 갖고 있지 못하다는 것을 단적으로 입증하고 있는 것이 아니고 무엇인가?

내가, 그리고 다른 좌익사상범들이 겪어야 했던 형언키 어려운 고난, 나의 돌아가신 모친이 전향을 거부하는 자식으로 말미암아 교도관들로부터 받으신 모든 서러움, 그리고 현재까지 9년간의 죄 없는 감금—이런 모든 것들이 이제 나의 사상전향을 더욱 어려운 것으로 만드는 결코 무시 못할 요인이 되고 있다. 사상전향은 때로는 '사상'의 문제가 아니다. 그것은 가끔은 '사상'의 문제이기를 떠나 단순히 한 사람의 인간이 폭력 앞에서 폭력에 대하여 무릎을 꿇어야 하느냐 꿇지 말아야 하느냐라는 훨씬 더 절박한 문제일수도 있는 것이다.

당신들과 같은 무사상자들, 아니면 적어도 자기의 양심으로 인하여 박해받아 보지 못한 사람들은 내 앞에서 경솔하게 사상전향 운운을 입에 올리지 말아야 한다.

광주교도소 시절 나는 난생 처음으로 성서를 통독해 봤다. 공관복음서를 읽으며 뭔가 마음에 와 부딪히는 것이 있었는데 그 당시는 그것이 무엇인지 손에 잡히지 않았다.

보안감호소에 온 후로 나는 다시 공관복음서를 정독했다. 아니 차라리 공관복음서를 사색했다. 그 후로 결코 경직된 도그마에 매몰될 수 없는 나의 '인간에 대한 사랑'은 나에게 기독교에 대한 진지한 관심을 가질 것을 요구해 왔다. 기독교는 이 한 사람의 마르크스주의자에게 잊을 수 없는 인상을 남겼다.

나는 '인간에 대한 사랑', '민족에 대한 사랑'의 견지에서 나의 소망의 실현을 위해 마르크스주의가 기여하는 바가 결코 미미하지는 않으리라 생각한다. 앞서 언급했듯이 나이 어려서 감옥에 갇힌 몸이 된 나는 마르크스 학설을 깊이 연구해 볼 기회를 갖지 못했다. 그러나 마르크스주의는 내가 아는 한 지식과 사회의 진보와 더불어 늘 현실로부터 생명을 길어 올리면서 자기를 넘어서 발전하는 개방적 체계이며, 인간을 고정적 도그마로써 결박하는 사상은 아니다. 나는 마르크스주의의 근본적 정신과 가장 기본적인 이론적 골격에 원칙적으로 공감을 느끼고 있으며 따라서 나는 내가 가장 넓은 의미의 마르크스주의 흐름 속에 위치하고 있음을 확신한다.

우선 나는 나의 삶의 솔직한 실감으로써 세계가 물질로 이루어져 있음을 인정하지 않을 수 없으며, 또한 '인간에 대한 사랑'의 실천적 견지에서 볼 때 사람이 이웃과 더불어 인간답게 살기 위한(충분조건은 아닐지 모르나) 최소한 필요조건으로써의 '객관적(제도적) 조직'의 성립을 소망하기 때문에 유물론의 입장에 서지 않을 수가 없다.

다음으로 나는, 물질, 사회, 인간, 인간의 사상은 절대불변의 것이 아니라는 점을 경험적으로 느끼기 때문에, 그리고 그 변화가 보다 나은 단계로의 발전적 변화라는 점을 우리 시대의 모든 불행한 사람들의 심정과 함께 간절히 희망한다는 점에서, 그리고 실천적 경험에서 우러나오지 않고 실천에 의해서 검증되지 않는 그 어떠한 이론도 인간의 문제를 해결해 줄 수 없다고 믿는 까닭에 변증법적 인식논리에 호감을 느낀다.

이런 전제에 설 때 역사란 당연히 보다 나은 단계로 발전하는 것이며, 그 발전의 원동력은(몇몇 영웅, 위인들의 의지나 위업에 있는 것이 아니라) 궁극적으로는 수많은 민중들의 보다 나은 삶에의 소박한 소망과 노력의 축적에서 나오는 것이라고 생각하고 싶다. 민중의 이와 같은 소망과 노력이란 바로 생활물자의 생산을 위하여 인간들이 어떤 방식으로 결합되고 서로 어떤 관계를 맺어야 하는가라는 문제와 관련이 있는 것이며, 그것은 우리가 역사를, 역사의 발전을, 역사 속에서 살아가는 인간을, 그리고 그 인간들이 이루는 사회의 성격을 가장 근본적 차원에서 이해하기 위한 관건이라고 생각한다. 또한 인간은 역사를 만들어 가는 주인공이지만 자기가 만든 그 역사로부터 결정적으로 영향을 받아 역사에 의하여 만들어져 가는 존재라고 생각한다. 즉 인간은 옳은 역사를 만들어 가는 과정에서 보다 착한 존재로 서서히 진화해 갈 수 있다.

우리가 살고 있는 자본주의 사회는 생산수단을 소수 자본가가 소유함으로써 그것을 매개로('인간'이 아닌 노동력의 판매자로서의) 노동자의 '상품'인 노동력 일부를 착취하는 부도덕성을 그 본질로서 지니고 있다. 이윤극대화가 언제나 자본의 목적이기 때문에 계급간의 항쟁은 피할 수 없는 것이다.

자본주의의 제도적 결점에서 탈각, 사람과 사람과의 올바른 관계를 이루고 인간다운 삶을 실현하려는 사상은 모든 종류의 사회주의(종교적 · 도덕적 · 공상적 · 무정부주의적…)에 공통되나, 나는 현실사회의 구조와 메커니즘에 대한 과학적 인식에 튼튼히 입각하면서 나의 도덕적 소망, '인간에 대한 사랑'의 소망인 사회주의로의 길을 모색하고 싶다.

이상과 같은 나의 생각은 내가 스스로 넓은 의미의 마르크스주의자라고 의식하는 근거가 된다.

앞서 나는 기독교에 대한 나의 관심에 대하여 잠깐 언급하였다. 나의 기독교에 대한 관심은 이미 83년에 쓴 〈진술서〉 시점에서 상당히 뚜렷한 것이었다. 그러나 나는 전혀 정리되어 있지도 않으며 또 이내 희미해지고 사라질지도 모를 기독교에 대한 관심을 그런 문서에서 표명할 수 없었고, 표명해야 할 필요도 느끼지 않았다.

그로부터 지금까지의 4년 동안, 나는 기독교에 대하여 적지 않은 사색을 쌓아왔고 기독교는 이제 나의 '인간에 대한 사랑'에 대하여 그 어떤 활력을 부어넣고 또 나의 '인간에 대한 사랑'을 부단히 순화해 주는 하나의 요소가 되고 있다. 그렇다고는 하나 한 사람의 마르크스주의자와 기독교와의 관계는 좀처럼 정립되지 않고 정리되지 않은 채 여전히 답답한 상태로 남아 있다. 자유주의계통 신학(나아가서 해방신학 계통) 저작의 열독이 거의 금지되고 있으며 (안병무 박사 저작들도 재소자 열독 금지 도서로 분류, 지정되고 있다) 네오마르크시즘 관계 저작들도 모두 금지되어 있는 이 조건에서, 그리고 나의 생각 또는 느낌을 실천이나 토론으로써 검증해 보지도 못하는 이 조건에서 거의 독자적으로 만들어나가는 사색은 언제나 얼마 못가서 벽에 부딪히게 마련이다. 아직도 모르는 것이 너무 많고 크게 확신이 서지 않는 것은 너무도 당연하다. 내가 한 사람의 '인간'임을 주장하는 〈나의 주장〉에서 나의 수년 동안의 적지 않은 관심사요 사상적 고뇌의 흔적인 기독교에 대하여 일언반구도 언급하지 않는다면 아마도 이 문서는 〈나의 주장〉 구실을 옳게 해내지 못할 것이다. 그러나 그렇다고 해서 제대로 정리되지도 않고 모르는 것, 모호한 것이 너무도 많은 내용을 당신들에게 진술한다는 일에 나는 심한 곤혹스러움을 느끼지 않을 수가 없다. 나의 고뇌의 편린과 흔적만을 비침으로써 내가 '인간'임을 당신들로 하여금 느끼게 하는 것으로 만족하고자 한다.

내가 아는 한 마르크스주의가 인간해방에 막강한 기여를 했음을 나는 의심하지 않는다. 그런데 나는 마르크스주의에 대한 공감을 간직하면서도 그와 동시에 기독교에 대한 관심을 심화시켜 왔다. 그것은 내가 청년이라는 범주에서 점점 벗어나기 시작하는 무렵부터 다음과 같은 정신적 변화를 겪어온 과정과 병행되었다. 즉,

① 세상이나 인간이란 내가 젊어서 믿었던 것처럼 간단명료하게 설명될 수 있는 것이 아니라는 느낌, 역사발전에 기여하는 경로란 결코 단선적일 수 없다는 느낌이 점점 절실해졌다.

② (부분적으로는 공관복음서의 정독과정에서) 심화된 '인간에 대한 사랑'은 나에게 이웃과 더불어 인간답게 살 수 있는 객관적 조건의 성취에 노력함과 동시에, 그 성취가 참된 것이 되려면 거기에 이르는 일상에서의 구체적 인간에 대한 구체적인 사랑이 축적되어야 한다는 생각을 점점 많이 하게 되었다.

③ 인간 실존의 깊이를 실감, 재인식하게 되었다.

④ 나 개인의 완강한 인간적 한계의 벽을 실감하였다. 즉 고난 앞에서의 고질적인 나약함을, 그리고 그 어떤 확고한 거점 없이 자신을 부단히 상대화시켜 가기가 얼마나 어려운 일인가를, 그러기에는 나의 의지라는 것이 그 얼마나 박약한가를 통감하게 되었다.

이와 같은 정신적 변화가 그 때까지의 나의 신념체계를 상대로 해서 일으키는 치열한 갈등과 팽팽한 긴장이란 실로 고뇌에 찬 회의의 무시무시한 소용돌이, 바로 그것이었다.

인간은 살아가면서 자신이 어쩔 수 없이 저지르게 되는 부도덕

에 대하여 큰 슬픔과 두려움을 느낄 수 있어야 할 것이다. 나는 나의 이 짐승과 같은 목숨을 지탱하면서 인간해방의 이상을 위해 살아가는 과정에서 때로 어쩔 수 없이 저지르지 않을 수 없는 부도덕들에 대하여 깊은 슬픔과 두려움을 느끼고 있는가? 나의 '인간에 대한 사랑'은 구체적 인간에 대한 구체적 사랑을 굳게 딛고 있는가? 자본주의 사회에서와는 비교도 안될 만큼 높은 도덕성을 인간에게 요구하는 사회주의적 인간관계를 자신의 부도덕에 대한 깊은 슬픔 · 두려움을 느낄 수 없는 인간들은 어떻게 감당해 나가는 것일까? 인간의 심성에 깊이 박힌 부도덕(혹은 악)이 객관적 조건의 변혁으로써 '자동적으로' 사라져 가는 것일까? 인간 실존이란 그렇게 단순한 것일까?

마르크스주의는 개인윤리의 문제를 유구한 역사과정에 있어서의 인간의 실천을 통한 세계의 변화와 더불어 서서히 해결되어 갈 것을 기대하는 것 같다. 따라서 마르크스주의가 개인윤리의 문제를 완전히 무시한다는 지적은 적당한 것이 못된다. 그러나 적어도 마르크스주의는 그 체계 속에 이와 같은 개인윤리의 영역에서의 인간의 주체적 노력을 고무해 주는 강력한 장치와 메커니즘(예를 들어 '신에 의한 인간의 자기 상대화'와 같은)을 가지고 있지 않다. 역사이론, 사회이론으로서의 남성적 기질을 지닌 마르크스주의 인간해방사상을 감당하고 마음이 편하기에는 나는 이렇듯 너무도 '지적 소인(知的 小人)'이다.

인간의 역사적 · 사회적 · 정치적 차원의 기도(企圖) 및 노력은 인간해방을 위하여 절대 필요하며 결정적으로 중요하다. 그러나 그것이 바로 '인간의 문제'의 해결일까? 궁극적인 인간해방일까?

인간 삶의 궁극적인 희망이 현실적 차원에서의 노력의 성공여부에 달려 있는 것은 아마도 아닐 것이다. 인간이 현실적 차원의 기도에만 사로잡히고 역사적 · 사회적, 혹은 정치적 상황 속에 매몰된다면 나는 그 인간은 불행하다고 생각한다. 인간은 정치를 넘어선 거점을 딛고 정치에 참여해야 할 것이다. 그리고 혁명적 사회이론을 궁극적 인간해방의 교리로 인정할 때 그 이론은 결국 스스로를 절대화시켜 인간 위에 군림할지도 모른다….

나의 생각으로는, 마르크스주의가 현실적 차원의 기도에만 사로잡혀 있다고 단정, 비난하는 것은 옳지 않다. 마르크스주의의 인간해방론은 마르크스주의를 규정하는 정신과 물질의 변증법적 논리의 당연한 귀결로서 물질적 차원의 해방에 머무르는 것이 아니다. 그리고 마르크스주의에는 분명 인간으로 하여금 주어진 것을 넘어 미래를 향해 자기를 극복할 것을 가능케 하는 '초월성'이 있다. 그러나 그럼에도 마르크스주의가 위의 나의 회의에 충분한 답을 주고 있는 것인지를 나는 알 수 없다.

마르크스주의가 주는 인간의 미래에 대한 약속은 분명히 인간해방의 커다란 과제를 짊어지고 고난을 이겨나가야 할 사람에게 거의 신앙에 가까운 막강한 정신적 지주가 될 수 있다. 그러나 마르크스주의는 나에게는 어디까지나 과학이었고, 그것은 온갖 형태의 엄청난 과제의 무게에 허덕이는 이 못난 인간에게 강력하고 직접적인 정신적 지주, 인간해방을 위한 고난에 찬 투쟁 속에서 나를 확고히 지탱해 줄 막강한 정신적 지주가 되기에 충분한 것이 아니었던 것 같다.

이와 같은 회의와 고뇌 속에서 기독교에 대한 나의 관심은 깊어갔다.

모든 사상은 사회운동이 되어 전개되는 과정에서 대중에 의해 얼마간 통속적으로 받아들여지게 마련이다. 그리고 마르크스주의는 흔히 소박한 유물론적 기질을 가진 신봉자에 의하여 늘 통속적으로

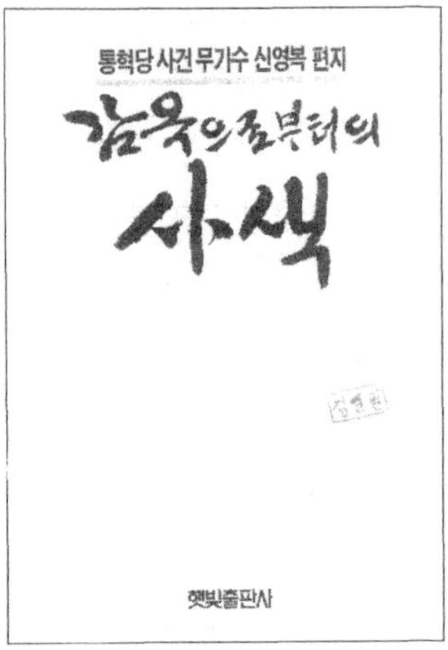

집필의 자유가 불허된 교도소 안에서 깨알같이 씌어진 서신의 편린을 통해 절제된 진실이 전달된다. 이 시대의 고전으로 자리잡은 옥중수기들, 서승의 「옥중 19년」, 신영복의 「감옥으로부터의 사색」

받아들여질 위험을 안고 있다. 때로는 그들은 현실의 정치상황에 매몰되어 버리고 '인간에 대한 사랑'의 아름다운 이상을 망각하기도 하고, 때로는 자아의 인격변화 없이 생활조건의 참된 변화가 가능하다고 믿는 '유물론적 환상'에 빠지곤 한다. 그것은 나에게는 몹시 안타깝고도 슬픈 일이 아닐 수 없다. 그런데 나는 '유물론적 환상'은 생활조건의 변화 없이도 인격의 변화가 가능하다고 믿는 '관념론적 환상'보다는 그래도 낫다고 생각했고 지금도 역시 그렇게 생각한다. '관념론적 환상'은 보다 나은 미래를 만들기 위한 인간의 실천에 대한 '덫'이 되어 지배의 이데올로기로 통합되고 반동적 역할을 수행하기가 십상이지만 '유물론적 환상'에는 인간해방의 객관적 조건을 성립시키기 위한 추진력과 행동력이 있다. 나는 '유물론적 환상'을 몹시 안타깝게, 슬프게 생각했지만 어차피 이것도 저것도 환상이라면 '유물론적 환상'을 옹호하지 않을 수 없었으며,

'아편종교'의 관념론적 환상, 즉 역사 내에서의 구원, 평화와 정의에의 관심, 예언자적 정열 등을 외면하고 허위의식으로 조작된 위로로 일관되는 그 흔해빠진 '아편종교'의 개인윤리로부터는 배우고 싶은 것이 아무 것도 없었다. 왜냐하면 나의 슬픔이 단순히 우리 개개인이 높은 개인윤리, 높은 도덕성을 성취하지 못하는 슬픔이 아니라 인간해방의 이상을 위하여 역사의 현장에서 눈에 핏발을 세우고 피투성이가 되어 굶주리며 업신여김을 받으며 싸워야 할 사람들이 자신을 상대화시키기 위한 노력이나 도덕성을, 그리고 구체적인 한 사람 한 사람의 인간을 소홀히 하게 되는 데 대한 슬픔이요 두려움이었기 때문이다. 이리하여 나는 가슴에 가득한 슬픔을 안고 '유물론적 환상'과 함께 전진했다.

그러다가 나는 공관복음서의 예수를 만나게 된다. 공관복음서를 정독하는 과정에서 나는, 현실의 기독교를 통하여 나의 내부에 '관념론적 환상'의 원흉으로서 형성되어 있었던 예수 상이 그 얼마나 그릇된 선입관이었는가를 마치 벼락맞은 듯한 충격과 함께 깨달았던 것이다. 흔히 목사들이 설교하듯, 예수의 사랑은 눌린 자에 대한 사랑이 아니라 모든 사람에게 똑같이 향한 사랑이라는 주장이 얼마나 터무니없는 거짓인가는 선입관 없이 공관복음서를 읽어 보면 누구나 다 알 수 있다. 나는 거기서 판에 박힌 기독교 교리가 가르치는 바와는 달리 철저히 약자, 피압박자, 더러운 자, 무지한 자에 대한 사랑에서 출발하고, 그들에 대한 사랑으로 일관하고, 그들에 대한 사랑 때문에 괴로워하는 적나라한 해방자의 모습을 보았다. 자유롭고 인간을 억압하는 기존의 모든 것에 래디컬(radical)하게 도전하고 사랑과 정의의 왕국의 도래를 꿈꾸다가 처형당한 감동적인 '종말론적 실존'을 보았나. 거기에는 '관념론적 환상'도 '유물론적 환상'도 없었다.

나는 그 무렵 한때를 밥을 먹으면서도 변소에서 용변을 보면서도 나의 삶의 경험이라는 맥락에서 예수를 사색하고 예수에게 가슴이 저리는 공감을 느끼며 예수와 더불어 나날을 보냈다. 예전에 목사들로부터 혹은 종교 책자에서 듣고 보았던 예수의 말씀과 행동이 모두가 이제 완전히 새로운 의미를 띠고 정열을 띠고 정신 없이 나의 가슴에 와 박혔다. 엉뚱하게도 공관복음서, 특히 마르코에 의한 복음에 대한 서준식 류 주석(commentary)을 써보고 싶은 충동을 번번이 느끼기까지 했다.

아아, 내가 신을 믿을 수 있는 사람이었더라면! 우리들을 위해 십자가 위에서 찢긴 신의 독생자로서 해방자 예수를 신앙할 수 있으면! 그리하여 죽음으로부터의 부활을 확신케 해 주고 우리에게 해방을 약속해 줄 신의 독생자의 바로 그 십자가를 나도 짊어지고 그의 길을, 그의 삶을 넘치는 기쁨으로 따라갈 수 있으면!

나는 신학을 무시하고 신학이 없는 곳에서 살아 있는 예수를 만났다. 내가 예수의 감동을 이야기할 때, 기독교인들은 점잖게 웃으며 나에게 기독교 교리의 ABC를 가르쳐 주려 했고, 마르크스주의자는 이마에 염려의 빛을 띠며 나에게 유물론 철학의 ABC를 가르쳐 주려 했다….

공관복음서의 예수와의 만남은 나의 인생에 있어서의 대사건으로 남을 것이다. 이 만남이 나의 젊은 시절에 이루어졌더라면 나는 신을 믿게 되었을지도 모른다. 나는 예수의 이야기를 정독하면서 나의 기질 속에 원래 예수에 대한 동경과 경도가 잠재해 있었음을 실감치 않을 수가 없었다. 예수를 정독하고 사색하면서 나는 내가 학생시절에, 혹은 이 악독한 감옥 속에서 만났던 억눌리고, 빼앗기고, 매맞고, 결박당하고, 업신여김을 받고, 불안에 떨던 그 수많은 얼굴들을, 창녀의, 거지의, 신문팔이, 껌팔이의, 식모의, '도둑놈'

들의 얼굴들을 떠올리지 않을 수가 없었다. 지금도 해방자 예수를 애타게 기다리는 그들을….

그러나…, 내가 처음으로 나의 조국 땅을 밟았을 때의 시절에 내가 보았던 기독교는 후일에 내가 공관복음서 속에서 만난 이 예수의 기독교는 아니었다. 교회는 흡사 뜨뜻미지근한 중산계층 자식들의 사교장이 아니었는가? 미국교단의 재력을 등에 업고 이 나라를 온통 미국화시키는 교세 확장에만 혈안이 되지 않았는가? 역사 속의 구원을 부인하고 평화와 정의를 외면하고 예언자적 정열에 눈을 찌푸리지 않았는가? 거리에, 골목에 넘치던 그 많은 약자, 억눌린 자, 버림받은 자들의 해방을 위해 분투하기를 두려워하고, 그들에게 모든 일에 감사하고 온유하고 겸손하게 그 비참한 상황을 견디어내는 것이 바로 예수의 십자가를 짊어지는 것이라는 따위의 거짓을 가르친 아편종교가 아니었는가? 교만만을 죄라고 가르치고, 예수의 십자가를 지고 예수를 따르기를 주저하는 죄에 대해서는 모르는 척 시치미를 떼지 않았는가? '예수 믿고 천국가자!' 식의 OK 종교였지 않은가? 나는 그런 기독교의 신, 인간을 죽음으로 속박하는 그런 신을 저주하면서 나의 유물론, 무신론 철학을 나의 인간해방의 길잡이로써 소중히 간직했고 이 철학과 더불어 이렇게 나이를 먹어 버렸다. 오랫동안 나를 살찌워준 이 철학을 이제 와서 내가 어떻게 내팽개치고 신의 존재를 믿을 수 있단 말인가!

나는 앞에서 내가 겪은 정신적 변화와 그에 따른 실로 고뇌에 찬 회의에 대하여 언급했었다. 나는 그런 정신적 변화와 회의 속에서 공관복음서의 예수를, 그리고 해방과 부활의 신을 알게 되었다. 나는 하나의 있을 수 있는 결단을 앞에 놓고 방황하지 않으면 안 되었다. 신의 존재를 받아들일 것인가…. 그것은 참으로 고통스럽고 참으로 참으로 고독한 방황이었다. 그러나 나는 너무나도 오랫동안 유물론 철학과 더불어 살아 왔다. '유신론적 변증법적 유물론'이라는 것이 성립될 수 있는지에 대한 검토는 나에게 너무도 벅찬 과제였다. 나는 나의 유물론 철학의 정당성을 끝까지 의심해 낼 수가 없었고, 나의 실천적 요청을 위해 의심할 수 없는 철학을 방척(放擲)하고 신의 존재를 믿고 그 은총(恩寵)의 초월성에 나를 내맡길 결단을 내릴 수가 없었다. 나에게 그것은 어쩌면 자기기만처럼 느껴졌던 것이다. 더불어 상의할 사람도 없고 필요한 참고서적의 열람도 허락되지 않는 고립상태에서의 방황.

그러나 언제까지나 방황하고 있을 수는 없었다. 고통스럽고 고독한 너무 오랜 방황은 한 인간을 폐인으로 만들어 버릴 수도 있는 것이다. 어차피 이 범죄적인 사회안전법에는 굴복할 수가 없는 노릇이 아니가? 나는 결국은 한 사람의 마르크스주의자로서 나의 이 난마와도 같은 회의를 극복해 나가야 하고, 한 사람의 마르크스주의자로서 기독교로부터 배우고 또 기독교에 대하여 기여를 해야 하는 것이리라. 내가 '인간에 대한 사랑'을 튼튼히 딛고 살아갈진대, 그리고 나의 마르크스주의가 경직된 도그마일 수 없는 늘 개방되어 있는 체계일진대, 나는 이 일의 가능성을 믿어야 한다.

이리하여 고뇌에 찬 방황의 계절 뒤에 남은 것은 내가 기독교인들을, 그들의 믿음을 가장 잘 이해해 줄 수 있는 마르크스주의자의 한 사람이고 싶다는 소망, 그리고 마르크스주의와 기독교의 '화해'가 이루어져야 할 오늘날에 내가 양자를 잇는 가교의 지극히 작은 한 토막이 되어 엎드릴 수 있으면 하는 소망이다.

마르크스주의와 기독교와의 관계에 관한 나의 사색의 편린들을 여기에 내어놓을 필요는 없을 것이다. 이 문서의 목적은 나의 사상을 제시하는데 있는 것이 아니라 내가 한 사람의 '인간'이라는 주장을 함에 있으므로. 나는 대단히 시시한 인간이다. 뛰어난 두뇌를 가진 사람도 아니다. 이런 내가 광범위한 독서 제한으로 사상형성의 자유를 무자비하게 침해받고 있는 조건에서 지어낸 이른바 사색이란 것이, 마르크스주의와 기독교의 관계라는 과제의 엄청남에 비하여 그 얼마나 보잘것 없고 시시한 장난이겠는가?

분명한 사실, 마르크스주의자가 됐든 기독교 신자가 됐든 당신들은 분명 나를 달가워하지 않을 것이다. 예수를 믿어도 신을 믿어도 당신들은 나를 감금해 둘 것이다. 그것은 나의 이 '인간에 대한 사랑'이 당신들의 비위를 긁어대기 때문이다.

자, 이제 '인간' 서준식의 이야기는 끝났다. 거듭 말하거니와 당신들은 나의 사상을 심판할 권한을 가지지 않는다. 법률가가 사람의 내심을 심판한다는 것은 비유컨대 푸줏간에서 소, 돼지잡던 자가 그 칼을 가지고 사람의 몸을 수술하려고 드는 것과 같은, 당하는 입장에서는 위험하기가 짝이 없는 노릇이라 하겠다. 나는 푸주한에게 내 몸을 수술해 달라고 이 〈나의 주장〉을 쓴 것이 아니다. 반대로 그런 일이 불가능함을 주장하기 위하여 쓴 것이다. 즉 사상을 이유로 한 인간을 무한정 한 평짜리 감방에 감금해 둘 권리가 당신들에게 있는지 어부를 한 번 곰곰이 생각해 보라는 뜻에서 나는 이 〈나의 주장〉을 썼다.

그러나 나의 사상을 심판한다고 당신들에게 불평하는 것은 따지고 보면 당신들에 대한 '과찬의 말씀'일 것이다. 왜냐하면 심판할 사상을 이해하기 위한 지식이나 지성도 그리고 인간과 민족에 대한 사랑의 정열도 지니고 있지 않은 무사상자이기가 십상일 당신들은 결국은 나의 사상을 참되게 이해할 수 없는 고로 언제나 '전향' 여부에만 의존하고 판결을 내리지 않을 수 없기 때문이다. 푸주한에게는 인체에 관한 과학적 지식도 휴머니즘도 필요 없을 것이다. 푸주한은 '전향거부'의 낙인이 찍힌 것은 무엇이든 때려잡기만 하면 된다. 실로 좌익 사상범들에게 내심을 고백케 하는 이런 전향제도가 없으면 사회안전법은 하루도 지탱해 나갈 수가 없을 것이다.

사회안전법의 결정적 존립 조건인 이 사상 전향제도가 사상범을 때려잡는 데 편리한 줄만 알았지, 이런 제도가 어떤 법적 근거를 가지고 행하여지고 있는지를 알지도 못하고 알려고도 하지 않는 한심한 '법률가'인 당신들은 이에 관한 나의 물음을 애써 못들은 척 번번이 묵살해 왔다. 당신들은 보나마나 또 묵살하겠지만 그래도 나는 다시 같은 물음으로 되풀이해야겠다. 당신들은 대답을 해야 한다.

물 음

우리 헌법 제18조는 양심의 자유권을 규정하고 있는바, '…침묵의 자유는 직접적으로 양심을 표명하도록 강제하는 것뿐 아니라, 충성선서나 십자가 밟기 등과 같은 외부적 행위를 통하여 간접적으로 내면의 양심을 추지하는 것을 금지하는'(김철수, 「신판 헌법학개론」, 373) 것이라면,

① 교도소에서 문서양식을 마련해 놓고 국가보안법 사범을 비롯한 좌익수들에게 사상전향 여부의 의지를 표명케 하고 있는 것은 위헌이 아닌가?

② 헌법 제35조 제2항은, 국민의 자유와 권리는 법률로서 제한하도록 규정하고 있는바, 법률에도 전혀 근거 없는 위 행위는 위헌이 아닌가?

③ 법률에 근거도 없고 위헌인 그와 같은 사상전향 여부의 의사표명을 근거로 하여 '전향거부'를 보안처분 결정을 위한

가장 중요한(사실상 유일한) 자료로 삼을 뿐 아니라, 보안처분 결정의 이유로 버젓이 '전향거부'를 명기하고 있는 사회안전법 및 그에 의거한 행정처분은 위헌이 아닌가?

전향 요구는 인간의 가장 깊은 성역에 대한 국가 권력의 폭력적 침입이며, 극에 달한 정치적 폭력의 한 표현이다. 전향이란, 만주사변을 거쳐 가속적으로 군국주의화의 길을 치닫던 일본제국주의가(우리의 독립운동도 포함하는) 반체제 사상에 대한 탄압을 히스테릭하게 격화시켜 가던 과정에서 점점 형성되고, 1933년 '사법당국통첩'에 의해 최종적으로 확립된, 왜놈의 참으로 왜놈다운 발명품이요 왜놈이 만들어 낸 조어다. 일제의 압제하에서 일상의 인권침해에 잘도 길들여진 우리 동포들은 일제의 폭력에서 해방된 후에도 이 광적인 사상탄압 수단을 지극히 당연한 것으로 알고 살아 왔고, 당신들은 그와 같은 제도는 물론, 왜놈이 만들어 낸 그 '전향'이라는 조어마저도 그대로 이어받아 이것을 애지중지 떠받들고 있다.

동시에 당신들이 '실로 국가적 필요'라고 주장하는 이 사회안전법이, 일제가 망하기 직전인 그 똥오줌 못 가리게 극단적이었던 최후의 발악의 시기에 그들이 독창적으로 발명해 낸 '사상범 예방구금령'의 내용을(사법처분이었던 것을 행정처분으로 더욱 악랄하게 변형시킨 것 말고는) 놀랄 만큼 그대로 이어받은 것임을 생각할 때, 나는 조선놈들은 창조적 능력이 없는 민족이라는 왜놈들의 빈정거림을 반박할 말을 잃는다. 당신들에게 또 묻고 싶다. 인간의 내심을 이것이냐 저것이냐의 양자택일로 고백케 하고 그 고백에 따라서 죽을 때까지라도 무한정 철창 속에 감금시켜 놓겠다는 나라가 제국주의 일본과 우리 대한민국 외에 어디 있는가를. 일제 시대에는 또한 사상범 예방 구금소가 지금 대한민국의 보안감호소가 위치하는 바로 이 청주시에 있었다고 하니 못된 아비로부터 못된 버르장머리고스란히 물려받은 못된 자식처럼 당신들은 어쩌면 그다지도 일본 제국주의를 똑 닮았는가?

사회안전법에 의하면 보안처분에 세 가지 종류가 있는바,

① 보안관찰처분: 죄를 다시 범할 위험성이 있다고 의심할 충분한 이유가 있어…

② 거주제한처분: 죄를 다시 범할 위험성이 있다고 인정되는 자

③ 보안감호처분: 죄를 다시 범할 현저한 위험성이 있다고 인정되는 자로 되어 있다.

그러나 이와 같은 구분은 헛된 말장난에 불과하다. 당신들은 실지에 있어서(개개의 구체적인 대상자, 가령 이 서준식의 처분을 결정함에 있어서) 재범의 위험성이 있다고 의심할 충분한 이유가 있는지, 재범의 위험성이 있는지, 아니면 재범의 현저한 위험성이 있는지를 어떻게 판단하겠단 말인가? 이 지구상에서 이런 따위의 판단을 할 수 있는 사람은 아무도 없다. 이진우가 지은 「사회안전법 강해」의 설명에 의하면 이것은 '결정권자의 건전한 양식에 따라 구별할 수밖에 없다'라고 했다. 사회안전법의 세 가지 처분 요건이 완전히 주관적인 데다가 지극히 애매하기 때문에 그럴 수밖에 없는 것이다. 그러나 이러한 이진우의 설명은 결국은 '건전한 국민감정에 따라 처벌에 값하는 행위를 처벌한다'라고 천명한 나치 형법 제1조와 완전히 같은 길을 가는 것이 아닐 수 없다. 그리하여 '건전한 양식'은 '자의(恣意)'와 동의어가 된다. '현저한 위험'은 양심을 지키려는 모든 사람에게 무조건적, 절대적으로 인정된다. '전향거부'만이 보안감호처분의 유일한 근거다.

'현저한 위험성'과 '위험성' 사이의 경계는 피보안감호처분자에게는 사활에 관한 심각한 문제다. 즉 1평짜리 감방에 감금되어 있어야 하느냐 아니면 바깥세상에서 생활할 수 있느냐의 문제인 것이

다. 나에게 '죄를 다시 범할 위험성'이 아닌 '죄를 다시 범할 현저한 위험성'이 있다고 인정하는 이유를 헌법에 위배함이 없이 당신들은 충분히 납득이 가도록 설명을 해 주어야 한다. 이것은 한 '인간'을 무한정 쇠창살 속에 감금해 두기 위한 결정을 내리는 사람들이 당연히 이행해야 할 의무다.

피보안감호자들은 재범의 현저한 위험성이 있기 때문에 감금해 두고 있다고 설명되고 있다. 그러나 소위 '건전한 양식'의 결과인 그런 설명은 새빨간 거짓말이다. 왜 거짓말인가를 이야기해 보자.

독일의 형사 정책학자 헬무트 마이어는 보안처분을 결정함에 있어서 실제로는 장래 범죄의 예측이란 불가능하다고 주장하면서 다음과 같이 말했다. 즉 '예측적으로 명백한 사실은 다음과 같은 경우밖에 없다. 즉 피구금자가 외계의 생활환경의 완전한 변화로 말미암아, 특히 노령 및 신병으로 인하여 위험하지 않게 되는 것과 같은 경우다.' 그러나 우리의 사회안전법상 보안처분 결정에는 '예측적으로 명백한 …노령 및 신병…'은 아무런 구실도 하지 못하고 있다.

우선 '노령'에 대해 말하자면, 이 곳 청주보안감호소 피보안감호자 선원의 평균 연령은 만 63세다. 50세 이하 피보안감호자는 단 4명밖에 없다. 그리고 형사소송법상 '자유형 집행의 정지'(제471조)를 할 수 있는 연령인 만 70세 이상인 노령자가 내가 알기로는 10명이나 된다. 모두가 병을 앓고 있거나 노약으로 인하여 행동이 심히 부자유스러운 이들 만 70세 이상인 사람들 중 다섯 명(신현철, 김병인, 정수학, 권삼출, 윤희보)은 사회에 확실한 보호자 내지 연고자를 가지고 있으며, 서신왕래 등 그들과의 지속적인 연락이 유지되고 있다. 이들 가운데(아마노) 최고령자 이종 씨는 연고자가 있으나 오랜 감금생활의 과정에서 두절된 형편이고, 나머지 4명(김복선,

이인모, 최남구, 김광삼)은 연고자가 없다. 만(滿)이 아닌 달력 나이로는 70세 이상 노령자가 15명 가량이 되고, 70세에 육박하는 노령자 수는 너무 많아서 꼽을 수 없다. 이들은 거의가 다 크고 작은 병을 앓고 있다.

인간으로서 당연히 맛보아야 할 여러 가지 재미도 모르는 채 오랜 세월을 배곯고 매나 맞으면서 감옥살이로 보내오다가 결국은 금명간에 감옥에서 고달픈 인생을 마감할 이 노인들을 보면서 나는 만강의 동정과 연민을 금할 수가 없다. 새삼 사회안전법의 잔학성, '건전한 양식'의 허구성에 분노하지 않을 수가 없다. 이 노인들이 재범의 '현저한 위험성' 때문에 감금(그것도 무한정의 독거 수용방식으로)되어 있어야 한다는 주장은 억지요 거짓말이다.

다음으로 〈신병〉에 대해서는 어떠한가?

피보안감호자 중 지속적으로 투약을 받아야 하는 환자가 반수를 훨씬 넘는 것으로 나는 알고 있다. 이들 중 대부분은 고혈압을 중심으로 하여 두 가지 이상의 병을 앓고 있으며, 그것도 노약으로 인해 죽을 때까지 가지고 있어야 할 병임이 분명하다. 그리고 큰 병을 조기 발견하기에는 의료 예산은 턱도 없이 부족하다.

신체불구자는 내가 알기로는 세 명인데 그 중 한백렬 씨는 한쪽 다리가 대퇴부 가장 윗부분에서 절단되어 있고 목발을 두 개 짚고도 행보가 심히 불편하다. 권락기 씨는 오른 쪽 정강이 중간에서 절단되어 있다. 이들 두 사람은 가족과의 면회와 서신왕래가 꾸준히 지속되고 있다. 또 한 사람의 불구자인 강동근 씨라는 노인은 한쪽 팔이 어깨 부근부터 절단되어 있고 연고자는 없다. 이들 환자 및 불구자는 가도 가도 끝이 없는 독거 수용 생활에서 남으로부터의 도움 없이 빨래, 목욕, 청소 등등 일상 잡사를 해 내어야 하며 병이 극도로 악화되어도 남의 간호를 받을 수 없다.

그러나 무엇보다도 잔인한 것은 불치의 병으로 시한부 인생을 선고받은 노인들의 얼마 남지 않은 인생을 가족과 함께 살다가 죽을 수 있도록 석방해 주지 않고 숨이 끊어지기 직전 아슬아슬한 시점까지 감금해둔 채로 전향을 하면 즉시 석방해 준다는 미끼를 계속 던진다는 점이다. 누구의 눈에도 '재범의 현저한 위험성' 때문에 이들을 감금해 놓고 있는 것이 아님이 명백하다. 나는 이 곳에서 오랫동안 살면서 이와 같은 유혹에 굴복하여 다만 한두 달이라도 바깥세상에서 살다가 죽기 위해 전향하고 석방된 사람을 한 사람만 보았다. 그 밖의 사람들, 다가오는 자신의 죽음 앞에서 끝까지 의연하게 양심과 존엄을 고수하고 죽기 바로 직전까지 고독한 독거 감방에서 투병하다 거의 석방과 동시에 죽어간 송순의(간암), 최점수(간암), 공인두(뇌종양), 문갑수(위암), 이상률(뇌낭충증) 노인들을 나는 결코 잊을 수가 없다. 감호처분이 재범의 '현저한 위험성' 때문이 아님을 구체적으로 주장하기 위해 나는 이상률 씨 경우를 예로 들어 설명하지 않을 수가 없다.

지난 2월 17일 아침, 이상률 선생은 호흡과 맥박이 거의 멈춘 상태에서 병원으로 실려 나가 석방되었다. 나는 그가 석방되면서 바로 그 날에 죽었을 것임을 의심하지 않는다. 이상률 선생은 전쟁 때(50년대 전반) 아마도 소위 '부역'의 범주에 속하는 죄목으로 15년형을 받아 복역을 하고 1966~1967년경에 출옥했을 것으로 생각된다. 출옥 후 결혼을 하고 농업에 종사하면서 아들 둘을 두었다. 그러다가 1975년 사회안전법 공포와 동시에 보안감호처분을 받고 구금생활을 했는데 1981년(1982년?)부터 때때로 극심한 간질 증세를 보이기 시작했다. 처음에는 감호소 관리당국은 '꾀병'으로 추정하고 방치했다가 얼마 후에(의료예산관계상 뇌 정밀검사는 엄두도 못 내고) 정신과 의사로 하여금 진찰케 하였으나 그 진찰의 결과에 대하여는 나는 아는 바가 없다. 어쨌든 관리 당국(구체적으로는 당시 간부교도관들)은 '꾀병'이라고 단언했다. 그런 상태에서 3년 가량을 끌다가 1984년에 처음으로 뇌 사진을 촬영한 결과 뇌에 충(蟲)이 가득 들어차 있음을 발견했다. 뇌 낭충증(囊蟲症)이었다. 이 시점에서 이상률 선생은 그 누가 보아도 재범의 '현저한 위험성' 따위가 가당치 않을 폐인이었다. 수술로써 완쾌될 수 있는 병이었는지의 여부는 의학지식이 없는 나로서는 모르는 일이나, 그 후로 이상률 선생은 미봉적인 약물 투여로써 참으로 비참하게 목숨을 이어왔던 것이다. 죽기 몇 달 전부터는 대소변을 제대로 가리지 못했는데, 관리 당국은 병간호를 자원한 다른 피감호자의 혼거 요구를 끝까지 거부한 채 거의 죽어 나가던 2월 17일까지 이상률 씨를 계속 독거 수용했다. 이상률 씨의 마지막 날들은 차마 눈뜨고 보지 못할 비참한 것이었다. 곁에 있어서 병세를 늘 점검해 주거나 시중을 들어 주거나 혹은 따뜻한 말이라도 걸어 줄 사람도 없이 거의 의식을 잃은 채 자신도 모르게 그냥 싸버리는 대소변으로 말미암아 허벅지는 온통 짓무르고 피부가 벗겨져 진물이 배어 나와 있었다(그것을 나는 감방 앞 복도를 지나가다 목격했다). 참으로 짐승만도 못한 비참함 속에서 이상률 선생은 고통스러운 목숨을 이어 나가다가 결국 죽기 바로 직전(어쩌면 죽은 뒤에) 전라도에서 달려온 가족에게 인도되었다.

이상률 선생 사망으로 우리는 지금 분노를 금할 수 없으며, 김영승이라는 피보안감호자가 환자 처우에 관한 청원을 하기 위해 소장 면담을 요청했으나 소장은 현재까지 3주일 동안을 면회 요청에 응하지 않고 있다.

시한부 인생 다음 차례는 이복남 씨다. 그는 대퇴부가 '썩어가는' 기병을 앓고 있는바 제대로 수술을 하면 살 수 있을지도 모른다. 그러나 보나마나 그는 제대로 된 수술을(예산 관계로) 받지 못할 것이고 숨이 끊어지기 직전 아슬아슬한 시점까지 사상전향을 강요받으면서 감옥살이를 계속해야 할 것이다.

당신들은 이래도 재범의 '현저한 위험성' 때문에 보안감호처분을 하고 있다고 우겨대겠는가? 나는 이상률 선생의 그 비참했던 마지막 날들을 회상할 때 새삼 당신들의 냉혈성, 잔학성에 분노하지 않을 수가 없다. 나는 당신들이 징그럽다. 팔팔년 올림픽대회 때에 이상률 선생과 똑같은 사상을 가진 동구권의 선수나 관광객들이 찾아오면 당신들은 그들에게 상냥하게 웃어 보일 것이 아닌가? 능글맞은 거짓 웃음을, 징그러운 장삿속 웃음을….

보안감호처분의 실체는 '죄를 다시 범할 현저한 위험성'과는 아무런 관계도 없다. 그것은 정치적 테러요 대한민국 국민들에 대한 공갈장치의 다름이 아니다.

결론이다.

나는 보안감호처분을 받은 후 무효확인소송을 위해 인권 이론과 보안처분 이론을 열심히 공부했다. 그리고 그것을 82년(1차), 84년(2차) 소송을 통하여 법률이라면 나보다도 훨씬 더 잘 알고 있을 당신들에게 참으로 성의 있게 개진했다(1983년 〈진술서〉, 그 밖에도 1983년 〈상고이유 보충서〉와 1985년 〈상고 이유서〉).

그러나 나의 성실에 대한 당신들의 태도는 참으로 불성실하기가 짝이 없는 것이었다. 이것은 조금이라도 법을 아는 사람이라면 위의 나의 문서들과 당신들의 작성한 판결문을 비교해 보면 누구나 다 인정할 것이다.

당신들은 우선 누구의 눈에도 위헌 판결을 내려야 함이 명백한 쟁점에 관해서는 시종일관 입을 다물고 나의 물음을 묵살한 채 그 묵살로써 합헌 판결의 '이유'를 대신했다('영장제도 위배' 주장, '전향 제도'의 위헌 주장 등). 다음으로 나의 물음에 대답을 한 것에 관해서는 철저히 공허한 형식 논리를 농하면서 사회안전법이 합헌임을 강변했다. 눈속임, 궤변, 동문서답, 폭언…. 당신들의 서명과 함께 영원히 역사에 남을 당신들의 판결문은 이런 것들로 가득 차 있다.

내가 소송을 위하여 쏟아부었던 시간, 노력이 아까워서 화가 나는 것은 아니다. 내가 당신들에게 보인 성실이 후회스럽고도 원통한 것이다. 나의 성실을 당신들은 번번이 휴지조각 취급을 해오지 않았는가? 당신들이 나의 진지한 물음을 묵살해 버릴 때, 혹은 아무런 근거도 없이 '보안처분은 행정처분'이라고 단정해 버릴 때, 또 '보안감호처분은 재판이 아니므로 재판을 받을 권리에 위배된다고 볼 수 없다'는 따위 말장난(인신을 장기간 구금하는 보안감호처분이 재판이 아니기 때문에 재판을 받을 권리에 위배되는 것이다!)이나 양심의 자유 '일부'는 법률로써 제한할 수 있다는 따위 경악할 폭언을 서슴 없이 내뱉을 때, 그럴 때 아마도 당신들은 무식해서 그런 답변밖에 못하는 것이 아니라 능청을 떨고 있는 것이리라. 그런 당신들을 나는 불쌍한 사람들이라고 생각한다. 나의 운명이 기구하여 소년기의 희망이었던 '나의 조국에서 판사'의 꿈을 이루지 못한 것이 얼마나 다행한 일인지 모른다는 생각뿐이다.

나는 지금 당신들에게 아무런 환상도 가지고 있지 않다. 환상을 품지 말 것을 1차, 2차 소송을 통해 나에게 똑똑히 가르쳐 준 것은 바로 당신들이었다. 법이란 궁극에 있어서 '폭력'에 지나지 않음을, 기본적 인권 조항이란 결국은 정치권력에 의하여 제멋대로 해석되고 농락당하는 '갈보'임을 나에게 똑똑히 가르쳐 준 것은 바로 당신들이었다. 이제 만 9년의 보안구금을 당하고 있는 나는 이번 3번째 소송에 대하여 그 어떠한 환상도 가지고 있지 않다!

패소를 해도 패소를 해도 또 패소를 거듭해도, 나의 입각점은 한없이 강하다. 나는 나의 이 비할 데 없이 강한 입각점에 굳건히 서서 당신들에게 '필부의 뜻'이야 말로 빼앗기가 어려운 것임을 보여 주고 싶다. 그리고 끝없이 강한 이 입각점에 굳건히 서서 확신한다. 패소해도 패소해도 또 패소해도, 역사는 결코 서준식에게 패배를 선고하지 않을 것임을!

21. 사법개혁에 관한 소장판사들의 성명서

유신과 5공의 어두운 독재시기에 기본권 수호의 최후의 보루여야 할 사법부는 무엇을 하였던가. 사법부는 정치권력의 억압과 주문에 당당히 대응하지 못하고 소극적, 보신적이었으며, 심지어 정치권력의 주문을 적극 수용하여 민주인사들을 처벌하였다. 그야말로 "판결로써 말해야 했을 때 침묵하기도 하였고, 판결로써 말해서는 안되는 것을 말하기도 했으며, 판결이라는 방패 뒤에 숨어 진실에 등돌리기도 했던" 암흑시대였던 것이다. 1987년 6월 항쟁 이후 사회전체로 파급되어가는 민주화의 물결이 사법부를 비껴갈 수 없었다. 1988년 6월 15일 소장판사의 서명운동으로 촉발된 사법부 개혁의 움직임은 '제 2 차 사법파동'이라 불리기도 한다.

그 직접적 계기는 민주화시대의 사법부의 위상을 상징할 대법원장 임명을 비롯한 대법원 구성을 둘러싼 갈등이었다. 당시의 상황은 김용철 대법원장이 유임되고, 대법관은 각 정당들이 나눠서 추천하는 방식이 거의 확정적이었다. 그러나 그로써는 국민들의 사법부에 대한 누적된 불신을 해소할 수 없다는 절박감이 판사들의 서명운동으로 이어졌던 것이다. 법관들의 성명서에는 무려 430여명이 참가하였다. 이 숫자는 전국 법관의 반수 가까이 되는 숫자일 뿐 아니라, 부장판사 이상은 서명에 참가하지 않았음을 감안하면 소장판사의 대부분이 가담했다고 할 수 있다. 그 후

폭풍은 즉각적이었다. 성명이 발표된 지 이틀 후 김용철 대법원장은 퇴임의사를 밝혔다. 그러나 노태우 대통령은 대다수 법관의 여망을 무시하고 또 다시 정기승 씨를 대법원장으로 임명제청하였으나, 처음으로 맞은 여소야대 국회에서 이 임명동의안은 부결되었다. 그리하여 대통령은 5공하에 용기 있는 소수의견을 펼쳤던 이일규 씨를 대법원장으로 추천하였고, 이 안은 국회에서 압도적인 동의로 통과되었다. 과거와 단절된 이일규 대법원장 시대의 출범은 그야말로 소장판사들의 서명운동의 가시적 성과라 할 수 있다.

그러나 노태우 정권은 전반적으로 군사정권으로부터 문민정권으로 가는 과도기였으며, 그 때문에 사법부 내부의 실질적 개혁은 별로 진행되지 않았다. 1993년 김영삼 대통령의 '문민시대'의 초기에 개혁과 변화의 물결이 충만한 가운데, 사법부 내부에도 근본적 변화의 목소리가 제기되었다. 당시 사법개혁에 앞장선 김종훈 판사는 과거 사법부의 왜곡된 실상과 고쳐야 할 점을 다음과 같이 썼다. "우리 법관들 중 누가 감히 국민들에게 비친 우리의 모습이 헌법정신에 투철하였다고 장담할 수 있는가. 안기부(중정), 검찰, 심지어는 기무사(보안사) 등으로부터 얼마나 자유롭게 재판권을 행사하였는가. 인사권을 통한 간접통제는 없었는가. 왜 법관이 국보위나 대통령비서실에 파견나가 있었는가. 서울형사지방법원이 생긴 배경, 그 관할이 바뀌면서도 여전히 안기부, 대검찰청, 서울지방검찰청의 대응기관으로서의 모습으로 남아 있었던 이유는 무엇이고, 오늘날에 이르기까지 그 수석부장이 형사합의 및 단독항소부의 재판장을 겸임하는 이유는 무엇인가." 그러한 분위기에서 작성된 1993년의 법관들의 성명서는 보다 근본적인 반성과 함께 제도적 개혁과제를 하나하나 제시하고 있다. 그들의 주장내용은 상당부분 실현되고 있는 중이다. 1971년, 1988년, 1993년의 3차례의 '사법파동'의 주역이 언제나 소장판사였다는 사실은 특기할 만하다.

21. 사법개혁에 관한 소장판사들의 성명서

새 대법원구성에 관한 성명서

흔히들 법관은 판결로 말한다고 합니다만, 이제 일천한 법관 경력밖에 지니지 못한 우리들이 많은 경륜과 훌륭한 인품을 지닌 여러 선배 법관과 별다른 상의 없이 감히 판결에 의하지 아니한 발언을 하게 됨으로써 혹시 누가 되지 않을까 몹시 걱정스럽습니다.

우리 국민은 1948년 대한민국 헌법을 제정한 이래 40년 간을 우리들 법관으로 하여금 헌법과 법률에 의하여, 그리고 그 양심에 따라 심판할 것을 요구하여 법관으로 구성된 사법부로 하여금 국민의 기본권 보장의 최후의 보루로서의 역할을 다하도록 명령하여 왔고, 적어도 대다수의 법관들이 그러한 국민의 명령에 따라 충실히 주어진 역할과 의무를 다하려고 노력하였다고 믿어집니다.

그러나 불행히도 오늘날의 현실은 감히 우리 법관들이 그러한 노력을 한 바 있다고 말할 수조차 없을 지경에 이르렀으며, 또한 사법부에 대한 신뢰의 상실과 그 역할에 대한 회의적 분위기는 이제 더 이상 방치하여 둘 수 없는 상태라는 것은 굳이 여러 가지 구체적인 실례를 서론하지 않더라도 국민 누구에게나 명백하다 할 것이

* 1988년 6월 16일 발표. 동아일보, 제14면.

판사들 司法府쇄신 성명

2百명서명 大法院전면개편 요구

"大法院長 신뢰받을 人物로"

金大法院長 辭退밝혀

大法院長 감사원장 교체

고, 이러한 상황하에서조차 사법부의 구성원인 법관 스스로가 더 이상 사법부의 신뢰회복과 법관의 역할 및 자세에 대하여 침묵으로 일관할 수는 없다고 생각되므로 이제 필요한 최소한도의 의사라도 표시하고자 합니다.

돌이켜 보면, 우리 국민은 자신의 기본권을 보장하여 줄 것을 위임한 사법부에 기대어 기본권을 보장받기보다는 오히려 많은 부분을 국민들 자신의 희생과 노력으로써 스스로 쟁취하여 왔으며 이 과정에서 많은 국민들이 사법부를 불신하고 심지어는 매도하기에까지 이르렀습니다.

특히 1987년 6월 이래 폭발적으로 분출된 온 국민의 민주화 열기의 와중에서도 사법부가 아무런 자기반성의 몸짓을 보여주지 못했다는 점에 오늘날 사법부가 직면한 위기의 원천이 있다고 생각됩니다. 이제 우리 국민이 새로운 헌법에 따라 정부와 국회를 탄생시키고 새로운 사법부의 구성을 주시하고 있음을 생각할 때, 사법부의 일원인 우리 법관들은 과연 우리 국민의 높은 민주의식에 따라갈 수 있을지 숙연한 두려움마저 느끼며 오로지 헌법과 법률에 의하여, 그리고 양심에 따라 심판할 것을 다시 한번 다짐합니다.

다만, 사법부의 신뢰저하를 가져오게 된 것이 법관들 스스로의

法曹 政界 강타한「司法府整風선언」

金대법원장 再任命움직임 거부

法院개편 政治圈의협상에 반발

「충격의 波紋」法官성명 왜 나왔나

노력부족과 아울러 지나간 시대의 비정상적인 정치상황으로부터 비롯된 직·간접적 형태의 여러 가지 제약으로부터도 일부 비롯되었다는 것 또한 숨길 수 없는 사실이라고 볼 때 사법부의 신뢰회복, 나아가 사법권의 독립이라는 문제는 법관 개인의 문제이자 온 국민의 민주화의지의 실현과도 직결된 문제일 수밖에 없습니다.

이러한 관점에서 볼 때, 대법원장과 대법관의 임명 등 새로운 사법부를 구성함에 있어서는 국민들로 하여금 사법부에 대하여 새로운 신뢰를 쌓아갈 수 있는 발판을 마련하고 법관들로서도 새로운 신뢰를 보내는 국민과 더불어 법관들 스스로의 반성과 다짐을 굳건히 유지할 수 있도록 하는 가시적인 조치가 있기를 희망하며 그러한 가시적인 방법은 마땅히 사법부의 자세와 역할을 상징적으로 표상하는 사법부의 수장 등 대법원의 면모를 일신함에 있다고 믿으며, 덧붙여 그 실현과정에 있어서도 국민의 민주화의지를 무시한 채 여러 정당간의 산술적 정치 거래만으로 끝나서는 안된다고 믿습니다.

이러한 우리의 믿음이 열매를 맺기를 간절히 바라며, 사법부의 앞날에 대한 국민 여러분의 질책과 아울러 뜨거운 격려가 계속되기를 바랍니다.

사법부 개혁에 관한 우리의 의견

서울민사지방법원 단독판사 드림

1.

사회 전반에 걸쳐 지난 시대의 부정적 잔재들을 청산하려는 개혁작업이 진행되고 있는 시점에, 우리 사법부도 지난 5. 3. 전국법원장회의를 열고 사법부 개혁의 필요성을 대내외적으로 천명하면서 구체적인 제도적 개혁과제들을 제시하였고, 그 후 제도개혁에 관한 판사들의 의견을 수렴하는 절차를 거쳐 지난 6. 7. 제2차 전국법원장회의에서 제도개혁의 구체적인 방안들을 논의한 바 있습니다.

그 과정에서 우리 단독판사들은, 지금껏 논의된 제도개혁안은 대법원장님께서 말씀하신 바와 같이 사법부 개혁의 "단지 일부이고 시작일 뿐"이라는 데 인식을 같이 하면서, 구체적인 개혁안의 논의에 앞서 사법부 개혁이 필요하게 된 근본원인에 대한 검토와 자기반성이 없이는 우리 사법부의 진정한 개혁은 이루어질 수 없으며, 제도개혁 또한 소기의 목적을 달성할 수 없다고 의견을 모았습니다.

그러므로 우리는, 사법부 개혁의 움직임을 기대에 찬 눈으로 바라보면서도 한편으로는 사법부의 개혁의지에 의심의 눈초리를 던지고 있는 국민들 앞에서, 지난날 우리 사법부가 민주적 기본질서와 국민의 기본권을 보장하는 헌법기관으로서의 책무를 다하지 못하였다는 우리의 잘못을 되돌아 봄으로써, 사법부 개혁이 필요하게 된 근본원인을 검토하는 출발점으로 삼고자 합니다.

---

* 1993년 6월 26일 발표.

2.

우리의 현대사는 물리적 강제력에 기반을 둔 권위주의 통치체제라는 어둡고 긴 터널을 이제 막 빠져 나오고 있습니다. 우리 사법부도 그 긴 터널의 끝에서 이제 사법부 본연의 모습을 찾으려는 움직임을 시작하고 있으나, 아직도 국민들은 우리 사법부를 불신의 눈으로 바라보고 있으며, 우리는 국민들의 준엄한 질책으로부터 우리가 결코 자유로울 수 없다는 사실을 두려운 마음으로 받아들이고 있습니다.

국가의 정치권력이 법의 이름을 빌어 민주적 기본질서와 국민의 기본권을 유린할 때, 민주적 기본질서와 기본권의 수호를 1차적 임무로 하는 사법부는 마땅히 "그것은 법(JUSTICE)이 아니다"라고 선언하여야 합니다. 그러나, 지난 시절 우리 사법부는 그와 같은 선언을 침묵으로 대신하였고, 나아가 "그것이 정의"임을 선언할 것을 강요하는 현실의 정치권력 앞에 무력하기도 하였습니다. 그와 같은 침묵과 무력함이 당시의 시대상황하에서는 불가항력적이었다거나 또는 그것은 "법률"에 따른 사법권의 행사였다고 변명할 수 있을지도 모릅니다. 그러나 사법부의 존재기반은 바로 그와 같은 불가항력적일지도 모르는 상황에서 "법률"의 모습을 한 제도적 폭력으로부터 민주적 기본질서와 국민의 기본권을 수호하는 바로 그것임을 사법의 역사는 말해 주고 있습니다. 그럼에도 우리 사법부는 그 존재기반을 외면하였으며, 정치적 · 사회적 갈등이 첨예하게 대립되는 시대에 갈등의 근본적인 해결은 고사하고 갈등을 증폭시키는 부정적인 역할을 하기도 하였습니다.

그와 같은 상황에서 우리는 상황논리로 스스로를 합리화시키면서, 때로는 자조(自嘲)와 패배주의에 빠져 좌절하기도 하였고, 때로는 사법부 안팎의 통제에 의하여 용기를 억압받기도 하였으며, 때로는 나름대로의 "소신"을 내세워 적극적으로 상황을 추종하기도 하였습니다. 판사들은 판결로써 말해야 했을 때 침묵하기도 하였고, 판결로써 말해서는 안되는 것을 말하기도 하였으며, 판결이라는 방패 뒤에 숨어 진실에 등돌리기도 하였습니다. 사법부는 고립되어 서로를 불신하기도 하였고, 서로를 경원하기도 하였으며, 서로를 통제하기도 하였습니다. 마침내 사법부의 권위는 법정에서조차 유지되지 못하는 참담한 사태를 맞이하기에 이르렀고, 사법부에 대한 국민들의 불신은 차라리 냉소에 가까운 것이 되어 버렸습니다. 더 이상 사법부는 무엇이 법(JUSTICE)인지를 선언하지 않으며, 불의를 응징하지도 않으며, 무엇이 진실이고 무엇이 거짓인지를 밝혀 주지도 않는다는 국민들의 냉소에 찬 불신은, 사법부의 모든 판단을 의심하기 시작하였고, 판사들을 의혹에 찬 눈으로 바라보기 시작하였으며, 사적 분쟁의 해결에서조차 사법부의 권위를 인정하지 않으려는 상황에까지 이르렀습니다.

그 모든 비난과 오해와 질책 속에서 우리는 결국 모든 책임은 우리 판사들 자신에게 있다는 사실을 겸허하게 받아들여야 한다는 결론에 도달하였습니다. 이제 우리는 지난날 우리 사법부의 비겁함을 꾸짖는 역사와 국민들 앞에 참담한 심정으로 속죄하면서, 우리 사법부가 인권수호와 민주주의의 최후의 보루로서 그 책무를 다하지 못하게 된 사법부 안팎의 원인들을 되새겨 보는 과정을 거쳐야만 사법부의 개혁이 올바른 방향으로 나갈 수 있다는 믿음을 갖게 되었습니다.

사법부 개혁의 궁극적인 지향점은 사법부 개혁의 근본원인에 대한 자기반성과 검토결과를 토대로 정립되어야 한다는 기본입장에서서, 다시는 과거와 같은 잘못이 되풀이 되지 않도록 사법부 내에 견고한 제도적 장치들이 마련되어야 한다는 개혁의 근본취지가 제도개혁방안에 충분히 반영될 수 있기를 바라는 뜻에서 제도적 개혁 과제들에 대한 우리의 의견을 다시 한번 정리하고자 합니다.

3.

(1) 법관인사제도의 개선에 관하여

헌법과 법원조직법은 법관의 인사에 관한 외부로부터의 간섭은 대법원장이 막아 내도록 하는 한편, 내부적으로는 엄격히 그 신분을 보장해 줌으로써 법관이 헌법과 법률과 양심에 따른 재판을 할 수 있는 제도적 장치를 마련해 놓고 있습니다. 그러나, 우리의 지난날을 돌이켜 볼 때 법관이 재판과 관련하여 정치권력으로부터 부당한 압력을 받거나 대법원장이 그러한 압력을 저지할 입지를 확보하지 못했을 때, 또는 사법부 자체적으로 그와 같은 압력에 대항할 결집된 힘을 발휘할 수 없을 때 우리 사법부는 흔들렸습니다. 우리는 이러한 과거의 경험에 비추어 사법부의 체질을 강화하고 국민으로부터 신뢰받는 사법부를 만들기 위하여 위로는 대법원의 구성으로부터 아래로는 하급법원의 인사에 이르기까지 대법원장의 인사권에 대한 합리적 견제가 필요하며, 이에 대한 구체적 방법으로 법관인사위원회의 의결기관화, 인사위원 선발과정에서 전체법관의 의견을 반영할 수 있는 장치의 마련, 각급 법원장에 대한 법원별 인사편성권의 분산 등의 방안이 신중히 고려되어야 한다고 생각합니다.

(2) 사법부의 관료화 방지방안에 관하여

법관의 세분화된 직급제도와 특히 그에 따른 승진제도는 사법부의 계급화, 관료화 경향을 강화시켜 사법부의 위계질서화를 초래하고 승신에 따른 부담으로 인하여 독립된 재판권의 행사를 위축시키는 결과를 가져온 바가 없지 않았으며, 이는 사법부 내부를 통제하는 효과적인 수단이 되거나 사법부 내부의 반목과 갈등을 조장하는 원인이 되기도 하였습니다.

그러므로 법관 직급제도의 조정 또는 폐지 방안을 검토함에 있어서도 이와 같은 문제점을 제거한다는 기본입장에서 접근하여야 할 것입니다. 그런데도 현재 논의되고 있는 직급제도의 폐지, 조정 방안은 지방법원 부장판사제도의 폐지를 최우선적으로 검토하는 등 사법부 구성원의 효율적 인사운영에 그 중점을 두고 있어 위와 같은 기본입장에서 다소 벗어나 있다는 생각을 하게 합니다. 따라서 직급제도의 조정 또는 폐지방안은 승진제도의 문제점이 가장 현저하게 드러나는 고등법원 부장판사직급제도를 중심으로 재검토되어야 하고, 나아가 승진여부와는 관계없이 소신을 가지고 정년이 될 때까지 법관으로 근무할 수 있는 제도적 장치의 마련을 위하여 지속적인 논의가 있어야 한다고 생각합니다.

(3) 법관회의의 제도화 방향에 관하여

사법부의 민주적 운영을 위하여는 단순히 법관회의를 제도화하는 것만으로는 부족하고 사법부 운영에 관한 법관들의 의사가 자유롭게 표현되고 수렴될 수 있는 구조를 갖추는 것에 중점이 두어져야 할 것입니다. 그러므로 앞으로 설치될 법관회의는 위와 같은 기능을 제대로 발휘하지 못하였던 종래의 비공식적 법관회의와는 근본적으로 다른 모습을 갖추어야 할 것입니다. 이와 같은 관점에서 볼 때 수평적 관계에 있는 법관들로 구성된 자치적인 법관회의, 전국법원의 대표자로 구성되는 전국법관회의 등의 설치를 신중하게 고려해 볼 필요가 있으며, 법관회의에 소집요구권, 의안제출권, 의결권, 건의권 등 몇 가지 중요한 권한을 보장하는 것도 필요하다고 생각합니다.

(4) 개혁방안에 대한 법관들의 의견수렴에 관하여

사법부 개혁은 1회적으로 완결될 성질의 것이 아니고 지속적으로 진행되어야 할 것입니다. 이러한 관점에서 우리는 향후 사법부 개혁안을 검토하는 과정에서 적절한 방법과 절차를 통하여 전체 법관들의 의견이 계속 반영될 수 있는 기회가 마련되기를 희망합니다. 가능하다면 대법원에서 검토되는 개혁안의 구체적인 방향, 내용, 일정을 적절한 단계별로 법관들에게 알리고 그에 관한 의견을 수렴하여 개혁안에 반영해 나가는 방안도 고려해 볼 수 있다고 생각합니다.

4.

진정한 개혁을 통한 사법부의 신뢰회복을 바라는 우리들의 바램이 자기 몫에 대한 욕심에서 나오는 직급이기주의 또는 조직을 파괴하는 소수법관의 돌출행동으로 오해받기도 하였고, 나아가 엄중문책의 경고를 받기도 하였습니다. 우리는 이와 같은 오해가 사법부 개혁을 바라보는 기본입장의 차이에서 비롯된 것은 아닌가 생각하면서, 사법부 개혁에 대한 우리의 순수한 뜻이 오해됨이 없이 받아들여지기를 기대합니다.

대법원이 사법부의 개혁의지를 천명하고 개혁을 추진하고 있는 현시점에서 우리가 조용히 그 과정을 지켜 보며 기다리는 것이 바람직할 수도 있을 것입니다. 그럼에도 우리는 사법부 개혁은 결코 외부로부터의 바람에 따라 흔들릴 수 없고 흔들려서도 아니될 것이며, 우리 스스로가 개혁의 주체이며 대상이라는 깨달음에 기초하여 법관 본연의 자세로 거듭날 것을 다짐하면서 오로지 사법부에 대한 사랑과 법관으로서의 소명의식으로 감히 위와 같은 의견을 표명하기에 이르렀습니다.

저자약력

서울대학교 법과대학 교수

1959년 생으로 서울대 법대의 학부와 대학원을 졸업하고 박사학위를 받았으며, 형법과 형사정책을 가르치고 있다. 저서로 『한국형사법과 법의 지배』, 『권위주의적 형사법을 넘어서』 등이 있으며, 『5·18, 법적 책임과 역사적 책임』(공편), 『범죄와 형벌』(벡카리아 저, 공역), 『성적 소수자의 인권』(공편), 법률에세이로 『부메랑 던지기』 등을 냈다. 주요 논문으로 「무기수형자의 시설내 처우와 사회복귀」, 「가정폭력 피해자의 가해자 살인」, 「양심적 병역거부」 등이 있다. 현재 법과사회이론학회의 회장을 맡아, 『법과 사회』(반연간)를 펴내고 있으며, 참여연대를 비롯한 시민운동에 관여하면서 '법률가의 윤리와 책임', '시민의 사법참여', '군사주의적 과거청산', '사형폐지론' 등의 주제를 탐구하고 있다.

정의의 법, 양심의 법, 인권의 법

2004년 6월 30일 초판발행
2014년 3월 10일 중판발행

편저자 한 인 섭
발행인 안 종 만
발행처 (주)박영사
서울특별시 종로구 평동 13-31번지
전화 (733)6771 FAX (736)4818
등록 1959. 3. 11. 제300-1959-1호(倫)

www.pybook.co.kr e-mail: pys@pybook.co.kr

정 가 20,000원 ISBN 979-11-303-2584-2